雲五文庫
漢譯叢書

聖多瑪斯·阿奎納

論萬物

王雲五◎主編
王學哲◎重編
呂穆迪◎譯述
高凌霞◎審校

臺灣商務印書館

重印好書，知識共享

「雲五文庫」出版源起

商務印書館創立一百多年，臺灣商務印書館在台成立也有六十多年，出版無數的好書，相信許多讀者朋友都是與臺灣商務印書館一起長大的。

由於我們不斷地推出知識性、學術性、文學性、生活性的新書，以致許多絕版好書沒有機會再與讀者見面，我們對需要這些好書的讀者深感愧歉。

近年來出版市場雖然競爭日益劇烈，閱讀的人口日漸減少，但是，臺灣商務基於「出版好書、匡輔教育」的傳統理念，我們從二〇〇八年起推動臺灣商務的文化復興運動，重新整理絕版的好書，要作好服務讀者的工作。

二〇〇八年首先重印「文淵閣本四庫全書」，獲得社會熱烈的響應。我們決定有計畫的將絕版好書重新整理，以目前流行的二十五開本，採取事前預約，用隨需印刷方式推出「雲五文庫」，讓一小部分有需求的讀者，也能得到他們詢問已久的絕版好書。

臺灣商務印書館過去在創館元老王雲五先生的主持下，主編了許多大部頭的叢書，包括「萬有文庫」、「四部叢刊」、「基本國學叢書」、「漢譯世界名著」、「罕傳善本叢書」、「人人文庫」等，還有許多沒有列入叢書的好書。今後這些好書，將逐一編選納入「雲五文庫」，再冠上原有叢書的名稱，例如「雲五文庫萬有叢書」、「雲五文庫國學叢書」等。

過去流行三十二開本、或是四十開本的口袋書，今後只要稍加放大，就可成為二十五開本的叢書，字體放大也比較符合視力保健的要求。原來出版的十六開本，仍將予以保留，以維持版面的美觀。

二〇〇九年八月十四日是王雲五先生以九十二歲高齡逝世三十週年紀念日。為了紀念王雲五先生主持商務印書館、推動文化與教育的貢獻，這套重編的叢書，訂名為「雲五文庫」，即日起陸續推出。如果您曾經等待商務曾經出版過的某一本書，現在卻買不到了，請您告訴我們，臺灣商務不惜工本要為您量身訂作。這樣的作法，為的是要感謝您的支援，讓您可以買到絕版多年的好書。讓我們為重讀好書一起來努力吧。

臺灣商務印書館董事長王學哲

總編輯方鵬程謹序

二〇〇八年十二月十二日

本卷旨趣和用法

呂穆迪

宇宙起源——四方上下為宇，古往今來為宙：合稱宇宙，泛指天地神人萬物的總體，也叫作世界：複稱「天地萬物」，簡稱「天地」，或「萬物」。本卷《論萬物》，乃是《論宇宙》。「萬」字，數指十千，推而廣之，統指宇宙神形物類的全體。宇宙起源問題之辯論，始於遠古神話時代。

古人嘗說：「天生萬物」，又說「天地生萬物」。假設「天地」是「萬物」的簡稱；萬物又包含天地；說「天地生萬物」，乃等於說「萬物生萬物」，或「天地生天地」，或甚而至於「萬物生天地」：嘮叨咕嚕，語言陷於糊塗：狀似車輪旋轉。為此，太古時代，有人發明神話故事倡言：萬物變化生生，不得不生自天地。天地生於陰陽二氣未分以前的元氣。元氣名叫渾沌。渾沌生於太一。太一又叫作泰皇：自本自根。既生渾沌，乃分陰陽。陰氣重濁，凝聚而為地。陽氣輕清，升揚而為天。陰陽相交，剛柔相成，乃生萬物。煩氣為蟲。精氣為人。泰皇因渾沌分陽陰而生天地，乃生天皇地皇二神，經營天地：天圓而運，以天皇為主。地方而滯，以地皇為主。人類既生，需有人皇主之：徑由泰皇目任。是以「古有天皇，有地皇，有泰皇，而泰皇最貴」。《淮南》稱二皇為二神，陰陽合體而生，得道之柄，立於中央，神與化遊，以撫四方。能運天，能止地：輪轉而不息，脈流而不止，與萬物終始。《呂氏春秋》（《大樂篇》）嘗謂

「太一出兩儀，兩儀出陰陽。（兩儀即是天地。明晦晴雨，是天之陰陽。剛柔起伏，是地之陰陽。天施地受。天生地成。物類乃形）……萬物所出，造於太一，化於陰陽」。

是故，《漢書》、《郊祀志》，記載有人上書，奏請武帝，祭祀三一：天一、地一、泰一。古者天子三年一用太牢，祭祠天、地、泰、三一。三一就是三皇。泰一是天地萬物的最高始祖；既生人類，自任人皇，乃稱為泰皇。天地二皇，遂仿泰皇，而稱為「天一、地二。泰一又稱泰帝。太一以下有眾神。泰帝之下，有眾帝。古人以為物各有主：於是天有天主，地有地主，兵有兵主，陰有陰主，陽有陽主；凡日月四時，亦無不各有一神而為之主。然而天地萬物，分別各有之本主，皆尊奉太一為至上主：是以泰皇最貴，至上惟一，二者一統，天地萬物所繫終也」！（參考《封禪書》）。

泰皇，即是人皇，為人類之本主與始祖。以後，人皇改稱皇帝，又通稱黃帝。古代神人同祖。是以凡屬人類，都是黃帝子孫。而凡是黃帝子孫，都是泰皇上帝的神胄貴族。古者天子以春秋太牢，祭祠泰一於東南郊。祠置東方，位居陽方，故《楚辭九歌》，又稱泰皇為「東皇泰一」；或簡稱「上皇」。《淮南》、嘗讚頌「至人，（至德崇高），遊無極之野，登太皇（神居），憑太一（道柄），玩天地於掌握之中」。又謂「黃帝生陰陽」，高誘注雲：黃帝就是古代所說的皇天上帝，至高神靈；始造天地人物之時，化生陰陽。後代將皇天上帝，泰皇，天皇，和人間的天子，皇帝，黃帝，帝王等，混而不分；古籍轉載，以訛傳訛。後人又附會星象，尊稱北極星為泰斗，或名以天皇上帝，或太一；其他若干星宿，也被人加以「上帝」的名號。神話紛紜，逐時演進，愈繁愈亂。然內含邏輯思路，仍可摸索辨認。

復習古籍，由「泰皇之神居」，可知泰星或黃帝，同指「皇天上帝」。（《淮南》《墜形篇》；莊周，《至樂篇》）嘗謂「上天」是泰皇之居，也是黃帝之所居。原來古人神話，以為昆侖之丘，是帝之下都；又上倍之，是謂風涼之山，高與天表相接，登者不死；又上升一倍，是謂懸圃；高在天表以上，實乃天外之天，登之乃靈；再上升一倍，始為上天；是天外天之第三倍高層：是謂太帝之居，登之乃神。極言上皇太一，至大至神，位居天地以外的第三層高天：此一至神境界，既是太帝之所居，又是黃帝百神之所在。惟其至高，是乃至中：居宇宙中央，按撫四方上下，閱歷古往今來，運轉乾坤萬化，而與萬物終始貫通。

詳察神話內含的寓意，可知古人用心，惟在探求宇宙萬物出生所自而必不可無的至高原始。聖多瑪斯本卷《論萬物》，旨趣深遠，用邏輯方法，研討怎樣必有天主，是造天地，造神人，造萬物的真主宰。天地開闢，物類分判，原因所生，都賴天主造物者的全智全善與全能。

盤古——然而，稽考古代神話，領會其造物次第。未有天地，先有混沌。或謂其狀如雞卵。《太平御覽》卷二，（稱引《三五歷記》）；嘗言「天地渾沌如雞子。盤古生其中。（待至）天地開闢，陽清為天，陰濁為地；盤古在其中，一日九變，神於天，聖於地。天日高一丈，地日厚一丈，盤古日長一丈。如此萬八千歲，天數極高，地數極深，盤古極長。後乃有三皇，（是將盤古置於三皇之上：顯似後來居上，竄補古代舊傳以另造新說）。又謂「數起於一，立於三，成於五，盛於七，處於九，故天去地九萬裡」；是乃本數理以推衍萬物生成之序，又加神話，以補張其神奇聳聽。

《繹史》援引《五運歷年紀》，也說：「元氣濛鴻，（初為渾沌），萌芽茲始，遂分天地，肇立乾坤，啟陰感陽，分佈元氣，乃孕中和，（陰陽相交，沖氣以為和，胚胎始孕），是為人也：（天地與我為一）。首生（巨人，名叫）盤古，（頂天立地，與乾坤同體）；垂死化身，氣成風雲，聲為雷霆，左眼為日，右眼為月，四肢五體為四極五嶽，血液為江河，筋脈為地理，肌肉為田土，髮髭為星辰，皮毛為草木，齒骨為金石，精髓為金玉，汗流為雨澤，身之諸蟲，因風所感，化為黎甿」。黎甿指眾人。神話寓意，明指盤古巨人，由元氣渾沌化生而出，不但是人類的始祖，而且是天地萬物的前身：仍以人為最貴。至論元氣渾沌，萌芽孳始，啟陰感陽，孕生中和，又言垂死化身而形成萬物等語，暗含邏輯次第，喻示造化之跡：泰一生陰陽。陰陽生天地神人萬物。「生」有「造生」、「化生」之別。造生是造物者，超越天地，從無中造生天地及其間萬物。化生是一元復始，自我轉化而成為萬物形體。盤古神話，似以三皇及天地萬物，皆為盤古巨人之化身轉世。古代許多地區有這類似的神話傳說。例如印度：

梵天——南鄰印度、梵天教義，倡說宇宙萬物生於梵天。人類智慮生於靈性。每人自我的靈性本體，實與梵天相同。小我回心內省，覺悟自得的靈性大我，即是梵天。凡是一物，都是以梵天為本。稽察人類萬物出生程式，乃有神話寓言，描抒太初有靈性，獨一無二，心生一念，願造世界，乃從水中，取泥造人。其人口生言，言生火。鼻生氣，氣生風。眼生視，視生光，光生日。耳生聽，聽生音之四方。四方佈滿太虛之氣，以傳聲音。皮膚生毛髮，毛髮生樹木花草。心腔生中央覺司，覺司如明鏡。明鏡生月亮。臍生泄氣，泄氣生死亡。陽器生精血，精血生清水。（此段見於《黎具吠陀》—《詩頌梵經》—卷末《奧義書》中。卷首另有詩篇），具陳其人，至大至神，頭轉乃生高天。足動而生大地。是以，天地萬物生於巨人。巨人由靈性造自水中清泥！靈性、梵名「亞特滿」。梵天，名叫「婆羅門」。梵天教義，就是婆羅門教義。靈性、梵天，名異實同，本體無異。後代梵學，眾說分歧：

有主純一元論者，以梵天獨一無二，真實無妄。世界人類萬物，是私心妄念而生的幻影。幻像世界，變化無常，皆梵天自在，無為而無不為的反照映射：猶如沙灘不動，幻景照映乃因之而生。有主半一元論者，以為世界萬物，個個真實，但其真實本體，非賴梵天，無以自生自存。有主多元論者，每物、每人，各自具有靈性梵天的真實本體。無論一元多元；梵教眾師，率皆宣稱，梵天無所不在，實為人類靈性及宇宙物性的至深本體。人物無性無體，以梵天為真性實體。人物無主無原，以梵天為真主真原。史或評責其說，固非泛神論，實乃神泛論：不說人物皆神，故非泛神論；卻說梵天神體，泛在人物以內，而充實人物之本體，故為神泛論。是故《奧義書》中，往往宣稱梵天實體，既為宇宙萬物之始原，又為宇宙萬物之質料，並為萬化共趣之歸宿。

梵天自然，寂而不動。萬化起伏，長流不息。隱顯出沒，終而復始，循環不停，永遠如斯。超渡輪廻苦海，尚需由修行而入禪定，脫外物而回內心。心醒悟而化凡入聖；歸與梵天同寂：息止於永安。佛教繼梵天教義之後，不修靈性梵天，惟求萬化俱寂，脫登彼岸、湼盤。世界萬物，因人心妄念，幻化而生，以幻生幻，萬幻皆虛。聖多瑪斯本卷，卻謂天主造生世界萬物，由純無而生實有。人人物物各有其真性實體，獨立生存行動，秩序配合諧調，變化苦樂，都有目的，組成大好世界：表彰造物者美善不可限量。將天主無限與萬物有限相較，相差無限。萬物以其潛能虧虛，領受生存的現實盈極。物體，受造而生，皆乃潛能與現實，虧虛與盈極之合。天主無限美善，純生存，純美善，純現實，純盈極：超越名理，超越定義；無可名言，強名之曰天主：極言無限崇高，為萬物生存之始源，又為物物生存之仰賴。（回閱卷一，《論天主》）。天主無限美善，萬善洋溢流行，散發普世而生萬物，各以本類，變化生生，萬世傳流，久而弗替：至於天銷地燼之時。

道德——萬物源流始末，古來哲人，思辨不停。道家以為「道沖而用之，（散發萬物），淵兮似萬物之宗，湛兮似常存」。是以萬物生生，莫非道生德畜。道為萬德之淵源。德為大道之在我。道之為物，惟恍惟忽，大象無形，窈窈冥冥，傾濛鴻洞，其中有物，有精；本體陰陽混合而成，先天地而生；視之不見，名曰夷；聽之不聞，名曰希；搏之不得名曰微。此三者，不可致詰，故混而為一，名其不可名，復歸於無物：是謂無狀之狀，無象之象，超越形跡，是謂恍忽。吾不知其誰。吾不知其名。強為之名曰大；字之曰道。道可道，非常道。名可名，非常名。無名、天地之始。有名、萬物之母。兩者同出而異名，同謂之玄。玄之又玄，眾妙之門。呼為穀神，是謂玄牝。玄牝之門，是謂天地之根。寂兮寥兮，獨立而不改，抱一、守中，執常，持柔；居善地，心善淵，與善仁；上善若水，善利物而不爭；生之，畜之；生而不有，長而不宰；天門開闔，明白四達，是謂玄德，可以為天下母：貴以身為天下，可寄於天下；愛以身為天下，可託於天下：執古之道以禦今之有；微妙玄通，深不可識。夫惟不可識，故強為之容：敦兮其若樸，曠兮其若穀，渾兮其若濁。濁以止，靜之徐清。安以久，動之徐生：孔德之容，惟道是從：為天下谿，為天下式，常德不離不忒；飄兮無所止，同行而不殆；夫惟不居，是以不去。其中有精，其精甚真。其中有信，綿綿若存；自古及今，其名不去；能知古始，以為道紀，以閱眾甫。眾甫萬物，群生並作，觀其始末，復歸其根；復歸於無物。萬物生於有。有生於無。

道常無名。道德無名。始制有名。名亦既有，亦將知止。知止不殆。道之在天下，猶川谷之於江海。大道汜兮其可左右，萬物恃之以生；衣養萬物而萬物歸焉：可名以大，可名以小，可名以無名。無名無欲，萬物賴以自化；天下賴以自正。天下萬物生於有，有生於無。無為之溢，天下希及之?道常無為而無不為：萬物以之而生；萬事由之以出。道生一，一生二，二生三，三生萬物。萬物負陰而抱陽，猶如萬數負偶而抱奇。奇偶相合而成萬數，始於元一。陰陽沖氣和合而生萬物，根於無極。道生之，德蓄之，物形之，勢成之：是以萬物莫不尊道而貴德。道為萬物之奧，善人之寶，萬法之楷式。人物以德含道；故道生之，畜之，育之，亭之，（成之），毒之，（熟之），養之，覆之；常知楷式，是謂玄德。

天下萬物生於有，有生於無。有名萬物之母，無名萬物之始。天下有始，以為天下母。無名之始，有名之母，兩者同出而異名，同謂之玄：復歸於無極。萬物懷道而抱德。道德惟一，（狀如梵天與靈性之本體不：：獨一不二。純一不雜；恆一不息；，崇德修道，旨在得一。天得一以清。地得一以寧，萬物得一以生：萬數得一以成。大道唯一，為天地萬物之始母，又為萬物之法式：是以人法地，地法天，天法道，道法自然。自然者，太極無極，自本自根，自然而然。惟道為大，惟德則之。（參考老子《道德經》）。

太極、無極——綜合上述諸條，可知往代賢哲，議《論萬物》造化；不外演繹與歸納二途。演繹者，依據數理之推衍；或用十進位，說一生二，二生三，三生萬物：奇偶、陰陽，負抱聯綿，繩繩相繼：各物始於一，成於一。或用二進位，說一生二，二生四，四生八，重重復重重，二倍遞進不已，也是虛實拼湊，剛柔相成，陰陽配合，而成萬數，生萬物，形萬象，出萬事。（易經卦理，不外乎此）。或兩法合用，先用二進位，一生二，二生四；再用十進位，四者聚合，而得第五。如說：太極本無極也。無極之太極，厥惟元一。太極生兩儀，分陰分陽。陽變陰合，而生五行：水火木金土。土乃水火木金之總聚，而介於中央者。天數一三，居左，地數二四居右，四角對立，用十進位，各對角相加，中央總數都是五。五行配合，天地萬物生生不息，無不乙太極元一為其根本：始於一而生。成於一而存。萬物生存始自太極而仰賴太極。太極元一之理，徧在萬物。萬物各有此理，猶如樹木之有根柢。是以天地萬物，有物有則。理禀形氣，物秉氣理。性理形氣之合，構成有形萬物。依數理推衍的次序，按形質變化的線索，上溯逆推，推至太始無始，太極無極，乃得太上元一之理，寓在太虛無形之氣：理氣之合，肇始萬物，先分陰陽而開天闢地，再生五行，而變生萬物。萬物出生，理如數目衍生，狀如萌芽滋生。太極理一分殊；宇宙總體，共有一太極。各物分立，各自獨具一太極。反本歸源，萬理共是一理：猶如梵天教義所謂萬物靈性，都是梵天本體。如此，演繹推尋，仍見太極至高，梵天至上，至大無外，至小無內：有誰超越宇宙總體?古者遺書，元言含渾，非考據訓詁所能澄清；尚需邏輯思考，推究物性本體。

聖多瑪斯本卷，用歸納法，徧察物類變化，根據物類行動，由果推因，推知物類能力和性體；品定物類有生死變化，有行為動靜，有殘缺，有優劣，有數目之分殊，有本體之局限與組合；凡此一切，明示萬物，都是效果。既是效果，則有原因。萬物本體生存，及物類分殊的最高原因，就是造物者：天主。上卷《論天主》，用歸納法，由果推因；是由萬物可睹的效果，推知天主本體、實有生存，並有各種美善。本卷《論萬物》，也是用歸納法，由果推因，先推知物類性體；再上推天主造物的能力。證知天主全能的真義。說明物類，不但有必然性，而且有偶然性；不但有依賴性，依賴天主；而且有獨立性，自立生存行動。神類、人類，不但有知識的必然和偶然，而且有意志的必需與自由。宇宙萬物，新舊代興，變化不停，測量期限，或永遠，或不永遠；既是受造的效果，便受天主造生扶持。凡此一切問題，對於宇宙及人生，關係重大，本卷討論詳審，邏輯方法精明；比較古今中外，參照今日神學，哲學，科學；欲求新學進展，不可不慎審研讀。果欲明達原因，必先深識效果。萬物是效果，天主是原因。為能正確認識天主，應先深究宇宙萬物。知識步驟，下學而上達。從此更可明見本卷旨趣，廣博而深遠。

方法與觀點——哲學與神學，邏輯推證方法相同；理智與信仰，觀點互異。哲士用理智觀點，推究萬物本有的性體與功能。信士，專務神學，用信德觀點，考究萬物的本體性能，對於造物者天主，必不可無因果關係；由此關係，推證可知一切。由果知因，是歸納法。由因知果，是演繹法。信士，信天主用《聖經》頒布的啟示；又信人類理智，是天主神智的肖像；受造於天主；邏輯的思想秩序，兩相類同。宇宙萬物的真性實理，反映天主的上智與美善。由此演繹推求，可知哲學的思維方法，補弼神學；天主上智也保證人靈天賦的理性原則。本性哲學的邏輯原理，和信德超性，得自《聖經》啟示的真理，彼此不能實相衝突。況且《聖經》多用象徵性的寓言，罕用哲學或科學、據實敘事的術語。象徵寓言的隱秘，實義果何所指，非賴理智研究方法，考驗宇宙實際，亦難領悟正確。理智信仰天主聖訓，則能懂明事理。信仰領受天主啟示，仍需要理智鑽研，以求稍通玄奧。理智與信仰，相輔並行，交互相成。信仰啟廸理智。理智繼依信仰。是故，信仰不但是尊師重道的心理行動；而且是人心天賜的超性智能。《公教》稱之為信德。神學三德：信、望、愛；信德居首。人心研究萬物，追求造物真主；是理智和信德，兩種知識光明，團聚照映的神交。理智至明，信仰彌篤，是聖多瑪斯、著書治學的方法、態度，和觀點。重理智，故好哲學，廣收博採。篤信仰，故愛《聖經》，引據詳審而訓解精明。

《聖經》——本卷各章，多引《新》、《古》二經。所用拉丁譯本，除公用的《拉丁通本》以外，尚有其他譯本數種。間或採擇希臘《聖經》辭句，版本也是不止一種。譯者比較對照，得知著者用功殷勤，搜羅廣博。對題選擇經訓，不專守一種譯本，惟選其適意者而取之。然而現行華譯《聖經》所用原本，有的脫開《拉丁通本》，就正於希伯來文，或小亞其他諸國古代語言；有的只根據拉丁通本，不兼顧其他，而且不採用古代傳統解釋；為此，與聖多瑪斯所引《聖經》，往往不相副合。為保存著者言論與所引經訓間的貫通一致，譯者盡將各章所引《聖經》，自行另譯；未能採用現行的華文譯本：實出於不得已也。故望讀者諒之。《聖經》古代譯本，手抄本，印本，有許多種，書卷總目相同，經訓全體無異，篇章數目及段落，卻編輯不同；片段辭句，往往彼此大有分別。例如《聖詠》第一〇九，另一古抄本是第一一〇；其第三節，《拉丁通本》華文直譯應是：「在你有能力的日期，你在眾聖輝煌中，享有元首的權位；在曉星未出以前，我從胎中，生出了你」；希伯來文《聖經》卻說：「在你有能力的日期，你的民族是寬鴻大量（的國度）；從曉星的懷裡，你青春的露珠，降到你身上」；其他希伯來文，及拉丁文，若干古本《聖經》又說：「在你有能力的日期，你在聖山（西雍）群巒中，享有元首的權位」；或者有的將「能力」改成「誕生」；故此，最近《日路撒淩聖經》（一九五六年，法文標準版），匯合各本要義，將第三節全文，改造一新，乃說：「從胎中時，從你青春的初曉，在你誕生之日，你就在聖山群巒中，享有（天主賞賜的）元首權位」。從此可見一斑：統觀整體，《聖經》古本數種，實義互無分別；推敲章節，深究底細，辭句之間，各本互有顯著的不同。引據《聖經》，不專盲從一種，援經救我，不溺我殉經；追求真理重大，不拘泥文字細節。《聖經》異文不異訓。抄手文字有移易；《聖經》真理無舛錯。《聖經》古本數種，存異而不強同；各傳所授，互相補足；更有益於後代尋求全整的《聖經》奧義。聖多瑪斯、治經的方法，和用經的態度，值得玩味深思。《聖經》尚如此，何況其他書籍?!

時代——史家推測，《駁異大全》，原名《《公教》信仰的真理，對答無信仰者的謬說、討論集》，聖多瑪斯著作，一二六九年底開始，一二七三年初，手寫脫稿：始於法國巴黎大學，終於義國納波里神學院。共費了四年時間。一二七四年三月七日，著者謝世，享壽四九整歲已滿。全書四卷，歷代抄本，印本，譯本，多不勝數。柏臘、（柴斯勞），瑪克（伯多祿）兩位合訂「精校版」，義國都靈、和羅馬、瑪利野蒂書局，一九六一至一九六七年，印行，是最新的拉丁原文一部：考據詳細，校對謹慎，腳註豐富。第一卷、《論天主》，一一三頁、大四開本；華文拙譯，小八開本，正文四七一頁，香港《公教》真理學會初次試版印行。

本處第二卷，《論萬物》，即是《論宇宙》，原文一六〇頁。第三卷、論萬事，即是論人生、道德、法律、及其他諸事。二四〇頁。第四卷，論奧理，即是論超性的信德奧理：天主三位一體，諸件聖事，及其他。將頁數用四年平分計算，可推知各卷著作時期。第二卷著作當在一二七〇年至一二七一年之間

內容—本處第二卷討論的主要問題：一《論宇宙》起源。萬物的生存，是造物者天主從無中造生而來。二論物類區分的最後原因也是天主。三論「靈智實體」，神類諸物公有的本性。四論靈魂和肉身的結合。五論人性。七論人的智力，分施動智力和受動智力，前者叫作靈明，後者叫作明悟。八論人靈性的生存，既生不滅。九論人的肉身。十論沒有形體的神類實體：天神，（天使，善神，惡神，或魔鬼）等類的哲學和神學問題。

現代思想潮流，哲學和神學的各家學派，風起雲湧，勢極洶猛激烈。上述本卷十論，是各家不可忽視的重要問題，甚值復習深思，俾收溫故知新的實益。推陳出新，開導人心是先知先覺者的聖職天責。譯者

推陳，讀者出新。知識進步，真理發揚，天下人人不禁渴望。孰敢不勉。

標點符號

一、圓括弧——圓括弧內字句，是譯者自加，旨在便利某些讀者。尚望鑒之；且勿混作原文固有部分。

二、引號——「……」：有兩種用途：一為標明稱述或援引的「原來字句」；二為有時突出標明特應注意的罕見名辭，或重要字句。

三、括弧，或圓或方；引號，或單或雙；都不和字隔離：故此，其他任何標點符號，常放在括弧和引號的外面，為免使之與字隔離。句末的任何其他符號，都放在括弧或引號外面和下面；只有餘號例外。例如：《聖經》說：「天主造了天地」；又說：「天主也造了，日月星辰，……」。西文習慣將句末標點，放在括弧或引號裡面；因為西文排字，將兩字距離分開一格。中文方塊字，排字間的距離，不留空白，故不可將句末標點放在括弧或引號裡面；必要放在裡面，則把括弧或引號擠到和下句緊接；既不合理，又不美觀。中文仿效西文，也不可仿效太過，怕傷中文本有的特色。

四、除上述三條外，其他一切標點符號用法，遵照印刷界普通習慣：以王雲五大辭典、附錄參考的「標點符號表」為準則。（譯者誌）

參考書

系統清晰圓通的思想，需要用系統清晰圓通的術語，開發整理，傳達推進。思想改造人生。人生改造世界。精確的術語，開拓思想：刷新思想：將世界改造一新，日日新，又日新。語言和人造符號的功用，可謂重大不可限量了！人仰賴天主全能創造人生需要的世界。天主卻憑藉人的語言符號，改造世界，發顯世界蘊藏的美妙：造福於人生。為明了本卷思想，必需參考以下諸書，為能把握其術語及思想體系的明朗靈活：以下諸書包括本卷常用的邏輯方法，哲學神學及其他學科的術語，及其講解：

一、聖多瑪斯，《哲學基礎》，（史料選讀）兩集，商務。二、亞里斯多德，《邏輯史料》，一至五，商務。三、聖多瑪斯，《駁異大全》，卷一，《論天主》，香港真理學會。四、其他，多不勝收，可考之於圖書館，茲不備載。

目錄

造生：生存的賦與 14

人類：神形之合　238

智力：明悟與靈明 325

靈魂：生活的因素 391

序論：宗旨和方法

第一章 宗旨

「我深思過你的一切行動，我也嘗默想你手成的工作」。（《聖詠》一四二節五）。

每個物體生來，都是根據現實的性體、發出動作。動作根於性體。性體呈現於能力。能力的品性、方式、和程度、釐定於動作的種類、方式、和程度。欲知任何物體，若不知其動作，便不能有完善的知識。

然而按大哲《形上學》卷九（另版卷八章八頁一〇五〇左二五），物體（作主體）發出的動作、分兩種：一是內成動作，它是主體自身美善的成全：存養在主體以內；例如、知識和情意，或器官的感覺，或靈性的知識。另一種是外成動作，它的效力通達於外物，作成外物、成全外物的美善，例如（一物燃燒）燒熱（另一物），（斧鋸）砍伐（木石），（工匠）建築（房屋）、等等。

並且，以上兩種動作、天主一身兼備。祂有靈性的知識、意願、喜樂、和愛情；故此祂有第一種動作。祂又能給外物創造生存，保存外物，管理外物；故此祂也有第二種動作。

但因、第一種動作、是作者的美善，第二種動作、是作品的成全；並且、依性體的本然，作者先於作品，並是作品的原因；故此，依性體的本然，上述第一種動作，也是第二種動作的原因，和理由，先有於第二種動作以前。考驗人生事物，可以明證此點：例如藝術家的思想和意志，是藝術工作的理由和原因。

純就上述分明的觀點而命名、第一種動作、既是作者的成全，理應叫作「動作」、或「行動」；第二種動作、既是作品的成全，故可取名為「工作」；因此藝術家用這樣的工作、產生的作品、也叫作「工藝品」、或「手工的產品」，或簡稱「產品」。

關於天主的第一種動作，本書前卷、已有論述，（回閱章四十四至一〇二）。那裡討論了天主的智力和意力及其動作。因此為能對於天主的真理，作個全備無缺的研究，現於本卷，尚應討論的，乃是天主的第二種動作：就是天主造生主宰萬物，所發出的動作。

章首標明的經言、可以作研究程式的來源和根據。第一句：「我深思過你的一切行動」、先提出第一種動作，用「行動」二字、指示天主的知識和意願，是前卷研究的材料。第二句：「我也嘗默想你手成的工作」，續加第二種動作，用「工作」二字，指示天主造生天地及萬物，猶如藝術家用自己的手工，產生工藝品。（默想，依字源，是審慎觀摩、思想、診療、測量）。

第二章 實益

默想天主所作萬物，是人培養信德，依信天主，所必需的。

一因默想萬物，吾人能妙萬物而為言，仰觀俯察，讚歎天主上智。工藝品、擬似工藝的技術，表現技能的巧妙。然而天主用自己的上智，給萬物創造了生存，因為《聖詠》（一〇三節二四）說：「爾作成了萬物萬事，都是根據了上智」。萬物、天主所作，到處散佈著和天主相近似的特點。故此，默想萬物，吾人即能印證天主的上智。

《聖經》上《德訓篇》章一節十說：「祂將它（即是天主將自己的上智），傾流於外，普及萬物」。因此《聖詠》（一三八節六及其他）說：「爾的知識、功效神妙，強大高深，非我所能達到」；加敘天主的光明助佑，又說：「黑夜照耀我，猶如白晝」……這樣的話、都是稱揚天主助佑人類，由觀察天主所造的萬物，曉悟天主的上智；猶如說：「爾造的萬物，奇工妙化，我的靈魂知之，不堪驚奇」

二因觀察萬物，妙悟天主全能至上，因而人類心生敬仰。既知萬物天主所造，必知天主能力高越萬物。作家超越作品。原因優於效果。這是必然的道理。為此，《聖經》裡《智慧篇》（章十三節四）也說：「他們，（就是哲學家們），如果仰觀天象星辰，俯察宇宙的物質原素，驚歎天地間各原素的效能和功化，他們便要領悟到，原素的創造者，能力更強於原素」。聖保祿致羅馬人書章一節二〇、也說：「人因天主已作成的工作，用靈智領悟，便能明見天主無形可見的諸般事理：並且因而也明見天主永遠的全能和神性」。因此，《耶肋米亞先知》（章十節六）也說：「爾的聖名、能力強大！籲！萬民的君王！誰能不敬畏爾」？

三因觀察萬物，在人心中，燃起愛火，誠愛天主美善。萬物以內，零星散見的一切良善美好，完全匯聚於天主以內。按卷一（章二十八及四〇）已有的證明，天主是萬善的泉源，萬物是美善的川流。萬物的良好、美善、甘飴、都是是天主所造，既能如此吸引人心傾慕，天主源頭至善、和每物小善的川流，審慎較量，不成比例，更將牽引人靈傾心愛慕，情熱如焚。

《聖詠》（九一節五）因此曾說：「上主！爾用爾的造化、賞了我享受福樂！我將因爾所造的萬物，歡欣踴躍」！別處（章三五節十）詠唱人類說：「他們將暢飲爾宮庭的豐美而酣醉，爾也要傾注爾陶樂的洪流，供他們宴饗：因為在爾以內、有生活的泉源」。這裡的「宮庭」寓指天主造生的宇宙全體。《智慧篇》（章十三節一），訐責某些人的愚頑、也說：「從這些有形可見的美善，他們竟未能領悟到生存的真原」，即是說：從萬物受造，由天主秉賦得來的小善，他們竟未能窺見萬物小善的源頭，尚有實善至大至純的本體。按前卷（章三十八）的證明，天主是純善之本體。

四因觀察萬物，人生美善增進，引人相似天主。因為前卷（章四十九及其他）證明了：天主在自己以內，因認識自己而洞見萬物。《公教》信仰，主要任務，是教誨人類認識天主，並引天主啟示的光明，教人認識萬物。人乃因此，獲得知識，近似天主的上智。

原本此意，聖保祿《致格林德人第二書》章三節十八曾說：「主容（真相）顯示以後，吾眾人類，瞻仰上主光榮，體貌改觀，全和上主有相同的相貌」。

如此說來，明證觀察萬物，是培育《公教》信仰之一要務。為此《德訓篇》章四十二節十五、也說：「上主的諸般工作，我要記念在心；我並要將我所見，宣告於外：上主的工作，完成於上主的語言」，（表現上主的上智和至善）。

第三章　辨別錯誤

觀察萬物、是需要的，不但為啟訓真理，而且為辨別錯誤。錯認萬物的本性，引人錯認天主的本性，錯誤越大，越能引人背棄信德的真理。知物不明，則信德不固。類此情形，數見不鮮。

一因不知萬物本性，有人顛倒因果，誤認某某效果，是第一原因，或誤認受造的某物是造物的天主。效果或受造的任何某物，除非從另一原因領受生存，自己（在未生以前，沒有任何能力），不能給自己創造生存。有人不知萬物都是效果，竟想萬物以外，（即是宇宙萬物、有形的物質世界以外），別無一物：遂在萬物以內尋找萬物真原；例如往昔曾有許多人誤認形體，或任何物質原素，都是天主；按（《聖經》裡）《智慧篇》章十三節二，曾說：「有些人曾認為火、風、清氣、行星、洪水、日月、或類此某物、都是神，都是天主」。

二因對於天主所造的萬物，沒有正確的知識，有些人將天主獨有的特性、名稱、或能力，妄加於某些受造的物體。例如有人將造萬物的能力，或預知未來，或發顯聖蹟的能力，不歸於天主，而誤歸於其他原因。這樣的錯誤是不知物體本性所致。某物本性之所不容有，而人誤歸之；他錯誤的原因、只能是因為他不認識那某物的本性；猶如人皆二足，甲某卻固執說人皆四足或三足。凡天主之所獨有，受造的本性便不容有，（不容有，是和它的本性不能容許同時並存於一個主體以內）；猶如人類本性之所獨有，非他類本性之所可兼有。訐責這樣的錯誤，《智慧篇》章十四節二一曾說：「有些人竟將不可言傳的（天主）聖名、妄加於頑石和枯木」。

三因不知物性，有人貶低天主的能力。例如二元論者誤認萬物有兩個原因：（善神造善物、惡神造惡物）；命定論者，誤認性命和命運，以及萬物的生存和變化、都是出自天主造物者本性的必然而然，不是出於天主意志的自由主宰；偶然論者，誤認某些事物、或所有一切事物，都是偶然的，受不到天主上智的照管；或否認天主的統治力能超越事物變化的常軌。凡此類一切錯誤都是貶低了天主的能力。《若伯傳》章二二節十七，責斥這些人的錯誤說：「他們竟想全能天主一無所能」。《智慧篇》章十二節十七、也說：「當著人不相信禰是全能至高無上的時候，禰表現了禰的實力」。

四因不知宇宙間萬物的本性和品級，人竟有時屈辱人性：甘願屈服於低級物類之下。人受信德（真理）指引，本應追慕天主，奉天主為終極目的和歸宿；今因不知物性、竟而尊卑倒置；例如某些人占卜星象、放棄人靈性的意志、盲從（無靈）星辰的朕兆。《耶肋米亞先知》、責斥這些人說：「天上星象（吉凶）的朕兆，是萬民迷信之所畏懼，你們（應破除迷信）、勿再枉自驚擾」！（參閱章十節二）。還有些人誤認為（天主造天神），天神造靈魂，並因此主張（天神不死），人的靈魂卻有生有死。凡是這些、或類此的其他錯誤，顯然都貶低了人類的尊嚴。

如此可以明見某些人意見的錯誤。他們曾主張，只要人對於天主有正確的觀念，便對於萬物不拘抱什麼意見，對於信德的真理，全不會有任何妨礙。聖奧斯定《靈魂的來源論》（卷四章四，《拉丁《教父文庫》》。卷四四欄五二七）記載了這些人的錯誤。

對於萬物，知識的錯誤，惹人對於天主也在心中生出錯誤的意見，信德引人追求天主。錯誤卻引人遠離天主。因為，錯誤的意見，認為萬物在天主以外，另有別的種種原因，並將人的心智，屈服在這些原因的下面：既貶低了天主的全能，又屈辱了人性的崇高。

為此理由，《聖經》上人對萬物犯了知識的錯誤，和對於天主犯了信德的錯誤，受同樣的責斥，警告，和處罰：《聖詠》（二七箱五）說「要毀滅他們，不要再把他們建立起來，因為他們沒有懂曉上主的行動，也沒有領悟上主手造的工作意義」。《智慧篇》章二節二一，也說：「他們起了這樣的思想，並且犯了這樣的錯誤」，下面接著又說：「他們的判斷，沒有推崇聖善靈魂們的尊榮」。

第四章 觀點

由此看來，研究天主所造的萬物，《公教》信德知識的觀點，專注意它們表現自己和天主共有的相似之處，並且特有的宗旨是愼防因知物不明而陷於神學知識的錯誤。《公教》信德知識和人間哲學知識，在研究宇宙萬物時，所注意的觀點，互不相同。

人間哲學知識、特有的觀點、是研究事物本體生存的情況：分別門類，逐科研究。物分多少種類，哲學也便隨之而分多少部分。（古代哲學，也包括物質科學）。

反之、基督信友的信德觀點，研究萬物時，不是考察事物本體生存的情況，而只是注意事物如何表現天主的崇高，並如何系屬於天主，例如信德觀點不研究火的本性物理，而是觀察火的本性和天主有什麼關係：怎樣表現天主的能力和美善。例如《德訓篇》章四十二節十六及十七、曾說：「天主的動作，充滿著天主的光榮。眾位聖人，稱揚天主的奇功妙化，莫非天主所使然」。

哲學家和信德的觀察家，面對著天主所造的萬物，兩家所見，各自不同。哲士觀物體本性之所固有，例如火性固然發焰上升。信士觀物，卻只是觀察物體對於天主有什麼關係：例如萬物如何應是受造於天主，並隸屬於天主管理，和其他類此的問題。

從此看來，人不可因為信德知識，對於萬物的許多特性略而不談，便責怪它的知識淺陋；例如信德知識，不專意研究天文和物理。同樣、《物理學》、也不詳究幾何學所專究的數理，例如線的長度，及其必有的特性。《物理學》只留意「線」是物質界形體狀貌的邊界，不注意「線」的幾何、或數理。

哲士和信士共同觀察天主所造的宇宙萬物，研究推證之時，所根據的出發點，互不相同。哲士論證的出發點是事物本身固有的種種原因，和因素。信士論證的出發點卻是至高無上的第一原因；例如為證明某某結論是真的，信士能說：因為它是天主傳訓於世人的，或是說因為它稱頌天主的光榮，或是說因為天主的權能是無限的。（「出發點」指前提的理由）。

信士的知識既是著眼於至高無上的原因，故此理應被人稱之為至大無上的上智。依照《聖經申命紀》章四節六所說：「在萬民面前，這（信德的知識）乃是你們（民族所特有）的上智和聰明」。並且為此理由，信德知識是主要的，人間哲學的知識是次要的，並服務信德的知識。為此，神學的上智，有時也用人間哲學的原理，作論證的出發點。因為依同比例，哲學家們，在第一哲學裡，推證知識，也引用各種科學的證據。（上級科學服務哲學，哲學服務神學的上智）。

本著上述的理由、還可看到，哲學知識和信德知識，求知的程式、次第不相同。哲學是觀察萬物本體，從此出發，上達於認識天主：是下學而上達的：故此先觀察萬物，最後才認識天主。信德的知識，適得其反（它是上知而下察的）：只是根據萬物系屬於天主的關係上，觀察萬物：故此它首先認識天主，然後才觀察天主所造的萬物。

為此理由，信德的知識崇高，優於科學和哲學；它更近似天主因知自己而徧觀萬物的知識。按照這樣的程式，依次前進、繼續本書首卷論完天主本體以後，在此第二卷裡、討論生自天主的萬物。

第五章　要目

本處進行討論的次序如下：

首《論萬物》的出生：（天主給萬物創造了生存）。

中《論萬物》的區分：（區分的原因和物類的品級）。

末論萬類的性體：（討論神類和人類、其中兼論形類。首段始於下章。中段始於章三十九。末段始於章四十六、終於章一〇一）。

造生：生存的賦與

第六章 始因

根據前面上卷已經證明了的定理，本卷就可前進證明：天主有能力是外物生存的元始和原因。外物指天主以外的萬物。（萬物指實有界的一切事物）。

理證一：按卷一章十三、用亞里斯多德的理由，證明了萬物都是效果，有某第一實體，是最高的第一原因：吾人稱之為天主。然而原因產生效果，乃是引效果從無入有，獲得生存。故此天主存在，並是外物生存的原因。

又證：同卷同處，用同一大哲的理由，證明了萬物被動而動，有某不被動而動的第一發動者。我們稱之為天主。在動的系統內，第一發動者是同系萬動的原因。故此，天主必須是許多物體生存的原因。況且天體的運行產生了許多物體；在天體運行的系統上，按已有的證明，天主是第一發動者。故此，天主是許多物體生存的原因。

加證：某物本體之所宜有，必定徧有於此物全類，例如人性本體具有理智，火性本體傾向運動上升。然則，用動作產生某一效果，是生存現實盈極物體本體之所宜有：因為凡是作者，個個都是根據它現實生存的盈極程度、而發出動作。故此凡是生存程度、現實盈極的物體，本性生來，有能力發出動作，產生另某一物，也使它現實存在。然而，按上卷（章十六）的證明，天主是一個生存現實盈極的物體。故此天主有能力發出動作，產生另某一物，使它也是一個生存現實盈極的物體；並作它生存的原因。

還證：下級諸類物體，生存完善的徵驗，是它們有能力產生同類，或產生和自己近似的事物：可明證於大哲《氣象學》，卷四章三（頁三八〇左一五）。然而按前卷（章二十八）的證明，天主是生存完善至極的。故此，祂有能力產生和自己近似的某些實有物，給它們賦予生存：作它們生存的原因。

又證：上卷（章七十五）證明了：天主願意、用近似或模擬的方式，將自己的生存，分賦流傳於外物。意力的完善，必定具備行動的能力。明證於大哲《靈魂論》卷三（章十頁四三三左二二）。故此天主的意志，既是完善的，便不會沒有能力將自己的生存，用模仿擬似的方式，分賦流傳於外物。如此，祂便是那某外物生存的原因。

還證：動作的能力越充足，動作效力所能達到的範圍就越廣遠，影響所及的物體、也就越眾多；例如火，微弱時，只能燒熱近處；強烈起來，便能燒熱遠處。

然而天主是純現實和純盈極，強大充足的程度、遠勝於不純的現實和盈極，因為不純的現實和盈極，有潛能和虧虛的攙雜和限止，例如吾人生存的現實和盈極。同時須知：生存的現實和盈極、是動作能力的根基。吾人因吾人生存的現實和盈極，既然尚能發出內成和外成的動作，足見天主、根據祂生存的純現實和純盈極，就更能不但發出內成的動作，例如知識和意願，而且也能發出外成的動作，在祂本身以外，產生某些效果。猶如吾人除有知識和情意等內心動作以外，還能發出外成動作，產生某些外物。吾人能力有限，尚能如此，何況能力無限的天主？如此說來，足見、天主也能是許多外物生存的原因。

因此《聖經》上《若伯傳》章五節九說：「祂作出的事物，偉大，奇妙，高深莫測，數目無限量」。

第七章 能力

從此可見、天主是有能力的，並且可見「動作的能力」、為稱揚天主、是一個適宜的賓辭，（即是形容詞）。

一證：動作的能力，是施動的能力，（和受動能力是相對的，受動是被動於外物）。施動是發出動作，作成或變化外物，著重外物的外字。但因天主有能力是外物生存的原因。故此，祂確應具有動作的能力。

再證：受動能力是潛能物體的潛能；依平行的比例，動作能力是現實物體的實力。凡是物體，個個都是因其生存的現實，而發出（向外的）動作；並因其潛能而受動於外物。然而天主是一生存現實的物體。（生存的現實、是生存程度的充實）。故此，天主是有動作能力的。這個結論是合理的。

還證：天主的美善完備，按前卷，（章二十八），已有的證明，本體以內，具備萬物所有一切美善。然而，動作的能力，（施動以動外物），是一種美善，並是物體本性之所具備。美善和動力的程度，較量高低，互成正比例。故此天主本體以內，不能沒有動作的能力。

另證：凡是動作者，都有動作的能力；它如沒有動作的能力，便不能發出動作。但、按上面（卷一章十三）的證明，天主是動作者，施動以動他物，又是發動者，肇始萬物的運行和變化。故此，祂有動作的能力。祂的能力。祂的能力不是受動的潛能，而是發動的實力。

經證：《聖詠》，第八八篇第九節，本著上面的意義，詠讚天主說：「上主！爾是有能力的」；另一處（篇十節十八至十九）也說：「天主！爾的能力！爾的公義！至高深！至廣大！彌滿爾所作成的萬妙」！

第八章　能力與本體

從此再進一步，就可證出另一結論：天主的能力，乃是天主的實體本身。

一證：物有動作能力，由於它有生存的現實和盈極。然而天主有生存的現實和盈極，因為祂乃是生存的現實和盈極：按首卷（章十六）的證明、祂的本體以內，不含任何潛能，故此祂所是的現實生存盈極的實體，不是根據祂在本身實體的潛能虧虛中，又領受了某某生存的現實和盈極，（簡言譯之：祂的實體，不是實體與生存現實之結合），而是純生存，純現實，和純盈極。為此理由，天主的實體，乃是天主的能力。（不是實體在潛能虧虛的容量中、擁有外來的某些能力的秉賦：不是主體與能力之合）。

還證：凡是有能力的實體，如果它不是自己的能力，它便是從某外物領受了一部分能力的秉賦。說天主能從某外物領受任何事物的秉賦，是全不合理的：是不可能的，因為，按首卷（章二十二）的證明，天主的實體乃是自己的生存，（不會又從任何外物分領一部分生存的恩賜，拿來作自己的生存。同時、生存不會是能力的主體，或任何附性的主體）。故此，天主的實體，是自己的能力，（不是能力與實體之合：而純是能力）。

加證：從（前章）已經提出的理由、足以明見：動作能力是物體生存完善之所必備。然而，按首卷

（章二十八）的證明，天主的一切美善，件件都含蘊在祂的生存以內。故此，天主的能力不是和祂的生存不同的另一事物。按首卷（章二十二）的證明：天主的實體乃是天主的生存。故此，天主的實體，也是天主的能力。

又證：在萬物之中，如果它們的能力不是它們的實體，它們的那些能力便是附性：因此物類性體，與生俱備的能力，（在亞里斯多德所分的十範疇內）屬於附性中「品性」範疇的第二種。（所謂品性，就是實體的品質、性質、才能、成色、狀況、等等）。但按首卷（章二十三）的證明，在天主以內，不能有任何附性。故此，天主是自己的能力。（天主的能力既不是天主的附性，故必是天主的實體）。

另證：物類中，凡是仰藉他物而生存的物體，個個都歸依那憑藉本體而生存的物體：並奉此物體作同類的元首。生存如此，動作亦然。元首是根原和原因。最高的原因，生存行動，都不仰賴下級。然而對於天主，萬物都是下級。萬物的生存行動，都歸仰天主，奉天主為第一原因。天主既是第一施動者，故此是本體自立的動作者，不仰藉他物。凡是本體自立的動作者，都是憑藉自己的本體，發出動作。為發出動作、物體之所憑藉，乃是它的動作能力。故此，天主的本體、自身、乃是祂動作的能力。

第九章　動作

從此，轉進一步便能證明：天主的能力不是別的，乃是自己的動作。

一證：和同一某物，相同的任何某些物，彼此相同。然而按本卷（前章）的證明，天主的能力，乃是天主的實體；並且按前卷（章四五）的證明、天主的動作也是天主的實體。故此，在天主以內，能力和動作，彼此沒有分別。前卷章四五證明了天主智力的動作，乃是天主的實體。其餘各類動作，也都是如此：理由相同。

再證：物體某某的動作，是它能力的施展；因為動作對於能力、有第二現實對於第一現實的比例。（現實是現有的充實：是盈極的意思。能力是第一盈極，能力的施展、便是盈極的盈極，故是第二盈極）。然而天主能力的盈極，不是別的，乃是天主的本體，因為天主的能力乃是天主的本體；天主本體的盈極，僅能是天主的本體自己。故此，在天主以內，不是能力和動作，彼此不同。

加證：性體對於生存，猶如能力對於動作，比例相同，關係也相對稱。然而前面方才證明了，天主的能力乃是天主的性體。故此祂的動作乃是祂的生存。然而祂的生存也乃是祂的實體。故此，天主的動作，乃是天主的實體。如此，結論同前：天主的能力和動作不是不相同。

還證：動作，如果不是作者的實體，便依附作者，猶如附性依附主體：為此，動作也是（亞里斯多德《範疇集》內）、附性的九個範疇中的一個。然而在天主以內，不能有任何某物，依附天主，猶如附性依附主體。（天主不能是附性與主體之合。回閱前卷章二十三）。故此在天主以內，祂的動作和祂的實體，沒有分別，和祂的能力，也沒有分別。（附性存在於主體內、附屬於主體：謂之依附）。

第十章 效力

但因無任何一物能是自己的原因和原始，同時天主的動作和祂的能力，既然彼此不是不相同，從上面的議論看去可以明見「能力」二字作天主的賓辭，確切的指義不是天主動作的原因或原始，而是祂所生效果的原因和原始。（效果是動作所作成的作品。能力生效則是效力）。

又因「能力」在原因和原始的意義中，涵蘊著「向他關係」：按大哲《形上學》卷五（另版卷四章十二頁一〇一九左十八），「動作的能力、是向他動作的原因和原始」，（「向他動作，就是外成動作，將效果完成於作者外面的物體內）；故此，在事物的實況方面，「能力」給天主作賓辭時，所指示的「向他關係」，是「向作品發生的關係」；但只是在理智的想法方面，和概念裡，也指示「向於動作的關係」：本此概念關係，「能力」是動作的原因和原始，吾人靈性的智力，用不同的概念，代表兩者，藉以思想兩者的同異和關係：如說天主有能力，和說天主有動作，兩句話所指的事物是一個，所傳達的概念卻是「能力」和「動作」兩個。（兩個不同的概念、指示一個事物）。因此，假設天主依其本性、有些（內成）動作，不向外面某物內產生效果，而靜存於作者以內，「能力」二字，給天主作賓辭時，所指示的關係，只是「向於動作的關係」：兼指兩者的分別和因果關係；然而這些關係的基礎不是事物方面的實況，而是吾人靈智思想的方式。這樣的動作是靈性智力及意志的動作。如此說來、依名辭的本義（及事物的實況）而論、天主的能力，不指示「能力對於內成動作」的因果關係，而僅是指示「能力對於外成效果」的因果關係。依同理，在天主以內，智力和意力，在事實上，沒有能力的意義，只有動作的意義。（在天主以內，能力和動作是相同的：沒有不是動作的能力）。

從上述的理由看來，足以證明另一結論、就是：吾人肯定天主所有的許多動作，例如知識、意願、造生萬物、及其他類此種種，不是許多不同的事體：因為在天主以內，凡這一切動作，個個都是天主本體，惟一而自同的生存：故此全數動作同是一個：即是生存。

許多名辭，用許多不同的概念，代表相同的一個事物，並不妨害真理。此中的理由、和限度，同閱前卷章三十一及三十五已有的說明，即可了然。（就因果關係而論，能力便是效力）。

第十一章 關係（一）

相對著祂的種種效果，說天主有能力，是合理的。按前章的說明，能力有原因和原始的含義。原始和原因，卻是相對於終局和效果而言的。為此種種理由，吾人談論中，可以說天主對於自己的效果，有某某一個，或另某一個關係。

進一步說：既肯定此某對於彼某，有某某關係，便在言外，不能不兼指這個關係往返的兩方面：就是說：不能不同時暗中肯定，返轉過來，彼某對於此某，也有某某關係的反面。然而萬物的名辭，（既然指天主以外的一切事物）都指示它們對於天主有一些關係：因為按（章六）已有證證明，萬物擁有的生存，得自天主，故此根據各自所有的生存，萬物無不依賴天主。萬物對於天主，既有受造物對於造物者的關係，天主對於萬物，返轉回去，便有造物者對於所造物的關係。（萬物既受造於天主，天主便造生萬物）。故此廣泛的說，天主對於萬物有相關的聯繫。這樣的言論、是可以言之成理的。

還有一點：「相似」二字、指示一種關係。然而天主、和別的作者比例相同，用自己的動作，作出和自己相似的作品，（卷一章二九）。故此，吾人可以用某些關係名辭，形容天主：說天主對於自己的效果有某某關係。

再加一點：知識對於所知的事物，是相關的。然而天主不但認識自己，而且也認識外物。故此，可以說天主對於外物有某些關係。

還有一點：發動者對於被動者，作者對於作品，都有關係之可言。然而按（卷一章十三）已有的證明，天主是不被動的發動者和作者：（發動萬物。創作萬物）。故此天主有關係之類的賓辭。

又有一點：「第一」，和「至上」，或「至大」，相彷彿，都有關係的含義。（用某標準比較某些物體間的次第）。然而卷一（章十三及四一）證明了：天主是至高無上的至善，並且是第一物體，（第一實有物）。

故此，天主顯然能有許多相關的名辭作自己的賓辭。

第十二章 關係（二）

對於祂自己的效果，所有的這些關係，在天主方面、不是實際的。證明如下：

一證：在天主以內，不能有附性。天主不是附性的主體。實際關係，是附性，故非天主所能有。它們既不能是天主的附性，又不能是天主的實體；故此在天主方面，它們什麼都不是；沒有任何實際性。

它們不能是天主的實體，因為它們既然是關係、按大哲《範疇集》（章五，頁六左三六）的定論，「都有向他的本質」。假設關係是天主的實體，便必須說天主的實體，也有向他的本質。這是不可能的。本質向他的實體，在生存和定義上，不能自立，必須依賴所向的對方。沒有對方，它便不但不能存在，並且不能有定義，它便是不可思議的了。假設天主的實體是關係，它的生存，便必須依賴外物。如此想去，祂便不是本體必然的生存了。這正是相反前卷（章十三）的證明。如此說來（再用反證法反回去），足見此處上面所說的那些關係，（在萬物以內固然是實際的），在天主以內，卻不是實際的。

再證：首卷（章十三）證明了：天主是所有一切實有物的第一標準：是至高無上的。故此，相對用複比例比較起來，天主對於萬物，和被知事物對於吾人的知識，所有的關係，是比例相同的。在真假的比較上，被知事物，是吾人知識的標準。依照大哲《範疇集》（章五、頁四右九）所有的名論：「意見和言論的真假，取決於事物（情況）的有無（或是非）」。被知事物，於知識，雖說是相關的，但關係的實際不在被知事物方面，卻只在知識方面：因此按大哲《形上學》卷五（另版卷四章十五、頁一〇二一左三〇），吾人說被知事物是相關的，不是說它對外是相關的，卻是說外物對於它是相關的。（這就是說：它本身實際的存在及情況，不繫於是否見知於吾人；但吾人知識的有無及真假，卻全繫於事物實況之有無。關係的實際性，是在我方，不是在物方）。故此，上述的那些關係，在天主方面，沒有涉及生存的實際性。

還證：吾人說天主有上面所說的那些關係，不但對於現實存在的事物，而且對於將來可能有的事物：因為天主關於它們也有知識，並且也說是至高無上的至善和第一實有物，（和第一原因）。然而現實存在的事物，對於將來能發生現實尚無有的事物，所有的關係，不是實際關係。假設前後兩者能有的關係是實際的，必生的結論應是在某一相同的主體內，現實有無限多的實際關係：因為現實無有，將來能生的事物，是無限多的：例如潛能無限多的數目，大於原先已有的偶數。現實已有的偶數，可能平分至無限多次數。

然而天主對於現有和能有的事物，有同樣的關係：因為天主本身不由於實造某些物體，而遭受任何變動。足見、天主對於外物所有的關係，（在外物有時有實際的存在），在天主卻永無實際的存在。（故此在天主以內、那些關係不是實際的）。

加證：不拘在任何主體內，如果有某新情況發生，那必是因為主體或在本體上，或在附性上，受到了變化。然而有些新關係，可以說是發生在天主方面，例如說天主是某某新生物體的主宰。今如假設這樣的說法，指示天主方面有某關係的實際存在，隨此而生的結論應是：在天主以內有某新情況發生了；並且如此天主也受到了本體上，或附性生的變化。這和前卷（章十三）已證明了的定理適相衝突。（故此用反證法反回去、仍得本章欲證的結論：天主和萬物，互有的關係，在萬物方面，是實際的；在天主方面，不是實際的。）這就是說：關係是單方的，不是雙方交互的：實際的效果和變化，只是在萬物方面，不是在天主的方面。那些關只產生或變化萬物，不產生或變化天主）。

第十三章　關係（三）

有人說上述的那些關係，在天主外面，彷彿是一些物體或事體一樣，有實際的存在。這樣的學說，是無理由成立的。證明如下：

證一：假設那些關係是一些實際存在的物體或事體，同時、既然天主是萬事萬物以上的第一實有物，和萬善以上的至善，（並是萬事萬物萬善的元始和原因），那麼（吾人）便必須設想、天主對於那些關係又有天主對於萬物所應維持的關係。這關係上的第二層關係、依照對方的假設，仍是一些物體或事體：故此在它們和天主之間、又應發生第三層關係。如此逐層增加，將加至無限：永無止境，（將陷吾人思想和言論於有始無終的困境）。這是荒謬的。故此（依反證法程式，反回去），足證：天主對於萬物所維持的關係，不是在天主以外，實際存在的一些事物。

又證：（稱謂辭，是賓辭的一種：是稱呼主體的名詞，或形容詞）。稱謂辭的來源及制定的方式，有兩種：一是取源於外在情況，例如地方和時間：某某地方的事物，往往因地方的名稱而取得自己的名稱；某某時間或時期的事物也從那某時間的名稱、採取自己的名稱；前者的實例是某省、某國、某方，後者的實例是某期、某代、某年、等等。二是取源於內在附性或因素，例如（數量、品質、等等）：人間的語言

稱呼某人是白人，或稱呼某物是白物，是由於某人或物的主體以內，實有白色的附性或因素。（參考拙譯《範疇集》第一章）

有些稱謂辭，取源於關係；但仍將關係看作是依附在主體以內的某某附性或因素：不是外在的情況或局勢。例如稱呼某人為父親的原因，是因為那某人以內，實有作父親的現實條件或因素。從此、關係的稱謂辭，稱呼人物，所根據的理由，是依附在人物以內的某某條件或因素。人物如此；凡是主體無一不是如此。（天主也不例外）。

從此看來，足見天主對於所造萬物，固有的關係，不可能是天主外面的任何事物。（吾人稱呼天主是萬物之大主、或主宰、或造物主、等等。這些稱謂辭的來源是天主對萬物固有的關係：仍依制定名辭的公律，不能是離開天主、飄然獨存的事物）。

然而這些關係，按前章的證明、既然也不實際存在於天主以內；同時它們又確實是稱謂天主的賓辭，（有真實的意義）；故此吾人用它們給天主作賓辭，形容天主固有的某些屬性之時，語言所有的根據，（不是主體外在或內在的任何情況），卻只是吾人思想的方式：完全由於萬物對於天主有固定的關係；因為吾人的理智，既知某乙對於某甲有某某關係，便同時暗想，返轉過去，某甲對於某乙，也必定有些關係；雖然那某某關係實際的根據，有時只有於乙方，不有於甲方：關係是雙方的；關係的基礎，依其實際效果，有時卻是單方的：只在乙方，不在甲方；但依照吾人思想的想法，那些關係是雙方交互的。

如此想來，可以明見另一結論的真實，就是：稱謂天主的賓辭分兩種：一是本體賓辭，二是關係賓辭。本體賓辭，稱指天主的本體，例如說：「天主是上智、是意志、是至善……」，及其他類此的一切句法。

反之，關係賓辭稱指天主時，（在萬物方面，指示萬物對於天主實有的關係；但在天主方面），不指示天主對於萬物實有任何關係；僅僅不過指示吾人理智固有的想法。這樣的想法，是語言真實的充足基礎。故此，吾人的思想和語言，用關係的稱謂辭，稱呼天主，肯定天主是主宰是造物者，等等，並不是虛妄的空言。詳細申說如下：

由於吾人理智、認識天主的效果對於天主有許多關係，並見這些關係（在一端始自萬物、在萬物內有實際的據點，在另一端）卻終止於天主；完全並惟獨由於這個認識，吾人便可制定許多關係辭，用來稱指天主；（雖然在天主實體以內，那些關係，毫無實際的效果：它們的有無，全不改變天主實體的生存情況）。為明了這一點，可用吾人知物的知識作比例：在這個知識的關係裡（也有相關的兩端：一端是吾人的知識能力，另一端是被知的某物。這個關係，在吾人知識範圍內，產生了實際的效果：故有實際的根據；但在所知的某物方面，全無實際的效果：物不因被知與否而改變它實際的生存情況；然而吾人仍說那某物對於吾人發生了關係：影響了吾人：彷彿物方也有了被知以後和以前的分別；實際上），知識的變化、是在吾人心裡；實際的關係是始於我終於物的知識，（絲毫不是始於物終於我的物方變化或動作。天主造物的關係，和物被知於吾人的關係，比例對稱相同。知此可以知彼）。在吾人的思想和語言裡，「物被知於我」，「物啟發了我對於它的知識」、等等辭句，有真實的意義，（不是虛枉的空話），指示「物我交接的關係」，（雖然關係的實際基礎，只是單方的，不是雙方的：只在我方、不在物方），因為是我的知識（發出動作和變化），交接外物；（不是外物有什麼實際的動作或變化來交接我）。

第十四章 關係（四）

從此看來，還可明見，吾人語言肯定天主有許多關係，並不傷損天主本體的單純。這些關係、形成的名辭，不指示天主的本體，但指示吾人理智的想法。（想法是思想的方式和法則）。吾人智力想出許多思想，看到許多關係，用以交接單純的某物本體；並如此，在這許多關係內，觀察某物單純的本體。這完全不是不可能的。並且反之，（不但甚是可能，而且是一必然的定律。依此定律），某某本體越單純，它的效能便越強大，並是更多事物的原始和原因；並且因此，和更多方面發生關係；吾人理智也隨關係的眾多，理解它本體的單純及涵蘊的富強：例如（在幾何學裡），點勝於線，線勝於面。涵養的富強，能力的高大，廣遠，和因素本體的單純程度，成正比例。從此可見：根據吾人智力的想法，和語言的說法，吾人必需肯定天主有許多關係。這個肯定的必需，（不但不傷損天主本體的單純，而且、依人類想法和說法的定律），適足以佐證天主本體、無上單一的精純。

第十五章 一元

轉歸原題，既已證明了、天主是某些事物生一存的元始和原因；現應進一步證明：除天主自己以外，萬物的生存、無一不是來自天主。（此處萬物二字，指實有界所有的一切事物）。理證如下：（萬類一元：至一至公）：

一證：事物本體以外之所得，都是得自某某原因：例如「白人」，是人在本體以外，從某某原因，領得了白的膚色：因為，如不得自某某原因，便須得自本體：以本體為憑藉，並以本體為根據：本體之所是，是事物首先直接之所是。（本體自己之所固有，乃是物本體之所是）。

然而兩物所共有的某一物，不可能是得自兩物的本體；但必須是：或兩者之中：這一個是那一個的原因；或兩者以外，另有第三者共是兩者的原因。例如物質四原素（火土水氣）中的火，是眾原素合成某形體內，熱度的原因。形體與火、兩者共有熱度，以火為原因。又例如：兩盞燈、共同發出光亮、卻是用第三者作原因：這第三者也是火。發熱發光，是火的本體，不是形體或燈的本體。形體和燈所有的熱度和光亮，既不是得於自己的本體，故此，必須是得於本體以外的另某原因：例如火。火的本體、首先直接是發熱發光。

物本體之所固有，既是其本體之所是，不會超越它本體獨有的範圍：故此，不能又是兩物所共有的本體：例如三角、本體固有度數、等於兩直角之合：不會超越三角本體的範圍。從此可見：凡兩物之所共有，必非兩物本體之所固有：必乃得之於另某原因。如上。

「生存」二字、指示萬物所共有的生存。（萬物各因所有的生存，而是其所是，並作其所作）。故此不能實有兩物，既然共同都有生存，同時兩者竟都沒有生存的（外在）原因；反之，必須或是兩者的生存，共有另一原因；或是兩者之中，有某一個是另一個生存的原因。同上。如此上下反復推論，足見：如有某物，它的生存是它的本體，不是來自任何原因，它必定是萬物生存的原因：萬事萬物，所有一切形式和程度的生存，便都是以它為來源。

然而，上面卷一（章十三）證明了：實有某物，確是如此：它的生存乃是它的本體，不是來自任何另某原因。這實有的某物，就是（吾人所欽崇的）天主。故此，結論乃是：凡是物體不拘有任何方式和程度的生存，都是生自天主。（換言譯之：萬物凡有生存都是天主造生。除天主自己以外，沒有非天主造生的物體）。

有人能設難說：「物體」二字，不是一個同名同指的賓辭，（回閱卷一章三十二至三十四）。「生存」二字，更不是。（既然名同而指義不同，則說「兩物（兩個物體）共有生存」等類前提，沒有意義。因此上面的理證無效）。

解答：「物、物體、生存、實有」等等類此的名辭（是廣泛至極、超越物類的大公名，固然都不是同名同指的賓辭〔univocal〕；然而）也不是同名異指的賓辭（eguivocal）：它們給異類許多主辭，作賓辭的時候，有同名通指的指義作用（analogical）：（指示異類相通的某某特點，或似點。同名通指是同名同指和同名異指、兩者之間的一個指義作用）；本此指義作用，這許多名辭、在許多主辭和意義之下，必須貫通眾義，而歸聚會合於一義：有共同連貫的一個意義。為此理由從上面的前提，用這些名辭，仍須推證出同樣的結論；理證有效。（回閱卷一，章三十四。參考《形上學》卷四章二註二）。

加證：任何物體，本性之所固有，既非來自另某原因，便在自身以內，不能有程度的減低和削弱。本性必備的因素，一受加減，便立刻本體改變：猶如數目，加一或減一，本體必變。假設某物的本性或本體，完整無缺，同時遭受了某某本能的削弱，顯然削弱的原因不是物的本性，而是物內本性以外的某因素之損失，並是物外招致此損失的某某原因。損失或削弱的程度定於此某外在原因。

故此，許多物共有某物，彼此有了程度的差別，其原因既非物內的本性，必是外在的原因。每一物類之中，許多物體共有同類的本體賓辭，程度高下不同；程度至高者，是全類的極峰：並是餘眾的原因：例如熱類之中，極熱的物體是餘眾熱度的原因；又例如光類之中，極光亮的物體是其餘各物光度的原因。

然而按卷一（章十三）的證明，在「物體」大公名所指的「生存主體」之類中，程度至大至高的那一個，乃是（吾人所說的）天主。故此，天主是萬物生存的原因：一切物體、既能用「物」或「物體」作自己的賓辭，便都是生自天主，（只有天主自己例外。「生自天主」是受天主造生）。

還證：效果相稱於原因。根據效果的秩序可以釐定原因的秩序：這是必然的。各類本有的效果，返本追源，應歸到本類固有的原因；依此對稱的比例，可知眾類效果以內，包含的共同成分，返本追源，必應歸到某某共同原因：例如萬種生物的出生，在各類本有的特殊原因以上，還有萬種共有的大公原因：即是太陽。又例如國內政治的精明，在各城市長、省縣長、等等地方長官以上，還有全國共尊的元首、即是國王，作統制一切的最高負責人：就是全國政治的大公原因。

萬類物體俱備的共同要素，是「生存」。故此，各類原因以上，必須有某原因，給每物賦予生存：它是至高無上的第一原因：也是萬物大公的原因。然而，按上面卷一章十三的證明，這個至高而大公的第一原因，乃是吾人所信仰的天主。從此可見，實有界所有的一切物體，都是生自天主，沒有任何例外。（「生自天主」便是從天主領受生存：並因有生存，而是所是，並有存在和行動）。

又證：本體賓辭、所稱指的主體，（因其本性本體有此賓辭），是同類秉賦賓辭所稱指的眾主體，有此共同賓辭的原因：例如「火熱」，「熱」字所稱指的火，因其本性本體有「熱」字作賓辭，是其餘一切被火燒熱了的物體，有此「熱」字、作共同賓辭的原因：因為它們的熱度都是人燒的效果：是從火本體的純熱、秉賦而來的。

然而「物體」，依其本義，純指「生存的主體」，乃是天主的本體賓辭：因為天主的本體純是生存。別的物體僅有生存的秉賦，也可稱為物體：不過只用物體作自己秉賦賓辭。「物體」二字，如作本體賓辭，所稱指的主體，既然純是生存，便不能有許多，而只能有一個。詳證見於卷一（章四二）。這個主體乃是天主。故此，天主乃是萬類物體每物必有的生存之原因。天主以外每物如此，無一例外。

另證：凡是能有能無的物體，都是有某原因來決定其有無：因為這樣的物體，按自身的本體去看，是有無兩可的；為能在兩可之中，決定一端，必須仰賴另某原因。追究原因、逐級上進，不能進至無窮。進到最後，必定有某必然實有的物體，給一切能有能無的物體作原因。

必然物體（也分兩種），一是自己的必然性來自更高的另某原因。順此方向、逐級上進追求、也不能永無止境，故此，追到最後、必定有第二種必然物體：它的必然生存和實有乃是它自己的本體，不是生自另某原因。按卷一（章四二）的證明、這樣的物體、只有一個，不能有許多。它乃是天主。故此祂自身以外的物體，返本追源，都歸向祂，奉祂為生存的原因。每物如此，無一例外。這是必然的。

加證：按上面章七的證明，天主根據自己生存的現實和盈極而（發出動作）作萬物的創作者。天主自身、用自己的現實和盈極、包含萬物所有的一切美善。證於卷一（章二八）：如此、天主在自是所是的現實中，有含蘊無限的德能，並因此德能、兼是萬物之所是，兼備萬物之所有。這就等於說：天主是萬物的創作者，不限於某些物：萬物之中，無一物不是生於天主。萬物、除天主以外、本性生來，無一不是生於他物。假設有某物，本性生來，不是生於他物，它便是本體必然生存：絕對不能生於外物的天主。故此，不能有任何一物不是生於天主。

又證：物體之中，不完善者，生於完善者：例如精卵生於動物。然而按卷一（章二十八及四十：的證明、天主是完善至極的物體，又是萬善以上的至善。故此，祂乃是給萬物創造生存的原因：主要因為按卷一（章四十二）的證明，這樣的物體、只能有一個，不能有許多。

經證：天主《聖經》的權威也旁證這一點：《聖詠》（一四五、六）：「天主創作了上天、下地、海洋及三界所有一切」。若望福音章一節三：「天主用自己的聖言、創作了萬物；無一物不是因天主聖言而受創作於天主」。聖保祿致羅馬人書章十一節三六：也說：「天主是萬物生存的元始，是亨通利達的依憑，是貞固永寧的砥柱。光榮歸之，永垂萬世」。

駁謬：古代《物理學》家曾誤認某些形體（本體自有生存，本體以外）不另有生存的原因。還有些人主張天主不是天體的原因，而僅是天體運行的原因。依照本處的定論，可以明見這兩種主張的錯誤。

第十六章　造生：引物由無入有

從此轉進推論，足以明見，天主造生萬物，導引萬物由無入有，未曾用任何先有的因素，作物質的資料。天主是從無中造生萬有，不是從物質或原料中造生萬有。理證如下：（萬有指實有界所有一切事物）：

證一：假設實有某物，是天主造成的效果，在此某物以前，或先有另某一物，或不先有任何一物。如果不先有任何一物，便是證驗了本處提出的命題：就是天主造生某某效果，而沒有用任何先有的因素。反之，如果先有某物作了物質原料，那麼、在它以前是否又先有更早的另某一物，（作原料的原料）：如此推往，或推至無窮，永無止境，或推到最後，止於最後的第一實有物某某。今按大哲《形上學》卷二（另版卷一、次編章二、九九四左二）、已有的證明：根據自然界的物理，推究原因或因素，不能推至無窮，永無止境。故此，必推至最後一個原因而後止。所謂「最後原因」便是最先有的第一原因，在它以前，再沒有另一個更先有的原因。

按實說來、先萬物而有的第一原因，不能是他物，僅能是天主自己。（為此，必欲說天主從某第一原因造生了萬物，並說用那個原因作萬物所由而生出的原料；那便等於說：天主用自己作原料，並從自己之中，造生了萬物。這樣說卻是不合理的。）；因為卷一（章十七）證明了：天主自己的本體不是任何物體的物質原料。

既然如此，天主不會是萬物的物質或原料。同時按前章的證明，天主以外無一物不是以天主為生存的原因。（將這兩個定理合起來，便等於說：天主是萬物出生的第一原因，但不是萬物的物質原料）。如此，將議論歸結到最後，惟一的定案須是：天主用自己的動作，造生自己所造成的效果，當初並不需要任何先已備置停妥的物質原料。萬物初生，是生自天主造物的全能，不是生自任何先有的質料。

還證：凡是每一物質，一由上級原因的動作和影響，領受了某某新物的性理，便因此性理而將自己生存的領域，縮小到某某狹窄的種界以內去。故此，上級原因發出動作，給先備的質料，製造新物的性理，將新物從質料中，製造出來，不拘用了什麼製造的方式，必是受某某種類固定範圍所限止的作者。這樣的作者，是某某種類所專有的特殊作者，不能是超越萬類的大公原因。（例如瓜生瓜，豆生豆，火生火）。原因和效果、是比例相對稱的。需要用動作從先備質料，產生新物的作者，是某某種類的特殊作者。

然而，按前章的證明，天主造生萬物，是萬物的作者，不是某某種類的特殊作者，而是萬類共有的大公原因，祂所產生的效果，也是萬類諸物，無物不有的大公效果：即是泛稱的生存。這樣的大公原因和效果，既然超越萬類，不受特殊種類的界限，故此在用動作產生效果之時，不需要有任何先備的質料。（質料或物質是限定物性之種界的。在超越種類界限的動作裡，無質料或物質需要之可言。

又證：效果越普遍，它的原因便越高廣：因為原因越高廣，它效力所能達到的物類也便越眾多。然而「生存」、「存在」、「實有」、等等字樣，意義的範圍寬廣，遠甚於「被動」、「運行」、「活動」、等等字樣：因為有些物類，是有生存，和存在的實體，而無運動，也無活動，也不被動而動；（反之，凡被動而動，或有運動的物體，必須實有生存或存在）。例如（靜止不動的）石頭，（不但有出生和存在的生存，而且、依假設，有沉重靜止的存存；但無任何運動、活動、或「被動而動」，等等動的情形。曾有某些哲學家，有這樣的主張傳授於後世。

如此說來，「生存」既是更普遍的效果，故此，在物類運動變化的原因以上，必須肯定尚有更高的原因，是萬類生存的原因：前章證明了：這樣的第一原因、是萬物生存的元始，乃是天主。故此，天主用動作造生萬物的生存，不只是肇始萬物的運動和變化。萬物的運動和變化，各類有各類的特殊物質原料。用某類的運動和變化，產生某類物體，是從先備的物質原料產物體。這樣的物體之產生，是某某作者、用自己的動作，促成某類物體出生於物質的運動和變化：簡直說去，這樣的作者，是用運動和變化，改造物質，而產生某某新物的運動和變化，（並不真是創始物體的生存或存在）。天主的造生能力，高於運動變化的境界以上，直接創造物體的生存：祂的動作，不只是用物質的運動和變化。故此，不用先備的物質原料，直接給物體產生其實有的生存，不是不可能的。這樣的產生，以生存為效果，不以物質變化為途徑，（是高級原因的特性）。那麼天主（既然是這樣的高級原因，故此，給萬類物體，產生每物實有的生存，不用任何先備的物質原料。

另證：物體從純無生存而開始純有生存：是由純無而變為純有，不是此某物出生於彼某物（的同類相生、或異類相生：例如母生子，或火生灰）。某某物體此某生產彼某（或同類、或異類、既受種類的界限，便不是大公的原因，而是某類私有的原因。私有的某類原因，產生某類私有的效果）：是用物質的運動和變化，促成其效果的產生。這樣的產生，不適合大公原因的本性。（大公原因，產生萬類共有的大公效果：從純無之中產生某物的純有）。這樣的產生不是某類物體、物質運動變化的產生。故此，天主依其最高原因的本性，為作成某某物體，不可仰賴任何先備的物質原料。

加證：每一任何作者，用自己的動作，作成的作品，必在某些方式和程度之下，相似作者。簡言之：作品相似作者。然而作者動作的根據，是作者生存的現實和盈極。有些作者，是仰藉自身物質內具備的性理而有某類生存的現實和盈極。此類作者，產生某某新成的效果，是給某某物質原料，締造新興的性理，使此新物的性理結合於那某某物質的原料。因此大哲《形上學》卷七（另版卷六章八、一〇三三右一〇）證明了：物質的實體、在物質內含有性理，新生之時，是生自物質的原因。這樣的原因、也是在自身物質以內，含有性理的實體：不得是脫離物質，飄然獨存的性理。（離物空懸的性理，是柏拉圖所主張的純理，依亞里斯多德的證明，既無實際的存在，又無力產生物質的實體）。

然而天主生存的現實和盈極，不是憑藉自己實體結合了的任何性理，而是憑藉自己整個實體的全部。按卷一（章二十二及二十三）的證明，天主純因自己的實體而有現實盈極的生存，沒有任何外加的因素，附著在自己的實體上。生存如何，動作便也隨著必是如何。前後比例對稱相同。依此比例，可以斷言：天主是憑藉自己實體的全部，發出動作，作成和自己的實體相似的效果：就是造生全部實體生存自立的物體；這樣的效果是實體的全部及其生存，不只是附著於某實體以內的任何事物：就是說：不只是在物質以內，製造出新物的性理。這樣的作法、在動作裡，不需要任何物質原料。準此而論，可以斷定：天主（發出動作，造生萬物），在自己的動作裡，不需要先備的物質原料。

又證：將物質和作者相比，物質可以比作是承受動作的容器。（物質以其潛能和虧虛的容量，容受動作的現實）。動作的現實有兩個主體：一是發動主體，即是作者。動作由作者發出來；（它的現實以作者為主體，並是以主體的物質為容器：儲蓄存養在物質中）。動作達到另一受動的主體。它的現實便以受動主體的物質為（儲藏存養的）容器。同時、須知：作者發動的現實，乃是受動主體受動的現實；現實是現有的充實，也就是盈極：（例如火爐中煤火的熾熱之盈極，便是壺水煮沸的盈極）：因為作者的動作，容受在受動主體（的物質以內），便是受動主體以內的（生存、或存在情況的）現實盈極；並是它（新生存情況所根據的）性理，或至少是此某性理的初步實現或萌芽。（性理是主體領受的動作，是主體生存程度的盈極因素：大哲亞里斯多德簡稱性理為盈極）。以上是物質動作的本然。

然而天主發出的任何動作，都不必須容受在任何受動的主體內：因為祂的動作、按上面章六（章八章九、等處）的證明，乃是祂的實體：（並是祂的生存，在祂自己以內，祂的動作不用任何物質作容器。根據效果相似原因的定律，在效果方面，便也不需要容受於受動主體的物質內。既無物質而能動作，便能無物質而產生效果）。故此，為產生效果，天主不需要先備物質。（何況祂產生的效果乃是萬物實體的生存：即是最深最初的第一現實和第一盈極，連物質的現實存在，也包括在內：故此，天主用無物質的動作，不用先備的物質，能產生物質的實體）。

另證：（從物質條件方面觀察），凡是需要先備物質的作者，在發出動作時，需要物質有配製適宜的條件：和作者的動作完全配合相稱：凡作者動力所能產生的實效，物質潛能虧虛的容量，相當深廣，全部都能容納，方可。（條件是在具體事實裡，此某物質現有的容量，應足以承受彼某作者某某固定方式和程度的動作）。否則條件不適當，作者便不能將自己動作能力，完全實現：動作不能生效，動力乃等於虛設。

然而物質對於天主不會有配合適當的條件。按大哲《物理學》卷八（章六、頁二〇六右十五）所提出的理由，足以明見：物質的潛能及其虧虛的容量，不是全無限止的。（最大的物質，不過僅與天體看齊。大哲及當時人認為形體之大者，莫過於蒼天之大）。同時（須知）：按卷一（章四三）的證明，天主的能力卻是完全無限的。（故此，不能因受任何阻礙而失效，也不能依賴任何物質條件，或受物質條件的限制）。如此說來、足見天主不需要任何先備的物質，作自己動作必不可少的因素。

還證：物類萬殊，物質互異。神類、形類，（類性迥異），物質不同。天上形體、（日月星辰、常動不靜、故常存不滅）；地上形體（變化無常、故存亡代興）；久暫異類，相差天壤，物質不能相同。更詳察之，分別益明：物質特性，惟在容受，猶如容器。徧察上述諸類，所容不同，故容器不能無別。神類之所容受，乃智力之所領悟，猶如吾人智力，領略事物而曉辨性理，遂將事理物性，（悟受於心智以內，保存曉悟所得的意象，但不保存事物的物質。事理物性，智力悟受可知的意象），存養在人心靈智以內，完全沒有物質的生存和動作。（足見神類的容受力，如果可以叫作神類的物質，仍和形界物類的物質，大不相同）。次觀天上形體，旋轉運行，容受方位的更動，不容受實體的新生，正合下界（呆板靜止的礦植相反：方位不動而存亡相繼）。各類分立，各有一物質。萬類相合，不是共有一物質。對於萬類共有的，大公的生存，沒有一個大公的物質。（按前章的證明），天主造生萬物，發出動作所產生的效果，乃是萬類物體所共有的大公生存的全部。（這裡的生存是大公名辭用絕對廣泛意義，所指示的第一現實，和第一盈極：是物體從無入有或實有非無必備的第一條件）。

從上述一切，綜合看來，可以明見：對於天主，沒有任何物質相對，而有配合適當的條件。為此理由，天主不必定需要物質，（為能發出動作，作成萬物）。

加證：不拘任何物體，如果在本有的性體上，互有任何配合對稱的比例，和秩序固定的關係；它們便必須在本體生存上，或此生於彼，或彼此兩者，同生於第三者，（這第三者，推尋到最後，只是一個，不能又是兩個或許多）。因為必須有此第三者，在相關的兩者之中，締造兩者交互配合對稱的關係，及其秩序固定所需的體制。否則它們互有的對稱或秩序，便應生於偶然。在物類最高的原因或因素裡，肯定它們的秩序生於偶然：這是不堪設想的，因為是荒謬至極的。（詳閱大哲《物理學》卷二章四）。假設第一原因或因素間的秩序是偶然的，從此假設隨之必生的結論，須是其餘萬物，更應都是偶然的了。（這樣的結論既不合事實，又不合道理）。

準此而論，假設有某物質和天主互有對稱的關係，便必須或是兩者之中，此生於彼；或是彼此兩者，同生於第三者。然而（按卷一章十三）既然天主是第一實有物，又是第一原因，便不能是物質的效果，也不能是第三者的效果。推論到最後，結論只剩是：假設實有某某物質和天主的動作，有配合相稱的關係，天主便是這個物質的原因。（為產生這個物質，天主不用另一先備的物質）。

還證：萬類以上的第一實有物，是所有一切萬物的原因。萬物如果不是它所造成的效果，便不遵守它秩序的統制。明證於前文。今請注意：現時與潛能，或盈極對虧虛，相互之間，有下面這固定的關係和秩序：在相同的一個主體內，如果它有時而潛能、時而現實，或時而虧虛、時而盈極的變化，它便在時間的秩序上，先潛能而後現實，先虧虛而後盈極縱令、在性體（尊卑）的秩序上，現實先於潛能，盈極先於虧虛。（性體秩序的先後，是尊卑優劣上下因果強弱等等的差別）。然而絕對（全無條件限止的）說來：必須肯定：現實先於潛能；盈極先於虧虛。理由明顯：因為物體由潛能和虧虛，轉變到現實和盈極，不能自己轉變自己，只好依賴另一生存現實盈極的物體，（作自己轉變的原因。絕對的說、原因常是先於效果的）。

說到這裡，回頭請想：物質乃是一個潛能而虧虛的物體。天主卻是純現實、純盈極，又是至高無上，至全無缺的第一現實和盈極。（回閱卷一章十三、十六、及十七）；絕對先於物質，並且因此必是物質出生的原因。故此，無理由必須肯定天主的動作有任何先備的物質。

又證：第一物質也有某些程度的生存。因為（凡是物體、既都是生存的主體，便有某些程度的生存：或現實盈極，或潛能虧虛、而非純無；並且），第一物質乃是有潛能生存的物體。

然而天主，按上面（章十五）的證明，乃是所有萬類物體的原因，無一物體例外。故此天主也是第一物質的原因。第一物質以前，不再有任何另一物質。天主的動作因此便不需要先有物質存在。

經證：天主的《聖經》也旁證這端真理：《創世紀》章一節一說：「在最初之時，天主造了天和地」。這裡所說的「造」，便指「不用先備的物質，產生某物，引它從無入有，肇始它的生存」。

駁謬：古代某些哲人、常見各類動作都有先備物質，由而公論肯定：「無中不生有」，或說：「無物生於無」。本此定見、進而誤認物質（永存，無始無終），完全沒有任何原因。殊不知、「無中不生有」的定理，只限於各種物類的特殊原因，（和作者），擴展到創作萬類生存全體的大公原因上去，便不適合。大公原因，在自己動作裡，用任何先備的因素，都是不必須的。古代哲人知識發達，尚未達到大公原因創造生存的見解。

第十七章　造生與變化（一）

上點既已證實，轉進乃可明見：天主動而生物，不用先備的物質。祂的這個動作，名叫「創造」，或「造生」。依名辭的本義而論，造生不是變動，也不是變化。理證如下：

一證：凡是變動或變化，都是潛能物體，在潛能中，生存境況的現實；（回閱卷一章十三及大哲《物理學》卷三章一：乃是兩物互動，父相變化的現實：收容在雙方主體的物質潛能中：需有預先配備適當的物質）。然而天主造物時所發出動作，既無先備的物質潛能，又不收容在物質潛能的容量中。證如前章。故此，它既不是變動，又不是變化。

再證：變動或變化共分四種：或變位、即是地方位置的改換；或變量：（例如體積大小肥瘦）；或變質：（例如品質的剛柔甜酸）；或變種：（即是某種物體因實體變化），失掉本種固有的物性：性體完全失掉，（例如人死以後，屍身化為塵土。人屬於人種。塵土不復屬於人種）。這些變動或變化，共守一條公律，就是變動過程的兩端，同屬一系：或屬於同類，（而不同種），例如變位、變量、變質，過程的兩端，（東西、大小、剛柔），互相衝突，（故不是同種），但（有共同的物質實體作主體，故）屬於同類；或屬於物質的一個潛能，例如物體變種，失掉原有的種別因素，即是失掉原種固有的性理，死於此種，而生於另一種，化成彼種的新物：前後兩物，種性不同，但有共同的物質潛能。（兩端、或衝突，或矛盾，既屬同系，便以同系某主體之潛能，為變化或變動先備的條件）。

今請觀察天主造物的「創造」，和上述情形，全不相同：那裡有主體潛能或物質潛能；這裡沒有任何潛能，也沒有任何兩端同類的因素作先備的條件。證如前章。故此，這裡、只是「造生」，既不是變動，又不是變化。

另證：凡是變動或變化，都是有某主體生存情況，前後有所不同。名理明示此點之當然。（參看大哲《物理學》卷五章一）。然而天主造物，乃是物的實體，全部由無而有，不能有任何前後生存情況有所不同的主體：因為那樣的主體，如果依照假設，既是造物之所預先必備，便不是造物時之全部新生了。故此，既是造生，便不是變化。

（華蒂岡圖書館珍存多瑪斯親筆殘篇之一始於此）：

還證：因變動或變化而生的物體，在時間的長度上，必須產生在變動或變化完畢以後：因為「物體的完成」是變動歷程的終點，是靜止休息的開始。因此凡是變化必須或是變動的歷程，或是變動歷程的終點。變動歷程有時間段落的相繼逝去。為此理由，正在變化將生的時期中、物體還沒有生存。變化不是生存。變動終止，休息開始之時，物體已經產生而完成了，便不是變化將生：而是已有生存了。物體的造生，受造於天主而生之時，不能有上述的情況：因為，物體未生以前，不能有造生的歷程，如同變化或變動歷程一樣、有時間段落相繼流逝。否則，如有時間延續的變動歷程，便須有歷程的主體，先備於新物未成以前。（它便應是物質）。這正是違反「造生」的定義。故此，造生不是變動，也不是變化。

第十八章　造生與變化（二）

由此觀之、足見根據變動或變化的定義，攻擊物體之造生，想出的種種議論，都是虛枉無效的。例如有些人說物體的造生和其他種種變動或變化相同，須有某某主體；或說物體的造生，須是將生存的否定變成生存的肯定：即是將無有變成實有，如同是將熱火變成清氣一樣。

上述的意見都無理由成立：因為物體受造而生，不是物體由主體的變化而生。造生不是變化而生。造生二字，確義之所指，乃是受造的實體生存，對於生存所由奠立的元始和原因，固有的依賴。如此說來，它是一個關係：屬於（亞里斯多德《範疇集》內十範疇中）「關係」之範疇。本此意義，無妨說「受造而生」是「受造物」的一個關係，以受造物為關係的一端：彷彿是以受造物作依附所在的主體：（猶如「兒子受生於父親」是「兒子的一個關係」，也以兒子為主體：情形不全相同，但相彷彿）。

改換觀點看去，根據吾人理智的知識方法和想法，「造生」也好似是一種變化：因為相同的一個物體先前沒有存在，後來有了存在，吾人理智看到先後的不同，便在心裡產生「變化」的概念。「造生」也就因此不是沒有「變化而生」的意義。（但這是「變化」的廣義和借義，不是狹義和本義）。

疑難：按上述，「關係」是一個事物，（屬於事物的十範疇）；凡是事物、按前兩章的證明，都是天主造生的。那麼「造生」，既是關係之一種，也就應是天主造生的；如此推想，造生受造生，關係上又有關係，必將上推無窮，而永無止境；並陷於無物能生，無思想和議論之可能的困境。這是荒謬的。

解答：回閱前數章全文，足以明見：固然「造生」（既是物體受造生於天主），便是關係之一種；因此，也便是事物之一種；然而它（不脫離物體、飄然獨存），故不自己又另受造生一次；依同理，它也不是關係上又（和天主）發生同樣的另一關係。申述理證如下：

凡是事物都是因受天主造生而有生存或存在。「造生」是一個關係，故是一個事物，故此，也當然是天主造生的。然而（慎請注意）：它的受造而生，不是離開它的生體：那是受造而生的第一實體。當此某實體受造而生之時，它「受造於天主」的關係——即是「造生」——也便同時受建立於天主，不是分別受天主又另造一次。理證如下：（「關係」是一種附性，不屬於物質方面，故此，它屬於性理方面）。然而凡是附性或性理，既然不自立生存，（不脫離實體而飄然獨存），故不單獨受造；因為「天主造生事物」，乃是造生實體。附著於實體的一切，（或附性，或性理，或物質，或任何其他），既然必依附實體而生存，便依附實體而受造：實體受造之時、它們便隨之俱受造生：同時都生於天主的一次造生：不是另造一次，或造了一次又一次。故此，不是造生前又造生造生，（而倒溯無窮）。

另一方面，依同理，既定的關係，不發生同樣的另一關係。（例如「父子關係」，對於父和子，不發生另一「父子關係」：不又是父親的兒子，或兒子的父親；也不是關係的關係）。「關係」和相關的兩端，發生的關係，不是另一關係，而是原有關係的自身。「關係」附著於相關的兩端或一端，以此兩端或某一端作主體；但那關係自身不又作另某（同樣）關係的主體。注意到此點，便不再陷於「關係的關係，上溯無窮」的困境了。

最後結論：物體受造生，事物都受造生。實體自立、單獨受造生。其餘一切事物附著於實體，隨實體而俱受造生。造生也是如此。但造生不分別受造生。物體之間，互生關係。但關係不又生關係的關係。如此便不上溯無窮。（疑難遂告消解）。

第十九章 造生與時序

從上述看來，足見：造生無時序。詳證如下：

一證：凡是時間段落先後相繼的次序，都是變動或變化歷程之所固有的特性。然而造生既不是變動歷程，又不是變化，又不是變動歷程的終點：例如實體的新生。（回閱章十七）。故此，天主造生世物，完全沒有時間段落先後相繼的次序。

再證：運動的時序、分始終及中間各段落。中間是介於兩端之間，並將兩端連續起來，供給被動者，始有所自，中有所由，止有所終：完成運動接續不斷的歷程。（始終兩端之間，如無中間段落之可能，便無時序之可言：也便無先後之可分）。然而生存的先無而後有，彷彿是造生的始終：兩端之間，不能有任何中間的距離。（非無即有，非有即無。有無之間全無距離）。故此，造生之際，沒有任何時間先後的繼續。

還證：按大哲《物理學》卷六（章六），凡是作成某物，如有時間段落先後的繼續，工作的歷程便應發生在那某物完成以前；並因此需要有某某物質的主體，作工作施行的所在。這些情況、都非「造生」所能有。一方面，新物未成以前，尚是純無，不能作承受工作的物質主體。另一方面，天主不能是造生工作施工所在的主體：因為「造生」是天主造作新物，不是造作天主自己。同時「受造生」，猶如「受推動」，是被造或被動者的現實，不是創造者或發動者的現實，故不能以創造者或發動者為主體。（方才所說的現實，是主體潛能的實現，並是它的虧虛受充實而得的盈極）。此外，為有施工所在的主體，只剩第三條路，就是假定有某先備的物質原料。但這條路也是行不通：因為它正是相反「造生」的定義。故此，既有「造生」，同時又說它有時間段落的繼續，（是自相矛盾的），故此是不可能的，（即是荒謬至極的）。

加證：凡是工作歷程，既有段落先後的繼續，而無時間先後的次序，是不可能的。（按大哲《物理學》卷四章十一，頁二一九右一），運動歷程段落的先後、乃是時間先後的計算。尚須注意：時間，運動，和運動經過的距離，三者的段落，先後相繼，是同時平行並列，一齊分開的。舉出實例，說明此點，首先觀察地方的移動，事實明顯：某物運行，從某處過到某處，經過的一半時間，便等於行程和路程的一半。在性質的變化歷程上，時間段落的分開計算，根據強弱程度的度數：同火燒熱同物、燒的時間越久，同物被燒而有的熱度，便隨著增強提高；燒的時間越短，它的熱度便越低弱。各種變化計算段落的先後，各有各不同的根據：變動位置，或增減體積，計算時根據幾何的量數；變質，則（按方才所說），根據強弱程度。但強弱、或深淺的程度，計算起來，有兩種方法：一是性理方面，計算某某性質強弱或深淺：例如某物變白，由黑變白，先淺白後深白；最後的純白，是變的終點。這個方法、以性理的最高程度，為變化的目的和終點；並以此終極點作計算的標準。另一個方法、是物質方面，為容受變化而得某新性理，本身所呈現的適應程度，有度數的分別：例如火燒濕木，（先暖，後蒸，後乾，然後發煙，最後熱火煥發）：木料的物質方面，因受燒而呈現適應的狀態，便有許多階段可以分辨。（參看大哲《物理學》卷六章四）。

上述各種分別計算段落的方法，都不適合於「造生」：因為「造生」是天主給某物，創造實體自立的生存。這樣的生存（或有或無，有則全有，無則全無，有無之間，沒有半有半無的中間立場可能：故）無強弱或大小的程度。（按大哲《範疇集》章三及章五），實體無比級的差別。在新物受造生之際，不但實體生存無強弱比級的差別，而且也無先備的物質主體，可以分辨物質適應狀態的階段。故此，「造生」這回事裡，不能有任何段落先後的連接繼續。

另證：製作物品、費時間的原因、是物質方面條件不充足。開始之初，物質的主體，為從作者的動作，領受新生的性理，尚未配備適當；然後、待到配備停妥以後，便在一閃之間，立刻領受之。為此理由，例如凡是導光體，因為本身的物質常有極度適當的條件，故此光線一來，便立刻全體領受光明盈極的照耀，（並將光明轉射四方）；它的本體不經任何預備的變動和時間，只是等待光明從發光體出發，來到自己的本體：中間經過一些地方或空間位置的移動和時間。（發光體發光，就是作者發出動作。光明是性理。導光體是領受性理的主體，並是傳播光明的媒介）。根據以上的事實，可知工作費時費力的原因，確是物質條件欠佳而已。然而天主造物，在物質方面、絲毫沒有任何先備的需要：從天主方面，動作發出之際，也不需要先有預備，後發動作，然後經過移動，才達到應造生的新物：因為按卷一（章十三）的證明，天主是常靜不動的發動者，（主動萬物，而自身全不因此發生任何變動，猶如磁石引針，針動石不動）。如此推論到最後，天主造物，不費時間：迅在一閃。天主造物，物即生矣，猶如曉日東昇，晨光明矣。發動受動，體雖互異，事卻並成於一時。前後之間，無時間先後的延續。

經證：天主（啟示）的《聖經》宣佈萬物受造，成於無前後段落可分的短瞬以內。《創世紀》（章一節：說：「在開始之初，天主造了天和地」。聖師巴西略〔Basil〕將「初」字解作時間的開端：按大哲《物理學》卷六（章三），凡是時間的開端，都是無段落可分的純一單位。（參閱聖師巴西略六日造世訓話，篇一，章五，希臘《教父文庫》卷二九欄十四）。

第二十章 造物（一）

從此轉進推究、顯明可見：凡是形體，都無能力用造生的方式，產生任何物體，或事物。詳證如下：

一證：凡是形體，都是如不被動，便不發動：因為發動者和被動者，必須同時並存；作者和作品，（在作成之際），也是一樣。按大哲《物理學》卷五（章三頁二二六右三三），所謂「同時並在」，乃是兩個物體，同時並在一個相同的地方。（地方距離隔絕，兩物不相交接，便不能交互動作）。形體為進佔地方，非移動不可。既須移動，便不能不費時間。故此，凡形體發出動作，有任何成就，都是成於相當長的時期以內：有段落先後的延續。然而按（前章）已有的證明，「造生」這回事，不用時間的延續。（這是「造生」，這回事的特性）。足見凡是形體，不拘是什麼樣的，無一能用造生的方式產生另一任何事物。（此處所謂的形體，乃是宇宙間有物質的各類實體，是眼目或器官知識，可以察覺的）。

另證：被動而動的發動者，向某主體，發出動作，必定在這主體內、產生變動的事件：因為受製作和被動的主體，受到製作者和發動者的影響，便從而接受某些新生的情況和條理：同時、凡是作品，都相似作者，猶如效果相似原因。為了這些（兩方面）的理由，如果發動者，被動而動，先自己受到了改變，並有了和原先不同的生存條件和情況；轉而發動影響另一主體，當然必定也在此主體內，產生某些新情況和條件。在一個主體內，產生新情況和新條件，不能不是產生了變動的事件。按（大哲《形上學》卷二，另版一甲編章二）已有的證明，凡是形體，如不被動，便不自動，為此種種理由，如不經過被動主體的變動和變化，任何物體，便不能受到另一形體動作的影響、製作、和成全。（新物體的產生，在此處，必須是由某形體發出動作，變化某某物質主體，由此主體的物質原料中形成出來。這是宇宙間，形體產生或製作另一形體，必經的手續）。

然而，按（章十七）已有的證明，造生不是變化而生，也不是變動。足證：無一形體能用造生的方式產生任何事物。

再證：作品相似作者。效果相似原因，這是必然的。為此理由，效果不能是新成某物體、整個實體的生存，除非原因的動作也是自己整個實體的生存。猶如，依反比例，按大哲《形上學》卷七（另版卷六章八頁一〇三三右二五）已有的證明：（物質主體因性理而發出動作，便在另一物質主體內，產生相同或相似的性理）；反之，完全沒有物質的性理，（如有獨立的實際生存和行動），既是因自己實體的全部發出動作，它所產生的效果，便不能只是物質主體內新生的性理：就是說不能只是新生實體的一部分：為此，它動作終止後所產生的效果，不是形體因實體變化而新生另一形體：那只是將實體的新性理，從主體的物質潛能中，引入現實，不是產生物質與性理之合的整個實體。

現請轉念考察形體：凡是形體，縱令它全體全力發出動作，它的動作也不是它整個實體的生存：因為它不是因生存而動作，而是因性理而動作：它先因性理而有生存，又因生存程度的現實盈極，而運用性理秉賦的能力，發出動作。它的生存不因動作的始終而存亡，足見它的動作不是因生存的自同而發作。它的動作，顯然不是它的生存，也不是它實體的全部。反之，惟有全部實體純是性理的作者，才能因全部實體而動作，並產生效果的全部實體，（不只是從某物質主體中、產生新物的性理）。凡是形體，既然都能受變化，明證自己實體都含有物質，（物質不是動作的因素）；故此，全無理由肯是：任何某一形體能因全部實體而發出動作，並產生另一物的全部實體。這就等於說：形體、無一能造生另一任何事物。因為「造生」的本義，正是某物因全部實體而發出動作，以產生另某新物的全部實體。形體無力作此，故無力造物。

加證：能力非無限，便不能造物。動作而生物，是將某物的生存由潛能引入現實。潛能和現實。距離越遠，作者方面，所需有的能力，也便應越加強大。例如，將水燒成火，比將氣燒成火，需要更強大的火力。（將濕木燒成灰，比將乾木燒成灰，需要更強大的火力）。

將某物從先備的物質潛能，生出另某新物生存的現實，和某物從全無任何先備潛能的境界，生出另某新物全部實體生存的現實，前後兩相比較，潛能和現實的距離，互有無限的差別：完全超越了可成比例的限度。為完成後者工作，作者的能力、須是無限的。

然而，形體的能力，按大哲《物理學》卷八（章十）的證明，無一能是無限的。為此理由，無任何形體有造物的能力。這就是說：凡是形體，都不能從無中，創作出任何物體來。（形體是有形世界，物理化學所研究的物質實體，前已言及。故再請注意，並請牢記勿忘）。

還證：發動和被動，作者和作品，（在動作的現實上）按大哲《物理學》卷七（章二）的證明，必須同時並在。（章首也已言及）。形體界，因果相交，不能不相接；兩體相接觸的交界處：兩端不能不是同時並在於一處。形體本性都是如此。故此，無一例外。接觸是兩個物體由此及彼的交接：是雙方交互的一個關係。缺了一方，關係無法建立。「造物」正是如此：造世之初、物全無有，不能和造物者，發生同時並有，雙方交互的接觸。從此可見，凡是形體生物，都不是從無中造生。

駁謬：有些人主張天上諸有形的實體，是萬物原素、物質的原因。（天上形體生物質，物質生原素，原素生萬物）。這樣的主張是錯誤的：因為按本章舉出的理由，形體不會生出萬物原素的物質。這裡的物質，是原始的第一物質，並是一切變動和變化的第一主體：如果出生，便只能生於造物者從無中造生，不能由於天上形體的變化而生。

第二十一章　造物（二）

從前面提出的理由，更進一步，還能證明：造物是天主（本性）固有的動作，並且惟獨天主有造物的能力。（造物是造生物體的全部實體，授給實體生存，見前）。

一證：動作的品級，跟隨作者的品級：因為品級較高的動作，屬於品級較高的作者。故此，至高無上的第一級動作，屬於至高無上第一級作者（本性、本級）之所固有。然而，造生（全部實體）是至高無上的第一級動作：因為各級動作都需要用它作先備的條件，它卻沒有任何其他動作（的品級），作自己先備的條件。如此想來，可以斷言：天主，既是至高無上的第一作者，故此只有天主，本性固有造物的能力。（天之大德曰生，如果「天」指「天主」，「生」指「造生」，「大德」指「至高無上第一級作者，本性固有的能力」，便說中了本處理證的主旨）。

再證：按（十五章）的證明：實有界的一切物體都是天主產生的效果，無一物例外，這個定理已足以證明天主是萬物的造物者。除天主以外，無任何另一物堪稱是萬物的造物者；因為它，不拘是什麼，仍不是萬物生存的大公原因。從此可見，造生物體，是惟獨天主本性固有的能力和動作。（猶須注意：動作、能力、生存、實體、本體：五者；在萬物，各不相同；在天主，五者互無分別；詳證於章八）。

還證：效果相稱原因。這就是說：凡是效果，對於自己的原因，有比例對稱的關係：本此定律，吾人必須肯定現實的效果屬於現實的原因；依對稱的比例，潛能的效果屬於潛能的原因；同例：種類特殊的效果，屬於種類特殊的原因；萬類普遍的效果，屬於萬類普遍的原因：私效果有私原因；公效果有公原因。詳證於大哲《物理學》卷二，（章三，一九五頁）。

然而，生存，根據名辭寬廣的定義，猶如「實有」，「存在」，「實是一物」等等，是萬類公有的第一效果。這是顯明的理。故此生存的原因，依定義的固然，必是萬類公有的第一作者：這就是天主。

天主以外，各種作者，都不是萬類大公，絕無限制的生存之原因；每個不過僅是本種本類某某物體私有此某生存的原因。天主生萬物，是生「物之為物」：此乃是造物。按物大公名絕對無限意義之所指，天主造生的效果，是物所以為物，必不可少的全部實體與生存。天主以外，各種低級的特殊原因，所產生的效果，不是「物之為物」，也不是物的全部實體與生存，而僅是「此某物限於某類某種的生存」；即是：「某物生某物」，不是絕對無限的「物生物」，或「生存生生存」。所謂「某物生某物」，便是「某類物生某類物，例如（同類相生者）某人生某人；（異類相生者，天文和地理條件相合）而生某白人；（又例如火燒水而生氣）。絕對的生存，（是實體是一實有物的所以然），為生於造物的天主，不需要有任何先備的物質條件：因為在物之為物，絕對範圍以外，沒有任何事物存在，物外無物，故不能作造物以前的先備條件。至於「某類此物生於某類彼物」，是萬物（在既受造以後），交互動作，變動相生；每物生前，必須有另某物作先備的條件：由先有的某類此物，產生出某類彼物」。

如此比較推論，足證：物之造生，是天主本性固有的動作；（是天主所獨有，非他物所能共有）。

加證：根據某類物性，由某類原因而生的效果，不能是那物性的第一原因，而僅能是第二原因。第一原因是主因和作者。第二原因，可以比作副因和工具。例如，蘇克，這一個人，由某原因，領受了自己的人性，不能自己又是人性的第一原因：假設他是人性的第一原因，便是因果混亂，而且是倒果為因：他自己的人性，既是生於人性的效果，又應是產生人性的原因。（故此，用反證法，反回去，足見），同類某物產生另某物，對於本類全體的第一原因，必須僅有副因和工具的任務。

由此歸納可知：凡是低級的原因和作者，都是高級原因和作者的工具。

然而，天主以外，任何實體，按章十五已有的證明，都是由另某原因所生的效果，（或生於天主，或生於另某實體）。故此，它只能是另某高級原因的副因和工具，不能是主因和主動。工具被主動者使用，如不經過變動，便永不（會自動而）產生任何（主動者所決定的）效果。根據本體的定義，工具乃是「被動而動的發動者」。按（章十七）已有的證明，「物之造生」不是「物之變動」。故此，除天主以外，無任何另一實體，有能力造生任何另某一物。

再證：工具的用途，是適合於效果，作因果間的媒介，交接因果雙方，將原因的影響，傳達於效果。為此理由，效果方面，不但是仰藉工具而生於原因，而且應在自己的主體內，有某能力，足以承受原因的影響，（受了影響，始由某舊物出生而成一新物），足見，未生以前，需有某舊物及其主體物質，作先備的條件。這樣的需要，正是相反「造生」的本義。「造生某物」，不需要任何另某一物作先備的主體條件。（詳證於章十六）。如此推論到最後，便可明見：除天主以外，無任何他物有造物的能力，既不能是造物的主因和主動，也不能是造物的副因和工具。

另證：凡是副因和工具，執行主因的工作時，是運用自身本性固有的某些能力和動作；例如（胃口裡的）自然熱力，消化食物，（將食物變成血肉），產生血肉的新生部分；又例如鋸由木匠用來鋸開木板，為作成板凳。工具固有的能力和動作所產生的效果，在時間上，產生在主因所決定的效果尚未完成以前：先鋸開木板，後構成板凳；先消化食物，後產生新血肉。

準此而論，今請假設：有某受造的實體，作第一原因造物的副因和工具；它便，不但必須產生自己本性能力固有的動作和效果，而且還必須將這些效果，產生在天主未造任何物體以前。這樣的事體裡面，還暗藏著以下這個情形：就是特殊某類工具的私效果，必應產生在萬類公有原因的公效果以前：自然生物的次第，完全顛倒。這是（荒謬的），並且是不可能的：因為，物類出生的自然步驟，是先公而後私：先生總類之大公，後生分類之特殊：例如按大哲《動物出生論》，卷一，（章三，頁三七六右三），已有的定論，某人出生入世之時，先是動物，而後發育成人。（仔細說來，先是植物，只有營養；後成動物，兼有知覺；最後成人，發顯人的神情和智力。依理而論，先有成人，而不先有血肉知覺，是不可能的）。

故此，可以斷言：凡是受造的實體，都不能造生任何另一物體，不但不能是造物的主因，也不能是造物的副因和工具。（所謂「第二原因」產生某類事物，固然是仰藉第一原因，參加物類生養保存的工作，但這是第二效果，僅限於「參天化育」，就是體行天主意旨，完成物類的變化生育，是天主造生物類以後的事；不能是在開始之初，助天造物；沒有「參天造世」之說。世物自己，在未受造生以前，尚是純無，怎能助天主造生世物呢？在既受造以後，因大造秉賦的能力，世物可以繼善成性，參天化育或開務成物；但仍不能助天主造生另某新世物：可以助化育，不能助造生。助化育能是傳生，不能是造生）。

再證：凡是因性而生的效果，再生新物，只能生新物體，不能生新物性，因為既是物性的效果，又生物性，作物性的原因，便是顛倒因果，上面已有說明。例如張某父生張某子，父親生兒子的身體，不生兒子的人性。兒子的身體（生自父親），生在人性（所標明的人類範圍）中。父子共有的人性，不是生自父親。依同理，任何某類中的因果關係，是有限的因果關係。超越類界，天主造生實體，所發生的因果關係，是絕對無限的因果關係。有限原因，在某某物類的界限內，根據本類的動作產生同類某某新物體，乃是將本類已有的公共性體，傳授給此某新物體，用此新物體作主體，建立某某分類，或在分類裡，某某種界內，建立某某個體。如此，類中生種，種內生個體，是有限原因生有限效果：需要（因果兩方都有）主體的物質作先備的條件；和天主，無限原因造生物性全部實體，（超越萬類的）無限效果，全不相同。（無限效果，是某某物類實體及其生存的全部：由純無之境，入於實有之界；完全仰賴無限原因的造生；並無任何主體先有於未受造生以前，作先備的條件。如此比較觀察，足見凡是受造的物體，都不能用造物的方式，作另某物體出生的原因，（僅能用其他方式：例如人生人，火生火的傳生方式。傳生專屬於受造物，不屬於造物主。造生，專屬於造物主，不屬於受造物。依名辭的狹義說來，分別確是如此）。

加證：動作的現實和盈極程度，依循生存的現實和盈極程度。（在現實和盈極程度上，作比較，動作和生存，互成正比例）。故此，（在知識的次第上，吾人可以）根據某物生存的方式，斷定它動作的方式。（方式統指形式和程度）。例如，既知某物熱度較高，便知它更能燒熱外物。依此比例，可以斷定：不拘是什麼物體，如果它的生存，在現實和盈極程度上，受了某某類界，或種界，或附性的限制；它的能力、動作、和效果，也都隨著，受同樣的限制；依照「效果相似原因，作品相似作者」的原則，這是必然的。

尚須注意，生存受限制的物體，如有許多，它們彼此相同或相似的因素，能是同類或同種共有的物理，不能是它們每個專有的此某實體：因為每物專有的此某實體，是眾物互相分異的因素，不是彼此相同或相似的因素。準此而論，生存有限的物體，用自己的動作，產生另某新物，它所產生的實效，只限於使新物體領受某類或某種公有的共同點，不能產生新物體專有的，與眾不同的分異點。個體自成一個單位，所必有的分異點，是一個物體獨立生存所在的此某實體；準確說去：乃是此某實體的生存。

如此看來，足見，凡是有限的原因和作者，為能完成自己的動作，都需要效果和作品方面，先有它個體獨立生存的物質，作出生的來源和生存所在的主體；沒有這個先備的條件，便不能發生動作。故此，它的動作，是產生，但不是造生。新物的造生，惟獨屬於生存無限的原因和作者。它在自己以內，包含著萬物彼此相同或相似的共同點或近似點，詳證於卷一（章四九及以下數章。在那裡，說明了：萬物公有的近似點，乃是萬物公有及每物各具的生存。所謂「生存」，乃是物所以是一物，必須依靠的所以然。每物因有生存而是其所是，並有存在和行動。生存意義廣泛，偏在萬物，不限於生物的生活；並且意義深沉，不限於形下浮面的存在。參看卷一章一，章十八，三七—三九，及其他）。

還證：物因被產生而得生存。產生分兩種：某物本體先無後有，是本體產生：是產生的本義。某物本體已有生存，先有此某狀況，後有彼某狀況，是附性產生：是產生的副義。（本體和附性，意義是相對的，不是絕對的）。某物由黑變白，在變化的終點，白色的產生，是先無後有，故是白色的本體產生。但此白色物體，（例如白布，由黑布漂洗或改造而來），不是白物的本體產生，而物本體原先已有者，另有了白色的新附性：不是先無後有，而是改變了附性，故只是附性產生。

依同樣的分析和相對的說法，人的產生，或石頭的產生，前者出生而為「人物」，後者出生而為「石物」；在出生之時，人和石的產生，先無而後有，固然是人和石的本體產生；但不是物本體的產生；故此，從「物本體方面看」，人的本體產生是物本體的附性產生：物本體，在人生之時，不是先無後有，而是已有，並且已是一物；但先不是人，而後形成了人：故此，在人本體產生時，不是物的本體產生而是某物體由先無人性而後變化得有了人性及人的生存：是某物由「是彼某類」，變成了「是此某類」：不是絕對由無物而生物，而是由此物非如何，生出了此物是如何。按大哲《物理學》卷一（章八）的名言：「從某物非此某，而生某物是此某，不是某物的本體產生」。

物本體產生，是完全生於無，必須有本體生存的原因。按「效果相稱原因」的定律，什麼樣的效果，必生於什麼樣的原因。物本體的始有，必生於始創本體生存的原因。在這個原因裡，它的生存和動作，便是它的本體。它的本體就是生存，故此能產生物的本體生存：（惟生存產生生存：猶如惟火生火）。

這樣的原因，只有一個：就是至高無上的第一實有物。在它以外，實有界所有的一切物體，都是附性的生存原因：它們不是「物是物」的原因，而是「物是此某物」的原因。只有天主是那至高原因；故此，只有天主能造生物體。因為，造生物體，是將物之本體，由純無造成實有。

經證：《聖經》的權威，佐證本處定理的真實。《創世紀》記載天主造物，是肯定天主造生了實有界所有的一切物體：章一節一說：「在開始之初，天主造生了天和地」。（天地，在這裡，統指實有界的

教父達瑪森（John Damascene），正信本義，卷二章三，曾說：「現實存在的受造物，無一能是造物

者。凡是肯定眾位天神，在被天主造生以後，有能力造生任何另某物體的人，都是祖述魔鬼的謊言」。

駁謬：某些哲學家，（稱天主造生的諸品天神，叫作「絕離實體」，就是和物質絕異而分離的實體；並且）誤稱：第一品天神，既被天主造生以後，便自力造生了第二品天神：如此，品級眾多的天神，都是上級造生下級：逐級下降造生，直到最低的末級而後止。（新柏拉圖派就有這樣的主張。）

第二十二章 造物的效果

從此轉進，便可明見：天主的能力，不限於只產生某一效果。（此處「某一效果」指示「任何某一效果」）。證明如下：

一證：既然只有天主有能力造物，凡是不拘什麼物體，如果它們是它們的原因只可用造物的方法所產生的效果，它們必須都是直接受產生於天主。這樣的物體，有許多：一是各品級和種類的「絕離實體」：這些實體，（是和物質絕異而分離的實體），不是物質和性理，合構而成的；本章假定它們有實際的生存，（詳細的證明尚待本卷下面第四十六章）。二是形體界各類和各種實體的物質。這些種類殊異的物體之存在，都是天主全能直接造生的效果。它們是許多，不只是一個。

凡是不由物質，直接產生許多效果的能力，都不限於只產生一個效果。所謂「直接產生」，是不用工具，也不經過中級原因，但用本體固有的能力產生效果的本體。中級的原因或工具，能是效果互異的原因，（並能限制原因和作者效能所可達到的範圍）。所謂「不由物質」，是新效果本體出生，不用先有的主體物質作原料。一個作者，或原因，發出一個動作，在效果方面，因有種類不同的物質，便能產生許多種類不同的效果：例如一團火，發出一股熱力，將臨近的泥坯燒硬，卻將蠟燭燒軟，並化成液體。（天主的能力，徧在各類中級原因，普及萬類各具的物質）。故此天主的能力，也足以產生許多效果，不受某一工具，或某一物質的拘束，故不限於只產生一個效果。

再證：強度至全的能力，能作出本類的一切效果。例如技術精明而完全的建築師，有能力作好建築類的一切工程。然而天主的能力、依其本類的實質，乃是生存的原因；在它本類範圍以內，它所能產生的效果，按前章已證明的定論，是給萬類的物體，從純無之中，創造出全部的實體及其生存。確切的說，它本質固有的效果，乃是創造生存。故此，凡生存之理，所能指定的範圍內，所有一切物類的生存，都是它所能造生的。生存之理，所能指定的範圍包括「實有物」，依其絕對廣泛的名理，無物不有的整個範圍。故此，天主的能力，能造實有界的萬物；這是它的本質。假設，祂的能力是有限的，只能造生某些效果，它本質的效果，便不是創造實體生存了，而僅是產生某種或某類的某某事物：（這樣有限的產生，不是造生，而是傳生，不是天主的能力本質固有的效果）。所以，仍應承認，天主造物的能力，普及實有界所能包括的萬類。此外，只有與實有物，名理相矛盾的虛無，不是天主能造生的效果。那樣的虛無，和生存之理，不能相容，在名理所指的本質以內，包含著內在的矛盾：本質荒謬：故非天主所能造生，除荒謬事物以外，天主全能，無所不能。

還證：凡是作者，都是竭盡其生存現實盈極之全量，發出程度適當的動作。在種類、方式、程度，等等方面，動作對於生存，有適相對稱的比例。每物如此，無一例外。例如：人生人，火生火，各按本類的生存品級。然而，天主的生存，是純全至極的現實和盈極，按卷一（章二八）已有的證明，在自身的生存以內，包含萬善萬美；凡與生存之理，或實有之理，不相矛盾的任何事物，所能有的任何美善，無不含蘊在天主本體生存以內。可見，天主動作的能力，也是全善無缺的，足以造生與現實生存之理，不相背謬的任何物體。除本質悖謬的事物以外，天主都能造生。

加證：發動能力和被動能力，（依生存自然的定律），是相對的。有某潛能，便有某現實。有某虧虛，便有某盈極。有某物質，便有某性理。物質是為承受性理而生。虧虛是為容納盈極而設。現實是為實現潛能。然而潛能的物體，生存虧虛，為能實現潛能，得到現實生存的盈極，（無力自生，自動），必須仰藉現實存在的作者，發出動力，引領它出於虧虛而進入盈極的境界。假設實有界，沒有動作者，發出動力，實現各類物體生存的潛能；那麼，這些潛能，便等於虛設。但在自然界內，潛能不虛設。能力不虛設，這也是自然律的一個。

依照上述的這個方法去觀察，吾人便可看到（宇宙間），事實上，常有發動能力，與被動能力相對。例如既有塵界生死變化的物質潛能，便有天界形體，第一高天的運動能力，旋轉運行，（促成晝夜寒暑），實現萬類物體，變化生生的物質潛能。塵界的物質潛能，是一個被動能力。然而對於塵界的萬類形體，天界（最高）的第一天體，是第一發動者，和作者，依正相彷彿的比例，對於全宇宙的整個實有界，（就是有限物體，有形、無形、萬類的全部），也有一個最高的第一發動者，和作者，發出動力，實現「物之為物」，最根本的生存潛能：引領萬物，由純無入於實有。這樣的生存潛能，便是受造潛能。既有受造潛能，便有造物能力，與之相對。造物能力的範圍，也便相當於受造潛能的範圍。然而，受造潛能的範圍，除本質矛盾的荒謬事物以外，萬類實體，可能者，無所不包；猶如在人性潛能的範圍裡，也包含人性所不排拒的一切事物。（如此比較推論：形界包萬形，變化生生，生於天體運行。人性含人生萬事，生於人心自主。物界包萬物，從無而有，生於造物的能力）。從此可見，天主造物的能力（能造萬物，不限於只造某一物）。

另證：某一效果，不屬於某某動作能力，理由能來自三方面。一是性理不相近，或不相似。作品常在某某方式或程度，相似作者。效果和原因，也是如此。二是高下不相當。效果優越，超出原因動力以上，例如形體的動力，不能產生神靈的「絕離實體」，（所謂絕離實體，即是和形質絕異而分離的實體：例如有自立生存而無形質的神體）。三是物質限制。某類作者，用自己的動作，不能由本類以外的物質，產生某某效果。例如木匠用自己的手藝，會用木作桌椅，不會用鋼鐵作斧鋸。木匠的工作效力，只限於木料的物質，（不會鋼鐵匠的工作）。

然而這三種理由，都不足以使任何物體脫出天主造物能力的範圍。凡是實有物，充其所有生存之理，按上面，卷一（章二十九，本卷章六及十五）已有的證明，都和天主有相似之點；故不因不相似而不能受造於天主。次則，天主良好美善，超越萬物，故無物因本善崇高而不能受造於天主。最後，物質的缺乏，不足以限止天主的能力，因為天主是物質出生必有的原因。依其本性，物質非任何他物所能產生，但只能受造生於天主。天主造生物體。不需要先有物質：因為（按上面章十六），天主給物體造生其生存，是從無中造生其全部實體，不用先有的任何物體或物質作原料。故此，物質的缺乏，不能阻礙任何效果受造生於天主。

如此推論，最後的結論是：天主的能力，絕對全能，能造萬物，不受限止，不是只能造某某效果。

本此意義，《聖經》用天主啟示的名言，也將這條真理，傳訓世人，引人發出信德，信從持守，切勿失信。牢記《創世紀》章十七節一記載天主親口說：「我是全能的天主，你的行動，在我面前，應遵行忠信正直的路，並作一個萬善純全的人」。（我用我的全能助佑你）。《若伯傳》，章四二，節二也說：「我知道禰是全能的」。《路加福音》，章一，節三七，記載嘉俾爾天神親口（向聖母瑪利亞）說：「在天主面前，沒有不能成行的語言」。（語言，能言之成理的事物，不包含內在的矛盾，便都是天主所能作到的）。

駁謬：用這個定理的光明，便可照穿某些哲學家理論的空虛。有些人曾主張天主直接只產生一個效果，猶言：天主的能力受限止，只限於產生那一個效果；並且主張，在那惟一的直接效果以外，產生別的任何效果，不能不遵守自然界，萬物變化生生，（如水流火燒之類）的程式。（殊不知這樣的主張，暗含的實義，正是說：自然界的萬物，無一個是天主能直接造生的：等於把全能的天主說成一無所能了）。《若伯傳》，章廿二，節一有句話，指責他們說：「他們當時認為全能天主好像是一無所能」。

第二十三章　造生與自決

從此轉進推論，便可證明：天主在受造物內發出的動作，不是發於本性的必然，而是發於意力的自決。

一證：本性必然的動力，都受本性自然的限制，只限於產生一個效果，（或一樣的效果）。因此，本性自然的事件，除非受了阻礙，常依同樣的方式發生。意志自決的行動，卻不是如此。然而，按上面（前章的）證明，天主能力的範圍，不限於只產生一個效果。故此，天主的動作，不是由於本性的必然，而是由於意志的自決。

還證：按上面（同章）的證明：本質不含內在矛盾的事物，不拘是什麼，都屬於天主能力的權限以下。然而在受造的實有界，現實沒有的許多事物，假設有了以後，並不包含任何內在的矛盾，（就是它們每一個自我的肯定，不同時必是自我的否定）。這樣的物體或事體，顯然能有許多：例如現實沒有而將來能有的（某類事物的）數目；天上星辰的數量，距離，及其他各類形體，改變現有的秩序，並不包含任何自相矛盾的現象和本質。從此可見，天主在自己能力範圍內，尚能作的許多事物，現實還沒有出現在自然界。然而，不拘誰，在能作的許多事物中，如果作這某些，不作那某些，他的動作便是發於意志（自決）的選擇；便不同時又是發於本性的必然。由此觀之，足見天主造生事物，不是由於本性的必然，而是由於意志的選擇。

再證：作品相似作者，（猶如效果相似原因）。每個作者，動作的方式，都是根據自身以內和作品現有的相似之點。然而，凡是某物以內的事物，都有和此某物相同的生存方式，（例如火中的鋼鐵，有和火相同的生存方式：就是發熱發光）。

現請注意，天主因其本體有靈智的生存，證於上卷，（章四十五）。故此，天主自身以內和自己的效果現有的相似之點，便必須和天主靈智的生存，有相同的生活方式：就是有靈智界的生存方式。（既然天主是根據這個相似之點發出動作），故此，祂的動作是用智力發出的靈智動作，（也具備著靈智生存和行動的特性）。然而靈智的特性常是用意志的能力，發出動作，產生某某效果。意志所求的對像是智力所知的某某美善，吸引作者發出動作，追求它，猶如目的物吸引愛情的嚮往。（對於本體必不可少的目的物，意志有必然的愛慕和嚮往。對於本體可有可無的某些外物，意志的愛慕和嚮往，便不是必然的，而是自由的。天主造生的萬物，是本體以外可有可無的事物）。故此，天主造生萬物，（不但是用意志，而且）是用自由的意志；不同時又被迫於本性的必然。

加證：根據大哲《形上學》卷九，（另版卷八，章八，頁一〇五〇左十八），動作分兩種：一是內成動作，成行於作者以內，充實作者的美善和滿足，例如眼觀看外物，觀看的動作是在眼內。二是外成動作，從作者發出，達到外物，成於外物以內，作成外物，充實外物的成全：例如火燒熱外物：熱的效果完成在外物。然而，回憶上面（章九）的證明，天主的動作，乃是天主的本體。故此，天主的動作，不能是外成動作；必須只屬於內成動作之類：成全天主的本體。這類的動作都是有知識和愛力的動作。故此天主動作，是用知識和意志。不是用本性的必然，而是用意志的自決。

還證：按大哲《形上學》卷九（章十）提出的理由，足以證明，宇宙全體不是生於偶然，而是遵守（某某高級原因制定的）秩序，追求某某美善的目的。最高的第一原因和作者，追求目的，或針對目的而發出動作，必須是用自己的智力和意力。缺乏智力的原因和作者，針對目的，發出動作，好像不是自主自發，而是受外物的指配：即是被動於外物。例如人工的事件中，人射箭，射中目的，箭的飛奔嚮往，是受了射箭人的瞄準投射，和支配。自然界物類本性必然的動作，正和箭飛的情形相彷彿，不是自動而是被動。這是必然的。支配某物，遵循正確的路線，追求規定的方向和目的，需要認識那個目的，並認識路途和工具，及各種條件的適宜與否；故此，只是有智力的實體能作這些支配和指導的工作。天主，既然是（支配和指導萬物的），第一作者和原因，故此發出動作，是用意志的自主，不是被迫於本性的必然。

另證：凡是因本體而動者，都先於因外力而動者。比較先後的次第，各類之中，都是如此：因本體而是某物者，先於因外力而是某物者；並且是後者的原因。最先有的第一原因，必是因本體而自立自動；免使追本溯源，陷於永無止底。然而動作不自主的作者，不是因本體而動作的作者：因為它如同是被動於外物，不是自動。故此，至高無上的第一發動者，本性固有的動作方式，應是自主動作。這是必然的。否則，天主便是不自主的被動物體了。然而除非用意志。任何實體不能自己作自己動作的主宰。從此可見天主既是至高無上的第一動作者，必須是用意志發出動作，不是盲盲然由於本性的必然。

還證：第一作者，本性應有的動作，是第一動作；猶如第一被動者，本性應有的動作，是第一被動而動。然而根據物性應有的次第，意志的動作，先有於本性必然的動作。生存和性體品級優越的事物，先於卑劣的事物；雖然在同一主體內，根據時間漸進的次第，優越者晚於卑劣者；（例如成年優於幼年而晚於幼年）。意志自主的動作，優於本性必然的動作；可驗之於吾人行動；（前者如品行的美德，後者如飲食聲色）。足見，天主既是至高無上的第一發動者和動作者，故此祂本性應有的動作，是用意志的自主而發。

加證：從此看去，尚可明見，兩種動作同在的主體內，用意志作出的德行，優越崇高，勝於本性自然的動作，並用本性自然的動作，作意志的工具：例如在人以內，智力用意力發出的動作，勝於（植物性的）生活因本性的必然而發出的動作。天主的能力在實有界是至高無上的，超越所有的一切物類。足見祂對於萬物發出的動作是用意志的自主，不是用本性的必然衝動。

再證：意志所願慕的對象，是合理的美善。本性的衝動，達不到美善的公理，但能達到滿足某某本性慾望的私益：實現本性的某某能力。動作以目的為動因。作者根據所追求的目的而動作·為此理由，將兩者公私的範圍相比較，意志自主的作者，和本性必然的作者，相對：有大公對偏私的比例和關係。偏私的動作以大公的利益為前提，並是公共利益的工具。先公後私，是理之當然。足見最先的動作者，必須是意志自由的，不是本性必然的動作者。（這就是天主）。

經證：天主的《聖經》也教訓吾人，認識這條真理。《聖詠》，第一三四，節六說：「凡天主所願意的不拘什麼事物，天主便把一切都作成了」。聖保祿《致厄弗所人》書，章一，節十一，也說：「祂完成的一切工作，都是依照祂意志決定的計劃」。

教父溪樂流（Hilary），《會議論》，（第五十八號，《拉丁教父文庫》卷十，欄五一〇），也說過幾句名言：「天主意志，給一切受造物，賦給了實體（生存）」，同卷下面又說：「這樣時一切物體，便全按照天主的意願，受了天主的造生」。

駁謬：用以上這些理由，足以排除某些哲學家的錯誤。他們曾主張天主動作，是由於本性的必然。

第二十四章 造生與上智

從此轉進推論，便可證明：天主產生了自己的效果，是根據了自己的上智。

一證：動作的意志，動於有所知。被知的美善，是意志的對象。按（前章）已有的證明，天主動作是用意志。天主以內，只有智力的知識；並且不因先認識自己，便不認識他物（回閱卷一，章四十六）。天主全知，是因知自己而知萬物。認識天主以知萬物的知識乃是上智。故此天主乃是根據自己的上智發出了一切動作。

再證：作者的動作和效果，相似作者。凡是作者都是根據自己和效果所有的似點，發出動作。意志自主的作者，依其本質，乃是根據自己和效果智力所知的似點發出動作，不是根據本性自然的似點。假設只是根據本性自然的似點，發出動作，便只能產生一種效果，因為本性的性理，是似點的根據：每種物性，只有一個。凡是意志自主的作者，（都是根據智力所知的許多似點，用這些似點作模範，任意擇取其中某些），故此都是根據自己智力所設想的條理，或所知的模範或標準、規則等等，產生自己的效果。然而，按（前章）已有的證明，天主是用意志的自主發出動作。故此祂是用自己智力所知的上智，將事物產生到實有界中：就是給實有物造生了實體，賦予了生存。

加證：按大哲《形上學》卷一，（章二，頁九八二左十八），上智的任務是治理。將某些物體整理起來，維持它們的秩序，必須認識它們橫對彼此互有的關係和比例，豎對上下所有的統序：下級以上級為目的。物體彼此間的秩序是為達到某某目的而建立起來。然而作者，為認識物體間互有的關係和比例，非有智力不可。同時須知：用判斷力根據至高無上的原因，斷定物體間的關係是上智的工作。如此推想，可知凡是治理或秩序，都是有智力的作者，用上智作成的工作。因此，在人工的機器製造廠裡，治理工廠全部的技師，也叫作本類技術的「明家」，或「專家」，就是對於本行有「上智」（有專門知識，精通本類技術）的人。

然而，請看，天主造生的萬物，彼此間呈現的秩序，或恆常一律，或大多數一律，足見不是偶然的。從此便可明見天主造生萬物，主宰治理，根據合理的秩序：就是說：根據自己的上智。

還證：意志自主的事情分兩種：一是行動，二是勞作。行動，就是行為，是內成動作：充實作者自身以內的成全，例如道德的行動。這樣的行動是精神生活的動作。勞作，就是勞工或技藝的工作：都是外成動作，成全作者自身以外的人工物品：將工作的效果，完成在外間的物質以內，例如工藝製成的工藝品。

按上面的分析，不難看到：天主造生的萬物，彷彿就是天主的工藝品：受造的物體對於天主，和工藝品對於藝術家，有同樣的比例。然而按大哲《道德論》，卷六，章四，（一一四〇左五）的名言：「藝術（的知識），乃是作品（所遵守的）正理」。既然藝術家是根據自己智力和上智（所知的）條理產生工藝品。故此，依同樣的比例，天主造生了萬物，也是根據了自己智力所知的條理。

經證：天主（《聖經》）的權威也佐證本章的定論。《聖詠》，（第一〇三節二四）說：「爾根據上智作成了萬事萬物」。箴言章三、（節十九）說：「上主用上智，奠定了大地的根基」。

駁謬：某些人誤稱天主完全不按理由，純用意志的武斷，決定所作的萬事萬物。本章的各項證明，足以破除這樣的謬論。

第二十五章　全能（一）

從上面提出的那些證明，改變路線推究，便能得到另一定理，就是：肯定說天主是全能的，同時卻又否定說天主沒有某些能力，兩個互相矛盾的說法，並不真是互相矛盾，而是可以相容共存的。理由及證明如下：

一證：前面章七證明了：天主具有發動能力；同時卷一章十六卻已證明了：天主沒有被動的能力。（發動能力是發強剛毅的動作能力：是盈極現實的施展能力。被動能力是柔弱巽順的潛虛特性：有虧缺空乏的承受能力。這樣的承受能力，只受不施，不真是能力，而只是容受的度量，和被動的可能性：通稱「潛能」：例如火施熱，燒熱銅鐵：火有發動能力：發熱。銅鐵有容受的度量：受熱）。如此說來，足見凡潛能本性固有的一切能力，都是天主所沒有的。潛能之所固能，都是天主所不能。這樣的事情甚多，應詳細考察如下：

第一、發動能力的目的是發出動作。被動能力的目的卻是領受生存。因此，只是有物質潛能的那些物體，有領受生存的能力。物質潛能是衝突兩端共有的主體容量。既然天主沒有被動能力，故此凡物質潛能所能領受的生存，不拘是那一種類或程度，天主都不能領受。（換言簡譯之：凡物質潛能之所能是，天主都不能是）。例如物質潛能，能是形體，或形體之類的某種實體或事物；天主卻不能是形體，或形體之類的任何事物。這就是說：天主不能領受形體類的生存。

第二、物質潛能，能受變化，因為物質潛能的實現，便是變動或變化。天主本性不宜有任何潛能，故此，天主沒有受變動或變化的能力。從此更進一步推論，便能斷定天主不能受到各種變化：逐一列舉：天主不能受到體量的增減：長大或縮小；不能受到品質的變化：變巧或變拙；不能受到實體的變化：變無而敗壞滅亡，變有而生為新物。

第三、衰老、消弱、等等，是失敗，並是滅亡的一種形式。故此天主不拘在什麼事上，都不會失敗：不會成功。

此外：失敗是需品空乏的效果。空乏的主體卻是物質的潛能：天主不是物質，不會失敗，故此不能缺乏任何需品。

第五、疲乏是能力損失的效果。然而天主的能力不會空乏，故不會受損失，也就不會疲乏。

第六、遺忘是學識的智力空乏所致。足見天主不會遺忘。

第七、天主不能後悔失意，發愁，動怒；因為這一切都有受刺激，缺乏能力，或有缺點，有弱點或劣點的等等含意。

第八、又有一點：發動者動作能力的對象，（目的），和效果是作成的事體或物體。在對象的實理缺乏之處，任何動作能力都不能完成動作，例如缺乏了物體現實可見之理，眼睛的視力便視而不見。依同理，必須稱認天主不能作出任何與物體定義的實理正相衝突的事物。物之為物，各有定義。物之定義都有實理，自然物體，在生存上，有生存之理；在生成上，有生成之理。理是定理，不可違反。違理則無物。

逐類詳察，舉出數項如下：

例如，第一：人的定義是理性動物。違反了這個定義的實理，便是無理性的動物之類及其分類，或是有理性而非動物的實體：非人非獸：而是神靈之類及其分類。天主不能造人而違反人定義的任何實理。那便等於造生一個不是人的人。確非天主所能。物的反面是無。實有的反面是虛無。生存的反面是不生存。天主能造實有生存的物體，但不能造沒有生存也不實有的物體。這就是說：天主不能造生同時有生存又無生存，是某物又不是某物的任何一物：因為那是一個物體同時兼是有無相矛盾的兩端：非天主全能之所能。

第九、衝突對立，和完缺對立之中，兼含著矛盾的對立。例如說：黑白互相衝突。既說某物是白的同時又是黑的，便在暗含的意義上等於說：某物是白的同時又不是白的。（因為依照衝突律，黑的肯定，乃正是白的否定）。同樣：既說某人是盲者同時又有視覺，便暗含是說：那某人同時有視覺又無視覺。足見違反了衝突律，便暗含著也違反了矛盾律。天主不能違反矛盾律，故此天主（造物或作事）也不能違犯衝突律。內身自相衝突或自相矛盾的事物，是天主全能也不能作到的。

第十、性體因素不全備，則物體不能成立。既然天主不能作是非自相矛盾的事物，便也不能作主體因素不全備的事物：例如造一個沒有理性（靈魂）的人。（或造一個四角形而缺一角：作一個三角的四角形：是天主全能所不能的）。

第十一、某些科學的原則，是取源於物類公有的純理。這些純理屬於性理之類，和物質實體或事物是相對的，並是物類性體成立必須仰賴的原理：例如邏輯原理，（理則），幾何學和數學的原理等等。天主的全能不能作違犯這些原理的事物：例如天主不能作一個不給種名作賓辭的類名。（例如動物是類名，人是種名。動物是人的賓辭，肯定句裡說：「人是動物」）；又例如天主不能作一個輻線不同長的圓輪，也不能作一個內三角度數不等於兩直角的直角。

第十二、為了同樣的理由，天主不能將過去已完成的事作成過去沒有作過的事。現今實有者，必定有。過去已有者，必已有。事有則必定有的必定性，是不分今昔，一定不易的，否認這個必定性，便暗含著違犯矛盾律：有無相混。雖天主全能，也不能作到。

第十三、作品有作品的實理。天主不能作出違反作品之實理的物體。凡是天主作成的物體都必定是被作成的物體。從此可以明見天主不能作出天主自己的本體。因為根據作品的實理，凡是作品的出生和生存都是依賴本體以外的另某原因：被作成的物品是某外在原因作成的效果。作品的實理和天主本名的實理正是互相衝突：故此，既是天主便不能是被作成的作品。按卷一章十三的證明，天主不能是任何原因作出的效果。（天主不能自己造生自己）。

依同理，天主不能作出和自己平等的任何另某實體夾。因為，生存不依賴他物者，高於依賴他物者。生存如此，其他能力和優點，也是如此。生存或優點依賴他物，是被作成的物體定義所固有的實理之一，不合於天主的本體及其至高的品級。（凡天主作成的效果，都低於天主）。

天主也不能作出任何某某保存自己的生存而不依賴天主的實體。因為生存不自生便不自保：必須受同一原因的造生和保存，始能在出生以後保全不失：萬物都是如此，無一例外。依照因果律：有果必有因；無因必無果。有某果而無某因，則那某果必非此某因之果。無天主而自己保全的生存，必不是天主造生的效果。故此，不自生而能自保的物體，是天主的全能也作不出來的。這個結論是必然的。所根據的理由和上面相似。

第十六、天主不能作出自己不能願意的事物來：因為天主是用意力發出動作，故此天主意志所必不願作，天主必不作。必不作，便是不能作。天主意志的必然性，遵守必然律：「必有者，不能無；不能有者，必不有」。換言之：「必是者，不能非；不能是者，必不是」。詳言之：「必生存者，不能不生存。不能生存者，必不生存」）。根據這個必然律，便能推想出那些事物是天主所必不願作的。（必不願作，等於不能願作，也等於必不作：故此，也等於不能作）。

第十七、從此可見天主不能自盡，自惡，自苦：因為天主必定願意自安，自善，自樂。（自盡是自己滅絕自己的生存。自惡是自己喪失自己的美善。自苦是自己喪失自己的真福：都是天主所必不願，故非天主全能所能作）。回閱卷一章八十的證明。

第十八、天主不能願意作惡。從此可知：天主不能犯罪。回閱（卷一章九十五）已有的證明。

第十九、上面（卷一章八十二）用類似的理由證明了天主的意志不能是變化無常的。從此推想可知：天主不能自己挫敗自己原定的計劃：就是不能自己使自己已經願意的事物不完全成功。

注意天主意志的必然，分兩種：一是絕對必然，二是相對必然：以天主意志豫先自定的條件作必然性的根據和限制。本質絕對不可願意的事物，天主必不願意，是絕對的必然不願意。本質可願可不願意的事物，天主既定主意以後，便必願它們如何，是相對的必願。按卷一（章八十一及以下諸章）已有的證明：對於受造的萬物，天主意志的必願，只有相對的必然，沒有絕對的必然。

依照上面的注意點，可見「天主不能作出和自己原定計劃相衝突的事物」，這些和類似的話，有「合說」及「分說」兩種意義。第十九條說「天主不能作出和自己原定計劃相衝突的事物」，如果專指可有可無的受造物，全句合說，是真話；分說某部分，專指受造物的不必然性，便是假的。（例如：「天主既定某人勝利，便不能願意他失敗」，前後兩句合說是真的。分開一部分，只說：「天主不能願意某人失敗」，絕對如此說來，便不是真的：因為「某人失敗」這件事，依其絕對的本質而言，不是必有或必無的，而是可有可無的。對於絕對可有可無的事物，天主沒有絕對必願或必不願的意志。假設祂必願「某人失敗」，乃是因為祂豫先有了這樣的自主決定。在這條件下，說天主不能願意某人成功，是真的。反過去說，也是一樣：「假設天主豫先決定了某人成功，祂便不能願意他失敗」）。

上面的注意點，指出了第十九條，和它以前的那幾條，用「不能」二字，所傳達的意義，互有的分別：一指絕對不能，一指相對不能。

第二〇：天主不能作祂先前不知自己要作的事物，也不能作祂先前已知自己要作的事物。這裡的「不能」，也是相對的不能，不是絕對不能。整個複句應合說，不可分說；指出條件來，或指出豫定的限制來，全句合說，是真的。理由和上段相同。分開來說，不提條件，全無限制，絕對的肯定，或否定，卻不再是真的了。

按前章的證明，天主是用智力和意力發出動作。天主的動作對於意力，和祂的動作對於智力，所有的關係和比例，（在本章所論的問題範圍內），是相同的。依此比例，可以斷定兩處有比例相同的結論，和結論的解析方法。（參考卷一章八十三和八十五）。既知「不能作所不願，也不能不作所已願，依同比例，便知「不能作所不知，也不能不作所已知（要作者）……」。

第二十六章　全能（二）

天主的知識或智力，不受效果方面任何界限的約束。這是此處尚待證明的一個命題。

有人能想：按章二二及二三已有的證明，天主的能力不限於只產生某些指定的效果；並且天主的動作不是出於本性的必然，而是發於智力的知識及意志的自主；然而祂的智力或知識卻不是無限的，（而是有限的：就是說）：祂的知識範圍只能達到某些指定的效果：不包括無限多的各樣效果；如此推想，可見天主的動作雖然不是出於本性的必然，卻仍須出於知識的必然：受知識在效果方面所有的限止。（這樣的想法是不正確的：因為天主的知識或智力，在天主所能作成的效果方面，不受任何限止。理證如下）：

一證：前在卷一章四九，證明了：天主全知祂所能產生的一切外物。祂的本體包含萬物的似點，猶如原因的效能包含效果。故此，天主的智力既知自己的本體，便因而兼知萬物。既然，按上面（章二十二）的證明，天主的能力不限於只產生某些指定的效果，故此，關於祂的智力，不能不也提出同樣的定論。

二證：上面（在卷一章四十三）證明了天主本體的無限。有限加有限，縱令加至數次無限多，仍是有限，不能和無限平等；並且和無限相比，仍有無限的差別，然而除天主以外，沒有本體無限的物體；反之，都有類名和種名所指名的種種界限；為此之故，天主知識範圍內現知的事物和效果，（現已完成者），不拘有多少，也不拘是多大，遠不及天主本體含蘊的不可限量。如此，常有更多事物出生的可能和理由。天主的智力，按上面（卷一章四十七）的證明，完全認識自己的本體，故此祂的知識範圍，廣大高深，無限無量，超越現有一切效果的界限。如此說來，可以斷言，天主的智力或知識不是必然受到這某些或那某些效果的局限。

三證：上面卷一章六九證明了：天主的智力認識無限的事物。然而天主是用自己智力的知識，產生事物。故此天主智力的效能不限於只產生有限的某些效果。

四證：假設天主智力的效能，如同本性必然的動作，受本性的約束，只限於認識或產生某些有限的效果；這樣的約束便僅應來自祂現已產生的效果方面。然而，按上面卷一章六六的證明，天主的智力（不但認識現有的效果）而且也認識已往、現今、和將來，永不實有的可能效果；故此，現有的效果不足以約束天主智力的範圍。結論則是：天主的動作不是出於智力或知識的必然，（這也就是說：天主因智力而發出的動作，也受不到知識方面必然界限的約束）。

五證：天主的知識對於自己所產生的事物，和藝術家的知識對於藝術品，有同樣的比例和關係。然而，不拘是什麼藝術的智巧，都在本類範圍內，包括應知的一切：例如建築術會建築各種的建築物。天主的藝術，本類必包括的主體，卻是大公名「物」字所能指的任何物體：因為，按（章十五）已有的證明，天主因有智力，故是萬物的元始和原因，（智力所知的本位對象，乃是大公名「物」字所指的物之為物）。故此，天主智力的效能，普及能是一物的各類事物：只要和大公名物字的名理不相衝衝或不相矛盾的事事物物，竭盡其本質的實義，本性生來，都包括在「物」字大公名，（無物不包）的範圍以內：便也都是天主用智力可以產生的效果。足證天主的智力不受限於只產生指定的某些效果。

經證：為此理由，《聖詠》（第一四六，節五）說：「上主偉大，祂的能力偉大，祂的上智也是無數無量的」。

駁謬：用上面這些理由，便可破除某些哲學家錯誤的主張。他們主張由於天主自知的知識，必然而然的，湧流出萬類事物的條理：既是出於必然，便不似《公教》信仰之所宣稱，天主自由規定每物的界限，締造萬物的體制和條理。

但須注意：雖然天主的智力，不因受限制，而將自己造物的範圍，縮小到某些固定的效果上去；然而祂自己給自己規定了某些有限的效果，是自己用自己的上智，根據合理的秩序，產生出來：依照（《聖經》）《智慧篇》，章十一，節二一所說的名言：「上主！爾按數目，分量和尺寸的條理，佈置了萬類的一切」。

第二十七章　意力與造生

從前面提出的理由，還可以證明天主為動作所用的意力也沒有效果方面固定的限止。

一證：意力必相稱於對象。然而按上面（章二十四）的種種理證，意力的對像是智力所知的美善。意力本性生來所追慕的方向，普及智力所能提供的一切善類事物。不拘什麼事物，既有美善之理，便能是意力的對象：只需要智力的知識。事物的美善，智力之所能知，便是意力之所能求。如此說來，既然天主的智力沒有效果方面固定的限止，便在推論到最後只得斷定說：天主的意力產生事物也不受效果方面必然的任何限止。（回閱前章，以供比較）。

另證：意力自主的作者，非有自己的決定，便不作任何事物。然而上面（卷一章八十一）證明了，天主的意力，對於本身以外的事物，沒有絕對必然的限止。足證沒有任何效果是生於天主意志的不得不然，反之，都是出自天主的自由決定。

第二十八章　公義、債務的必然（一）

從前面的討論，還應進一步證明：天主造物，既願則必願的必然，不是公義債務的必然：彷彿是為了償付公義的債務而給萬物創造了生存。

一證：根據大哲《道德論》卷五（章一，頁一一二九右三〇至一一三〇左三），公義是欠債人對於債主償還債務的交際。（必有的先備條件是雙方俱在）。然而，造生萬物以前，沒有任何物體在天主本體以外存在，足以作天主的債主。足見天主造物不能是被迫於給任何債主償還公義的債務。

二證：公義的實行是給每人償還他本有的事物。物歸本主，是公義的實行，以某物已有物主為先備條件。例如人間，某人用自己的勞作，掙取工作生產的報酬，施酬者用公義的實行，將他應得的報酬歸於他，他便因此成為酬勞品的物主。如此：先有勞作的實行，使人成為物主；然後才有公義的實行，使物主成為債主。勞作者因勞作而成為物主，然後乃因公義而成為債主。然而，勞作的實行，在當初，不能是公義的實行，而僅能是生產力的實行。天主造物，正是如同勞作生產一樣，先造生萬物，開始作萬物之主；足見，造物的動機不是出於償還公義的債務。

另證：凡是欠債者，都在某種方式或程度下，依賴債主，或直接或間接，從債主領取了某些事務或物品：為此理由有歸還的責任：例如兒子對於父親有孝養的責任，因為兒子是從父親領取了自己的生存，故有責任用孝養的公義實行，保全父母的生存；又例如主事人和供事人，彼此上下，也互有欠債者和債主的關係：主事人需要從供事人領取供事人所供給的事務；主事人是欠債人，供事人是債主。為了供事人的服務，而給予報酬，是欠債人應盡的公義責任。依同理，根據人類共受天主生養保存的關係，人人彼此，有近鄰相需的公義責任：吾人所有生命財產，及其他一切美善，都是從天主領取而來。天主是眾人的債主，人人彼此，近鄰通功易事，是給天主償還公義的債務。（愛鄰的原則，不但是慈善的原則，而且是公義的原則：人人在此原則上是天主的欠債人：因為人人依賴天主，需要天主的生養保存）。然而，（神人萬物都依賴天主），天主卻不依賴任何事物，也不需要從任何外物領取生活的需品：可證明於上面（卷一，章十三，二十八，四十及一〇二）說明的理由。從此可見，天主不是為了償還任何公義的債務而造了世物。

加證：任何每一物類之中，先有為己而生存的物體，然後始有為他而生存的物體：為己先於為他。故此，原因之類中最先有的第一原因，乃是只為己而動作的原因。然而為償還債務而動作的作者，不是只為自己，而是為了債主。天主既然是最先有的第一原因和第一作者，故此不是為了給誰償還公義的債務，而造生了萬物的生存。

經證：聖保祿致羅馬人書章十一，節三五及三六所說的話便有本章的意思：「誰先給祂施恩？誰將給祂報酬？祂是萬物生存的元始，是亨通利達的依憑，是貞固永寧的砥柱：（萬物的生存，始於祂，依憑祂，在於祂）」。《若伯傳》，章四十一章二：「誰先給我，要我償還他？天下所有，都是我所有」。

駁謬：用上面這些理由可以破除某些人的錯誤；他們強辯主張：天主只能作祂所應作，故此天主不能不作其所作。這樣的主張是錯誤的：因為按現有的證明，天主造物的動機不是出於公義的債務。

從天主的仁善方面，絕對說來，天主也沒有造物的義務。（這是尚須證明的另一定理）。為看清問題的焦點，須知天主造物以前，固然無物能是天主的債主，責令天主為償還公義的債務而造生世物；然而在天主本體以內卻有某某因素，不是受造物，先有於世物以前，並是天主造物的動機。可從兩方面觀察，一方面是天主的知識，一方面是天主的仁善。天主的仁善是天主造世的第一動機和目的。按聖奧斯定（《公教》《道理論》，卷一，章三十二）的名言說：「因為天主是仁善的，實有界才有了我們（人類的生存）」。天主的知識和仁善，在天主未造萬物以前，是天主造物的動機和理由。

如果根據絕對的本質去觀察，在天主的仁善裡，找不到天主造物的義務。詳論如下：

義務，責任，和債務等等名辭，都包含「需要」和「應當」的意思：分兩種：一是天主對外應當與否？對外應盡的義務，涉及有關的兩個物體：是兩物之間的關係。例如：知恩的義務是受恩者對施恩者應盡的義務：受恩圖報，反本追源，是雙方的關係：一往一還。這樣的關係，不是天主造物的動機。天主造物，不是為報答任何外物的恩德：外物未受天主造生以前，根本還不存在，不能施恩於天主，也不能以知恩的義務，責令天主造物。

論到物體對己所應當有的需要，固然能有某物，為成全本體的美善，本性必需具備某些事物：例如人本性需要有兩隻手，或需要善良的品德：因為缺乏了這樣的需要，人便是殘廢人，或道德不充足的人。然而天主的仁善，包括各種良好美善，本身完備無缺，全不需要任何外物來補充。故此，天主對於自己，也沒有造物的義務和需要。

另證：按上面（章二十三）的證明，天主是用自己的意志造生了萬物。然而，「如果天主願有自己的仁善，便願造生外物，這個複句（以內，前後兩句，一引一隨，互有的引隨關係），不是必然的：因為前面那個引句雖然是必然的，但按卷一（章八〇及以下諸章）已有的證明，後面的那個隨句，卻不是必然的：因為天主願意自己實有自己的仁善，這是必然的，然而，天主願意自身以外實有他物，卻不是（絕對）必然的。故此天主的仁善沒有必應造生外物的需要。

加證：本章及前面章二十三，二十六，二十七，證明了：天主造生世物，不是出於本性的必然，也不是出於知識的必然，也不是出於意志的（絕對）必然，也不是出於公義或其他義務的必要。如此逐一否定，足見，天主的仁善全無造物的必需。（足見，天主造物，不是絕對不得不造的）。

然而公義的意義有廣狹的分別。狹義的公義責令負責者有不可不償付的債務：公義的必然，是權利和義務的必然。天主沒有狹義的公義責任，必需去造生世物。廣義的公義，有「適宜」的意思：天主造生事物，為天主的仁善（表現於外），是適宜的。在此意義之下，吾人便也可以說：天主造生世物，是公義的：應作的；不是不適宜的。

另一方面，如從天主設製的計劃方面去觀察，既然天主用自己的知識和意志設製了造生世物的決策和計劃，那麼，天主造生了世物，便是出於設計的必然。天主既定的計劃，天主便不能不實現；否則，天主的計劃便是變化無常的，或是軟弱無能的；（都和天主本體的美善不能相容）。故此，天主的計劃必應實現。

然而，這樣的計劃既定則必行的必然，尚不足以是狹義的公義的必然：因為在造生世物時，只可看到有天主造物的動作：（完全取決於天主意志的自主決定），自己實行自己的決定，是自己對自己的適宜行動，不是狹義的公義之責任。參考大哲《道德論》卷五章十一（頁一一三八左十），即可明見。

如此說來，根據公義的狹義和本義，天主實現自己知識和意志的計劃，造生了世物，不能因此便說天主造世的動機是出於公義的必需。

第二十九章 公義、債務的必然(二)

然而從某物的產生方面觀察，比較後有者對於先有者的關係，有時某物的產生是公義的必需。這裡所說的先後，不但是時間的先後，而且是性體的先後。

如此說來，足見天主造生最初的某些效果，沒有公義的必需。但在造生後來的事物時，卻有公義的必需，(和義務)，並且公義的秩序不是處處相同。依照因果律和體用之間的關係，如果依性體的次第，先有者也是依時間次第先出生的事物，那麼，後有者出生的必需便是先有者必生出的效果或作用：因為既有了原因，便必需應有某些動作，藉以產生效果：這是有體必有用的必然。另一方面，如果性體優先者是時間上後來出生的事物，當這時，先有的事物便是從後生的目的而得其必需先備的理由：這是事件循序發生的秩序：例如依性體價值而論，健康優先於醫藥，但恢復於服用醫藥以後：那麼，依時間的次第而論，健康後於醫藥。服用醫藥的必需，便是為了在最後達到恢復健康的目的。在這兩種不同的秩序中，有一個共同點：就是性體品級落後的事物，必需先備的理由，是來自性體品級優先的事物方面：事物發展的秩序：是先不完善而後發展到完善。

後生的完善事物，雖然性體上有優先的品級和價值，但最後出生的必然性不是絕對的必然，而是有條件的必然；依照條件複句內的邏輯定律：「如果此某事物必需發生，彼某事物便先應發生；（並是先備的因素、條件、或機會）」。本著這樣的定律，天主造生萬物時，能有三種條件的必需。

第一種是由整及零的必需：必欲成全宇宙全體的完善，便先應備製它所需要的各零星部分。例如天主既欲造現有的世界，便必需造生日月及其他缺乏不可的各種物體。

第二種是由此及彼的必需：例如天主既欲造生植物和動物，便先應造生天上的星宿，（及地上的水土和空氣）；由星宿的運行，生養保存地上的植物和動物；既欲造生人類，便先應造生人類生活所需的植物，動物、及其他類此一切：雖然這些種類彼此不同的物體，都純是生於天主意志的自由決定，（但天主的自由也不顛倒條件必然的秩序：回閱前面章廿五的證明）。

第三種是每物性體生存的必需。每個物體的生存，及其某些優點，必需依賴本體應具備的許多部分，（肢體），特性，（才能），附性等等：例如，假定天主既然願意造生某人，便因此假定，必需造成某某靈魂和某某肉身的結合，賦給知覺的官能，配備內外所需的用品，和能力等等。

正確審察起來，在以上各種必需上，天主不可說是受造物的欠債者，而是負責實行自己原定計劃的負責者。（對自己負責，不是公義的責任，而是體統的適宜：適合於天主的全能和美善）。

此外，在自然界還有另一種必需，是絕對的必然，或是說絕對的不得不然。

絕對的必然性，繫於原因的必然。在生存的次第上，原因先於效果：例如性體內在的因素，作物因素，或發動因素所決定的必然：又例如性理之類的因素，或物質因素所決定的必然，在自然界的受造世界內，都是絕對的必然。然而逐一考察起來，須知作物因素，或作物原因所決定的必然性，不是天主最初決意必造世物時所能有的必然性。因當那最初之際，惟有天主獨自是作物原因，並按上面（章二十一）的證明，天主作出事物乃是從無中造生事物。上面（章二三）也證明了天主必造世物，不是出於本性的必然，而是決定於意志的自主。自由意志決定作成的事物所能有的必然性，只能來於既定的目的：既願達到某某目的，便應採取必需的工具、方法、和途徑等等。這樣的必需是目的所決定的必需，不是絕對的必需，而是有條件的必需。作物原因的絕對必然性，非天主造物之所能有。

然而性理或物質之類的因素，所決定的絕對必然性，無妨也是天主造物時之所能有。某些形體，實際上，是由物質原素（水、火、氣、土）所合構而成的；由此可以斷定它們必需是或熱或冷。既有物質原素，便有寒熱的特性。這是絕對必然的，又例如：既有平面的三角形，它的內三角的度數便等於兩個直角：這是性理的必然：並是絕對的必然。

然而這樣的必然是天主造生的效果對於受造的物質或性理必有的關係。根據這樣的關係，受必然性限制的主體不是造物的天主，而說卻是天主所造的外物，更合實際。

然而在物類蔓延傳播之時，在那裡已有某受造的物體是作物的因素；從這個因素方面，便能有絕對的必然性，限定它所必生的效果：例如由太陽的運行必生的效果是下界形體的變化：是絕對不得不然的：（例如四季和晝夜寒暑的循環，物質原素的寒熱燥濕，生物動物的生養繁殖，新陳代謝等等）

如此看來，根據上述「必需」的種種意義，各類物體中實有物性方面，理所當然的「公義」，管制物體的造生和蕃殖，並管制物類的蔓延和傳播。也就是為此，吾人稱揚天主用公義和理性的規則，創造了萬物，並且主宰萬物。

駁謬：用上途的理由，便可以破除兩種錯誤。一個是限止天主的能力；主張天主只能作祂所作的，因為祂必需那樣作。另一個主張萬物萬事都是純隨天主的心意，不按任何理由，在萬物以內，沒有理由可以尋找，也沒有理由可以指定。天主絕對自由，任所欲為；也不應尋求或指定任何理由。（回閱本章，及本卷，章二十四，二十五；卷一，八十四及八十六）。

第三十章 絕對和不絕對的必然

萬物的出生，以天主的意志為最先的第一原因：全依賴天主聖意的決定，沒有絕對的必然，只有既定計劃的必然。然而這個定理仍不足以證明萬物之中沒有任何絕對的必然性；也不足以更進一步強令吾人肯定萬物都是可有可無的。

有人能認為以下的論式不是沒有效力：依經常的習慣，萬物中，某原因不必生的效果，都是可有可無的。既然萬物不絕對必然出生於天主，足見萬物都是不絕對必然的：故此是可有可無的，（也就是說都是偶然的）。

為解破上述論式的不足據，現應證明，在受造的萬物中，有些事物的生存，（實有，和存在），是純粹而絕對必然的。理證如下：

一證：不能不有的事物，是純粹而絕對必然的事物。它們的生存，（實有和存在），也是純粹而絕對必然的，然而某些事物受了天主的造生，從天主領受了的性體和生存，是不能不有的，即是純粹而絕對的必然。它們的性體內，只有永遠的性理，不包含不生存的可能性；因為它們的實體內沒有物質。可有可無的偶然性是物質變化的可能性。物質因變化而改換性理，有此性理之時，能受變換而失此得彼，對彼某性理，便有將來的潛能。凡是那某些事物，或本體沒有物質，或所有的某某物質沒有改換性理的潛能，使沒有不生存的可能性。這樣的事物，連同它們的性體和生存，便是絕對必然，並且是純粹必然的。

解破疑難：有人主張：（無往不復，是物性自然的定律）；因此，從無而有的事物，既是出於無，便要歸於無；本體內，有還歸無有的趨向。天主所造的萬物，因此，便都包含著有無兩可的潛能：（因為它們都是生於無）。

以上的論式內，前提和結論之間，顯然沒有連貫。因為前提有欠允當：不應只說：能生於無，便能歸於無；卻應詳細說：天主造生的事物，怎樣生於無，便怎樣歸於無。（既然是天主使它生，便是天主使它歸於無；它有無的可能性，不在它的本體），卻全在天主造物的全能。天主造生物體，彷彿是吹氣或注水一樣，將實體的生存，注入於所造生的實體以內，祂造生事物，不是出於本性的必然，而是出於意志的自決，故此，祂能給實體吹注生存，也能停止吹注，按（章二十三的）證明，全係於天主永遠既定的計劃；（不涉於某些受造物的本體。它們本體，純粹而絕對的說來，既無物質，便在既受造生以後，沒有變有歸無的可能性。它們的本體，便是絕對而純粹必然的。但不是無限的必然，仍能受天主無限全能的造生和化無）。

再證：物體既因受造於天主聖意而出無入有，天主願意它們有什麼樣的本體和生存，它們便必須有什麼樣的本體和生存。說天主造物是用意志的自主，不是用本性的必然；並不阻止吾人仍說：天主的意志在造世之初，決定了計劃；造生某些物體有必然的生存，並造生某些物體有偶然的生存：目的是萬物分必然和偶然兩部分，用不同的部分組成秩序的統一。足見無妨天主聖意造生一些本體必然的事物。

還證：給所造生的物體，賦與和自己（的神性）相近似的優點，是天主全善固有的一個能力。故此，凡和「受造」之理不相違反的任何事物，天主都能造生。完善的作者固有的效力，是竭盡可能，產生和自己相近似的事物。「必然生存」，依其名理的純粹意義，並不違反「受造而生存」的理：因為無防某物有必然的生存，同時並有自己必然生存的原因；例如明證論法所得的結論，（有必然的生存，它的生存是它的真理實有明確的必然性，同時和前提有必然的連貫，以前提的理由，為自己必然性的原因：必然的結論，是前提的效果，同時有絕對必然的本體和生存：它的本體是它的真理。它的生存是它真理的現實明確一貫）。如此想來，無防有某些事物，如此受造生於天主，既是天主意力的效果，又是本體和生存純粹必然，（絕對必然）的事物。這樣的效力，不但不妨害天主的全善，反而適能佐證天主的全善。

加證：天主的本體純是生存。將萬物排列在天主和純無之間，距離天主越遠，則距離純無越近；反之亦然：距離天主越近，便距離純無越遠。現實已有的某些物體，因有不生存的潛能，便接近於純無。反之，可知和天主極接近的那些物體，因為距離純無極遠，便必須在所有的本體和生存上，不含任何重歸於純無的可能性；為成全宇宙間物體系統和秩序的完善和整齊，這是必須的。完全不能無有的事物是絕對必然的，故此有某些受造物不能不有其生存。（它們便是本體和生存純粹必然的，絕對必然的，同時它們的必然性是天主造生的效果）。

注意：按（本卷章二三及卷一章八十三）已證的定論，受造萬物的總體，生於第一元始，繫於其意志的自主，不繫於其本性的必然。總體合觀，確是如此。然如將某些事物和它們的近因，相比較一下，便看到它們（的出生）有絕對的必然性。事實上，無防有某些中級原因不是生於必然；但既生以後，必定隨之而產生某樣的效果：例如此某動物的身體，是由配合本性互相衝突的許多物質原素所構成：在當初，這並不是絕對必然的，但既已由如此的配合而形成了此某實體，由此必生的效果，乃是此某動物的死亡，這卻是絕對必然的。

依同樣的理，天主造生某些物體有某某種類的性體和生存，是天主自由的；然而，既有如此的某些規定，便應發生另某事件或物體，卻是絕對必然的。

在受造的事物中，效果的必然性，以不同的方式，取決於不同的原因。事實上，性體因素決定某物必有某某特性，是絕對必有，全類每物不可無有的。形界物體的性體因素有兩個：一是物質，一是性理，是每個形體之所必備，無之則不能生成實體。既有某類的物質和性理，便必有某類的特性，這裡的「必」字，乃指絕對的必然。

事物內，絕對的必然性，取決於生存的因素者，用三種不同的方式。第一種方式，關係主體的生存。（生存的因素有兩個，一是性理，一是物質。某某主體，既有某類性理和物質，便必有某類的生存。它生存狀況的必然，取決於性理與物質。分兩方面詳察如下）：

物質方面：根據它本質之所是，物質乃是一個有生存潛能的物體。潛能的物體，既能有生存，因而是某物；便能無那生存，因而能不是那某物。從物質對於生存所有的關係，必生的效果乃是某些存在的物體，能因實體變化而遭受敗壞和滅亡：例如動物的身體構造中，包含互相衝突的物質原素，（聚合則生），分散則死；是物質潛能必生的效果。又例如火，（雖然原素單純），但其物質有容受衝突變化的潛能，（變熱或變冷，故此有生有死：變熱始燃則生，變冷熄滅則死）。

性理方面：根據它本質之所是，性理是現實生存的盈極（因素）。物體因有性理而得現實的生存。因此，某些實體從自己所有的性理，得到了生存的必然；又分兩種可能的情況：一是有些實體，本身的構造純是性理而無物質，故此不包含可有生存也可無生存的（物質）潛能；但因自己的性理而常有生存的實力：例如所謂的絕離實體，便有這樣的實體和生存。（絕離實體是沒有物質而有自立生存的性理：是受造的純神實體：和物質絕異而分離，故此哲學界稱之為「絕離實體」；善者叫作天神，惡者叫作魔鬼）。二是有些實體，本身構造以內，性理用自己的完善，恰好充滿了物質潛能及虧虛的全量，將物質的潛能完全實現了，沒有絲毫餘剩或缺欠，結果是那箇物質之中沒有領受任何其他性理的可能、需要、或餘地；故此也便沒有失掉生存，或不生存的可能，（因為沒有性理變換的潛能，便是沒有化歸無有的可能：既不因變化而失掉性理，便不因失掉性理，而失掉生存。這些實體是長存不滅的形體）：例如天上的形體：（日月星辰，和諸層天幔球體）。它們的永遠長存，是必然的。（古代和中世，希臘、阿拉伯、羅馬的天文學和《物理學》，和現代科學，都稱認宇宙間能有一些長存不滅的實體，是物質與性理合構而成的；不過對於這些實體是什麼的問題，不同的時代和學派，各有各自不同的意見或假設）。

此外，另有一些實體，本身構造以內，性理的完善程度，沒有充滿物質潛能和虧虛的全量，在它物質以內仍有領受其他性理的潛能和餘地；（既有改換性理，彼此代興的可能）：故此它們的實體沒有生存的必然；只有生存的實力，是性理尅勝物質而收到的結果，性理不能尅勝物質時便離開物質，讓更強的另一性理來佔取，性理的勝敗交替，乃是實體生死的變化；可明見於物質原素，（相生相尅，循環變化）；和原素合構而成的實體，（生死變化）的事實中。

請看，物質原素內的性理交接自己的物質，不是竭盡了物質潛能的全量：因為一個物質能領受某一原素的性理，不是憑藉其他，而僅是憑自己是衝突對立的另某性理的主體。（例如現實熱烈烘烘的火，有變成死灰水冷的物質潛能，反之亦然：現實水冷的主體有變成烈火烘烘的物質潛能。足見原素的物質是衝突性理，勝敗交替的主體：有一個性理的現實，便是有衝突方面性理的潛能：患得患失，相攻相剋，勝敗無定，變化無常，是性理不足以完全征服物質所致：這卻是必然的）。

然後，再看原素混合而成的實體內，性理交接物質，根據原素配合固定方式內具備的條理。（配合不當，條理不備，實體便不能用自己的物質承受所期待的性理）。一個物體在一個相同的物質基礎上，必須作許多衝突性理的主體和容器。物質原素的單純性理，互相衝突，是衝突的極端，（例如冷熱燥濕）。將許多極端，混合起來，配成中和程度，高低不同的許多衝突對立的性理：彼此有緩和的衝突。一個物質應是這一切性理，或極端衝突，或緩和衝突的主體（和容器：彷彿是一個戰場）。

由此觀之，可以明見：單純的物質原素，有極端衝突的潛能。原素混合而成的實體，有混合而緩和的衝突潛能：凡是物質實體，或單純或混合，既有衝突變化的潛能，便必有生死存亡的可能：都是能腐化而敗亡的。（這是絕對必然的）。反之，物質世界以外的實體，既是純無物質的性理，便是永存不滅的。（如專就本體去看，這也是絕對必然的）。固然有些實際存在的性理，不是實體而是附性；不自立生存，而依附於主體；確切的說：它們的生存乃是依附在主體的物質容受力之中：它們的本體不受敗壞，但因依附主體，乃隨主體之敗壞而受到連帶的敗壞。（例如白色不變，但白物由白變黑時，白色就隨著變歸無有）。

第二種方式：性體因素決定事物的絕對必然，是關於它物質的，或性理的許多部分：因為宇宙間可能有些實體，它們的性理和物質兩因素不是單純的。事實上，例如：人類特有的物質是混合原素，調和性情，組織器官而構成的肉身；故此必須有主要的許多原素，（性情所寄賴的）血氣和精氣；官能所需要的器官，完備無缺，始能（結合性理）構成人的實體。同樣，（在性理方面），人的性體定義，既然是理智的動物，並且這乃是人的本性或理性；故此，在他的本性裡面，必須包含動物之理，又包含理智之理：既有動物之性，又有理智之性。兩個部份的性理合成人的整個性理，（便是人的靈魂）。人，既有這樣的肉身和靈魂，便必須有肉身及靈魂必要的各主要部分。這裡的「必」字，也是指示絕對的必然。

第三種方式：性體因素所決定的必然，是由性體因素推演到特性的必然。一物如有某種物質或性理，它便必定因而也有此某些或彼某些特性。特性是隨物質，或隨性理而生的性情，是不得不隨之而生的：故是絕對的必然。例如斧或鋸，既然是鋼鐵所製成的，便必定是強硬的。又例如：人類既有理智的性靈，（即是性理），故此必有曉悟事理或理則的能力。

（綜合上述，從性體因素推演到主體生存，或推演到因素的部分，或推演到特性，三種推演的方式，都有本體和邏輯的絕對必然：從前到後，前引後隨，互有的引隨關係，是絕對必然的。足證：雖然天主造世不是絕對必然的，但在既造以後，世界萬物之中，從性體因素方面觀察，便包含上述三種方式下許多絕對的必然性。性體因素是實體內在的因素，即是性理和物質。除這些內在因素以外，還有兩個外在因素：一是作物因素：發出動作，作成事物，簡稱作者。一是目的因素：是作者作物所有的終向：簡稱目的。從這兩個因素方面觀察，也可看到種種不同的必然性，分別略述如下）：

作者方面：（動作是作者和效果之間的關係。從作者到動作，或從作者到效果，或施動主體方面，或受動主體方面，從前者某某到後者某某，有許多絕對必然的關係：都是本體生存情況及邏輯推演所根據的引隨關係和含蘊關係，按主要類別，考察起來），先看作者方面，即是施動的主體方面，對於動作，並對於效果，所有的必然性。

從這方面看，第一種必然性，類似附性由性體因素之決定而有的必然性。猶如其他種種附性出自性體因素所決定的必然；如此，（依相類同的比例），動作也是出自性理所決定的必然；這裡的性理是作者現實動作所憑藉的性理。這裡的必然，隨動作的兩類不同，也分為兩類，彼此不同。第一類動作是內成動作，（都是生物生活的動作），發於作者，留存在作者本身以內，例如智力的知識，（曉悟事理，發於心智中，成於心智內），又例如意力的動作，（愛憎、取捨、悲喜），等等。第二類動作，是外成動作，發於作者，通達外物，成於外物以內，例如此木之火，燒熱彼某鋼鐵。

在第一類動作內，既有作者現實動作所用的性理，從此性理隨之而生出的結果，便是那某某動作的必然：因為動作的完成不需要將終極效果結束在任何外在的主體以內，故此除了已具備的性理以外，不需要另有外在的主體作承受功效的所在。為了這個理由，在任何內成動作裡，性理既備，動作立成：出於必然；並是絕對必然的。事實上，例如器官的覺力，既有知覺的印像，必有知覺的現實動作（和知識）：這是不得不然的，因為智覺的印像，是器官覺力現實知覺所依憑的本體因素。又例如智力也有類似的情形：既有智力的意像，便有因而懂曉某某物性或事理的知識。（智力在心智內，所得的意像，實現智力的潛能，完成曉悟的現實，猶如實體性理，實現實體的物質潛能，完成生存的現實；又如石料既得某人的像貌，便形成某人的石像：有前不能無後：是絕對必然的）。

第二類動作，（是外成動作），在此類動作以內，由性理而生出的必然，是由性理到能力的必然：既有某某性理，便必有某某動作的能力。（能力是效力或效能）。例如火的實體有熱的性理，因此必定有燒熱外物的能力，然而不必定有燃燒而生熱的現實：因為熱力受到阻礙便不能產生燒熱的現實動作。（簡言之：有性理，則必有能力，但不必有動作，能受阻礙）。

注意：為完成一個動作，有時只有一個作者用自己一個性理，便能發出充足的能力；有時卻必須許多作者聯合起來：例如許多人合力拉船。然而，不拘作者是一個，或是許多，對於本章所證的命題，沒有分別。許多作者，聯合起來，合成一個發動的因素，產生一個動作：仍遵守方才指出了的必然律。

從受動主體方面看去，效果或變動的必然性，受決定於作者或發動者；不但依靠作者，而且依靠受動主體的條件，有三種情形如下：有些主體完全沒有能力和容量接受某種動作的效果，例如羊毛不是製造斧鋸可用的質料。有另一主體的容受力，受了衝突的作者從外面施予的阻礙；還有一些主體的能力（潛能）也能受到自己所有種種附性的限制和阻礙：抵制作者發出動作能生的實效：例如鋼鐵強硬，受不到微弱熱力的燒熱和溶化。

從此可見，為能產生實效，受動的主體必須有受動的能力（和容量）；施動的主體必須有能力剋勝受動主體方面的阻礙：足以變化主體的性質或情況：促成衝突情況，新舊代興的事實。因此，受動主體的變化，是必然的：這裡的必然性，受決定於作者或發動者，又分兩種：一是違性的必然，叫作強迫；二是順性的必然。

違性的必然，違反主體的本性傾向，被迫於外在的強硬進攻，不得不受強力者的克服、推動、變化、或破壞：例如頑石笨重，本性向下，力上舉起，或投擲向上，便是違反石頭的本性傾向：石頭向上移動，是受了強迫。被迫而動的必然是違性的必然。

假設不是違反主體本性的傾向和性情，便是順性的必然，例如天體的旋轉和運行，是被動於外在的原因，但不是違反自己被動而動的本性傾向，故此，它的動不是被迫而動，而本性自然的動。

同樣，下界的形體，（在品性上）受天上諸形體的變化，也是順從本性自然的傾向，領受天上形體動力的影響。物質原素，（水火氣土），循環變化，也是順性的變化。物質在實體因變化而出生，所得的性理，不是違反第一物質的本性傾向，雖然和新舊代興的兩個性理是互相衝突的。物質既是兩者輪流佔領的主體便和能受容的各種性理，在本性上，沒有互相衝突的地方。實體變化的主體，是對於新舊性理模稜兩可的第一物質，不是現實存在於衝突方面某某性理之下的（第二）物質。（第二物質失掉自己現有的性理，是被迫於不得已。第一物質，領受任何其一性理，卻是本性固有的潛能和傾向）。

從上述一切，可以明見，由動作者決定的必然性，在某此動作裡，只繫於動作者的條件；在另某些動作裡，卻繫於施動和受動，兩主體雙方各有的條件。假設雙方的條件是絕對必然的；隨之而生的效果，在作者方面，便也是絕對必然的：例如那些必須常作不息的作者，（光常照，透光體條件適宜，遇光必透光傳射，光則不能不射光照透之）。假設雙方的條件不是絕對必然的，而是可以除去或失掉的；那麼，除非雙方條件具備，從作者方面，便沒有動作的必然。例如有些動作者，不常動作，也不必須動作，但大多數次動作。它們或因能力缺乏，或因衝突方面某某強硬的逼迫，有時便因受這樣的阻礙而不得完成自己的動作。（上面討論了動作因素，下面依原定的程式，進行討論目的因素）：

在事物以內，從目的因素，隨之而生出的必然性，也有兩種方式：一在作者趨向方面，目的是最先決的第一原因。目的所決定的必然性，和作者所決定的必然性，是相同的。（回閱前段以作比較）。或在無識無知，本性自然的動作裡，或在有識有知，意志自主的動作裡，作者既追求目的某某，便必發出動作某某；在什麼範圍和程度內，追求目的，便在什麼範圍和程度內，發出動作；（並且，追求目的，便發出動作；不追求目的，便不發出動作）。足見，動作的必然性，完全取決於目的，猶如完全取決於作者。

無識無知的自然界，作者根據自己的性理，選擇並追求某某目的，故此便必須也根據自己的性理所具備的實力，（發出動作），追求那某某目的：例如沉重的物體，根據沉重的度量和降落能力，趨向下降，直到輻線指向的中心，不能再降而後止。這樣的趨向，是作者目的的必然，也是作者本性的必然。

有識有知的意志界，作者的意志決定為追求某某目的而發出動作；動作的種類，方式，程度等等，都是取決於目的之追求。既願得到目的，便必須也願採取適當的行動。為得到同一目的，這某些動作適宜，那某些動作也適宜，意志便有取此捨彼的自由。目的的追求是必然的，否則便不動作。動作的選擇，有時是自由的，故不是常常必然的，而大多數次，（既願得某目的，便願採取某些更適宜的行動）。

第二種方式，目的所決定的必然性，是在生存方面：生存和行動的歷程以目的為最後的終向。實體的構成，以得到自己的生存和行動為目的。例如說：如果願意斧鋸作出斧鋸的事功，斧鋸的本體便必須是鋼鐵所製成：（既有鋼鐵的物質，又有強韌的性情，和砍伐的實力）。這裡的「必須」指示有條件限制的必然，不是絕對的必然，但以目的追求為條件及限制。

第三十一章　宇宙永遠的問題（一）

從前面提出的理由，轉進推究，尚須證明：受造的（宇宙）萬物，從無始之始，永遠已有，不是必然的。

一證：假設受造（的宇宙）萬物的總體，或其中任何一個物體，現有則永遠已有，（無始無終），是必然的；它所有的這個必然性，僅能或是來自本身，或是來自外物。（沒有第三可能）。然而事實上，它不能來自本身：因為上面（章十五）證明了：宇宙間，凡是實有的物體，個個都是來自至高無上的第一實有物：就是來自天主；天主造生了宇宙萬物：每物的生存，都是來自天主：這是必然的。本身沒有生存，不能是本身就有生存（和實有）的必然性：因為必有生存，乃是不能沒有生存；如此，本身必有生存，也便是本身不能沒有生存：也就是：本身不能不是一個實有物；因此，它便不能是不實有的；這樣說來，它必定是實有的：並且它是本身就必有生存的實有物：這卻是不可能的；因為這等於說，它——這一個受造物——就是造物主。

另一方面，假設某某受造物的這個必然性是來自外物，便必須是來自外在的某一原因：因為，依照原定的假設，凡受造物本身內有的一切，無一不是來自外在的原因。然而外在的原因，只有兩個可能：或是作者，或是目的。作者，（是用自己動作的實效，作成某物，並是此物開始新生的原因），決定效果必生的必然性：因為：作者如果必然動作，效果必然因之而生。效果仰藉作者的動作生於作者並依賴作者。假設為產生某某效果，作者沒有動作的必然，那某效果的出生，也就不是絕對必然的。天主用自己的動作造生萬物，按上面（章二十三）已有的證明，沒有非動作不可的任何必然性。故此，受造物不得不依賴造物者的必然，不足以證明造物者不得不造物的必然：如此說來，受造物的實有，不是絕對必然的。（這也就等於說：受造物的永遠實有，不是必然的）。

同樣，效果必繫於目的，也不足以證明效果（產生）的必然。為達到某某目的，所需的某些事物，不因目的而有絕對的必需，除非為得到那個目的，或為更便利得到那目的，它們是缺之不可的。（並且那個目的也是絕對必需的）：例如動物為維持生存，缺不得食物；或例如為旅行便捷，不可不騎馬，天主意志造生萬物，所有的目的，按卷一（章七十五，及以下諸章）已有的證明，除是天主的美善以外，不能是任何別的事物。天主的美善，為了自己的生存，或福利，全不依賴受造物：因為天主的生存是本身自有的；天主的福利，也是本身全備的：全不仰給於外物。這一切，在上面（卷一章十三及二十八）都是已經證明了的。（故此，天主的目的絕對必然，但受造物並不因此而是絕對必然的）。

二證：意志自主願作的事物，不是絕對必然的事物；除非它是意志（絕對）必願的事物。然而，按（章二十三）已有的證明，天主造物，不是由於本性的必然，而是由於意志的自主；並按卷一（章八十一）的證明，天主的意志不是必願造物，或非願造不可。足見受造物的實有，不是絕對必然的。故受造物的永遠已有，也不是必然的。

加證：上面（章九及二十三）證明了：天主的動作，不完成於自身以外的動作：好似是從祂自身本體發出來，將終效完成於外面的受造物裡面去，例如熱力的燃燒，從火內發出來，終止在外面的木柴。反之，天主的意志動作，乃是祂的願意：祂的願意也就是祂的動作，（動作和願意同是天主的生存和本體：是在天主以內，故是內成動作）。這樣看來，足見事物的生存（和實有），都是依照天主的意願。然而天主願意受造物永遠已有（生存），祂的這個願意不是必然的；因為，按卷一（章八十一）的證明，天主願意有無任何受造物，都不是必然的：（既不必定非願它有不可，又不必定非願它無不可）。故此，受造物永遠已有，不是必然的。

又證：從某某作者，經過他意志的同意，任何某物的生出，不是出於必然；除非另有某必須的理由。假設對著宇宙萬物的總體，絕對的看去，按上面（章二十八）的證明，天主造物，（除自己的同意以外），沒有任何必須的責任或理由。故此，天主造物，不是出於必然。足見，雖然天主是永遠的，然而天主，（從無始之始），永遠就已經造了世物，卻仍不是必然的。

另證：上面（前章）證明了：受造的萬物，內含的絕對必然性，不是為了對於本身必然的第一原因，就是對於天主所有的關係；而是為了對於本身不必然的中級原因。某物對於本身不必然的另某事物，發生的關係之必然，不足以確證某物永遠已有的必然。例如：奔跑者，必運動。既有奔跑，則必有運動。這裡的「則」字，指示「前後兩句的引隨關係」是必然的，然而某物永遠已在常常運動，並不因此而是必然的；因為那某物奔跑也不是必然的。（既然，兩事相關的必然，不足證明某物自身（絕對如何）的必然，故此，沒有任何理由，足以確證受造（的宇宙）萬物永遠已有，是必然的。

第三十二章 宇宙永遠的問題（二）

許多人主張世界（從無始之始）永遠已有，是必然已有；並為證明這樣的主張，亟力想出了許多理由；本處，為能證明他們的理由不足以推演出「宇宙永遠」的必然結論，現在先將那些理由，逐條列舉出來，以便一一解答。

他們的理由來自三方面：一是天主方面，二是受造物方面，三是造物的方式方面。（現分三章陳述如下）：

從天主方面，為證明世界永遠，他們想出了以下這幾條理由：

一、凡是不常動作的作者，都是被動而動：或自身被動，或附物被動。本身被動者，例如不常燃燒的火，開始燃燒起來，便是被動而開始：或是因為從新被點燃而燒起，或是因為從新移放到燃料近處而燒起。（被點燃或被移放，都是被動）。附物被動者，（自身不動，但因寓存所在的主體被動，便依附主體，隨主體之被動，而連帶著也受到變動），例如（動物的靈魂，支配動物身體的運動，是動物的內在發動者），這樣的內在發動者，不常發動，從新發出動力，開始促成動物身體的運動，便是附物被動而開始；或從內部被動：例如食物消化完畢後，靈魂甦醒，精神振作，便開始運動身體。靈魂的醒甦，是被食物消化後的刺激；或從外部被動，例如某些（作者的）動作，從新開始（從外面）到來，引起動物的靈魂從新開始振作氣力，運動身體，支配動物作出某些行動，（例如鞭打馬跑，馬的靈魂不是本身受到了鞭打，而是因為馬的身體受到了鞭打，馬的靈魂便隨著身體被打而警醒自己，開始激動馬的身體加速跑路）。靈魂或受內部食物的刺激，或受外部動力的刺激，都是隨身體之被動而附帶被動，並因而開始發動自己的動作。足證，凡是不常動作的作者，從新在某某時期開始某某新動作，都是被動而開始。

然而，按卷一（章十三）的證明，天主不是被動而始動的作者或發動者，既不本身被動，又不附物被動。足見天主是常動不息的作者，常有相同的動作方式和程度，（不但不時動時息，而且也不改換動作的種類，強度和速度等等：因為天主的動作，乃是天主的本體，不受任何變化）。受造的（宇宙）萬物，安定在自己的生存上，便是天主動作而生的效果。（既然天主常動不息，從無始之始，永遠如一）；足證受造的（宇宙）萬物，從無始之始，永遠已有，（不是突然開始新生於某時）。

二、再者，效果生於作者是由於作者的動作。然而天主的動作是永遠的：否則，時動時息，便有了動作的現實和潛能，及盈極和虧虛的分別；並且必須被動於先有現實動作的作者，而由潛能轉移到現實，為能開始新動作：這是不可能的，（因為天主既無潛能和虧虛，也不被動於任何先自己而有現實動作的作者）。足見受造的（宇宙）萬物，都是從無始之始，永遠就已受造於天主。

三、加之，既有充足的原因，必生相對的效果。否則，雖有原因，效果仍是有無兩可，不是必然。可能而非必生的事物，為達到生存的現實，需要依賴某某外在原因的提拔。如果這個原因不是第一原因，便足見第一原因單獨不足以促成那某效果的產生。然而，天主是第一原因，並且是效力充足的惟一原因；否則祂便不足以是第一原因，而是潛能的效果，需要依賴另加的某某原因補助，始克變成充足的原因。這是不可能的。天主不能如此。從此可見，天主既是從無始之始永遠已有的，那麼，受造物也便必然是永遠已有的。

四、再者，意志自主的作者，既決意作某事物，便不遲延實行自己的計劃，除非因為尚應等待另某事物將要到來，現時尚未到來。這等待的事物，或應來在作者以內，或應來在作者以外。應在作者以內者，例如等待動作能力增強到充足的程度，或等待某某阻礙消除。應在作者以外者，例如等待某某事物到來以後，才能在它面前，和它發生關係，並因而完成原來計劃的動作；或例如至少等待某某適當的時機，將來要到，現尚未到。

如果意力充足，能力也充足，便立刻發出願發的動作，如果意力充足，而能力不立刻發出動作，便只是因為能力不充足：例如人身的手足或器官，遵從章力的命令，命令一到，器官便執行命令，發出動作，除非能力不足。從此可見，凡是作者，既願作某事，而不立刻去作，必是為了尚有以上這些等待的理由：或能力不足，或意力不足，（或能力意力兩者都不足）。

所謂意力不足，乃是意志尚未決定絕對願作某事：或因應有的條件尚未全備，或因現有的阻礙尚未清除。

然而，按（卷一章八十二及八十三）已證實的定理，凡是天主現今願有的不拘什麼事物，從無始之始便永遠已經願意了它有：因為天主的意志動作是永遠不變的，沒新動作發生的可能。並且天主的能力，既不能有缺點，又不能受阻礙：何況為初造萬物，也不能有任何外物將要到來（助成造物）的期待，回憶上面（章十五）的證明，除天主自己以外，沒有不是受造的任何外物。

如此想來，足見天主從無始之始，永遠就已經造生了（世界）萬物，好像乃是必然的。

五、此外，智力的選擇，不捨此取彼，除非是為了彼優此劣。然而兩物彼此如果全無分別，那裡便沒有優劣不同之可言。故此，那裡也便無捨此取彼的選擇之可能。為此理由，對於兩端彼此，保持平衡的作者，不傾向任何一端，便不發出任何動作，（依反面對稱的比例），猶如物質因潛能而被動，（介於兩個作者，衝突對立的中間，保持平衡，便受不到任何一方動作的影響），作者的施動效能和物質受動的潛能，（盈虛對稱），正反相當：以此可以例比。既知此正面如何，便知彼反面如何。

議論至此，尚須注意，純無和純無，彼此沒有任何分別之可辨：故此，比較選擇，也無優劣取捨之可言。

依照上述的定理，現請轉看天主造物之初，除了受造的萬物全體以外，只有天主的永遠現實，沒有其他任何一物：天主以外，只是純無，（物尚未造）。偏察天主和純無兩方面，都無段落或部分之間的分別可以指出。在純無的範圍中，各部分，橫竪比較，都是同樣的純無，彼此全無分別，作者無理由捨此取彼，作為自己施展行動的場所。同樣，在天主方面，天主永遠的現實，按卷一（章十五）的證明，乃是一個單純的生存現實：全體精純而一致：沒有部分或段落間的分別。

綜合上述各項理由，最後推出的結論，只剩是：天主的意志，為產生（宇宙）萬物，在整個永遠的無限長期，常保持不變的平衡，（全沒有決定是否開始造物的理由）。如此說來，天主的意志或是願意宇宙萬物，在永遠偏覆之下，永遠不成立，或是願意它們永遠常成立：或願此，或願彼，不能兩者都願，又兩者都不願：必願其一。同時，人人確知天主的意志不是願意萬物，在天主生存偏覆之下，永遠不成立：因為事實明顯：現前的宇宙萬物都是天主聖意建造出來的。去掉了此端，只剩那另一端：就是天主願意了宇宙萬物永遠已經有了。按這樣的看法看來，足見最後的這個結論好似是必然的。

六、再者：和達到目的有關的事物，是否必需，取決於目的；在意志自主的動作裡，這個定理是真確至極的。（並且必需和急需是相連的：物需的輕重急緩：都取決於目的）。準此而論，如果目的方面，決定力前後相同，足證物需的輕重急緩，也應前後相同，除非和目的發生了新關係。萬物受生於天主聖意，它們出生的目的是（實現）天主的美善。既然天主的美善，（連仁愛慈善榮福都包括在內），或在本體，或對天主的意志，在整個永遠的長期，常有同樣的情況（和決定力）。從此可見宇宙萬物在整個永遠的長期，常有受造生的同樣需要：因為假設在某時萬物尚未出生以前，萬物完全純是虛無；在這個假設的條件和時期中，便談不到萬物方面對於它們受造的目的，能發生什麼新關係。（關係不變，目的永遠必需；萬物的受造，便也有同樣永遠的必需）。

七、再者：天主的美善是完備至極的。故此，所謂的萬物為實現天主的美善而出生於天主，不是說萬物的出生是為增進天主的美善；而只是說：因為美善的本質喜好盡可能，將自己的美善，公共分施於外，藉以發願出自己的善美。萬物充其所有生存無不分領天主的美善，生存越長久，分領越豐富，物類的永久生存，（傳流不斷），近似天主的永遠長生，因此也叫作神性的生存，（參考大哲《靈魂論》卷二，章四，頁四一五）。

然而，天主的美善是無限的。祂的本質是將美善公施於外，多至無限無量，不應受到某一時期的限止。由此觀之，天主美善，本質固有的效能，是有某些實體從無始之始，永遠就已經受了造生。這個結論好似是合理的。

以上是從天主方面，採取的一些理由，為佐證「受造的宇宙萬物，永遠以前就已（被天主造成）實有了」的意見。（別的方面尚有許多理由，列於下章）。

第三十三章　宇宙永遠的問題（三）

從受造的（世界）萬物方面，還有別的一些理由，採取過來，也好似足以證明同一結論：（受造的世界是永遠的：無始無端的）。

一證：凡是實體。如果它們對於不生存，不含潛能，它們（竟然）的不生存，便是不可能的。現於受造的（世界）萬物中，確有某些實體，本身以內，對於不生存，不含任何潛能。實際上，對於生存有無兩可的潛能，乃是對於性理得失兩可的潛能。性理之得失，是衝突對立的兩端，以下界形體的物質為主體。這樣的物質，依其本質的定義，乃是衝突兩端，對立交替的主體；並且在一個物質的主體中，某個性理的實得，和衝突方面另某性理的缺乏，是連合並存的，因為物質全無任何性理而單獨存在，是不可能的。任何實體，如果沒有這樣的物質，便在自身以內，對於不生存，不能有任何潛能。

然而，受造的宇宙間，確有某些實體，在自身構造以內，不含這樣的物質成分；（方才說了，這樣的物質是承受性理衝突變換的主體）；例如，按下面（章五十）的證明，靈智類的實體，（是純神實體，不含任何物質；又例如天上的形體，沒有承受性理衝突變化的物質，它們的旋轉運行，沒有（始終上下前後左右）衝突往返的變換，足證它們所有的物質不是承受衝突變化的物質。凡是沒有此類物質的實體，（既然都沒有趨向於不生存的潛能），故此，它們的（有時竟然）沒有生存，是不可能。將話說回去，結論是：有些受造的實體，無時沒有生存，乃是必然的。（無時沒有生存，恰等於永遠常有生存。只少這一部分受造的世界，應是永遠已有的）。

二證：再者，每一個實體，生存能力有多大，生存期限便有相當的長久：除非偶然意外受阻，或受到外來暴力的毀壞。然而有些受造實體，內含的生存能力，足以常常生存，不限於只生存在某某一段落的時期內：例如天上常轉不息的形體，（日月星辰），及無形質的神靈實體。它們不是衝突變化的主體，（沒有生死存亡等等衝突的變化）：而是實體不受變化的：故此，它們有能力常存不滅。否則，必有開始初生之時，便不是常常生存了。故此它們不宜有生存的開始：而是無始無終的。

三、還證：任何某一物體，不拘何時，從新開始變動；發動者，或被動者，或兩者雙方的生存狀況，既動以後，必定不同於未動之前；兩者交互的關係，也是前後不同。既動以後，在現實變動之際，雙方發生的新關係，不能沒有雙方主體以內的某些變化：主體生存情況，前後異時而前後不同，正是變化的本義。故此，新變動未開始以前，另一變動先應產生在雙方主體以內，或至少發生在雙方的任何一方。如此，任何每一變動，或自己是永遠而無始無終的，或在自己以前，另有某一變動：變動以前，常常又有另一變動。無拘如何，或一動永動，或多動相繼，宇宙間，動的事實，是永遠已有，未嘗間斷。故此被動的主體（種類眾多），也是永遠已有的。這也就是說：受造的（宇宙）萬物，也是永遠已有的。（從天主造物方面說，這也是合理的），因為，按卷一（章十三）的證明，天主是完全不受變動的：（天主造化生生的現實，故此，也是無始無終，永遠如一的。永遠的造物者，永遠造生萬物。受造的萬物便永遠受了造生，沒有什麼不合理的，而且乃好似是必然的）。四、另證：凡是物體，如能用自己的動作，產生同類，便自然趨向將個體不能永遠保持的生存，保存在同類的全個集體中：永傳不斷。這是物類自然的需要和傾向。然而物類本性自然的傾向不能是不兌現的虛枉。從此可見，能傳生同類的各種物類，必須都是永遠的。（例如火生火，豆生豆，人生人，馬生馬）。

五、還證：如果時間（的長流）是永遠的，（事物）變動（的歷程）也必須是永遠的：因為時間（段落承前啟後的繼續），乃是變動（歷程，計算段落，先後繼起）的數目。隨此而生的另一結論是：受變動的物體，也必須是永遠的：因為變動乃是物體受變動的現實，（沒有既有變動而無物體之理）。

然而時間，（在事實上）必須是永遠的：因為時間無現時是不堪設想的：猶如吾人智力不能設想某處有線而無點。（幾何學定義：線是許多點連續排列在始終兩點之間）。同時須知：所謂現時，（依其本質），乃是往時的終點，又是來時的始點：這是現時的本體定義。如此說來，不拘何時，既有現時，也便（必須）有往時和來時上承下接；不能有任何時期是最初的始點，或最後的終點。如此推想，最後的結論乃是：受變動的各類物體，就是受造的各類實體，都是無始無終，現有永有的。

六、再證：一句話或肯定：說是，或否定：說非，這是必然的；既不說是，又不說非，便說不成一句話。根據這個定理想去，假設有某事物，隨著它的否定而生的結論必是它的肯定，（否定它的結果仍須轉回去肯定它），那麼，它這某某事物便必定是永遠實有的。然而，時間正是如此。因為，假設在已往，時間不是永遠已有的，便應認定在它未開始以前，有一個時間，它尚是純無。同樣，假設在將來，時間不是永遠無終的，便在它終止以後，必有一個時間，它應是純無。然後，沒有時間，也便不能在時序上分別先後：因為先後的數目，（段落的逐一序數），乃是時間。如此說來，必須承認時間未開始以前，已經有了時間；時間要終止以後，仍然要有時間。如此，時間是無始無終的永遠；這個肯定，乃是必須的。

然而，時間是一個附性：它不依附某某主體，便不能獨立存在。它的主體不是天主，因為天主是超越時間的：按卷一（章十三）的證明，天主是全無變動的，（無變動的歷程，便不能有時間的附性）。如此推想，最後的結論，只剩是有某受造的實體是永遠的。

七、加證：許多論句，依其固有的特性：是不容否認的：誰否認它們，便同時必須（豫先就）承認了它們。例如有人否認能有真理說：「人間的言論，都不是真實的」；他的這個否認，卻正是（豫先）承認了能有真理，因為他承認他的那個否定句是真理。同樣，否認矛盾律的人，承認了矛盾律：因為既承認「矛盾對立不能同是真的，這個定律是假的」，便必須（豫先已經）承認了自己方才的聲明不能同時是真的又是假的。針對著任何一個論句，它的肯定和否定，不能被某任何人同時承認都是真的。這便是承認了矛盾律。

既然，方才說明了，任何某某事物，假設從否認它，隨之而生的結論正是承認它，它便必定是永遠的；故此可知，上述各種同類的論句，連同它們引伸而生的結論，便應都是永遠的。這樣的論句都不是天主。故此，可以斷言：在天主以外，尚有某些事物是永遠的。（由否認而推演承認的論句，是不容否認的）。

以上這一些是為證明受造物永遠已有，從受造物方面採取過來的數條理由。

第三十四章 宇宙永遠的問題（四）

從物體的製作方面，也能取出別的一些理由來，為證明同一結論。

一證：大家公認的命題，不能是完全錯誤的。因為錯誤的意見是智力的一個弱點。同時凡是弱點，如同缺點一樣，都是偶然的：發生在自然生物的本旨以外。偶然的事件不能是全類每物共同常有的；例如各個味覺公認的味道，在大眾一致的判斷裡，不能有錯誤。同樣，大眾對於真理公有的定論，也不能是錯誤的。

然而：從純無中製作不出任何實有物來，這是哲學界大眾公認的名論，（參看大哲《物理學》卷一，章四）這個公論，所以必定是真實的。準此而論，假設有某物體是被製作而成的，這某物體便必須是又從另某物體製作出來的。如此上溯推進，不能推至無窮：因為上溯無窮，則下游無盡：從上至下，距離無限，無法跨過，則物體產生的歷程永無完畢之時，並且也永無開始之時，則無物能產生或製造出來。故此，必須上溯有盡，終止於第一某物，它不是又從另某更高一物（被作物者）製作出來的。然而，凡不是永遠已有的物體，都不會不是被製作而來的。足見那第一某物，不但是萬物所由而製作出來必有的物質原料，而且必須是永遠已有的。這某第一物質，不是天主：因為按卷一（章十八）的證明，天主不會是任何某物的物質原料。如此逐步推論，最後只剩的結論乃是在天主以外應有某一物體是永遠的：這就是第一物質。

二、加證：假設有某物體，它保持的生存情況，前後異時而有所不同，它便必是受到了某某樣式的變化：因為變化不是別的，乃是生存情況前後異時而有所不同。然而凡是從新開始生存的物體，都在生存情況上前後不同。這必是因受變動或變化所致。同時須知，凡是變動或變化，都是發生在某一主體中：因為變動或變化乃是某主體受變動的現實。由變動而生的物體是變動歷程的終點：或終極效果，故在它未生以前，先有了變動（或工作）的歷程；為此，在任何某物未生以前，也必需先有某某能受變動的主體。如此上溯推往，既然不能永無止境，故應終止於某一主體，它是最上的第一主體，它不從新始生，而是永遠常在的。（參考大哲《物理學》卷五章一及卷三章二）。

三、還證：凡從新始生的物體，未生以前，都是可能有生存的。假設它們有生存是不可能的，它們便必須沒有生存；如此，便永遠就是純無，總也不開始生存。這是不可能的，因為與事實不相合。故此，用反證法反回去，足證它們在未生以前是可能有生存的。

然而，可能有生存的物體，乃是有生存潛能的主體。準此而論，足見在任何某物未從新開始生存以前，必須先有某物是生存潛能的主體。並且如此上溯推求，既然不能推至無窮，故此必須承認有某一物是第一主體，它不從新開始生存。（而是永遠的，乃是第一物質。參著大哲《形上學》卷七章二）。

四、又證：正在出生歷程中間，無任何實體已有常在的生存：因為它這生存是它出生歷程的終效：在它方生未成之際，它還不是實體，並且尚無生存；假設它已經有了實體的生存，而且是固定常在的，它便用不著費事出生了。惟因它尚無實體生存，故此為開始生存，尚須經過出生的歷程。它正在自己出生的歷程中間，必須有某物體作這出生歷程的主體；因為出生歷程，就是被創作或被建造而形成的歷程，既是一個附性，（屬於「受動」或「被動」之範疇，見於大哲《範疇集》章四及章九）便不能無主體而獨立。為此凡是出生的物體，（既是變化出生），便都有另某一物預先存在，作出生歷程的主體：新生之物常是由先有的另一某物，變化出生而來的，（並是被生於作者的製作）。如此上溯推究，既然不能推至無窮，必在最後終止於第一主體：它是永遠已有的，不是又從另一主體由作者變化生出的。這是一個必然的結論；從此必隨之而生的另一結論就是：在天主以外另有某物是永遠的：因為變化形成或出生歷程的主體，（是第一物質），不能是天主的本體，故是天主本體以外的一個實有物。

（前三章總結）——以上（三章）是某些人，在形成上，依照明證法的論式，為肯定受造的（宇宙）萬物永遠已有，是必然的，所用的種種理由。在這個肯定上，他們和公教的信仰，適相矛盾。公教的信仰主張，除惟一天主永遠以外，萬物的生存和實有，都在已往有了最初的開始，無任何物曾是永遠已有的。

第三十五章　宇宙永遠的問題（五）

為此，現應證明上述各方面的理由，對於它們欲證的結論，沒有必然的效力。首先察考那些（在章三二）從作者方面採取來的理由。逐條解答如下：

答一：效果的開始新生，不足以證明天主造物時自身受到任何變動。對方第一條理由的大前提是：假設天主的各類效果（在某時期）從新開始生出，天主便或受到本體的變化，或受到附帶的變化。這個大前提不是必然的。理由如下：如果效果的新生足以證明作者方面動作的新生，只是在這個條件和限度內，它才足以證明作者方面必因新動作而受變化：因為作者方面如果不受任何變動或變化，也便不能發生新動作：至少應從靜止不動變成動作的現實。然而天主方面，新生的效果不足以證明天主以內發生了新動作：因為按（章九）已有的證明，天主的動作乃是天主的本體。從此說來，足證效果的新生不足以證明天主因有動作而受變化。

答二：對方第二條理由結論說：如果第一作者，（天主造物者）的動作是永遠的，祂的效果便應是永遠的。這樣的結論也不是必然的。因為，按上面（章二十三）的證明，天主造生萬物時的動作是發於意志的自主，（不是出於火必燒水必流似的本性之必然）。同時回憶前在（章九）已有的證明，須知天主不需要，如同吾人一樣，在意志動作和效果完成之間，另有某某能力的動作執行意志的決定；反之，天主的知識和意願便是天主的動作：足以產生萬物。這是一個必然的定理。從此轉進推論如下：

隨智力和意力而生的效果，依照智力的規定，和意力的命令。智力規定效果的一切條件，同樣，也限定它出生的時期：實際上，例如藝術的智巧不但決定什麼樣的效果怎樣產生，而且也決定它何時應產生；猶如醫師不但能配製藥酒，而且也指定什麼時候應將藥酒給病人服用。（醫師智力和意力的動作能成行於數日以前，效果卻遵照醫師的命令，發生在數日或好久以後）。由此推想，足見，假設醫師的意願本身有產生效果的實力，隨著他昔日意志的決定，新效果便（在好久以後）按時生出，不需要醫師方面另有任何新動作。（醫師如此，各類作者，可以類推）。準此而論，有人如說：天主的動作永遠已有，天主的效果卻是遵照天主永遠已有的計劃，（在不同的段落），按著已規定的時期，發生出來；不是非在無始之始，永遠已發生了不可；這樣的說法，沒有任何說不通的地方。足證對方的結論不是必然的：（故此，是無效的）。答三：從此看來，還可明見：對方第三個理由的結論也不是必然的：因為雖然天主的效力充足，能以產生萬物；天主的存在也是永遠的；然而由此說去，仍不必須肯定祂的效果也是永遠的。理由如下：

既肯定了原因，便肯定它的效果，僅可肯定原因本務（範圍內）固有的效果，不可肯定它本務（範圍）以外的效果。在本務以外產生某某效果，能是由於原因不充足；猶如熱物不發熱，（而發潮濕，是溫度不高所致）。然而，意力（本務範圍內）固有的效果，是實意現志的願心：假設某物實現了不合意志的願心，它便是意力所願以外的效果，不算是它本心固願的效果。同時須知，意力不但決定願有什麼樣的事物實現，而且，同樣，也決定願有那某事物實現在什麼時候。由此觀之，足見為肯定某某意志能力充足，必須的條件，不是何時有願心便同時有效果，而是意志願意效果何時發生，效果便依照意志的計劃，屆時發生。能作到這個程度，才算是意力充足。這是意力和物理不同的地方。自然界，物體本性自然的動作，隨物性自身的現實而發生；因此，既有原因，效果必隨之而生，（因果相隨，同時並出，如聲之有響，不必是在時間上先後相隨）。意力的動作，卻不是根據自己生存的狀態，而是根據自己計劃的方式。為此理由，物性自然動作的效果跟隨作者生存的現實：效力充足，便生效果；同樣，用平行對稱的比例，可知：意力動作的效果跟隨意志計劃的方式：意力充足，便實現計劃。

答四：由此觀之，還可明見：對方第四個理由的前提不足以是結論的根據。天主的意志常在，祂的效果不常有，雖然如此，仍不可推論說：天主的意力生效緩慢：因為天主意志的效力範圍內，不但決定生效，而且決定在什麼時候生效。意志已往願有的事物，實受造生在某一固定的時間，並不是意力生效緩慢，（而是意力強大而自由），天主願意什麼事物何時開始實有，那個事物便在何時發生，全按天主在無始之始永遠已經規定了的計劃。

答五：同時須注意到，對方第五條理由前提的根據也是不足取，因為在受造（的宇宙）萬物全體尚未開始以前，不應設想有任何時間的長期，可以分劃出許多段落。因為純是虛無，尚無一物之時，無任何度量長短或期限長短之可言。天主永遠常在的無限長期，不能分成段落，因為它是完全單純的，不包含任何部分或段落：按卷一（章十五）已有的證明，天主既然是不受變動的，便（沒有物質的部分），也沒有時間段落的先後。

準此而論，不可設想先有某某時間段落分明的尺度，用它來較量全宇宙初生的早晚，釐訂它出生的時辰，指明出生早晚的時會，前後情況不相同，並由而推斷在作者（造物者）方面，必有一些理由（或原因），為什麼在此某時期造生了世物，而不在另一時期；或在以前，或在以後。

事實上，那樣的想法，必需的條件是在受造（的宇宙）萬物總體以外，尚有某某時間的長期，可以分成許多段落；將天主造物，和各類特殊物體的動作，等量齊觀；忽視了物質動作和天主動作的分別。物質動作不產生時間，而是在時間以內，（因變化而）產生（各類固有的）效果。天主的動作，（正是相反），既造生受造物的實體，又一同造生時間，（不用物質變化產生特殊物類的效果）。如此推想，便沒有理由在天主造物的事件上，考察時間早晚的分別和理由；這樣的問題是無意義的）；惟獨應當追問：為什麼天主不是永遠就造生了世界；（這是惟一有意義的問題）。可用空間的類似情形作比例，說明以上這一點：

請看事實上，各類的形體，在本類範圍內，產生在某一限定的空間，就如同它們也產生在某一限定的時間，有相同的比例。它們在本身以外受時間空間的限止和包圍，故此有理由必需追問為什麼它們寧生於此地此時，而不生於另一個處所或時間。（這個問題對於特殊物類的形體是有意義的，並且有提出的必要）；然而論到（包圍宇宙間所有諸類形體全部的）天空總體，再提出同樣問題來，問天空是在那個地方或是在那一個空間，便無意義和理由：因為所有各類形體，共同所在的，大公的空間，是和至大無外的天空一同（受造）產生的，天空的總體以外，再沒有別的空間。故無理由追問天空是成立在這一處或那一處。（處所、地方、都是空間一部分的意思）。歷史上有些人認為天空以外又有太空，沿此思路的必然趨勢想去，陷入了形體無限的錯誤：主張有某無限大的物體屬於物質形體之類，（參考大哲《形上學》卷十一，另版卷十二章十、頁一〇六六右二至十）。

依照類似的比例，時間也是隨宇宙全體一同出生；在宇宙全體以外無時間之可言；無理由究察宇宙出生的時間為什麼在現今，而不在已往更早的另一某時。否則，必欲設想古始以前又有太始，便將陷於時間無限的錯誤。（參考大哲《形上學》卷十一，另版卷十二章十，頁一〇六六至一〇六七）。

如此說來，足證僅可究察為什麼宇宙不是永遠的，問題意思也是說：為什麼在純無以後而開始新生，或是說：為什麼宇宙的生成有一個開始的初生之時。

答六：為追究上面這個問題，對方某些人從目的方面舉出的理由，也不能證出「效果永遠」的結論。這是對方的第六個理由，（關係極為重要，因為）只有目的能決定（作者的）意志（是否）必然願作所作的事。

然而，天主意志的目的，只能是祂的美善，（就是美好仁善，全備無限）；不能是任何其他。並且，天主的動作不是為產生這個目的，如同藝術家一樣，用自己的工作，建立所願意的藝術品：因為天主的美善是永遠而不變的。既然如此，便不能有所增長；並且也無改良之可言；同樣，也不能說天主的動作是為佔取這個目的，如同國王作戰一樣是為佔取城市：因為祂的這個目的，乃是祂自己本體固有的美善，更真切的說：乃是祂自己的本體，（回憶卷一章三十八）。

如此推論，最後可知：天主動作的動機，全部都只是為產生出某某效果，令它分享自己的目的（和美善）。用這樣的動機，（即是宗旨或用意），為這樣的目的，（即是天主無限的本體美善），造生（宇宙）萬物之時，天主的動作（是否曾是）永遠的，為答覆這個問題，（並為證明答案的真確），吾人所應注意的理由（和前提），不可是「目的對於作者永遠一致的關係和情況」；反之，僅須是「目的對於效果

（永遠一致）的關係和情況」：這才是更合道理，就是更合邏輯的論證需要）：因為（背後的大前提和基本的事實，正是：受造的）效果是為（分享天主全善的）目的而受造生的。由此觀之，（可以明見），用「目的對於作者（永遠）一致的關係和情況」作小前提，（只能證明「作者意志的願心和意志動作是永遠一致的」；然而）不能證出「效果也是永遠一致」的結論來。（回憶不久以前已指明了的理由，就是：永遠的意願，能是永遠願意造生不永遠的效果：永遠願意某某效果出生於時間內的某某段落中：或在最初，或在最後，或在中間；許多效果排列起來，便能有段落的分別）。效果出生的條件，全部都是為適合目的；時間早晚久暫等條件，也是取決於此。

答七：對方第七條理由，至少在言辭的外表上，好像是用「更適合目的」作前提，進而證出「效果永遠」的結論來。對於天主造世說話，這樣的前提和結論之間，也沒有必然的連貫：（因為可能「效果不遠永，更是適合目的」，故此）用「更適合目的」作前提，反倒能證明「效果不是永遠的」。

今將理由申說如下：

凡是作者，如果產生效果的目的是令效果分領自己的性理，初作的動機和宗旨便是將自己的似點，引入效果以內。本此定理，可知天主，既然產生宇宙萬物的目的是令萬物分享自己的美善，造物的動機和宗旨便是用受造物相似天主的似點呈現出天主自己的美善。這樣的宗旨和天主的意志，是兩相適合的。然而，這裡所說的「呈現」，不是如同那同名同指的效果和原因間性理同等的呈現；反之，僅是尊卑或高下異等的呈現。受造的（宇宙）萬物不是天主同名同指，同性同理的效果，（和火生火不同，天主生萬物，不是天主生天主，否則）由天主無限的美善，便應生出無限多的效果：個個是永遠而無限的天主，（並應生生復生生，永無止境：請想受造的萬物，個個都和造物的天主，相同了：這是多麼荒唐）。故此，受造物呈現造物者的美善，僅是用許多近似的特點，在有限的範圍裡，表現天主無限美善的一斑：是低級代表超級的呈現，不是全般平等的呈現。

然而，為將天主遠高於受造（宇宙）萬物的超級美善表現出來，最有效的方法是（造生）宇宙萬物不是永遠已有的：因為，從宇宙萬物都不是永遠的，（更能明白）顯示出來：除天主以外，萬物都是奉天主為（造生保存的）主宰：在宇宙萬物以上，天主超級崇高，獨尊無二；此外，還有（更能）表現天主造生效果，和（物質）自然界產生效果的方式，（也是高下懸殊），全不相同，（物質界自然的效果生於物性的必然），天主造生時間內不常有的這些效果，卻全不受任何不得不然的約束，（回看前面章廿六至二八）；因此，更進一步，表現天主的動作有靈智的知識和意志的自由。（為表現這一切重要的特點和真理，天主應造生時間內不常有的世物，更為適宜）。

前提裡，用「受造（宇宙）萬物，永遠常有」作根據的那些人，推演出來的主張，和這些真理，適相衝突：（故是錯誤了）。

第三十六章　宇宙永遠的問題（六）

同樣，從受造（宇宙）萬物方面，也沒有任何理由，足以引人必須承認宇宙永遠。（今將前面章三十三列出的理由，逐條解答如下）：

答一：宇宙間，某些受造物內，所發現的生存之必然，按前者（章三十）的證明，是秩序（和統一）的必然。這樣的必然，並不必使秩序內缺之不可的那些物體有永遠常在的生存。這一點是上面（章三十一）已經證明了的。（秩序的必然，有必不可少的某些物體作它依附所在的主體；但仍不足以證明主體永遠已有，是必然的。事實上，天際高懸的實體，因為本性沒有不生存的潛能，故此實有生存的必然，（不能受到生死存亡等類的變化）；然而這個生存的必然，是在它的實體形成以後，隨之而生的效果。由此觀之，足見，它的實體既被建立而出生以後，始有這個生存的必然，並且因而不能不有生存，就是不能死亡，然而這個既生以後的不能不常存，不是未生以前的不能不出生。本問題的重點專在討論實體本身的初生是否永遠必然。對方第一條理由，只從實體既生以後長存的必然出發，故不足以推證那個實體，（或天體，或任何其他物體），必須是永遠的。（實體因秩序之必然而有的永存，不是本體永遠已有生存的充足證明：後天的理由不足以證明先天的結論）。

答二：同樣，對方第二條理由，用「常常生存的能力」作出發點，也是根據那些某物的實體豫先已經因受造而有了生存。由此足見，為證明那某實體何時已受產生，只在前提裡舉出它既生以後永遠長存的能力，不會是一個充足的理由。（在明證法內，理由不充足，論式便無效）。答三：對方第三條理證，也是用了後天的理由論證先天的結論，故此也是無效的，就是不足以引人必定承認萬物生生變化的長流是永遠的。因為前章已經證明了：天主用自己的動作，產生不常有的新生事物，天主的（本體和）動作並不因此而受到任何變化。天主既然能用自己永遠不變的動作，產生某些不常有的新事物，明證祂也能促成宇宙間乍有乍無的新變化：因為既然天主永遠的意志決定了某物受不常有的變動，那某變動的新生便是天主永遠已經決定了的效果。（天主永遠的動作不是不能產生不永遠的效果）。

答四：同樣，對方第四條理由，是用自然界物類傳生變化不息的宗旨作前提裡的出發點，也是一個後天的理由，來自物類既受天主造生以後的動作：關於物類既生以後的問題，能有證明效力；關於物類初受造生時的問題，卻不再有效力。何況物類傳種，生殖本類，或交互動作相剋相生，各種變化生生的長流，是否上溯下追，必須延長永遠，尚是一個下面（卷四末章，及他處）要討論的問題。

答五：對方從時間方面，提出的那個第五條理由，也不是證明物類變動現象的永遠，而是暗中用變動的永遠作了前提裡的根據。既根據了變動的永遠作前提，便不能又證明它作結論。時間先後的次序和延續，按亞里斯多德的名論，是遵循著變動先後的次序和延續。由此觀之，足以明見：現時這一點，和往時的終點，及來時的始點，（不是三個不同的點）而是時間相同的一個點；因為，按對照的比例，在變動歷程中指定某一段落，也是和前程的終點及來路的始點是相同的一個點。如此看去，不必須每個現時的一點都是承前啟後的，因為我們時間內指定的現時這點，不常應位於往時和來時的中點。如果現時這一點不是中點，便無始點或終點與之同時相交。假設有人承認凡是現時這一點都是介乎先後之間的中點，他乃是豫先默認了運動歷程（和時間長期）是永遠的，（並是暗用這個默認的命題作了立論的根據：這是將前提和結論混成一團了：是不邏輯的）。同時可以明見，另一方面有人不主張運動或變化的歷程是永遠的，他便能肯定時間內最初的那一個現時之點只是來時的始點，不是往時的終點。為證明這不是違反理性的，可以根據時間的延續和（幾何學裡）線的延長，兩相對照的比例。畫一條線，可以指出某點是全線的始點，不是前段的終點。線上的各點是靜止的，不是流逝的。依同比例，在任何某一物變動的歷程裡，也可以指出某一點是全程的始點，不是前段的終點，雖然變動歷程裡的各點是流逝的，不是靜止的。依此比例，去其流逝與靜止之互異，專看其段落排列之相同，即可明見時間的延續有某一點只是來段之始點，不是前段之終點：這不是不可能的。假設這是不可能的，（不但宇宙全體萬物皆變的歷程應是永遠的，而且）每一物變動的歷程也就都是永遠的了：請看這（更）是不可能的。（用反證法、反回去，仍見原論合理，決非不可能）。

答六：（後天的）時間既開始以後，承認某段落時間先無而後有，（這是合於事實的，例如本月十五日先無而後有，未有以前是十四及其他往日，既有以後，是來日及其他）。但這樣的事實不令吾人必須肯定在時間（先天純無，尚未隨物而生，根本）尚未開始以前，就在實有界有了時間。（就實有界總體而論，說宇宙尚未造生，時間尚未開始以前，已經有了時間，那是自相矛盾：是用後天的想法思想先天情況所生的錯誤：因今天以前有昨天，而想時間以前有時間，又想宇宙的長期以前又有宇宙的長期）：這是對方第六個理由的結論。為證明它的錯誤，尚有以下這點理由值得注意，（是心理學和認識論方面的）：

在言談之際，當吾人說：「（宇宙）時間先無而後有」的時候，吾人心智中所指的意義是：在指定的現今這個（宇宙整體的）時間以前，沒有這個時間的任何部分或段落；（同時是說在這個總時以前，沒有任何別的世物和時間）：猶如，（依照時間和空間對稱相同的比例），說「天空以上再無任何形體」，這句話的指義，在吾人心智的理解中用「以上」兩字不是對於現實天空總體指示天空外面又有某些空間；反之，正是只說天空以外別無更高的空間。不論是談時間或談空間，「以上」，「以外」，「以前」等等字樣，兩下裡，針對著宇宙總體，所指示的「時間的某部分」，或「空間的某部分」，不是實有界中存在的時間或空間，而只是人心中想像力的假設，為便利人間的思議和言談。如此，人的想像力也可給存在的物體添加體量或壽數的長度：用假設的尺度衡量假設它能有或能無的長度。為此理由，按《物理學》卷三，（章六）的定論，不可因「天空以上」的語法而斷定「天空以外又有空間」，甚而至於承認天空形體是無限廣大；依對稱相同的比例，也不可因「宇宙以前」的語法而斷定「古初時間以前又有時間」，甚以至於承認時間的長期是無始無終的。

答七：某些論句（或名言）有不可否定的必然性，它們的否定含蘊它們的肯定。然而它們的這個必然也是秩序的必然，並且是賓辭對於主辭的邏輯關係內，名理的必然，（屬於思想界，不屬於實有界。宇宙間實有的秩序之必然，尚不足以證明其主體的實際永有；何況思想界名理關係的必然呢？從此可見）：對方第七條理由，用名理關係的必然作前提，也無力證明實有某物永遠常在；除非能證明天主的神智常在，並是一切真理根底的所在。詳見於卷一（章六十二）已有的證明。

由此觀之，從受造（的宇宙）萬物方面，提出的那些理由，為證明「宇宙永遠」沒有折服人心的實力。

第三十七章 宇宙永遠的問題（七）

現下，尚應證明（章三四）從萬物出生必經受的製造方面，所舉出的那些理由，也沒有任何一個，為證明同一結論，有令人不能不信的實力，逐條解答如左：

答一：「從純無中生不出任何實有物來」，（或簡略說：「無中不生有」）：這句話是對方第一條理由的出發點；它也是古代許多哲學家的公論。然而，只是針對著他們當時觀察範圍內所見到的「產生」說話，那句名言才有意義和真理；否則，指東道西，便無意義。

（心理和知識所能經驗的）事實上，凡吾人所有的一切知識，都是始於覺識。器官的知識是覺識，只知單立的個體事物。人的思想始於這樣的覺識，先觀察特殊的物體和事體，漸漸進步，理會到全類或萬類大公的物理和事理。因此，古代哲學家，研究萬物的原始，範圍淺狹，只看到了某些特殊物類的「產生」，追究這一團火，或那一塊石，是怎樣產生出來的。為此理由，最初的哲學家，見淺識薄，只看事物產生的外表，認為事物的變化產生超不過附性變化的範圍和深度：例如濃淡、鬆緊、稀疏嚴密，強硬柔軟，及此類種種形體品質的變化，因而肯定事物的產生，不外是品質的變化：因為他們的智力當時只看到了，每一個物體都是從另某現實已有的物體產生出來的。（從這個先入為主的成見出發，終於將一切物體的產生都看成了附性的品質變化）。

較晚的後代哲學家，眼光略為深入，觀察事物變化產生等等事體的內部，看到了（比附性變化更深入的）實體變化，承認了任何某某物體的產生，只是在浮淺的表面上，看看好似是生於另某現實已有的物體；但在深沉的本體上，卻是生於某某潛能的物體。

同時，須知：這樣新物體生於任何舊物體，乃是某某特殊物類在固定範圍內的變化相生，（或同類相生：例如人生人，火生火；或異類相生：例如水氣火土四原素的循環變化，或食物因消化而變成生物的一部分）。真切說來，特殊物類的變化產生，是此某物體生於彼某物體：是固定的個體生個體：例如：此火生彼火，此人，生彼人。這樣的個體的產生，都是從已有的物體因變化產生而生出新有的物體；還不是「物」大公名泛指的物體全部的出。

然後有些人，更深入一層，達到了最後的底層，看到了受造的物體全部，按上面（章十六）用許多理由證明了的定理，是出於第一原因。這裡，物體全部出生於天主，是天主從純無中造生實有的物體：既然是物體全部的造生，便不可能又是天主將某物從先有的另某物中產生出來。如此說來：天主造物體（大公名泛指的）全部，是從純無中，造生實有。既造以後，那受造的實有物體，各按本類，經過實體變化，乃生成此某新物。（天主生物，是超越萬類界限，從純無造生萬類共同的實有物全體。每一物類的個體生個體，是從已被造生的實有物所包含的物質中，經過舊物的實體變化，而生成新物的實體來。殊類範圍內的個體產生是新物生於舊物的物質：受類界的限制。天主造物，超越萬類的界限，不用先有的物質：直從純無造生萬類大公的實有要素）。假設天主用了先有的物質而造生某物，（這不是不可能的），這某物的造生，便不滿全「物體全部受造而生」的實義。

最初的哲學家，（在物類範圍以內），研究物類本性變化生生的自然，擬定了那條大眾公認的名論：「無中不生有」：（《物理學》家，用《物理學》的知識方法，受物類的界限，無能力，實際上）並未曾理會到（超越萬類界限以上）尚有物體全部生於純無的觀念。

或者應說：縱令他們理會到了「造生」的觀念，他們仍認為「產生」或「製造」等等語法，不是「從無生有」的允當名辭：因為「產生」或「製造」等類名辭都有「變化而出生」的含義。實有物的全體，最初生於第一實有物，按（章十七）已有的證明，不能有「變化而出生」的含義：不能是「此某一物受變化而成為彼某一物」。（那麼，將「變化而生」的「生」，叫作「作成」，便可將「有生於無而非變化」的「生」，定名為「造生」或「造成」。這裡「生」字，都有「成」的意思，比「生活」，或「有機生物」的「生」字，意思寬廣多了，確實是超越萬類界限的一個大公名）。

為了上面指出的這個理由，研究物類最初從純無而生為實有，或類此的問題，不屬於「物理哲學」的範圍，（物理哲學，也叫自然哲學，研究自然界的物體變化生生之理）。反之，這樣的問題屬於「第一哲學」。所謂「第一哲學」，乃是（後代慣稱的《形上學》），它研究「物」大公名泛指的「實有物」，兼同研究那些和變動之界相分離而絕不相同的事物，（例如邏輯、神學）。

吾人現代採用「製造」，或「作成」等類的名辭，轉指「物體全部生於純無」的那個「初生」，也是根據名理的近似之點，（借低狹而喻高廣），泛稱一切不是本體或本性自有的物體，都是「被作成的物體」：從某外物，領得自己實體生存的開始。

答二：從此可見，對方從變動的定義，取來的第二條理由，也證不出必然的結論來。因為說「造生是變動或變化」只有象徵的意義，沒有別的意義；就是（專就名辭外部的似點）借變化而生的名辭，喻指物體因受造生從純無到實有，先後不同的差異，根據差異的意思，用變化或變動二字，也可指示任何兩個事物或情況，前後相繼的到來，並且也說「它們的一個是生於另一個」，雖然它們彼此並沒有交互動作而促成的變化。在這裡，說「一個生於另一個」，只有「一個先有，另一個後有，先後不同」的意義，例如說：「白晝生於黑夜」。如此說來，用「變動」或「變化」的定義作理由，也全然與事無補：因為那完全沒有生存的事物，也沒有任何生存的狀態或情況：故此用這個理由推出結論說：「開始有生存的物體，（先無後有），生存狀態，前後不同」，也是一個純象徵的說法，沒有本體方面的實義。就實義而論，這個結論無效。

答三：從此看來，可見物體全部未受造生以前，不應先有任何受動的潛能：因為不因變化而開始生存的物體，便無先有受動潛能的必要。變動或變化而生的物體，未生以前須有被動的潛能，因為依照定義，變動或變化是潛能物體在潛能中生存的現實。（參看大哲《物理學》卷三章一）。另一方面，「可能」與「潛能」不同。受造而生的物體，未生以前，（雖是純無），但是可能的：有可能的理由：仰賴天主造物的全能，便能開始生存，（並因有生存而開始實有）。「可能」二字另有的一種意義，在於名辭定義的實理，彼此不相悖謬，便能構成可能的論句，指示可能的事物：（是邏輯的可能，就是名理的可能）。這樣的可能也沒有任何「潛能」的意思。按大哲《形上學》，卷五，（另版卷四，章十二，頁一〇一九右十二）所有的證明，名理不悖的可能事物，（未生以前），沒有任何潛能之可言。（「潛能」是物質變化的潛能，需要有物質作主體；「可能」只是名理不荒謬，故能受作成實有）。說到這裡，請看：用「生存」，或「實有」，或「存在」，等等名辭作賓辭，（形容「宇宙」，或「人」），用宇宙或人作主辭，（構成肯定論句說：「宇宙生存」，「人生存」，或「人存在」等等）；賓主兩辭，在名理上，彼此不相悖謬：故此是一些可能的論句，言外的含義是說「宇宙」或「人」不是不可能的。從此可見，說某物未生以前是可能的，言內言外並不兼含任何潛能的意思。名理悖謬的論句指示不可能的事物，例如「直徑與邊線同長」是不可能的。（這裡「不可能」三字，不是肯定物質而否定其潛能，而且更深一層根本否定那某事物名理的意義：不但說它沒有物質潛能，而且說它完全沒有意義）。

由此觀之，雖然因變化而產生的物體，未生以前，必須有物質潛能作它可能性的根據；但那不因變化而產生的物體，便不可用物質潛能作它可能性的根據。大哲《形上學》卷七，（另版卷六，章七，頁一〇三二左十二），討論物質潛能時，便是用了「變化」的定義作理由。（換言簡譯之：那裡有物質的變化，那裡便有受動潛能。萬物的受造而生，不是生於物質的變化。那裡既無物質的變化，那裡便無受動的潛能）。如此說到最後，足見對方從「受動潛能」方面提出的那第三條理由，也無力證出對方的結論。

答四：從此也可明見，對方第四條理由也是無力證明結論。因為：受變化而生成的物體，固然是先受製作，後得生存：（先作後成）：有先後段落的繼續。然而在那些不因受變化而生成的物體內，便沒有先變後生，或先作後成的分別。

總結前三章，足以顯然明見：主張世界不是永遠已有的，並沒有與理不適之處。天主公教的信仰便承認這一點：《創世紀》章一節一說：「在開始之初，天主造了天和地」。箴言章八節廿二也說：「當著上主，從開始之初，尚未造作任何事物以前，就在祂千謀百略的起端，擁守著我。（「我」是天主上智，獨立化的自稱）」。

第三十八章 宇宙永遠的問題（八）

另一方面，為證明世界不是永遠已有的，有某些人也提出了一些理由，來源如下：

第一：按已證的定理，天主是世界萬物的原因。然而原因，必須在時間上，先有於自己用動作，產生的那些效果。

第二：實有物，既是全體受造生於天主，便不能說是成自另某一物，只得是從純無中作成；故此是先無而後有。

第三：數目無限，則歷數不盡：從頭至尾，無法貫徹始終。然而，假設世界永遠已有，從古到今，便有無限的段落或年代，已經逝去了：同時卻日逐月隨，往者無限，永遠來不到現今。（這是世界永遠必生的荒謬效果。用反證法返回去，足見世界不得是永遠已有的。

第四：假設日復一日，年復一年，日旋月轉，逐日增加，續增不已，（便是加有限而成無限，並且，甚焉者），乃是給無限增補（其所缺的）有限。（橫論豎說，都甚荒謬）。

第五：加之，假設變化生生，世代無窮，效果以下又生效果，原因以上又有原因，上溯下推，始終無盡：乃陷於「無窮之辭」。（這是「宇宙永遠」之說必生的荒謬結論）：猶如子下有孫，父上有祖，上下無窮盡，（等於上無始祖；怎能下有子孫？既有初始，怎能無始？足見原論無據）。

第六：復次：隨「宇宙永遠」之說，必生出的另一結論，是實體數目現實多至無限：例如：往代世人，長生不死的靈魂，數目應多至無限，（並且都是現實尚在的實體。這是荒謬的。參考大哲《形上學》，卷十一，另版卷十，章十）。

（批評上述的理由）：這些理由，都不證明其結論的必然；同時卻能證明結論有些近似真理的可能性。為說明它們結論的不必然，簡略解答如下。解答時，恰好可以提出那些主張「宇宙永遠」的人們，為答駁上述理由，要用的反駁方法（和論證程式）。解答的目的，是說明公教信仰的成立不是根據了虛枉的理由，卻是根據了天主的聖訓：確實可靠至極：免引世人視公教信仰為輕信。

答一：如論變化生物，可說原因的動作，必定先於效果，因為效果成於動作結束以後：是在動作及變化的終點。動作和變化的開始，就需要有原因發起動作。然而論到不費動作和時間的產生：效果生於登時，迅在一閃，（因果同時並發），便談不到原因動作先於效果的必然。例如太陽東昇，半球驟明。（天明日昇，成於同時）。

答二：否定「某物生於另某一物」，必得的矛盾論句不必須是「某物便生於純無」，卻應只是「某物不生於另某一物」。從此便證不出它是先無後有的結論來。足見對方的理由無效。（「某物生於另某一物」和「某物生於純無」，兩個論句，不是「一是則一非」的互相矛盾，而是「全有」和「全無」的互相衝突。依照衝突律：它兩者能同假不能同真。故此斷定前句之假，不足以保證後句必真。「某物生於純無」和「某物不生於另某一物」，兩句前引後隨，前大後小；依照引隨律，和以大含小的含蘊律，前句真，後句隨之必真：有大則必有小。但反說卻不必真。後句真，前句不必真：有小不必有大。反覆思量可知）。

答三：對方第三條理由，也不十分堅強。因為無限多的事物，雖然不能現實並有，但前後相繼，魚貫無窮：因為如此，無限多的物體當中，每個單說，都是有限的；總體合算，便無盡頭；假設世界是永遠已有的，它便無始生之時：如此也便無「貫徹」的可能，因為貫徹是貫始徹終，必須有始終兩個極點。宇宙的長期，雖然不受貫徹，但往代的日逐月轉，週而復始的年代，每一代都是有限的，故此也便是可以貫徹窮盡的。

答四：對方提出的第四條理由也不堅強：因為從有限的那一端，無防給無限的數量，再增加一些。承認了世界長期的永遠，只是說它前無古始，不是說它後無端底：因為它現有的現時，乃是往時的盡頭，（同時也是來時的開端）。

答五：對方第五條理由也不堅強，不足以駁倒宇宙永遠的意見：因為按大哲《形上學》，卷二（另版卷一、小甲，章二）及其他哲學家的定論，同時動作的原因，因上有因，不能上推無窮：因為用本體動作產生效果的各級原因，是效果產生必須依賴的，並且需要各有關的原因同時存在並發出有效的動作。（假設這樣的原因，本體上下相因，數目無限，等於沒有始因，效果便永無產生的可能）。

然而，為不必需同時並作的原因，這卻不是不可能的。主張變化永遠的人，以這樣的可能，作立論的根據。他們認為這樣的無限，是某些原因實際能有的。例如此某人生於父，父又生於祖，上推無窮：父生於祖而生子是可能的；父不生於祖而生子也是可能的。（父生子，現實不必同時尚有先祖。先祖的有無多少，或有限無限，都與此父現實生此子，全無必然的關係，沒有必然的影響，也沒有任何阻礙。先祖不是父生子這回事本體必有的原因。前後互有的關係是附性的偶然，不是本體的必然）。然而又例如：手使杖推石：（石動於杖，杖動於手。杖推石動，同時必被動於手）。手運杖，是杖推石動，本體缺之不可的原因。（前後因果相連，彼此的關係，不是附性的偶然，可有可無的；而是本體的必然，必須同時俱在，缺之不可）。在這樣的因果關係上，因上推因，上推無窮，是不可能的。（討論至此，話又說回去：偶然相關的原因，既然可以上推無窮；宇宙間變化生生的長流，也便可以上溯無始：而是永遠的）。認清了本體相關的原因不能無限，偶然相關的原因卻可以無窮，便可看到對方第五條理由的薄弱。

答六：第五條理由與靈魂問題有關，因難而嚴重，甚於其他；但與原題無大實益：因為前提根據的理由眾多，複雜不確，許多人的意見，不相一致：

某些人主張宇宙永遠的人，不承認肉身死後，靈魂不死。另某些人認為在各種靈魂當中，只有所謂「絕離的靈智」常存不滅。這些人又分兩派，一派只說「施動的靈智」，一派兼說「受動靈智」也常存不滅。還有些人主張靈魂輪流復出，去世以後，經過若干世代，同樣的靈魂，重歸人世，結合人的肉身。（靈魂輪廻，化身轉世）。又有某些人認為彼此間無秩序可守的某些實體，現實數目多至無限，同時並在，依理而論，不是不適宜的。（參考本卷下面章八一，答三，上面某些人所說的「絕離的靈智」，是高於生魂和覺魂的靈魂：是一個智力的實體：和物質的形體絕異而分離：全人類只有一個，高懸在人類以上，藉覺魂的知識能力和每人發生關係。施動的靈智如同太陽發光照耀人心。受動的靈智受靈光的照耀悟認真理。那些人主張全人類共一個絕離的靈智，包含施動和受動，或只有施動而不包含受動。本卷下面證明每人有施動智力又有受動智力，屬於每人固有的靈魂：不是全人類夥有一個。參看本卷章七三至七八）。

更有效的理由——為證明「宇宙有始」，更有效的理由是天主意志的目的。上面（在章卅五）略已論到此點。天主造物的目的是用所造的萬物發顯天主自己的美善；最有效的發顯方法是造生已往不常有的物體。同時也證明天主的動作不是發於本性的必然；天主的動作有無限的效能。萬物有始，受造於天主，極適合天主的美善。

駁謬：根據上述一切，吾人便能避免異族哲學界的各種錯誤。他們當中，有人主張宇宙永遠。有人主張宇宙的物質永遠，宇宙有始，在某時期出生於物質：或無因自生：生於偶然；或生於某一神智；或生於愛力及爭辯，（猶言吸力和拒力）。這些人的主張都是說在天主以外另有某物是永遠的：和公教的信仰不合。

分別：物類的區分

第三十九章 物類區分的原因

和萬物產生有關的問題，既已討論完畢了；現應繼續前進，研究事物的區分；（依照前在章五原定的研究項目）。在與此有關的問題中，首先應證明：物類的區分不是出於偶然。第一個理由如下：

偶然的事件，僅能發生在生存情況能變遷的主體中，不能發生在他處，必有和常有的事物，不可說是生於偶然的。上面（章三十）證明了：某些物體是受造而生的，在它們的本性裡不包含不生存的可能：例如純神的實體，不含物質（的潛能），也沒（原素）的衝突。它們的實體不能是生於偶然的。它們相互的區分是根據它們的實體。故此，它們的區分不是生於偶然。

加證：偶然的事件，僅有於生存狀態能受變遷的主體內。（這樣的可能性，是漠然或然的可能性：矛盾兩可，或是或非；衝突兩可，或此或彼）。這個可能性的根據，在其主體以內，不是性理，而是物質。性理決定物質的可能性，將它從可能的兩端，捨一取一，限制到固定的一端。物體固定區分的因素是性理。性理不是偶然的。物類的區分既是決定於性理，便不是決定於偶然。

然而有某種物體的區分不是決定於性理，而是決定於物質。實際上，同類的物體，性理相同，個體不相同。它們個體間的區分便是由於物質。個體以上，同類以下，分出的種，每種有每種的性理。種別區分決定於性理。如此說來：物體種類的區分，（決定於性理），不能又生於偶然。物類的個體區分，（既是生於物質），便可能是因偶然而生的。

還證：物質是偶然事物的根原和因素。由物質變化而生的物體內，在它們形成之時，便有偶然事件的可能性。然而上面（章十六）證明了：物類最初的產生，（從純無而成為實有之時），不是生於物質；在那裡，便不能有偶然的事件：物類的最初產生，故此，不是偶然的。

同時須注意，物類最初的產生，不能不同時兼有物類的區分：因為在受造（的宇宙）萬物中，有許多物類，既不異類相生，也不同出於一原，因為它們的物質互不相同。足見物類最初的區分，不能是生於偶然；（而是生於物類最初產生必有的那同一原因，即是造物的天主）。

又證：本體（相關的）原因，先於偶然（附性相關的）原因。既然後有的事物是生於本體（相關的）原因；並且受了它的規定和限制；（有物有則）；那麼，如說先有的事物卻是生於偶然（相關的）原因；並且沒有固定的規則，便與情理不相適合。

然而，依照物性自然的次第，物本體的區分先有於物體動作或變動的區分；（體用之間，先後次第，是必然的）：先有體而後有用；變動和動作是用，用的區分是隨體的區分而生：範圍和規則固定的變動和動作，屬於範圍和規則固定的物類實體。

同時須知：物類的變動和動作，不是偶然的，都有本體（相關的）原因，並受範圍和規則的限制：固定的動作生於固定的原因。事實上：物體的變動和動作常常，或大多數次，用同樣的方式，生於自己（本體相關）的原因。（有什麼原因和條件，便生什麼動作和效果，前後本體相關，常則不變）。由此看來，足見物體區分，也是生於固定的本體（相關的）原因；不是生於偶然。因為，偶然二字，指示偶然（附性相關）的原因。（附性相關的關係，是偶然的，沒有固定的規則。偶然者或不常有或不多有）。

加證：由作者用智力和意力作出的作品，具有作者意旨規定的性理和條理。按前在（章二十三及二十四）提出的理由足以明證：（受造的）宇宙萬物的總體是由天主用智力和意力作成的。祂的能力，既是無限的，便不會因力量缺乏，而計劃失敗，按上面（卷一章四十三）已有的證明，天主意旨既定的計劃，不能不實現。宇宙全體的條理，（及其中每物的性理），必定是天主本著自己的願心和宗旨而規定出來的：故此，不是出於偶然的。我們人間的語言用「偶然」二字專指某作者，在自己意料之外，產生的，或得到的（稀罕）效果；（或指示吾人認為根本沒有原因的事件，例如說：無因而至的禍福，是偶然的遭遇）。宇宙全體的條理（以及其中每物的性理），是在宇宙各部分間的區分和秩序上，建立起來的：條理（和性理）在於區分。如此想來，可知物類的區分不是來於偶然。

還證：效果內的美好和至善，是作者製造效果的目的。然而，宇宙的美好和至善，建立在它諸部分間，互有的關係和秩序，不能沒有部分間的區別。宇宙建立，因秩序而成於完整。這個完整，便是宇宙的至善。如此說來，宇宙諸部分間的關係，秩序，其及區分乃是天主建立宇宙的目的。足見萬物的區分不是成於偶然。

經證：《聖經》明言證明這個結論的真實。按《創世紀》，章一節一，首句說：「在開始之初，天主造了天和地」，下句接著便說：「天主區分了光明和黑暗」，（就是將光明和黑暗分開了）。也如此用同類的話紀載了其他物類的區分：明證不但物類出生，而且物類的區分，也是受天主造成的；不是成於偶然，而是為成全宇宙的美好和至善。本此意義，《聖經》在下面標明說：「天主觀望祂造成了的萬物，一切都美好至極」。

駁謬：用以上這些理由，便可破除古代《物理學》家的意見。他們主張宇宙萬物只有一個物質因素：凝聚則物生，消散，則物滅。他們因此必須肯定吾人在宇宙間所見的物類區分，不是出自任何另某原因的計劃和佈置，而是來於無理由的物質變動：就是說：生自物質變化的偶然。

同樣也可破除德謨克利特及婁西布的意見。他們主張宇宙萬物，有無限多的物質因素：都是不可分小的形體，體性相同，形狀互異，秩序、方位，也各不相同：定名叫作原子。他們主張物類繁多，生於原子的湊合：沒有原因來製造：都是成於偶然：沒有規則和理由。原子湊合時，形狀、秩序、方位，三者眾原子互不相同，便湊成物類的區分。故此，都是成於偶然的拼湊。回閱上方提出的理由，足以明見這個意見的錯誤。

第四十章　物質的分殊

從此轉進，更深一層觀察，便可看到物類區分的第一原因不是物質的分殊。理證如下：

一證：除非偶然而生，不能有任何事物的規則和限制是生於物質的：因為物質的可能性，面對多端，漠然中處，自身不決適從；一端倘若實現，必是稀有的偶然。偶然的理由，首在出乎作者意料之外。物類區分不是生於偶然，是（前章）已經證實了的定理。如此推論下去，最後的結論乃是物類區分的原因不是物質的分殊。

再證：根據作者意志而被作出的事物，固有的第一原因不是物質。在產生效果的事件上，原因的動作，先有於物質（被動）以前：因為除非先被動於某作者，物質（原料）不自動形成現實某物。本此理由，可以斷言：如果某一效果生於物質條件和作者意旨，它的第一原因便不是物質。為此理由，我們也可看到：以物質為第一原因而發生的事物，是作者意料以外的偶然事物：稀奇現象：例如生物類孕生的怪物，和自然界的病態：出乎物性的常規。性理是來自作者的意旨：因為作者作成和自己相類似的作品是根據性理；（例如火有熱性，燒熱物體）；作者作不好自己的作品，卻是物質阻礙所產生的偶然。為此可以明見：性理的完善不是以物質為第一原因；反之，正相反，卻是物質有什麼條件，取決於（應領受的）性理，以性理為目的。

然而物體分類分種的內在因素，是每種物體（依其種名所指的名理）各自固有的性理。足見物類區分的第一原因，不是物質的分殊。

加證：只是從物質原料中形成的物體，才能用物質作區分的因素；（此外，或全無物質，例如神體；或有物質而非生於物質；便在分別物類時，不用物質作區分的因素）。實有許多形體，互有區分，本體構造中，也包含物質；但它們的出生，不是從先有的物質原料中，製作出來的；它們的實體所有的物質不是相攻相剋，互相衝突的原素：（火土水氣）；也不遭受始點和終點互相衝突的物質變化：例如天體的運行旋轉，足以證明，天上諸形體，就是這樣的形體。足證物質的分殊，不能是物類區分的第一原因。（第一原因，應是全宇宙萬類共有的惟一原因）。

又證：凡是生存有原因的物體，如果互有區分，它們便也有互相區分的原因：物體的生存，是自身統一不分，而有區分於外物。然而假設物質用自己的分殊作物類區分的原因，吾人便必須肯定物質有許多，並且互有本體的區分。同時，按上面（章十五）已有的證明，凡是物體，不拘有什麼樣的生存，都是造生於天主：以天主為生存的來源；由此可以確知凡是物質，不拘那類那種，也都是從外在的原因領取了自己現有的生存。並因有生存，而是其所是。故此物質間互有的區分，有另某物作原因。如此說來，物類區分的第一原因，不能是物質的分殊。

還證：凡是為美好目的而動作的智力，不作優美事物，為成全卑劣的目的；反之，能作卑劣事物為成全優美的目的。物性自然（變化）生物，也有類似的情形。天主造物，也是如此相似，依類似對稱的比例，（從物類可以推知天主）。然而，按上面（章二十四）說明的理由，宇宙萬物生於天主，是受造於天主用智力發出的動作。足見天主也是為優美而造卑劣；不是上下倒置，為卑劣而造優美。同時須知（按大哲《形上學》卷七，另版卷六，章三，頁一〇二九的證明），性理優於物質：因為性理是物質（潛能）的實現和盈極。故此天主不是為此某些物質而造此某些性理；反之，勿寧為造成此某些性理而造生此某些物質。如此推想，可知物類根據性理而劃定的種別區分，不是為了物質；反之，物質分殊受造於天主，勿寧是為適合性理的分殊。

駁謬：用以上這個定理，便可以破除（希臘古哲）亞納撒（Anaxaoras）的意見。他主張物質原素數目無限，原始之初，萬素雜揉，混成一團；然後有某神智分開原素，建定了物類的區分。

此外，用同一定理，也可破出所有一切任何人主張物質原素的分殊是物類區分之原因的（錯誤）意見。

第四十一章　作者的分殊

從前者提出的理由，也可以證明：物類區分的原因，不是作者的分殊，或衝突。論證如下：一證：假設許多不同的作者，是物類分殊的來源；那些作者彼此之間，或聯合成秩序統一的系統，或聯合不成有秩序的系統。

假設它們聯合成一系，它們整個的系統便只有某某一個原因：除非有這某某一個原因，數目眾多的單位，便聯合不成一系。如此說去，那個原因，締造整個系統的秩序和統一，也便是物類區分必有的第一個原因：並且是只有一個。

假設它們彼此不聯合成一系，它們拼湊起來產生物類分殊，便是生於偶然。那麼，物類的區分也就應是偶然的了。這是違反上面（章三十九）證明了的定理。（用反證法反回去，足證物類區分的第一原因不是作者的分殊。「作者」二字，在這裡，指示作物原因：它用自己的動作，作成事物。天主是作者，作成了宇宙萬物）。

又證：雜亂而分歧的原因，產生不出秩序統一的效果；除非事出於偶然。（偶然的效果，都是附性的，不是本體的）。分歧的原因，按其本體，作不成系統的統一來。然而，實際上，宇宙間種類萬殊的事物，依吾人發見所知，相互之間有秩序和系統的統一，並且不是偶而罕見的：因為（即便不常常必然，但）在大多數次，事物彼此，互相補助。物類彼此，這樣有秩序和系統，表現它們種類的區分，不是生於雜亂而分歧的原因。加證：凡不拘是什麼物體，它們如果有自己種類區分的原因；它們便不能又是萬物種類區分的第一原因。（這是自然而顯然的）。然而，假設（上面所說的）那許多原因或作者，指示平等的原因，它們彼此便有區分，並有區分的原因，這是必然的：因為它們的生存有原因。按上面（章十五）的證明，實有的各類物體，都是生於實有而唯一的第一原因。同時按（前章）已有的證明，物體生存和它與外物不同的原因，是相同的一個原因。（生物者就是分物者）。綜合全論，可以斷言：物類區分的第一原因，不能是原因或作者的分殊。

又證：假設原因或作者的分殊或衝突，能是物類分殊的來原，依吾人看來，最足以當之者，莫過於善惡的衝突，這也是許多人的主張。他們說：萬物之中，種類繁多，各類之中，分善分惡。善者來自善因。惡者來自惡因。善惡不能同出一源。故有兩源：一善一惡，是物分善惡的原因。（這就是善惡二元論者的主張）。

然而他們在前提裡假設了萬類惡物共有一個第一原因。這個假設是不能成立的。惡類萬殊，不能共有一源。（不但因為惡類與惡類，互相衝突，不能同出一源；而且依形上原理而論），憑藉外物而有生存的物體，溯本追源，常以憑藉自己而有生存的物體為原因。殊類如此，公類亦然。準此而論，惡類的最高本原，應是本體純惡：是創造萬惡的第一原因。憑藉自己而有惡性的物體，乃是本體純惡。它的本體既是純惡便不含善理。這是不可能的。全無善理的純惡本體，不會存在，故此也不會是造作萬惡的原因。凡有存在的物體，都是有生存的實有物。依照實有物的本義，凡是實有物，既然都是因有生存而存在於實有界，便都在實體內包含一些善理，不能是純惡本體：因為生存之理乃是美善之理。凡是物體，個個愛慕它自己的生存，而乞求保全之。自然界，沒有不抵抗腐化而敗亡的物體；抵抗不住，始迫歸敗亡。善的本質，（依大哲《道德論》，卷一章一，頁一〇九四），乃是萬物之所乞求。自然界萬物都貪生厭死；足以作這個定理的符驗：生存之理便是美善之理。物體莫不因有生存而是一實有物。故純惡本體不能是一實有物。如此說來，可以斷言：物類的區分，分於善惡相衝突的兩個最高原因，一個本體純善，一個本體純惡：這樣的主張是不可能的；（因為辭句裡的含義是自相矛盾的。那麼，善惡及其他物類區分的原因，不能是純惡，必須是實善。實善的本體怎能是萬惡之原呢？惡是物類既生以後因缺某善而有的附性：是偶然的。天主純善的本體，直接是萬物生存美善之源；簡接是不阻止物中偶然附性不善的原因，詳見於卷一章三九、七一、九五；卷三，章四至十五。為保全所造萬物各自固有的本性和本善，天主不阻止物類交際，偶然而有的惡劣或災害）。

還證：凡是有動作的物體，都是根據生存的現實和盈極，發出動作。然而根據生存的現實和盈極，每一物體都是一個完善的物體。同時，凡是完善的物體，就其完善之觀點看去，都是善而非惡的。假設有某物，本體純惡，它則不能是一個有動作的物體。現請注意，按方才已有的說明，假設有某元惡是萬惡之原，它就必須是本體純惡。（隨之而生的結論，它便不能是一實有物，也不能有什麼動作）。如此推論，最後可見：物類的區分不能出自善惡兩個元始。（反之，僅能出於元善一元而已）。

加證：凡是實有物，充其實有物之所以然，都是善而非惡的；既然如此，足見凡是惡，充惡之為惡的實義而言，都不是實有物，而是虛妄。虛妄無物之物，就其虛無的實質而言，沒有原因之可言：它不是任何原因用動作產生的效果：因為凡是有動作的原因，都是根據生存的現實和盈極而發出動作；並且產生和自己相近似的效果：就是那個效果也應有同類的或近似的生存現實及盈極：都有善而非惡之理。如此說來，足見：惡出無因：這就是說：凡是惡，充其惡之為惡的本質，沒有任何有動作的物體作自己本體相關的原因。（換言用倒裝句譯之：沒有任何原因，用本身的動作，產生本身物性應有的效果而是惡的）。故此，對著宇宙間的萬惡，追溯原因，不能追到最後，竟有某某惟一的第一原因，本體是萬惡的原因：（萬善有萬善之原，萬惡卻無萬惡之原：因為萬善之源既是純善本體，萬惡之源則應是純惡本體；然則，純善本體，純是生存的肯定，不能不是實有的；純惡本體，純是生存的否定，則必定不能是實有的。善惡既是相反，善有源則惡無源。惡之本體是虛無。原因和作者的本體是生存的實有。前後兩者不能互有本體相關的連繫：理至明顯。然而，僅能有本體不相關而附性偶然相關的連繫。茲在下文還加一證）：

還證：凡出乎原因動作本旨以外而發生的事物，都是偶然突降的事物，沒有本體的原因：例如園丁掘坑栽樹，而發現了地下的珍寶。然而凡是在任何某一效果內所有的惡劣之點，不能不都是出乎作者本旨以外的：因為凡是原因動作的本旨，都是為產生良好的效果。良好美善，是萬物之所共求。故此，惡劣沒有本體（相關）的原因，而是偶然突降，出現在原因的效果以內。原因眾多，效果不一，難免偶然發生意外缺點。故此在眾物本善的許多原因以上，有肯定萬善之原的必要，無贅加萬惡之原的可能。

另證：互相衝突的原因，有互相衝突的動作。然而一個原因用一個動作產生的許多效果，（縱然互相衝突），卻不得說有互相衝突的原因。（然請注意）：善和惡乃是一個原因用一個動作所產生的兩個（互相衝突的）效果：例如一團火用一陣燃燒的動作，將水燒成了汽：水被燒掉而消失，是惡；汽被燒出而新生，是善：得失相反而同出於一因。足見物類中，善惡互相實有的分別，不得必說有互相衝突的原因。

加證：完全什麼也不是的純無不是善也不是惡。凡是實有物便都有生存竭盡其生存的現實按已有的證明便是善而非惡。故此惡之為物乃是生存的否定；因此它不是物的實有而是物的缺乏。惡的本性實理就是缺乏。缺乏或缺點，不是任何原因發出動作，本體必生的效果；因為凡是有動作的原因都是根據性理的實有而發出動作；並且，按作品相似作者的因果律，原因用動作，本體必生的效果，也是性理全備的；（故此，也是美善的）；除非因偶然的不幸而發生了缺點。如此看去，最後可以見到：惡不是原因本體用動作必生的效果，而是偶然出降於許多原因本體動作必生的效果以內：是效果偶然遭遇的缺點：是它的附性，不是它的本體）。

總結全論，足見實有界沒有純惡本體是萬惡共有獨一無二的第一原因；反之，實有界所有一切實有物共有的第一原因，是獨一無二至高無上的第一美善。它是純善本體。在它的效果裡，有時有惡劣的情形，生於偶然；（和它本體動作的宗旨及實效，沒有本體相關不可相無的關係。從此公可明見：純善本體是萬善真原，萬惡真原卻不是本體純惡。萬惡出現在萬善之中，都是後天遭遇的偶然，不是出於萬善真原先天純善的本體。善是肯定生存和實有。惡是缺乏生存和實有。元善是生存和實有的純全。元惡是生存和實有的完全缺乏：等於說萬善之上有元善；萬惡之上無元惡。至上實體，萬善真原，不是有善有惡，也不是無善無惡，也不是善惡相成或相混，而是本體純善：只是在本體以外所造生的效果裡，偶然有惡：善是真性實體，惡是附效的偶然）。

經證：原本此意，《依撒意亞先知》，章四五，節六：稱述天主說：「我是主宰，除我以外，沒有第二個天主：我造生了光明，我也造生了黑暗，我建造了和平幸福，我也造成了災殃。我是造成這所有一切的主宰」。

《德訓篇》，章十一節十四：「善惡，禍福；生死，存亡；富貴貧賤；出於天主」。（都是從天主來的）。章三十三節十五又說：「善惡相對；罪人和義人也是相對立的。如此觀察至上所造萬物以內，也是兩對兩，一對一」。

註釋經文：《聖經》上說天主作成兇惡災殃，也說造成；專指祂造成了本體美善的萬物；然而萬物中，有某些物體，發生關係時，卻能彼此有害：例如豺狼，根據它們本種本類的性體，是自然界的一種美善，然而卻有害於綿羊。同樣，水火也是相害的：彼此相滅。同樣，人間法律的刑罰也可以說是災禍的原因。先知亞茂斯，章三，節六，本著這樣的意思有以下這些話說：「國境之內，人有災禍，那一件不是上主降罰」？聖厄我略（St. Gregory），（道德問題彙編，三五卷，在卷三章九），說過以下這些話，也有和本章結論相同的意義：「萬惡自身無實體，也無性體，也是上主所造生。所謂造生萬惡，專指天主自己所造的萬物，本身有善無惡；但因吾人作惡，或作壞，乃將福樂的恩惠，形成了治罪的刑具。」

駁謬：用以上這個理由，便可破除某些多元論者的意見。他們主張宇宙萬物有許多第一原因，並且是互相衝突的許多原素，或因素。歷史上發啟這個謬說的第一人是恩培德，（詳名恩培德克來斯）。他主張（原素有四個），因素或原因有兩個：都是動作互相衝突的最高原因：一是友愛，一是鬥爭。友愛，（猶如吸力，聚合原素，構成物體），是物體生成的原因。鬥爭，（猶如拒力，分散原素，瓦解物體），是物體敗亡的原因。本此歷史的記載，按亞里斯多德《形上學》卷一（章四、頁九八五）的追述和批評，恩培德的主張就好似是等於承認善惡二元論：並且他就可算作這個二元論的第一人。

古哲皮達閣（詳名皮達閣拉斯，Pythagoras），也主張善惡二元論，但和恩培德互有分別：皮氏認為元善和元惡不是兩個作者之類的原因：（獨立生存行動，造作萬善萬惡）；而是兩個性理之類的原因，（寓存在善惡事物以內，成立事物的善性或惡性）。善惡兩大類，依皮氏的主張，在公性高廣的範圍內，包括萬物萬事：每事每物秉賦著善性或惡性：明見於大哲《形上學》，卷一，（章五，頁九八五左七）。

瑪而瓊派和摩尼教人（Manichean）——上述古代哲學家的錯誤，後代哲學界雖然已用充足的理由予以破除，仍有某些信從基督遺訓的人，思想狂妄混亂，冒然助長往古錯誤的蔓延。這些人中，最先進的一個，首推瑪而瓊，頂戴著基督信徒的美名，揑造了異端的邪說，倡言善惡二元，是萬物最高的兩個原因，彼此互相敵對。隨從瑪而瓊異端的人，最初是柴而東派（Zorastrianism），其後加上瑪爾瓊派（Marcionism），最後又添上摩尼教派，或摩尼派。錯誤流傳，摩尼派出力最大。

譯者附註：瑪而瓊，（瑪而松，Marcion），朋都國（Pontus），西諾波省人。父任本省主教。瑪而瓊被父親開除通功；經商致富，遊歷小亞；後於西元一五五年前後，來到羅馬，最初表現熱心信教，納獻儀羅馬古幣廿萬元，年老著書，史稱「反正論集」，又著所謂「《聖經》純卷」，創立「天主元善，是耶穌之父，高於造物者」，「造物元惡，萬惡之原，是古經所稱揚的造物主宰」。元善如新酒。元惡如舊囊。耶穌說：新酒不能裝入舊囊：足證元善元惡互相衝突。福音純善的新精神，不能納入古經萬惡的舊世界。瑪而瓊又被羅馬開除通功，乃自立教會：是為瑪而瓊派。

柴而東，敘利亞人，瑪而瓊的高足弟子，並曾從學於深知派（Gnosticism）名師瓦蘭定（Valentinus）。瓦氏的深知論也是教史初期的異端。

摩尼教，發源於教外，主張「明暗二元論」，相當於「善惡二元論」，流行於教內，從教會初興以至聖奧斯定，數百年間，蔓延不絕；直至中世末葉，眾神學家仍有力駁的需要。摩尼教唐初入華，白衣白冠，隨處建摩尼寺，武宗斥佛，摩尼並廢。回教興後，摩尼乃亡。摩尼，波斯人創教自名摩尼教：源於拜火教，雜揉佛耶，流行頗廣，而今已不傳。

第四十二章　第二原因

由此觀之，也可證明：物類區分，不是第二因系能生的效果。第二因系是天主以下，各級原因聯合而成的系統。（「第二原因」是「第一原因」以下各級原因的通稱，是「原因中不是第一故是第二」的意思）。

按歷史的往例，有些人主張天主至一至純，只產生一個效果；它是最初受造的第一實體。它沒有和第一原因同等的單純，因為它有某些潛能和虧虛的攙雜，不是純現實和純盈極，故在本體內包含一些分子的複雜：因而是下級物體，（數目更分多），構造更複雜的原因。如此逐級下降，越降低，越複雜，效果越分多：遂構成物類的萬殊，建立宇宙的整體。（這樣的主張是不能成立的。理證如下）：

根據以上這樣的主張，物類總體的原因不是只有一個，而是各級原因，各有各自的效果：遵守固定的範圍和規則。宇宙萬物的總體，及其中物類的萬殊，都是生於各級所有一切原因的湊合。然而由不同原因的湊合而出生的效果，不是生於某一固定的原因，依吾人語言內名理之定義，乃是生於偶然的。如此說來，物類的分殊，和宇宙的秩序，便也應說是生於偶然的。（這正和前面章三九的定理相反。用反證法，反回去，足證對方無理）。

加證：由果推因，推到最高的第一原因，便可發現：效果以內的至善，生於原因以內的至善。「因果相稱」是一個必然的定律。宇宙間所有一切萬物萬事，都是由原因而生出的效果。它們以內的至善是宇宙全體的公善和公事：在乎宇宙的秩序；猶如在人生事務內，民族的公善和公公，神聖美善，高於任何某人的私善和私益。（參考大哲《道德論》卷一，章二；《物理學》卷二章三）。

準此而論，由果推因，可知：宇宙秩序固有的第一原因，必須是天主：祂，按上面（卷一章四十一）的證明，乃是無上的至善。由此推論，可以斷言：宇宙秩序成立所在的物類區分，與其說生於第二原因，勿寧說生於第一原因；並且是生於第一原因（至聖至善）的心意。（「第二原因」，（泛指第一原因以下的各級原因）。

還證：由果推因，如欲肯定效果內的至善生於原因內的缺點，這樣的肯定明顯是荒謬的。然而，按（前段及章三十九）已有的證明，宇宙萬效內的至善，是萬物的區分和秩序。準此而論，如說物類的區分，生於第二原因缺乏第一原因的精純，便不適合情理。（那乃是等於說：至全生於至缺：在用動作產生效果的因果關係上，是不可能的）。

又證：凡是許多有動作的原因，聯合成秩序統一的陣容，配合行動追求目的；（各級）第二原因的目的，必須是追求第一原因的目的：猶如兵法、騎射、繮索製造、等類技術的目的，是追求政治的目的：保國安民。然而，實有界，萬物出生，不但是生於第一原因，而且是生於有秩序的行動，追求固定的目的：因為，按（章二十四）已有的證明，第一原因是用自己的智力造生了萬物：智力沒有不追求目的的動作。照此推論下去：如果萬物的產生有某些第二原因；它們的目的和行動，更必須追求第一原因的目的，這是它們的最後目的。

然而，宇宙間許多部分的區別和秩序，乃是它們的最後目的，也是宇宙形成的條理：完備在最後。由此可見，物類的區分和秩序，目的不是為完成第二原因的行動：反之，勿寧說：各級第二原因配合行動的目的是為建立宇宙間物類的區分和條理的整齊。（參考大哲《道德論》卷一章一）。

還證：既然宇宙各部分間的區別和秩序是第一原因本有的效果，並因而也是宇宙內的無上至善和最後的條理；第一原因的智力內，便必須包含著物類的區分和秩序：作者用智力作成的作品或事物內，所具有的性理，不但是生於作者，而且是來自作者智力以內包含著的同樣性理：猶如物質內的建築物，是來自工程師智力內的建築物。兩者的性理是互相對照的。（性理泛指性質、情況、形狀、作用、體制、條理等等和物質資料對立的內在紋理和規則：性理規定物性、物力和物形）。

同時請注意：物類區分和秩序所具有的性理或條理，為能現實包含在作者的智力以內，少之不得的條件是作者智力以內有能力包含萬物互相分明，秩序互相配合的各種性理或條理：千條萬絮，眾多齊備，清楚分明，而不紊亂。準此而論，可知天主智力以內，萬理俱備，清楚明確，秩然有序，不含渾，不紊亂：又按上面（卷一章五一及以下諸章）已有的證明，萬理鹹備的明確知識並不違反天主智力和本體的單純。

如此推論下去，足見：作者用智力作成的事物，實有心外的存在；它們的性理卻是來自作者心內智力所知的性理（心外物內的性理，模仿物外心內的性理。心內性理知識的眾多，是心外物內性理眾多而互異的來原：這並不妨害智力方面的精純單一）。既然如此，可以斷言：物類的眾多和分異，可以是第一原因直接產生了的效果，無礙於天主的純粹精一。推論至此，足見對方意見的前提實不足據。用天主的單純精一作前提，推證不出對方所持結論的必然來。

又證：作者用智力發動作，製作自己的作品，動作完成的結果，只是給作品締造智力所懷想的性理，不是締造其他性理，除非由於偶然，或由於（意外的）附性作用。（例如酒家製酒是按自己智力設計的目的作出甜性美備的酒，適合理想的品性；作不出計劃以外的品味來，除非由於偶然，或意外，而產生了錯誤，不合理想，或太過，或不及）。

然而，按（章二十四）已有的證明，天主動作，是用智力發出動作；並且祂的動作不能生偶然的效果，因為祂的動作不會失敗或有缺點。故此祂產生的效果，必須都是依照祂的理想和意旨的。同時，祂的智力用什麼理想去認識一個效果，祂便用那個同一理想能認識自己以外許多別的效果；（認識，在這裡是思想和理解的意思：將要作的計劃和規模想出來；然後由意力去決定實行）。準此而論，足見天主既有決意，便能立刻直接作成許多效果，用不著中間的任何因素作助手、工具、或媒介。

加證：按上面（章二十二）的證明，天主能力不受限止，故不限於只產生一個效果，而能產生許多效果：這並無礙於祂的單純：因為任何某種力量，越簡化合一，便越不受限止，越能普及到更深廣的範圍，產生更繁多的效果。除非作者能力不足，只限於產生一個效果，「一個作者產生一個效果」，不是一個必然的定律。「單純作者產生單純效果」，也是一樣：不是必然的定律。如此說來，不可因為天主完全單純而精一，便肯定繁多的效果，不經過某些比天主更複雜的中級原因，則不能直接從天主產生出來：（這樣的肯定，在前提裡，沒有充足的理由）。

另證：上面章二十一證明了：只有天主獨自有造物的能力。然而，宇宙間許多事物，除非受天主造生，便不能產生出來：例如凡是實體，如果在本體構造裡，不含衝突變化潛能的物質；它們便直接生於造物的天主；不是因物質變化，新物生於舊物：因為它們沒有物質化生的可能：物質的化生都須生於物質，並且生於衝突。（性理的全備，是從性理的缺乏，轉變而來。全備和缺乏是互相衝突的兩端；僅有於生死變化的物質界內。沒有這樣的物質，便不由物質變化而生）。這樣的實體，宇宙間，現有三種：一是各類靈智實體，（它們是純神實體，根本沒有任何物質）。二是各類天上形體，（它們的形質，根據它們永動不息的旋轉之表現，自證不是衝突變化的物質）。三是宇宙有形萬物生死變化的第一物質：（它是萬物生死變化所由生的第一主體，不再因變化而生於另一主體。參閱上面章十五至二十一）。以上這三種實體，都須直接受天主造生，始得開始生存。

經證：《聖經》上有些話便是根據了這樣的理由。《創世紀》章一，節一說：「在開始之初，天主造了天和地」。《若伯傳》章三十七，十八也說：「層層的高天，堅固至極，宛如青銅，豈非爾造化的奇工」？

駁謬：用上述的理由，便可破除亞維新（《形上學》卷九章四）的意見。他在那裡聲稱：天主用智力認識自己，乃生出一個第一神智，（彷佛是一個智思而又是實體）。在它本體以內，已有潛能虧虛和現實盈極，兩性的組合，它用智力瞻仰天主（真理），乃產生第二神智；內省己身現實的盈極，乃產生天體的靈魂，（靈魂是一盈極因素，實現主體或形體生存和生活的潛能；完成其生存的盈極無缺）；俯察己身潛能的虧虛，乃產生第一天體的實質：（是潛能而虧虛的物質，有收容靈魂或性理的容量）。如此，逐級下降，物類萬殊，乃是生於第二原因：高級因智力的知識而產生下級，（至於無靈物質而後止）：這是亞維新的主張。

如此，也可破除某些古代異端人的意見。他們（是信奉《聖經》的人）主張造世界的不是天主，而是許多天神，（天神是天主造生的許多神類實體）。這樣的錯誤，史稱最早的發起人，可以說是方士西滿，（方士是有神通妙法的奇術家。參考《宗徒大事錄》，章九節八）。

第四十三章　天神問題

除上述以外，尚有某些新時代的異端人。他們主張天主造生了有形萬物的物質，但由某位天神用許多不同的性理分判物質，而形成了物類的區分。這個意見的錯誤是顯而易見的。（理證如下）：

一證：天上諸形體，本身不含衝突性，不能是從物質中締造出來的：因為，從物質原料中，物體變化生出，必須有衝突的一端作變化過程的始點。由此觀之，可見：某某天神從天主先造的某某物質中，製造出天上諸形體來，乃是不可能的。（詳見於下文）。加證：天上諸形體和低級諸形體，或沒有共同的任何物質，或僅有共同的第一物質。天體，實際上，按其運行之表現，不是由物質原素，（水火氣土），合構而成的，也沒有物質原素的性情：天體表現的種種運動和旋轉，和各種原素的運動變化，全不相同。尚須注意：第一物質，在各類一切形體尚未形成以前，自己不能先有（脫物而獨立）的存在：因為它只是潛能的虧虛，除此以外，什麼其他都不是。現實存在的物體都是由某某性理的秉賦而有生存的現實和盈極。準此而論，某一天神從天主先造的物質中形成各類一切有形可見的物體，乃是不可能的。

還證：凡是變化而生成的物體，其變化而生成的終向（或目的），是為得到生存：因為變化生成是達到生存必經的路程。如此說來，如用「變化生成」和「有生存」作賓辭，它們（是兩個賓辭）便應共有一個主辭：那一物體怎樣有生存，那同一物體，便也怎樣受變化而生成：前後有相同的比例。然而，形體的生存，不專屬於性理，也不專屬於物質，而合屬於兩者構成的整個實體：因為物質只有潛能以內的生存，沒有現實；性理是某物為得生存的現實和盈極必有的內在憑藉：性理乃是一盈極因素：實現潛能，充實虧虛。如此推論下去，最後可知：正確的說：性理，物質兩者合構而成的實體是生存現實的主體。（它因性理而將生存領受於物質容量中，並因有生存而開始存在於實有界）。足見變化生成的主體，只是那個合體，不能是尚無性理的物質。故此，不得說：一個原因發出動作，專造物質；另一個原因另發動作輸入性理。（輸入是引入，有締造形成，或賦界的意思：例如醫師炮製藥料，便是用火的泡煉將藥品治病的藥性，輸入藥材的質料以內：藥品是藥性和藥料之合。藥性的輸入，實際上，是將藥性由藥料中泡煉引出：由潛能引出而入於現實。輸入和引出，許多次有同樣的意義：指示同樣的一件事。不過給第一物質最初第一次賦與性理，更好叫作「輸入性理」，事件相同，名理的含義稍有分別，詳見下段）。

又證：如由某一原因，發出動作，給第一物質，最初第一次輸入性理；它便不能只用物質的變動：因為凡是物質變動或變化，為給某物質締造性理；變動的過程都是由某固定的性理開始，到某固定的性理而終止：理由是因為物質不能全無任何性理而獨存；如此，（在新物性理未出現以前），在舊有的物質內，必定先有舊物的性理某某。（例如火將水熬成汽，熬煮的變動，從某物質有水的性理而開始，到達同一物質失去水的性理而得到汽的性理便終止）。

然而，凡是原因發出動作，給某物質，配製物質界的性理，必須用物質的變化：因為物質界的性理沒有自立的生存，它們的生存乃是寓存在物質以內。它們的出生只有兩種可能：或隨整個實體、性理和物質，一同造生於天主；或因物質變化，隨舊物性理之消失，而得新物性理之生成。如此說來，最初第一次將許多物類的性理輸入於第一物質以內，不能是由於某某造物者，（在既有的物質內），只造生性理；反之，必定是由於造物者用一個動作，造生了物質和性理合成的整體。

還證：依物性自然的次第，性理的變動，後於方位的變動：因為性理變動的現實主體，是一更不完善的物體。依物性自然的次第，萬物中分先後，先者是原因，後者是效果：後者生於先者。準此而論，可知：性理的變動生於方位的變動，（例如磨擦生熱。兩物磨擦是方位的變動。由冷變熱是性理的變動：後者是果，前者是因）。

然而最先的第一個方位變動，是天體的運行。故此，凡是性理的變動，都是乘天體之運行而發生變動。（例如日出而發光發暖）。不能乘天體運行而變化發生的事物，也不能是那非用物質變化，不能動作的作者，所能產生，或製造出來的。按（前段）已有的證明：只會在物質內締造性理的作者，都是非用物質變化不能動作的作者。（例如火燒，水濕）。天體運行產生許多形體的性理，不能不用形體內根底上先備的固定因素：例如天體運行，四季循環，孳生某些動物，不能不用動物的精卵。新生動物的性理，預先具備於同種的老成動物以內。假設老成動物性理不備，天體運行，只靠自己，便無從產生新動物及其新性理。那麼，最初第一輩那些性理的建立，必須是受造於惟一的造物者：不能是生於其他原因。（性理是物本性本體為成立起來必備的內在因素）。

又證：整體和部分的移動是一個移動：例如整個大地的移動，是它某一部分的移動。依相同的比例，整體和部分的實體變化，也是一個變化，（全池水的腐臭，便是它每一部分的腐臭）。由實體變化，舊的變滅，新的化生，新部分的出生，是從物質內現實含蘊的性理，領取現實新生的性理：（由火之熱而生銅鐵之熱），不是領自物質以外的性理：因為按大哲《形上學》卷七（另版卷六章八，頁一〇三三右三三）的證明，同類生同類，是一個必然的定律。部分如此，整體亦然。物質因變化而領受性理，不是領自沒有物質的實體，例如所謂的「絕離實體」，就是神體；而僅能從兩處得來，或得有形的某某實體；或得自造物者，祂用動作造生世物，不用（先備的物質，及物質的）變化。（天主固然也是神體，但造化能力是天主所獨有，非其他神體所共有。天主能造火。火柴能燃火。但各類受造的神體，無一能本體燒火）。

還證：生存是萬種效果中的第一效果，依對稱的比例，第一效果相對第一原因：是它本有的效果。生存的憑藉卻是性理，不是物質。物質因有性理而有生存，並因有生存而是一實有物。性理不備，則空空物質，不能自成一物。足見萬物性理最初的產生，極應肯定是第一原因的效果。

加證：作品相似作者，既是定理；效果的性理便是來自性理相同的原因：例如物質內的房屋，來自建築的技術。技術的規模條理卻是心智內理想的房屋。心外物內的房屋和物外心內的房屋，在規模和條理上，是相同的。

然而萬物相似天主，是根據它們現實生成所依憑的性理。性理是現實和盈極因素。天主乃是純現實和純盈極。萬物都追求自己性理的全備，如此便可以說都追求相似天主。（故此都是天主的作品或效果）。準此而論，如說萬物的性理全備，和最初的形成，不是成於造生萬物的天主，而是成於另某原因，乃是荒謬的。

駁謬：為排除這樣的錯誤，《創世紀》章一，梅瑟先聲明「天主在開始之初，造了天和地」，下文隨著填明了天主如何將萬物造成了各種不同的形式，制定了種類間，性理固定的區分。大宗徒保祿致哥囊書章一節十六也說：「不分天上地下，有形無形；宇宙萬物，所有一切種類，都是天主建立在基督（的能力和秩序）以內」。《聖經》本義所根據的理由，和本章的前提，是相同的；足以佐證本章結論的確實（基督是天主的上智和聖言，是天主一體三位中的第二位）。

第四十四章　功罪問題

現在尚需證明：物類區分的來源，不是有理智的實體自主行動的結果。（例如功罪的賞罰）。（聖教古代著作家），奧理真（Origen，神父，約於一八五年生，二五三至二五五年卒）著《因素論》，（《原因論》）在卷二章九，曾主張：有理智的實體，受天主造生以後，用自主行動的功德和罪過，決定了物類間的區分和品級：高下不齊。奧神父的用意是抵制古代異端。在他當時有些異端人，眼見物類和人間，種類繁多，優劣軒殊，例如形體分光明和黑暗；人類分文明和野蠻：文明者信奉基督屬於教內，野蠻者列於教外。人物生來如此，參差不齊，既不是因為自己前生的功過，故此只可說：善惡的分別，決定於許多或至少兩個互相衝突的原因：就是來源於善神和惡神。因此，那些異端人主張善惡的多元論或二元論。

為批駁這樣的異端，奧神父被辯證的思路所迫，提出了自己的意見：主張物類萬種，彼此高下軒殊的分別是物類功過高下所致：最後決定於天主的公義。他的理證程式如下：天主本體善良，純粹無惡，因此造生萬物，最初之時，萬物都是平等的，沒有種類的分別，和品級的不齊；並且萬物初生時，都是有靈性和有理智的實體：是沒有物質的神體。這些神體，各自因不同的動機，自由自主，作出了不同的行動；有些接近天主，有些遠離天主，遠近不同；於是根據遠近的距離，按天主的公義，分成了神類實體間的許多品級；有些是天神，品級分多，高下不一；有些是人靈，也是身份不同，品格眾多互異，（分別貴賤智愚，善惡巧拙，等等）；還有些是魔鬼，也分許多高下不同的分位。奧神父並且主張：為了理智類的眾多不齊，天主必須造生形體類的眾多不齊：目的是用高貴的形體，父接高貴的神體；不同的形體用各種不同的方法，服務於不同的神體：任聽神體的調用。（物類不齊，定於功過，成於天主的公義：天主本體純善無惡。如此，宇宙萬物一元純善的道理，乃可保全。這是奧理真神父的意見）。

以上這個意見的錯誤，是顯而易見的，理證如下：

證一：效果以內優越的部分，是作者計劃中優先的部分；前後比較，互成正比例。然而，受造的萬物中最優越的部分是宇宙的完美至善：在乎物類區分而呈現的秩序。不拘在什麼物類中，全體的美善，價值崇高，勝於各小部分的美善。準此而論，足見物類的分異，來自第一作者最初計劃的決定，是先天的；不是來自（後天的）效果方面功勞或罪過的軒殊。（第一作者，用自己的動作，造生宇宙萬物）。

證二：假設一切有理智的實體，受造之初，彼此平等，便必須承認它們的行動，各自獨立，不相系屬：它們的聚合，乃是烏合，是偶然的。那麼，根據這樣的主張，物類間的區分和秩序，也便都是偶然的。按上面（章三十九）已有的證明，這是不可能的。（足證前提的假設是錯誤的）。

加證：某物本性生來之所固有，不是它用意力追求之所取獲：因為意志的動作必須發生在主體本性全備既有生存以後，不能發生在主體尚未生成以前。如此說來，假設有理智的受造實體，品級的分異是用意志自由的行動所取獲而來的，它們實體間的分別，便都是附性的，無一能是本性固有的，這卻是不可能的。（理由見於章三十九）。

實際上，假設是可能的，並是事實；同時須知種別的區分是本性固有的區分；由此隨之而生的結果乃是所有一切理智實體，例如天神，魔鬼，人靈，甚而致於連天上諸形體（星辰）的靈魂也包括在內，都應同屬一種，有同種的本性本體。（奧理真曾主張天上星辰之類的諸形體都是有靈魂的活物）。主張這一切實體，都有同種的性體，是錯誤的，可明證於它們本性固有的行動；如下：

人的靈智認識事物，本性固有的方式，需用器官外感的感覺和內感的想像力，（想像力，收攝外部器官所領略的事物之形像，分辨個體自同的形像，認識個體間的關係和秩序，並想出完善無缺的典型）；在這樣的知識方法上，人靈自證和天神的靈智不是同種，和（天上形體，例如）太陽的靈魂，也不是同種：因為天神和太陽等等，都沒有器官的感覺。必欲幻想天神和天上諸形體，都有骨肉四肢或其他類此的部分，因而也有感覺的器官；等等：這是荒謬的：（因為天神是純神，沒有形體。天上的形體和骨肉器官的形體在本體物質上，全不相同：前者不死不壞，後者有生死變化；前者為達到生存的目地，不需要有器官的感覺，參考大哲《靈魂論》卷二章三）。

如此說來，最後的結論乃是：靈智類實體間的分異，不是隨意志行動功過不同而後招致的效果。

還證：既然物本性（生來）固有的一切，不是它用意志自主的行動取獲而得來的；同時如說理智的靈魂是為了意志自主行動的功過而獲得了（天主公義的賞罰，並因而得以）結合某某種類或樣式的形體；從此隨之而生的結論乃是：此某靈魂和此某形體的結合不得是本性自然的。故此，結合而成的那個實體也不是本性自然的。然而，根據奧理真（神父）的意見，人類，太陽，和星辰，都是由某些理性實體和某樣形體，結合而成的實體。如此說來，形體界至為高貴的這些實體，便都是性體不自然的了。（既不是自然的，便是迫不得已的；或是偶然的，彷彿是附性的遭遇，不是本體的自然；這是和事實極不相合的。用反證法反回去，足證對方的意見不是真實的）。

又證：假設此某理智的實體，根據它本體自然的本性，不適於結合此某形體；反之，它結合此某形體的理由是根據了它行為的功過；那麼，它兩者的結合便不是本體天生的自然，而是附性偶然的遭遇。由附性偶然的結合，構不成任何物體的種類，和本種本類固有的本性；因為那樣的結合，構不成本體統一的實體，建立不起種類的分別來：例如人偶然有了白色的附性，成了白人，或偶然穿上了某樣衣服，而成了穿某服裝的人，這裡、人、白人、和某某服裝的人，三種人，實際上，不是人性本體上，互不相同的三個體，而只是同種的人，偶然有了三種附性的分別。如此，依照對方的假設推論下去，最後的結論將是：人的實體，無資格成立物類中的一種；同樣，太陽，月亮，還有其他類此的任何物體，都不能成立各自本種固有的本體，並且和其他物類也便不得仍有本體固然的種別；（這顯然是錯誤的，因為按《物理學》的公論，並按奧理真的意見，以上這些實體，彼此之間，不但只有附性分別，而且互有本性本體的分別：各自分屬於不同的一種：有不同的種名，及其名理所指定的本性本體。如此用反證法反回去，足證前提的假設是錯誤的）。

加證：隨功過而得的賞罰，可以加重，也可以減輕；因為功德和罪過也有增高或減低的可能；特別根據奧理真的主張，任何每一受造物的意志自主，常有傾向兩端的可能，或此或彼，取捨常有自由。準此而論，假設某某理智的靈魂，為了先有的功過，而結合了此某形體；然後便能（為了新立的功過）遷移到另某新形體，和它發生新結合，不但人靈能結合另一個人的身體，而且還能上升結合天上的星辰。這樣的說法乃是皮達閣拉學派（Pythagoras）的無稽之談。（皮達閣拉，西元前五八二年生於希臘）。他主張任何一個靈魂都可進入任何一個形體。（參閱大哲《靈魂論》卷一章三頁四〇七右欄。靈魂逐形體而遷移，隨功過報應，在情天孽海中，升降輪迴）。

以上這樣的理論，按哲學的定理去說，顯然是錯誤的，因為固定的物質有固定的性理；固定的被動者有固定的發動者；分位相當，種類的界限明確，恆性不變；按（《公教》）信德（所信仰）的道理，那個錯誤應列入異端，因為根據教理的傳授，靈魂在肉身（死後而）復活之時，重新結合前生原有的肉身，（不是脫離舊身而遷入新體）。

另證：物體間無分異便不能有眾多。如果在造世之初，受造的理智實體間，有數目的眾多，它們彼此間必須有些分異。是故彼此相比，有分異的因素和特徵：此之所有，乃彼之所無。既然這些分異的因素和實況的來源不是功德或罪過的分異，那麼，以同理，它們（本體生存）品級的分異也不必定非來自功過的分異不可。

又證：凡是區分，僅有兩種：或物質量數的分別，或性理分位的分別。前一種僅有於形體界，不能有於神體間，故不能有於最初受造的實體間：因為按奧理真的主張，那些實體都是神體，沒有形質。它們彼此僅能有性理的分別。性理分別，不能沒有品級的差別：因為性理的分別屬於性理完善和虧缺的分別。如此比較，同類相分的性理，必須分別出一優一劣的品級來。因優劣的品級，釐訂本體的分位。因此，按大哲（《形上學》卷七章八）的名言，物類種別，猶如數目，逐一遞進，加一減一，數目不同，種別自異。

如此說來，如果在開始之初，受造的理智實體，數目上實有許多；那麼，在它們彼此之間，便不能沒有品級的差別。（這是由於物性本體的自然，不是來於意志行為的功過。性理不同，品級有別，分位乃定，不待於功過）。

復證：受造的理智實體，無形體，（或能自立生存，或不能自立生存）；假設能，便不必須按功過的差別而在形體內製定它們的分別：因為它們彼此間，沒有形體的差別，仍能有本體品級的差別。

假設它們，無形體，不能自立生存；在開始之初，便已有形體結合它們的神體，一同受造於天主。（它們因形體不同而互有的差別，是直接受了天主的建定，不是為了它們的功過。不但如此，而且）須知：形體和神體間（的差別或）距離，甚於神體和神體間的距離。根據這樣的比例而論，可知：如果天主在開始之初，在所造的實體間，建定了那樣大的距離，不是為了它們行為先有的功過；那麼，為在理智實體間建定那較小的（分別和）距離，便不必須是為了它們行為功過先有的差別。從此可見，在造世之初，天主能造品級不同的神體；它們的分別，不但不是因為它們結合形體，而且也不是因為它們行為的功過；（僅能是直接受建定於天主）。

還證：假設對於理智實體的差異，必有形體的差異相對符合；那麼，依平行對稱的比例，對於理智實體的同性一致，也應有形體的同性一致，與之相對符合。準此以論，可知，縱令它們的行為預先沒有功過的差別，在它們既受造以後，它們既是同性一致品級平等的；便必須已經有了形體與之相對，也是受造於天主，但那時的形體是同性一致的，（彼此之間，沒有性理方面的分別）。那麼，當時的形體應是萬類形體所公有的第一物質，僅僅生存在一個性理（所規定的條理和）界限以內。它同時還有許多別的性理包含在自己的潛能中，除那僅有的一個以外，都沒有（從潛能而達於）實現。故此，它乃是（先天）不完善的一個實體。這和天主的美善是不適宜的。（全善全能的天主，怎能在造世之初，一開始就把第一形體造得極不完善：掛一漏萬；並且為配合最初天真完善的神類實體，竟如此不合標準呢）？

又證：假設形體的分別，是隨理智實體意志自主行動功過的差別，而生出的效果；從此隨之而生的另一結論便必須承認宇宙間只有一個太陽的理由，是因為只有一個理智實體作出了某樣的行動，有了某樣的功勞或過錯，並因而（聽天主公義的賞報或處罰），必須結合像太陽這樣的一個形體。然而，果真如此，世無二日這件事乃是偶然的，不是為滿足形體界物性本體自然的需要和目的。依照上面的假設，世無二日是偶然的，因為理智實體行為的功過，出於自由的意志，是偶然的。（說「世無二日」是偶然的，是不合事實的：因為那件事是有目的的，並且在天主既願造世以後是必需的。這個結論既錯，用反證法反回去，足證前提的假設必是錯的）。

另證：神靈實體，除非為了自犯的罪過，不受罰而下降。它結合形體，是屈辱形神體之尊高，而下降於有形物質之卑賤。從此看來，它結合形體的原因乃是罪惡。（有形的實體都是罪惡作孽而生的後果）。這樣的理論明似錯誤：近似摩尼教人的主張。他們認為有形的宇宙萬物都是來自元惡。（元惡是萬惡之原。元善是萬善之原。摩尼教人信宇宙善惡二元論）。

經證：以上這樣的意見和《聖經》的名訓，顯然互相矛盾，因為紀述天主造生每種有形物體時，梅瑟（Moses，先知），每次標明以下這些讚美的言辭：「天主觀望，看見那一種物體是美好的，云云」；然後總論萬類，稱讚說：「天主觀望祂所作成了的一切物體；看見各種物體都是美好至極的」。從這些話裡，顯然可以懂到以下這些意思，就是：宇宙間有形物體，受天主造生的理由，不是為了賞罰理智實體的功勞或罪過，而是因為形體的實有，這件事的本身是一件好事，適合天主的美好良善。（參考《創世紀》章一）。

另證：奧理真（神父）好像是沒有理會到：大方施給，不由債務，所施不平等，不是違反公義；施給的標準不是任何功過的差別。施給和報酬不同。報酬是論功行賞，因罪處罰；賞罰適當，是公義的債務；不得其當，便是違反公義。然而，按上面（章二十八）的證明，天主造物，給每物賦予生存，純是出於大方施給，不是為了償付債務。從此可見受造實體間種類的差別，不以它們功過的差別為先備的條件。

又證：全體公有的福美，優於各部分私有的福美。至善的作者，不損公益以增私利。例如工程師建築樓房，房基和房頂，各有攸當；上下不分，（或措置失度），必致全樓傾覆。天主，創作萬物，如果各部分互相平等，彼此沒有分別，便作不成宇宙全體依其本類標準應有的至善：因為缺乏了許多美善的品級，宇宙便不是完善無缺的了。為完成宇宙的公益和至善，不得不造生品級不齊的神形萬物

第四十五章　天主至善

從前面說明了的理由，轉進推論，便可證出：物類區分真有的第一原因，是什麼？（簡直說在這裡：各盡所能，效法天主的至善，是物類繁多而不齊的第一原因。理證如下）：

一證：凡是原因，用自己的動作，產生效果，都願意將自己的似點，竭盡效果的容量，導引至效果裡去，使自己的效果，效法自己的某某優點：越能作到這一點，便越是效力完善的原因。

事實上，例如某某物體的熱力越強，它便也越能燒熱他物。藝術家技術越精巧，作出的藝術品也便越精美巧妙；變化質料，更能符合藝術的理想標準。

然而，天主是動作效力完善至極的原因。竭盡所造物性的容量，在萬物以內，實現自己美善的似點，達到至極的程度；這是天主本性固有的能力。受造的物體，如果只有一種，便不足以在似點上表現天主的至善：因為，原因超越效果；原因以內之所有，單純而合一，實現於效果內，便複雜而分多。效果和原因，彼此平等，同屬一種者，不在此例。本題所論受造的實體不能和天主平等。故此，在受造的物體中，必須有種類的繁多和分異，為各盡己能，用本體的優點，擬似天主的美善；（一類不足，萬類競效，合力表現於萬一）。

加證：生於物質者，包含在物質潛能中；作者之所作，屬於作者效能的範圍內；前後有對稱的比例。物質只生一物，不足以實現物質各種潛能的全部。依同比例，作者只作一物，也不足以施展作者各種效能的全部。如果作者有許多本領，施展許多，比只施展一個或一次，更能實現效力深廣的全量。由於作者效力的實現，效果乃能仿效作者的優點。故此，假設宇宙萬物只有一個品級：萬物平等，仿效天主的美善，便達不到完善至極的程度。準此以論，足見物類區分的理由和目的，是物類眾多，合力仿效天主；在似點上，比一類單獨，更能達到完美的高度。

還證：某物越在許多事物上相似天主，它便越相似天主，（勝於只在一個或少數事物上相似天主）。請看，在天主方面，不但有本體的美善，而且有美善的分佈，將美善的恩惠，流傳給許多外物。準此而論，受造物，如果不但有本體的美善，而且能有美善的行動，將美善的恩惠，分施於外物；它則比只有本體的美善，更相似天主。例如某物不但本體光明，而且有照耀的效用，照明外物，它便比只有本體光明而無照耀的效用，更相似太陽。

然而，受造物彼此間，為能發出行動，分施美善的恩惠，缺之不可的條件，是彼此間有單位的眾多和品級的不齊：因為發動者施恩，和被動者受恩，彼此是兩個不同的單位，並且品級不齊：施恩者比受恩者，榮貴的品級高一等。

如此看來，足見為能在受造的萬物中有些美善，以完善的至高程度，仿效天主的美善；受造萬物中，（在當初造世的初期），必應有許多品級的差別。

又證：有限的美善相較，眾善勝於一善：因為眾善包含一善，此外兼含其他。受造物的美善，都是有限的：因為和天主無限的美善相比，都有缺點。宇宙萬物的總體，兼備萬物的許多品級，比只有萬物共屬一級，更是完善。天主既是至善，造物時理應選造優美。故應造生萬物許多品級，（樣樣俱全的一個世界）。

還證：種的美善和福利，超越個體的美善和福利；猶如性理的美善，（條理完備，規律明確），勝於物質的美善，（質料適用）。物體間，種別的眾多，比一種之內個體的眾多，更能增進宇宙全體的美善和福利。故比宇宙的完善不但應有許多個體，而且也應俱備許多物類的種別；因而便也應有物類的許多品級。

又證：凡是用智力發出動作的原因，便在所作成的事物中，都表現自己智力所知的意像，（意像代表理想的標準或典型）：因此，藝術家用自己的藝術，作出和自己（的心裁）相符合，或相近似的藝術品。然而，天主造物，是用智力的創作，不是被迫於本性的必然。回憶上面（章二十三）已有的證明。故此，天主智力所知的意像，便表現在祂所造成的物體中。但是，思想豐富的智力，只在一個事物中，不能充分表現出來。按卷一（章四九及其下諸章）已有的證明，天主的智力認識許多事物，有無限豐富的知識。故此，天主造生萬類各級不同的許多物體，比只造生一個或一類物體，更能以完善較高的程度，表現出自己的智慧來，這也是天主造生物類品級，寧多勿少的另一理由。

加證：技術至高明的藝術家所作成的藝術品，不應缺乏程度至高的精巧。然而，不同的許多物體，聯合起來，秩序不亂，系統全整的美善，優於那些物體每個自己私有的任何美善：因為全體的至善對於一切部分，和性理的完備對於一切個體，有相同的比例：公益高於私利，猶如性理優於物質：（性理品質的完備，勝於物質量數的豐富）。故此，天主造成的事物，不應缺乏秩序和系統的美善（和公益）。然而這樣的美善，無之則不可的條件，是受造的萬物之間，應有種類的紛異和品級的差別。

總結本處全論，可以斷言：受造（的宇宙）萬物間，種類紛歧，品級不齊，不是生於偶然，（章三九）；不是生於物質的分異，（章四十）；不是為了某些原因的從中干涉，（章四十一至四十三）；也不是為賞罰某些神體的功過，而是生於天主造物的意旨：天主願意給每個受造物，竭盡它的容量，賞賜至全的美善。

經證：《創世紀》章一節卅一：「天主觀望祂所作成了的一切物體；看見各種物體，都是美好至極的」。天主說每個物體都是美好的。每個物體在固有的本性上是美好的；故此，物類的總體，合起來，是美好至極的；因為宇宙全體的秩序是萬物中，至高無上，至尊貴無比的美善。可見《聖經》的本旨符合本處的定論。

神類（上）：有智力的實體

第四十六章　神類實體與有智力的實體

上面既已證明了物類分異，實有的原因，現應繼續前進，在與信德道理有關的範圍內，研究物類既分開以後的一些物體：這是我們（在章五）原定論題內的第三個論題。本章首先證明：天主規定給所造的物體，竭盡每物的容量，分賦至高的美善；因而，在萬類品級至高無上的極峰，建立了最優秀的一類實體：便是有智力的實體。（它們都是神類的實體，或純無物質，不與形體結合，例如天神；或被造生在物質內，結合形體，但脫離物質形體以後，仍有自立的生存，例如人的靈魂。這些神類的實體，是宇宙至善之所需有。理證如下）：

一證：效果美善的增進，逐級上升，返歸原始之時，（上與原因相接），乃達極峰。猶如各類圖形之中：圓形至為完善；各類運行之中，圓軌旋轉的運行至為完善：原始返終，始終相交，乃圓滿無缺。準此而論，宇宙萬物，為能達到自己至善的極峰，必須返本歸原。物體萬類，及每一個，返歸本原，是竭盡全力，根據自己生存（的品級），及性體（的分位），呈現和自己的本原相似的某些優點：依同比例，猶如凡是效果，效似產生自己的原因，相似的程度達到了極點，效果的美善也便增加到了極點；例如房屋的建築，完全實現了工程師的計劃和理想，便達到完善至極之程度；又如燃火燒熱物體，熱度和原火相同時，物體便熱到了極點。天主造生萬物是萬物的原始，按上面（章二十三及二十四）的證明，是因為天主有智力。為此理由，為成全物體萬類的至善，必須造生某些有智力的實體。（有智力的實體，簡言通稱靈智實體，或智體）。

加證：物體的美善有第一和第二之分。第二美善加在第一美善之上。物體的生存和性體，是第一美善；物體（既有生存和性體以後所發出）的動作，乃是第二美善。前後對照觀察，有第一和第二的比例。故此，為完成宇宙至善的極峰，必須有某些實體，在美善的程度上，返歸天主方面去，不但在性體（和生存）上相似天主，而且在動作上也相似天主：為此，非有智力和意力的動作不可：因為，連天主自己對自己所發的動作，也是非用智力和意力不可。足見：為成全宇宙的至善，必須有某些有智力的實體。（這裡所說的「美善」，和「現實盈極」意思相同）。

還證：為能以至善的程度，表現天主的美善，按上面（前章）的證明，受造物必須不但是本體美善，而且有美善的動作，將自己的美善分施於外物。一物在動作上完全相似另一物，如果不但共有同類或同種的行動，而且用相同的動作方式。故此，為成全物類的至善，必須有某些實體，用天主所用的方式，發出天主所發出的那類動作。按上面（章二十三及二十四）的證明，天主的動作，（是分施美善）；天主用的方式，是智力和意力的方式。足見：宇宙間必須有某些實體是有智力和意力的。

加證：根據原因動作時所憑藉的性理，效果效似原因。原因和效果之間的相似之點，便須用原因自身以內先有的性理作比較的標準。效果從原因領受性理。這個性理在效果以內，和在原因以內，所有的生存程度和方式，有時相同，有時不相同。相同者，例如火的熱性在原火以內和在被燒熱的物體內，是同樣的熱性，有同樣的程度和方式。不相同者，例如房屋的性理，在工程師的心智以內，有意識範圍內的生存程度和方式：是心內的心裁和意像；在心外實有的房屋內，卻有物質的生存程度和方式：是土木磚石塊然一所房屋的形狀和條理。比較似點，顯然前者勝於後者。

然而，萬物總體的美善，在於相似天主；依同比例，猶如任何效果的美善，在於相似產生自己的原因。故此，宇宙的至極美善，相似天主，不但應有第二種方式：物質的相似；而且應有第一種方式：智力的相似；相似到可能的全量而後止：因為，按上面（章二十三及二十四）的證明，天主造生世物所用的性理，乃是自己以內智力所知的性理：祂的動作是用智力（和意力）發出的動作。

故此，為成全宇宙的至善，必須有某些受造的實體，在自身以內，根據智力可知的現實，（包含並）表現天主智力所知的性理。這也就是說：必須有些實體，根據它們的本性，是有智力的實體。

又證：為造生宇宙萬物，天主所有的動機，不是別的，只是自己的美善，（包括全美萬善，良好慈仁等等）：因為，按卷一章七四及以下諸章已有的證明，天主願意將自己的美善，竭盡萬物依性分能有的容量，分賦給萬物，使每物仿效天主，達到可能範圍內，最高的方式和程度。一物仿效另一物，具有的似點有兩種：一種是物性生存方面的似點：例如熱物在熱性上仿效火的熱度。第二種是知識境界以內的似點：例如眼看見火，或手模著火，便在視覺或觸覺的知識範圍內，有火的印像，這個印像和火的性理有相似之點：代表火的熱性及燃燒的情況條理等等。

準此而論，可知為使萬物仿效天主，竭盡可能，呈現各種相似之點，天主必須將自己的美善，分賦於萬物，使萬物相似自己，不但是在生存方面，而且是在知識方面相似自己：（就是在受造物的智力以內，有天主美善的印像或知識）。然而，只有智力，有能力認識天主的美善。從此可知，天主必需造生（一些）有智力的實體。

還證：在條理適當，標準一貫，品級不同的系統內，中間各級，對於底層各級；和上層第一級對於中下兩層各級，有時（有性理相同，逐級遞減的比例；例如水按溫度而分冷熱；有時），有比例相似，（性理不實同），逐級遞減的比例。在比例的似點上，中層對於下層，模仿上層第一級對於其下各層各級，所有的關係和比例。（根據這個複比例的定理，試觀天主和宇宙間各級物類，互有什麼關係和比例）：

卷一（章五十四）證明了：天主在本體以內（的知識、能力和美善之中），包含宇宙萬物（所有的一切美善）。這樣的「含蘊力」，也表現在物質的形體界內，雖然方式和程度，都降低了一些：實際上，形體各類中，上級形體常包含並範圍下級的形體：根據數目或度量的標準；（歸納、火、氣、水、土、宇宙的四界：火在天空包括氣層。氣層包圍雨和水，水卻包圍土。土常向下沉入水底：可知上級包含下級，比例相似，方式和程度，有逐級遞減的情形）。天主（在上層至高無上的第一級），包含其下各層各級的萬物，不是根據數目或度量的標準，以大含小，或以多含少；而是根據單純（靈通）的方式和程度：以簡禦繁，以一含萬。天主的含蘊力比物質數量的含蘊力，比例相似，方式超然。（既知上級有天主，下級有形體，依照上述的比例，推論下去，便可推知中級應是如何。推到末了，最後的結論須是）：

故此，天主在物類品級的中層，造生了一些有智力的實體：目的是令宇宙仿效天主的美善，也不缺少和天主相似的含蘊力：它們因而包含形質界的物體和事體，也不是根據物質數量，以大含小，而是用智力的方式，囊括眾理，以單純簡易的方式，統攝萬事萬物的理：因為智力曉悟事物，乃是用智力的動作，將所知的事物，包含在智力的靈覺以內。（一個靈明的覺悟，可以用一個至理，含蘊眾理，全括而貫通之，受造靈智的含蘊力，高於物質的含蘊力，低於天主神智的含蘊力。上下互有的分別，詳見於卷一章四十四至五十四，卷二、即是本卷章九十一至一〇一）。

第四十七章 神類實體與意力

轉對另一個方向去推究，可知上述那些實體，既有智力，便必定有意力。理證如下：

一證：萬物本性具有的傾向，是追求美善：因為，按哲學界的傳統，（《道德論》卷一，章一），美善是萬物所追求的對象。沒有知識的物體，追求美善，叫作本性傾向：例如說：石性向下。有器官知識的物體，（是禽獸蟲魚之類），它們追求美善，叫作動物的情慾，分喜怒兩類：（喜情向善，追求所願望的對象。怒情避惡，抵抗阻礙或災禍）。有智力的實體，追求靈智或理智所知的美善，叫作靈智或理智的愛慾：（求知慾、愛真理，正義感、愛道德）。這個靈智或理智的愛慾，便是意力。足證，有智力的實體有意力。（意力也叫作意志，或志願）。

二證：憑藉外物而有生存的物體，反本歸原，必歸到某某憑藉自己本體而有生存的物體：前者是效果，後者是原因。依生存實有的次第，原因先於效果，本著這個相同的理由，按大哲《物理學》，卷八，章五，被動於外物的物體，反本歸原，必歸到自動而不被動的第一實有物。（絕對的說，第一實有物只有一個，就是天主。相對的說：某些物類，各有各自的第一實有物：即是全類至高的原因和元首）。猶如在論證法內，也有類似的情形：結論是用別的論句作前提證明而知的論句，反本歸原，必歸到前提諸論句所根據的第一原理，這些原理是本體自明，本體可知的：不待另證於其他理由。

然而，在受造的物類實體間，有些實體發出動作，不是自主動作，而是被動於本性自然的物力，例如無生命的物質原素，（火，氣，水，土）；有生命的植物；和有知覺而無智力的動物。它們的本性沒有自主動作或不動作的能力。它們，在自己被動而動的連繫上，反本歸原，必須歸到某些自動而動的第一實體。按上面（前章，及卷一章十三；本卷下面章九一）所有的證明，受造（宇宙）萬物之間的那些上級實體，乃是有智力的實體。足見，這些實體發出動作，是自動而動：有動作或不動作的自主能力。然而這乃是意力本有的任務：某某實體用自己的意力作自己行動的主宰，本性以內具有動作或不動作的自由。足證：受造的智性實體是有意力的。（按古代《物理學》和天文學的意見，下級形體，被動而動，是被動於上級天體，或星體。這些上級天體或星體，是自動而動的活物，它們自動而動的動力之來原，有人說是它們的靈魂，有人說是以動力和它們相結合的神體，參看卷一章十三，及本卷下面章九一。人的靈魂，和這些神體相類似，也有智力和意力）。

加證：物體因性理而有生存的現實和盈極，又因生存的現實和盈極而發出動作。故此，性理乃是任何一切動作的根原。由此可見，動作既是隨性理而發生，動作的方式也必定遵從性理的方式：有什麼樣的性理，便有什麼樣的動作，準此而論，作者某某，如不自己產生自己為動作所需用的性理，便也不自主發出因那性理而必發的動作。反之，如果有某性理，來自作者自己，作者因那性理而發出的動作，也便是由作者自主發出的。（以上是作者、性理、動作、自主、四者之間相互關係的定理。本此定理，可以推知什麼樣的作者有無動作的自主，便是說，有無自由的意力。偏察物類，可以歸納出以下這幾個結論）：

一、每個物體，都是因本性具有的性理而有其本性界限以內的生存，並因有此生存而是其所是的某物。然而無任何物體能是自己生存（開始）的原因。故此，無任何物體能自己賦與自己本性所具有的性理。從此可見，物本性自然的行動和動作發出時所根據的那些本性自然的性理，都不是來自它們的主體自己，而全部是來自外在的原因：事實上，外在的原因，用某些動作，產生那些主體，給它們賦予性理，例如：（煤火用本性的熱力，燒熱壺中的水，水中的熱力，就是熱的性理，都是來自煤火，不是來自水的自身。又例如）：重物下沉，所有的重量，就是重的性理，也不是來自重物自身，而是來自某某外在原因。這個原因給重物產生重而下沉的性理，賦給它。如此說來，足以斷言：根據本性的自然，被動而動的物體，都不是自主動作的物體，例如方才說了：（水被燒而生熱，不是自由自主的），重物下沉，也不是自由自主的，而是被動於外在的原因，受原因的主使：原因給物體賦予性理，故此也主持那個物體因此性理而發出的行動。（簡言譯之：本性自然的動作，是被外在原因所決定的必然動作，不是自由的。從此可見：只有本性自然動作的各類物體，都沒有動作自由的意力。這是第一個結論）。

二、器官感覺或覺像力，在意識內，形成意像，所代表的性理，是動物心內所知覺的性理；它們是動物行動所根據的動因：猶如刺激；也都不是來自動物自身，不是動物自己創造或發明的，而是從外界可知的對象，或事物，領取而來的。外界某些事物，是器官感覺所能覺知的，有能力觸動器官的感覺，在動物意識內，產生它所知的事物之性理。動物用覺識收領這些性理，並用本性天賦的欣賞力，評定它們的價值或利害，因而發出（愛憎喜怒趨避等等）適應的行動。這些行動，是自動的，但仍不是自由自主。動物受所知物性的刺激，用自己本體的一部分，運動另一部分，在某些限度下，可以說它是自動；然而這些自動的動，不是動物自主決定的，而是一半受決定於所覺知的外物，一半受決定於動物本性的必然。針對外物本性必然的刺激，動物察覺以後，便發出本性必然的適應行動，為滿足本性必然的情慾。從情慾方面看，動物本性自然的情慾，調動肢體和器官，發出的行動，便也可以說是自動：自發的動作。然而另一方面，從官感所覺知的物體之性理，依照本性欣賞力的評鑑，情慾衝動隨之而不得不發，是本性必然的：從這一方面看去，足見動物在自發的行動上並不是以自己作自己行動的原因：而是受了外物或外在原因的決定：故此沒有自己行動的自主。（這便是說：動物器官知覺和情慾的行動，雖是自發的，但仍不是自主自由的。這是第二個結論）。

三、智力所曉悟的性理有時是智性實體動作的根據，並且有時來自智力自身，好像是它自己懷中孕生的，又好像是自己用自己的智巧想出來的，例如人工藝術製造的物品，各有各自的性理，（包括神情，條理，形式，等等），都是藝術家，用自己的匠意心裁，孕育成熟，思想設計而形成的，並且是藝術家工作的根據。（根據自己產生的性理，用自己的能力和動作，製作某物品，給它賦與那個性理。用自生的性理作根據，而決定自己的行動，乃是自由自主的行動）。由此觀之：足見有智力的實體自動而動，有自己行動的自主。

歸納本段全論，最後可以斷定：凡是有智力的實體，都有自由自主的意力。（實體，如有智力，便有意力）。

又證：施動的主體，和受動的主體，必須有兩相適當的條件：轉運者和被轉運者，或發動者和被動者，也是一樣。然而，在有知識的主體內，知識能力對於情慾能力，和發動者對於被動者，有比例相同的關係：被知的事物用知識能力調動情欲的能力。器官覺力或欣賞力或覺像力，或想像力，都是器官知覺的知識能力；既有知識，便可調動或刺激動物的情慾。智力的知識調動智性的情慾。智性的情慾便是意志。智力的知識可領略的範圍，不受限制，不限於只知某些事物；而是無限的：能知一切事物。（智力分兩種：一是施動智力：可以叫作靈明：彷彿是發神智的光明，照明可以曉辨的物性事理；一是受動智力，可以叫作明悟，彷彿是空虛的容器，領會而悟受光明可見的物性事理。智力無限，可以照明萬理，並可以悟受萬理）。因此，大哲《靈魂論》，卷三，（章五，頁四三〇左面），論受動智力，就是論明悟說：「人的靈魂因有明悟，便能將自己化成萬物」。（這裡「將自己化成萬物」，便是「將萬物的理和知識，收容在自己的明悟以內，成為自己智性生活的一部分」。如此「知物」便是「在意識的境界裡，將自己同化於物」。大哲的意思是說：人的明悟能知一切事物，它能知的範圍是無止境的）。從此可見，智性情慾所能追慕的範圍，也是無限止的，可以延及一切事物。而且這乃是意力的特性；因此大哲《道德論》卷三（章二頁一二一右欄）曾說：意力的對象，是可能的及不可能的任何事物。（這樣無限制的意力，便是自由自主不受拘束的意力）。如此說來，可以斷定：實體既有智力便也必有意力。

第四十八章　神類實體與自由

從此可見，上述的那些實體，（既有智力和意力，便必定）在動作上，也有自主的能力。（自主是自由自決：或作或不作，或作此或作彼，或然兩可，而非猶疑不決：謂之自由自決）。理證如下：

一證：既有智力的知識，對於當有的行動，便有自決的判斷。由此觀之，顯然可見，有智力的實體，都有動作的自決力。然而，按（前章）已有的證明，它們既然有自己行動的自主，它們便有行動的自由，這是必然的。故此，它們在行動上有自由和自決的能力；簡言之：它們有自主。

又證：（《形上學》卷一章二）「自由者，就是自因者：自己是自己事情的原因」。如有某物，它不是自己行動的原因，它在行動上便不是自由的。同時，凡不被動於外物，則不自行自動的任何物體，便不自己是自己行動的原因。故此，惟獨自動的實體，有行動上的自由。並且惟獨這些實體用判斷力決定自己的行動：因為自動的實體，（在自己以內），分別發動者和被動者；發動者是情慾。情慾卻被動於知識能力：或是智力，或是器官覺力，或是想像力，（即是覺像及造像的知識能力，屬於覺性界）。這些知識能力，都有判斷力。在有知識能力的實體當中，惟獨在判斷上自動的這些，不拘它們是什麼，始可謂有自由的判斷力。任何判斷力，如果不反省自己的動作，便不會自動發出判斷：因為如果自動發出判斷，必須認識自己的判斷；（如果不認識自己的判斷，便不自動去發出那判斷。判斷力自己認識自己的判斷，乃是一種反省自己的知識：猶如明心見性是自覺自悟，反觀內視的知識）。這樣的反省而自知的知識，是靈明自然的知識，非靈明的智力不能有。沒有智力，只有覺力的動物，是無理性的動物，（賤稱畜牲），依照上面的區別，在某些限度下，有自由的行動或動作，然而沒有自由的判斷。沒有靈魂和生命的物體，（死物礦物），只是被動而動的物體：常被動於外物，不但沒有自由的判斷，而且也沒有自由的動作或行動。（植物沒有知識，但有能力自動分辨營養料，也好像是有些判斷力：是無識無知的判斷，是極廣義的判斷）。有智力的實體，不但有自由的動作：自動而動；而且有自由的判斷；這就是說：有自由自決的自主能力。

還證：知識所知的性理，根據所含蘊的美善或適當之理，而是引起動作的因素：因為自動的主體，用那所知的性理作標準，判斷某某事物的美善或適當的程度，並由此判斷，發出向外的動作。有判斷力的主體，如果自動去作判斷，它便必須有更高的性理，在知識以內，作自動判斷的標準：這個性理只能是美善或適當的至理。用它作標準，判斷任何其他指定的某某事物美善或適當的程度。從此可知，惟獨認識美善或適當的至理的實體，才能是自動以作判斷的實體。這樣的實體非有智力不可：因為認識至理，乃是認識公理，只有智力才能作得來。將話說回去，足見：惟獨有智力的實體，不但自動而發出行動，而且自動以發出判斷。如此說來，可以斷言：只有它們在判斷上是自由的；這就是說：只是它們有自由自決的能力：這個能力就是自主力。

加證：從普遍的公理或概念出發，除非經過個體或特殊事物的知識作門路，便無法生出行動和動作：

因為行動和動作的主體和客體（以及對象或目的等等）都是個體或特殊事物：（有固定的區分和界限：行動屬於個體）。然而，智力依其本性，乃是知普遍公理或概念的知識能力。故此，為能從智力的知識生出行動或任何動作，必須將智力所知的普遍公理或概念，貼合到個體或特殊事物上去。說到這裡，請注意：普遍的公理或概念，在自己廣闊的可能範圍內，包括許多個體和特殊的事物；（並且在實際運用上，貼合可到的範圍，潛能無限，是無止境的，參看大哲《形上學》卷一章二，卷十，另版卷十一章一）。足見：智力所知的公理或概念，可能貼合到許多種類或樣式不同的個體事物上去。由此再進一步，可見：智力判斷能作的事物，不受限止，不限於只作一個決定，或只作某一事物；而有無限止的可能。從此推論到最後，乃見：凡是有智力的實體，都有自由自決的能力：這便是說：都有自主。

另證：某些物體，沒有判斷的自由，或是因為它們（根本）沒有判斷，例如石土和草木，及一切沒有知識的物體；或是因為它們所有的判斷，受本性的限制，只限於決擇某一事物，例如無理智的動物，根據本性的欣賞力或評鑑力，判斷某某事物的利害：例如綿羊用自己本性的判斷，認為豹狼是自己的危害，根據這個判斷，便採取逃避的行動；類此的實例尚多。從此可見，（將話反轉說去），凡是物體，不拘是什麼，它們的判斷，關於應作的行動，如果不受本性限止，就是不限於只採取某一行。動，它們便必定都有自由自決的能力。

然而，這樣的實體，乃是各類有智力的實體：因為智力不但認識這某一善，或那某一善；而且認識萬善的公理。美善的公理，是萬善必備的所以然，自身不受此某一物，或彼某一物的局限。凡有美善之理的任何事物，既呈現到智力判斷之下，意力便能傾意追慕它，同時也能不追慕它，並能追慕和它相反的事物，不受本性任何限止或阻擋：因為意力被動於智力，被動和發動之間，有互相適合的條件；智力發動，用所知的性理，既不受任何本性的限止；意力被動，隨從不受限止的智力，便也不受本性的限止。從此可見：一切有智力的實體所具有的自由意力，都是來自智力的判斷。所謂「有自主」，或「有自由自決的能力」，便是說：「有自由的判斷力又有自由的意志力」：因為「自主」，依照名理的本義，乃是「理智發出的自由判斷」。（這裡所謂的「自主」，是「理性自由」的真義）。

第四十九章　神類實體與形體

從前面提出的那些理由，轉進追究，尚可證明，凡是有智力的實體，無一是形體。（形體是有形宇宙以內具有物質原素及物質變動的實體：可以說是「形界物質實體」的簡稱）。理證如下：

一證：凡是形體，包含某某事物，依自然的實況，無一不根據數量的對稱相當。本此公律，如有某甲包含某乙，甲用自己的全部包含乙的全部，用自己的一部分包含乙的一部分。（例如一壺水；整壺水，裝滿整壺；半壺水，便只裝滿壺的一半）。依同理，大部分包含大部分，小部分包含小部分。彼此對稱相當，是形體包含形體的定律。然而，智力包含所知的事物，是將某某事物的知識，包含在自己意識的範圍以內，不是根據物質數量的對稱相當：因為智力用自己的全部力量，懂曉，並透澈貫通某某事物的全部或一部分；同樣，也通達數量或大或小的事物。（透澈貫通，便是將某事物的知識，或全部，或一部，完全悟受在明悟以內：完全包含在智力的意識以內）。如此比較觀察，足見：凡是有智力的實體，沒有一個是形體。（故此，它們是神類的實體）。

加證：形體間，一個領取另一個的實體性理，都是先因自身受破壞或腐化而喪失了舊有的性理；不如此，便無任何形體能領受另一形體的性理。然而，智力由於領受各類一切形體的性理，不但不受腐化或損壞，而且益增完善：因為，（智力領取性理，乃是曉悟性理，增加知識），智力懂曉的性理越多，它的聰明和銳敏便越加提高，它的知識程度也便更加進步。如此比較，足見，沒有任何實體既有智力而又是形體。（人有智力，因為人有靈魂，並且靈魂，雖然結合了肉身的形體，但自身不是肉身的一部分也不是形體。詳見本卷下面章五十六至六十五）。

還證：同種以內，個體區分的因素，是物質根據數量而有的劃分；（不是全種共有的性理）：例如這一團火和那一團火，火的性理兩團相同，火的團數，卻是兩個，彼此相分的原因，只是因為火所在的物質（燃料），有兩個互不相同的部分。物質部分的劃分也沒有別的方法，只能是用數量的劃分。沒有數量的劃分，一個實體便不能分成許多。同時須知：形體將某物領受在自身以內，領受的方式也用數量的劃分。故此，性理被領受在形體內，也不能不是個體化了的。

照此說來，假設智力是一形體，它領受所知事物的性理，便不能不將那些性理個個都凝固成個體。然而，（依照心理學已證的定理），智力是用自己（意識內）所有的性理，認識（心外有那性理）的事物。它心內的性理既是個體化了的），它便無以認識普遍的公理或概念了；反之，它僅能認識個體或特殊的事物。這（個結果是必然的，但）顯然是錯誤的，（因為按大哲《靈魂論》〔心理學〕卷二章五；《形上學》卷一章一的名論；並按人智經驗的事實，智力所知的物性事理，都是普遍的公理或概念。如此，用反證法反回去），足證：靈智，（或有智力的實體），不是形體。

又證：物體動作無一不是根據本種固有的性理：因為性理是每個物體以內具有的動作因素，（彷彿是動作能力的根源）。準此而論，假設靈智是形體，它的動作便超不過形體的界限和規律。故此，它也便懂不到形體界以外的事物。這顯然是錯誤的：因為吾人的靈智懂得許多形體界所無有的事物。足證：靈智不是形體。

還證：假設有智力的實體是形體，它便或是有限的，或是無限的。然它不能是無限的，因為按《物理學》卷三章五的證明，形體不可能是現實無限的。故此，假設它是形體，它便是有限的形體。然而這也是不可能的。因為按上面（卷一章二十）的證明，在任何有限的形體以內，不能有無限的能力；靈智的知識能力，在某些方式和意義下，卻是無限的：因為它懂曉數目的品級，逐一遞進，每級自成一個種別，各有各的定義，可以增至無限多，個個的數理都是可懂的；它懂曉無限多和無限大的數理；同樣它也懂曉幾何學裡，無限多和無限大的圖形和比例內所含蘊的數理，及各種定義；這也都是無限多的；此外，它還認識普遍的公理，定義，或概念等等。普遍的知識，根據它的範圍，在含蘊的能力，及能有的主體數目上，也是無限的：因為那些主體是個體，每個公名範圍內能有的個體也是無限的。那麼，靈智，（既能在知識內，包含並曉悟這許多無限的理），足證自己不是形體。

加證：兩個形體，（可以彼某包含此某，但絕對）不能彼此互相包含：因為包含者大於被含包者：大可含小，小不能含大，（故不能彼此互相包含。「包含」二字所指的關係不是對稱交互的）。這是形體的特性。然而兩個靈智，在互相懂曉的時期或條件以內，卻是彼此互相包含，互相貫澈通達，全知無餘：（彷彿是同明相照）。足證靈智不是形體。

又證：形體的動作，反射迴轉無一能反射到自己的本體上來：因為《物理學》卷八章五證明了：形體無一是自動而動的，雖然能自己用自身的一部分運動另一部分，或向另一部分發出動作。（例如動物可用自己的牙齒咬破自己的腿，但絕不會用一隻牙咬破這個牙的自身，又例如人可用刀砍木，但絕不會用刀砍刀自己；刀自己也不會自動的砍自己）。然而，靈智的智力可用自己的動作，反射迴轉到自己本體上來：自己認識自己；因為不但用自己的一部分認識另一部分，而且用自己的整體認識自己的整體，靈明自悟，透澈無餘。足證：它不是形體。

還證：形體動作完成時，所達到的終點不是動作，運動或變化完結時，所達到的終點也不是運動或變化；而是另某效果，詳證於《物理學》卷五章二。（簡言譯之：形體動作的終效不是動作。形體變動的終效也不是變動。這是形體動作或變動的本性）。然而，靈智實體動作所達到的終效乃是動作：因為智力懂曉事物時，不但知事物，而且依同樣的程度自己知自己，並且自己知曉自己知事物，也知曉自己知自己知事物；如此，反射自知，可以反射到無限重而不止。這樣的反射自知的能力，證明有智力的實體不是形體。

經證：《聖經》上稱靈智實體，叫作「神靈」，或「神明」，或「神」；也習慣用同樣的語法稱呼天主，說天主是神，指示天主沒有形體。若望福音章四節二四說：「天主是神」。《智慧篇》說：「在祂以內，就是在天主上智（的實體）以內，有銳敏（聰智）的神明，祂曉識一切可知的神靈」，（見於章七節二二。神靈也泛指心靈，心神，和神情，神恩，神力等等）。

駁謬：用上面的這個定理，便可破除古代《物理學》家的錯誤，他們主張實有界除形體以外沒有任何別的實體；因此他們聲稱（人的）靈魂也是一種形體，或是火體，或是氣體，或是液體，或類此的其他物質。（參閱《靈魂論》卷一章二）。

往昔有些奉教的著作家，竟然也曾亟力鼓吹，企圖將上面那樣的思想，灌輸到《公教》信仰的道理中來，聲稱人的靈魂，也是塑製，或陶鑄而成的形體，和人身外表可見的形體，有相同的狀貌。

評註：關於末段，可參考西元一五〇至二五〇年間，德多鄰（Tertuian，神父）著《靈魂論》章七。他在那裡主張：人有內體和外體。外體是肉身：有四肢百骸，內外器官。內體是靈魂：是物質微妙的形體，有的狀貌和外體相同。這樣的靈體偏附於肉體。肉體死後，靈體不死，仍能顯形於人間，（俗成顯靈）。德多鄰，並且援引《路加福音》，章十六，拉匝祿的故事，和《若望啟示錄》，章七及章十四，致命聖人靈魂額上，畫著十字聖號、等等象徵的描寫，證明靈魂是物質微妙的形體。這位德多鄰（Mandean，神父），晚年附合孟潭（神父）發啟的孟潭異端，仍舊抱持原有的主張，並且明言天主的實體，也是一種形體。不過，後代研究者，認為他用「形體」二字，意義寬廣，泛指一切實有物。那麼，天主，天神、和人靈、既是實有物，便是一種形體；但形質微妙，和普通形體的物質大有分別。他所說的「微妙形體」，精微單純，虛靈神妙，也就是「純神實體」，名異實同。例如他在晚年所著反波拉塞、《論天主》聖三，章七，便有以下這幾句話：「凡是存在的實有物，都是物質的實體。凡不是物質的實體，便不是存在的實有物：故乃是純無。天主固然是神體，但（既然是實有物），誰能否認祂也是有物質的形體呢？（從此可見），凡是神體，在本體固有的狀貌上，都彷彿塑製、或陶鑄而成的神像一樣，屬於特殊一類的形體之列」。參閱本書卷一章二十，及卷尾附載的中西人名對照表。

第五十章 神類實體與物質

從此看來，尚可明見：有智力的實體是沒有物質的。理證如下：

一證：凡是由物質與性理合構而成的物體，個個都是形體。物質只是根據自己不同的部分，領受不同的性理。在物質以內分開許多不同的部分，只乃是將一塊公有的物質，按照它現有的體量分成許多部分。體量包括數目，和體積的度量。假設沒有體量，任何實體都無法分成許多部分。這是形體的特性。然而（前章）已經證明了：凡是有智力的實體，沒有一個是形體。如此推論到最後，結論乃是：有智力的實體都不是由物質與性理合構而成的。

加證：人：公名泛指的人，不在此某人個體以內，便沒有實體的生存。依相同的比例，物質，如果不在此某物質以內，也便沒有實體生存。物因實體生存而是一實有物。故此，在宇宙萬物中，凡是由物質與性理合構而成的實有物，都是此某或彼某個體的物質與性理，在個體化的條件下，才合構而成的。然而靈智（實體）不能是由個體物質與性理合構而成的：因為智力所知事物的名理，及名理所指示的性體或性理等等，都是由於從個體物質中抽象辨別出來以後，始能受到智力現實的曉悟。事物現實受到智力領悟以後，便和智力合而為一，（回頭參閱卷一章四十四）。從此可見，靈智（實體）也必定不包含個體物質的成分。以此足證：有智力的實體不是由物質與性理合構而成的。

還證：物質和性理合成實體而發出的動作，不單是物質的，也不單是性理的，而是屬於兩者合成的整體：誰有生存，誰便有動作。生存是物質整體因有性理而始有的。它既因性理而有生存，便也因性理而有動作。整體乃是合體。

如此說來，假設有智力的實體是由物質與性理合構而成的。智力的動作也便應是那個合體的動作。然而動作完成時所產生的終效，是一個效果，相似自己的作者：因此合體生物，不單生性理，而是生另一合體。那麼，假設智力的動作是合體的動作，它的終效，就是它現實的知識，既不是知性理，也不是知物質，而是知兩者構成的合體：那便是知物質界的個體，不是知超越個體的公理或普遍的概念了。這顯然是錯誤的。（回閱前面章四十八，用反證法反回去，足證）：有智力的實體，不是由物質與性理合構而成的。

又證：有形事物的性理在智力意識內，比在有形事物內，有更優越的生存方式：它們在智力以內，單純和普遍的程度，高於形界。智力用公名「人」所指的一個性理，認識一總人公有的性理：由一理而知全類每物。然而性理，如果以完善的方式，實存於物質以內，便在那個物質裡，構成某種實體的生存現實，例如現實燃燒的火體，或現實有某顏色的物體。反回去說，如果它在那裡不構成現實生存圓滿的某種實體，它在那裡便沒有方式完善的生存或存在；例如某某顏色的性理，（附著在牆壁上，有方式完善的存在，便染成某某顏色的牆壁；但）在空氣中，沒有方式完善的存在，因為空氣是導光傳色的媒介，（不是光明和顏色的主體，空氣傳色，是助眼睛的視覺，察辨出牆壁，是有某顏色的牆壁，不是將空氣自己，染成有某顏色的空氣）；又例如第一原因發出動作的能力，在所用的器具以內，也沒有完善的存在，（故此所產生的終效，不是在器具以內，而是在器具以外的另某主體以內，例如匠人用刀斧製造桌椅，是將桌椅的性理用刀斧的製作，引入某某物質的質料中，是將那質料作成桌椅，不是將刀斧作成桌椅。匠人的能力，在刀斧內有不完善的存在和功效：只是過路；在質料以內，卻有完善的功效和存在：製成性理完備，現實完善的桌椅）。

如此說來，假設靈智是由物質與性理合構而成的實體，它所知事物的性理，既以完善的生存方式，領受在智力以內，便應在那裡將靈智構成有某某現實生存和性理的實體；它認識什麼性理，它便因而變成那個性理的主體：並因此完成它對外物性理現有的知識。如此，它便是自己用自身的火體，認識外間的火體，用自身的土性（固體），認識外間的土性（固體）；如此類推，以自身的物質形體，認識外間的物質形體。這樣的結論，乃是古代哲人恩培德的學說。（恩氏詳名恩培德克來斯）。他的那個學說是錯誤的。（詳證於大哲《靈魂論》卷一章二頁四〇六）。他那樣的結論顯然是不適宜的。足證有智力的實體不是由物質與性理合構而成的。

另證：物存在主體內，常隨主體的方式；猶如物品盛在容器內，便隨從容器的狀態。（不但外形相隨，而且性質也是相稱適當的：例如酒可以注入磁瓶內，儲存在那裡；但如注入沙土裡，或天空的氣層中，便儲存不住）。準此而論，假設靈智是由物質與性理合構而成的形體，它將所知事物的性理，用物質形體的方式，收容在自己以內；那些性理便有物質的生存方式，（在那裡構成物質的形體），和所知的心外形體沒有了分別。依相同的理由和比例，智力以內的那些形體，也便和心外形體一樣，不能有實被曉悟的現實。這樣，便等於說：（它們並沒有收容在智力意識以內）：在那裡，它們實沒有現實的存在。（這樣的結論和前提的假設及定理，互相矛盾。那麼，用反證法、反回去，足證有智力的實體內，不含物質）。

又證：根據物質界生存的現實，互相衝突的物體，有互相衝突的性理：因此是互相排拒的。然而，根據它們在靈智意識內現有的生存方式，它們同時並存於一處，實受一個智力的曉悟，彼此並不發生互相衝突或排拒的現象；反之，衝突對立的兩個理，是相因而明的：知此，始可以知彼：彼此是互相被知的理由；在定義或名理內，是互相含蘊的。（例如左右東西，高低屈直等等：都是衝突對立，相成相釋的）。足證，它們在智力意識內，現有的生存方式，不是物質的。由此可以斷定：靈智不是由物質與性理合構而成的實體。

還證：物質非受變動或變化，便不從新領受任何性理。然而智力由於領悟許多性理，並不遭受變化；反而增進自己本身的美善，並在本身靜止的狀態中，滿足知識的需要，完成智力的動作；而且智力的知識和思想一受變動或變化，便受到擾亂和阻礙；或因而失掉原有意義。智力的動作，需要清靜。足證：智力領悟性理的方式，也不是物質的；和物質或物質主體全不相同。由此觀之，可以明見：有智力的實體，是沒有物質的；依同理，也是沒有形體的。

（史證：聖教史上著名的）狄耀尼（Dionysius the Areopagire is Pseudo—Dionysius，簡稱 Dionysius）《天主諸名論》，章四，有以下這些話，根據的理由和實義，正和本章定論相合：「為了天主美善的光芒四射，各類有智力的實體，因而享有自立的生存。依（吾人）智力所知的名理和定義，它們的實體是沒有形體的，也沒有物質」。（中世紀的人將這位西元第四世紀以後的狄耀尼，混作第一世紀聖保祿的門徒狄耀尼，並因此把他所著的書也和《聖經》一樣看成極崇高的權威。在這裡，史證便有經證的意味。參考卷一章五八）。

第五十一章　性體與性理

用同樣的理由還可證明：有智力的性體是自立的性理，它們的生存不依賴物質。證明的方式如下：

一證：性理如依賴物質而有生存，按「有」字的本義，不是自身真有生存，而是主體因物質與性理之合而有生存。如此推論，假設有智力的性體是這樣的性理，（不依賴物質便不能生存或存在），從此隨之而生的結論，乃是：它們有物質的生存；和物質與性理合構而成的有形實體，彼此沒有分別了。（這是錯誤的。用反證法，反回去，足證它們的生存是自立的，不依賴物質）。

再證：不自立生存的性理，不能自立動作；而是主體因它們結合物質而發出動作。故此，假設有智力的性體是這樣的性理，它們便不發出智力的動作，而是主體因它們結合物質，構成實體，而有智力的動作。如此說來，有智力的性體，應是物質與性理合構而成的形體。按（前章）已有的證明，這是不可能的。

加證：假設靈智離開物質不自立生存，從此隨之而生的結果應是：它不但自己必須是物質以內的性理，而且凡它在自己智力意識以內所領受的一切，也必須是領受在物質以內：因為，這樣的性理，既然自己所有的生存和物質糾結不離，它們領受任何事物，便不能不領受在物質以內。但因智力領受性理是領受在靈通明覺的意識內，不是領受在不知不覺的物質內。故此，智力之領受性理，完全不同於物質之領受性理；足證靈智自己也不能是物質的性理。

另證：肯定說：「靈智是沉溺在物質以內的性理，離開物質沒有自力的生存」，和肯定說：「靈智是由物質與性理結合而成的形體」；這兩個肯定句，在所說的事實上，是相同的；只是在言辭上，彼此不同：因為前句所說，不過是：「靈智是合體的性理」；後句卻說：「靈智是那個合體自身」。這裡的合體乃是物質與性理合構而成的實體，是屬於有形之界的。既然（按前章的證明）說「靈智是物質與性理的合體」是錯誤的，便可斷定：說「靈智是合體的性理」也是錯誤的。足見）：說「靈智是物質的性理，離開物質沒有自立的生存」，也是錯誤的。（因為這些句話都是名異而實同的）。

第五十二章 生存與主體

轉換觀點看去，有智力的實體，雖然不是形體，也不是物質與性理的合成體，也不存在於物質以內如同物質界的性理一般，離開物質不能存在；然而因此不應就認為它們的實體在單純精一的程度上和天主相等。實際上，它們的實體以內有一種組合的情形：因為在它們的實體以內，生存和生存的主體，不是相同的一個因素。（生存二字的意義，深於存在，廣於生活。物因生存而是其所是。既有生存而是一物，始存在於實有界，並能有動作。有些實有物的生存乃是它們的生活；既有生活，便能有行動；例如動物植物等等生物。物質合性理而構成性體。性體領受生存，遂成為實體：是生存的主體。靈智實體以內，只有性理與生存之合，沒有性理與物質之合。靈智實體，純是自立的性理，沒有形體界的物質。這一點在前面數章內已經有了證明。論到「靈智實體內，有生存與其主體之合」，尚需在本章另加證明。論證的方法如下）：

一證：假設有某實體，（不是生存與主體之合，而純粹）是自立的生存；便不能給它在那生存以外另添加任何別的事物：（能力和附性等等）：因為，（「純生存」的現實，不能是承載任何事物的主體）。何況、宇宙間，主體和生存相合而成的形體，在自己生存以外，附有的其他一切，固然和自己已有生存的實體，是連結起來的，但和自己那實體生存，不是相同的：因為確切分析起來，是一個主體在自己的生存以外兼有另某事物，不可說它有生存，便是它有那另某一物；僅可指出附性句法的條件，說它兼有或附有另某一物。例如蘇克這一個人，在他所有的實體生存以外，他兼有皮膚的白色。有白色和有生存，顯然是兩回事。他因有自己的實體生存，而是自己實體所是的蘇克這一個人；因有某某程度的白色，他便是一個白人。有蘇克的實體生存而是蘇克，和有某些白色，而是一白色物體，意義全不相同。同一主體：白色的蘇克：既是蘇克，又是白物，既有蘇克實體的生存和行動，又有白色附性的生存和作用：兩者顯然不同；同時兩者的合一，只是在一個主體內，附性和實體的連合，不是兩者彼此同是一個事物。

從此可見，假設有某生存，不是存在於某某主體以內，而是自立存在於主體以外，便找不到任何方法將它和它以外的任何事物連結起來：就是無法兼有任何附性。同時，單就生存的純理和真義而論，生存是至一而至公的，自身不會分成許多。生存被分成許多時，所用的分異因素，不能是生存自身，而是生存以外的另某因素。這樣的因素是容受生存的主體。主體不同，則生存因而不同：例如石頭有石頭的生存；石頭的生存以石頭為主體。人有人的生存，以人為主體。人和石頭是性體不同的兩個主體：故此分別擁有各自不同的生存。準此而論，那個沒有任何主體而自立存在的純生存，只能是一個，不能分成許多。前者（卷一章二十二），證明了：這樣的，不被容納在任何主體以內，超然脫物獨存的）純生存，乃是天主的本體。由此可以斷言：除天主以外，任何其他物體都不是純生存。從此可見，除天主以外，在任何別的實體以內，都有實體和生存的分別：兩者不是相同的一個事物。

加證：任何類名或公名所指的公有性體，假設脫離個別存在的主體而超然實存，便只能有獨自一個，不能分成許多：雖然實際上宇宙間確有許多主體共有那全類相同的性體。例如假設「動物」二字所指的公名純理：就是動物全類公有的性體，本體超然，脫離一切主體而獨存，它便沒有人類和牛馬的分別。假設有了人類和牛馬的分別，它就不只是類公名所指的動物，而是人，或是牛，或是馬。去掉了建立種別的分異因素，所餘的僅是至一而不可分的類名所指的公共性體：類公性：因為那些分異因素，既是分類因素：將類分成許多種；又是建立種別的因素：構成種名所指的性體，標明種別的特徵。

如此說來，假設「生存」二字所指的現實，猶如類名所指的公性，是至公而至一的；那麼，脫離主體而自立存在的生存，便只能是獨一無二的。並且，轉進一步，既然生存不如同類公性一樣，被種別因素分成許多，而其分多的真實原因是由於它的主體有此某或彼某個體的不同；從此更顯然可見：脫離主體而自立存在的純生存不能不是獨一無二的。照此說來說去，最後的結論，仍是：既然那純生存是天主的本體，除天主以外，便無任何另一物的本體是那純生存，這就等於說：它們的本體和它們的生存是有分別的：它們的本體不是純生存。

還證：完全無限的生存，不能有兩個：因為生存之理兼含所有美善之理：完全無限的生存，包含各種生存的美善。如此比較，假設有兩個這樣無限的實體，便找不到它們彼此能有的分別來。然而脫離主體而自立的純生存，必定是完全無限的，因為它沒有任何主體來收容它，便受不到任何包圍和限止。足見：除第一生存以外，不能有任何物體是脫離主體而自立存在的生存。

又證：假設有某物是自立的生存，它則只能是「物」大公名依其純理的現實，所指的實有物。在這樣的意義下，用「物」字作賓辭，形容任何主辭所指的主體，都形容不出此某或彼某的分別來，僅能指明它的實體或本體之所是，乃是實有物。如果有任何某一賓辭，不指示主體是實有物某某本體之所是，便僅能指示它在本體以外附性兼有之所是，由於它是某某附性的主體。（在它以內，必有主體與生存，並有主體與附性的分別）。本此定理，假設「生存」指示全無主體，（超超然脫物獨立）的純生存之現實，在它自身以外，任何其他事物，都無法是它所能兼有的：（因為在它以內，沒有主體與生存的分別，純生存又不能作主體，故無法相容他物。它是純生存，它就不是主體與生存之合）。

說到這裡，（轉變視線去觀察），尚須理會：「物」大公名依其純理所指的（絕然大公的）現實，不能是「受造物」的本體主辭。（換言譯之：依物大公名的本體定義，吾人不能下定義說：「物是受造物」）。「受造的生存」不是「物」大公名的名理成立所必備的要素。否則，假設它是，結果應是：「凡是實有物，都是受造物」；（因為：「凡是實有物都是物」）：如此推論下去：凡是受造物都是受造於另一受造物；同樣凡是效果都是另一效果的效果；追溯原因，將永無止境：等於沒有第一原因。這是不可能的，詳證於上面（卷一章十三）。

由此可知：（物大公名所指的實理，只以「生存」為定義的要素，不以「受造而有生存」，或「受作成而有生存」為定義的要素。物是實有物的所以然，是因為它有生存，不是因為它是效果。物是實有物，便必須有生存之理；然而生存之理不必須有「受造或受作的效果之理」。那麼，話又說回去），假設方才說的那個「生存」，指示沒有主體而脫物獨立的純生存；這個純生存，就不能是受造或受作而生的效果：因為純生存之理，不包含「效果」之理。

總結本段全論，可以斷言：無任何受造物或效果是本體自己的生存。（反之：凡是受造物，或效果，在自己的實體內，都有本體和生存的分別）。

加證：每物實體之所是，是它本體之所有，不是仰給於外物。例如導光透明的現實，不是生於空氣的本體：（不能作空氣的實體賓辭，僅能作它的附性賓辭），因為那個現實，不是空氣本體之所有，而是仰給於外物，（就是來自太陽的光照）。然而任何受造物本體現有的生存，都是仰給於外物，，否則，便不是受造而生的效果了。足見：無任何受造實體自己本體現有的生存，竟是自己的實體之所是。（故此，都有實體和生存的分別）。

又證：凡是作者，都是根據自己生存的現實和盈極程度，而發出動作，生存和動作，在現實和盈極的程度上，互成正比例。因此，第一原因，（天主），既有美善至極的生存，就有美善至極的動作：因為第一原因，是生存至極美備的第一實有物。在事物發生和發展的進程上，出現越晚在後段的成就，在現實和盈極程度上，便是更美善的成就：因為同一主體從潛能虧虛發展到現實盈極，依時間的次第，現實盈極晚於潛能虧虛。此先而彼後，是必然的。（猶如瓜菓之先生而後熟）。

同時，將「現實盈極的成就」和它的主體，相比較，前者的美善和價值，高於後者：因為主體所有的美善和價值，都是為了那個現實盈極的成就。（主體自身無成就便無價值。主體所貴，在於生存現實盈極的成就）。

根據上面肯定的這些理由，按上面（卷一章十三）已證明的定理，可以確知：惟獨天主是至高無上的第一作者：用自己的動作，創作並發動萬物，而自不被動於外物。故此，惟獨天主有能力有完善至極，程度至高的現實生存；並因而乃是完善至極的純現實和純盈極。這樣的生存，是物體產生，變化和發展，（亟力追求）的最後目的：因為各種生存的現實，及性理必備的性理，（包括性情條理狀態等等），都是先有潛能虧虛的生存，然後（從那裡發展進步，最後）才得到現實盈極的生存。

如此看來，足見只有天主有資格是那樣的生存自身，因為依照相同的正比例，只有天主有資格是至高無上的第一作者。

加證：（方才說的「生存自身」，指示全無主體包含和限止，脫物獨立的「純生存」）。那樣的生存自身是第一作者本性之所固有：因為按上面（卷一章二十二）已有的證明：天主的生存，（依其本體定義），乃是天主的實體。一物本性之所固有，不能是他類另某物本性之所固有，僅能是它在本性以外秉賦之所兼有：例如熱性是純火本體之所固有，火燒熱外物，那外物所得的熱度，不是它本體之所固有，乃是從火那裡分頭而來的秉賦。故此「生存」是萬物從第一原因，造物者那裡，分領而得來的秉賦。然而，任何主體秉賦之所有，必非本體之所固有，更非自己的實體。從此可見：除第一原因以外，任何其他實體，都不能是生存自身。

經證：本此宗旨，《出谷記》章三節十四，標明天主本體固有的名稱是「生存者」，因為天主的實體，不是別的，乃僅是祂自己的生存。這是天主獨自本體固有的特性，（非任何他物之所共有。萬物以內、既非天主，便個個都有實體和生存的分別。萬物如此。有智力的實體，既是受造物的一部分，故此也全不例外：都是實體與生存之合，並且是合而不同的）。

第五十三章　潛能與現實，虧虛與盈極

從此轉進觀察，顯明可見：在受造的靈智實體內，有現實盈極和潛能虧虛的結合：（以主體的潛能虧虛，容受生存及其他美善的現實盈極：不是純現實盈極，故是現實盈極與潛能虧虛之合）。詳證如下：

一證：在不拘什麼物體以內，如果有兩個因素，一個和另一個，有正負互相補充的關係，彼此就有現實對潛能和盈極對虧虛的關係。前後關係的比例是相同的：因為，（現實盈極是正的方面：積極飽滿完備；潛能虧虛是反的方面：消極空乏殘缺）；受補充的方面，既是空虛虧乏，便只能受到自己本性應有的現實和盈極的因素來補充。然而，在受天主造生的靈智實體以內，現有兩個因素：一個是實體自身，另一個是它的生存。它的這個生存，按（前章）已有的證明，不是它的實體自身。同時須知，它的生存，補充它現實存在的實體：因為每個物體，因有生存，而有實有物的現實和盈極。生存是一盈極因素，充實物體的虧虛，實現它生存的潛能：是實體生存需要的滿足。如此推論，最後的結論乃是：在上述任何每一實體以內，都有現實盈極和潛能虧虛的組合。（除天主以外，任何實體都是用生存充實自己，既有生存，因而自立為實體，便因而存在於實有界中，並能發出動作）。

加證：原因用動作產生的效果，是某某事物的現實盈極，故此，任何某一主體中現有的任何事物，如果是從某原因用動作產生的效果，它就必須是某某事物的現實盈極。然而，上面（章十五）證明了：除天主以外，一切實體，各自現有的生存，都是第一原因用動作產生的效果。故此，那些實體以內，各自現有的那個生存，便是一種現實和盈極：乃是它們實體生存的現實盈極。實體擁有生存。實體和生存，兩相比較起來，有潛能對現實，虧虛對盈極的關係和比例。依名理的實義，現實和潛能是相關的，盈極和虧虛也是相關的：現實是潛能的實現。盈極是虧虛的充滿。足證，在任何受造而生的一個實體內，都有潛能和現實，就是都有虧虛和盈極。

又證：秉賦之所得和它的主體，互有現實盈極和潛能虧虛的關係。前後兩對關係的比例相同。秉賦是領取某某事物的一部分。某主體因領取所得的某某秉賦，而成為某某現實盈極的物體，（例如某本版因有白色的塗染，而成為全體色白的木版）。然而上面（章十五）證明了：只有天主，本體就是生存，其餘萬物的生存都是本體從外面分領而得來的秉賦。如此比較起來，足見：凡是受造的實體，對於自己的生存，個個都有潛能虧虛對現實盈極的關係和比例。

另證：效果因現實盈極而相似原因：因為原因用動作產生和自己相似的效果，似點的標準是根據生存的現實。然而，任何受造的實體，按上面（章六）的證明，都是因自己生存而相似天主。足見，在所有一切受造的物體內，它們的生存對於它們的實體，比較起來，有現實對潛能，盈極對虧虛的關係和比例。從此往下推論，最後的結語是：在任何受造的實體內，都有現實盈極和潛能虧虛，正負相補充的組合。

第五十四章　實體與生存之合的真義

實體與生存之合，和物質與性理之合，都是潛能虧虛與現實盈極之合，是同類之下，分出的兩種：類性相同，而種別互異。互異之點如下：

一因物質不是實體，而是實體的一部分。古代物理學家誤認物質是實體，隨之而錯認凡是性理都是依附物質的附性。

二因生存不是物質固有的現實，而是整個實體固有的現實。「固有」是本性自然具有。實體的現實就是實體的盈極，乃是它現有本性自然宜有的生存，因它有生存，吾人始能說它是一實有物。實有物不是物質的賓辭，而是整個實體或整個事物的賓辭。故此說：實體是一實有物，是正確的；說：物質是一實有物，便不能言之成理。（實有物是生存現實盈極的某某事物或物體。物質卻是沒有生存現實盈極的潛能虧虛事物；在現有的實體中，它只是和性理相對的實體部分。「實有物」或「生存」是整個實體的賓辭，本此實義，則不能又是實體部分的賓辭。例如說「人是動物」，是正確的；但如說「人的一部分是動物」，便不完全正確：因為「動物」是人整個實體的賓辭）。

三因性理不是生存。性理對於生存有秩序固定的關係：比較起來，性理對於生存的關係，相似光明對於發光，又相似白色對於發白，所有的關係。這數對關係，互有相同的比例。「發白」指示某物現實是白的。「發光」指示某物現實是光明的。

最後因為生存對於性理也有現實對於潛能，就是盈極對於虧虛的關係：因為在物質與性理合成的實體內，性理被人叫作生存因素的理由是因為性理充實那個實體，同時實體因性理充實全備，而有的現實盈極，卻是那實體的生存：猶如空氣因有導光而透明的特性，而有發光的現實，吾人便說透明性乃是空氣發光的因素：因為透明性把空氣裝備成了光明的主體。（依同比例，性理把實體裝備成了生存的主體，故此便也叫作生存的因素）。

根據上面這些理由，在物質與性理合構而成的實體內，物質或性理，單獨的說，不能說是生存的主體，也不能說是實體的生存，而兩者同是實體生存必備的因素。性理是生存的憑藉。（物質是性理的寄託或是性理的來源，又是實體所由生的原料）。生存的主體卻是那個實體全整的自身。那裡，生存的現實，乃是那個實體，為能叫作「實有物」，必須具備的憑藉。物因有生存而是實有物。

然而，按（章五十及五十一）已有的證明，有智力的實體不是物質與性理合構而成的。在它們以內，性理自己是自立生存的實體。故此，（它們是無物質的神體，和有物質的形體，大不相同），在它們以內，性理乃是生存的主體，是現實生存盈極的實體；它們的生存乃是它們實體的憑藉：（因有生存，而是實體：故有存在和行動的現實）。

為了這個理由，在它們以內，只有一種現實盈極與潛能虧虛之合，就是只有實體與生存之合。有些人叫它作：生存者與生存之合，或生存的主體與生存之合，或生存主體與生存憑藉之合，（或實有物與實有之合，或所是與所以是之合）。

那麼，在物質與性理合構而成的實體內，卻有兩種「盈虛的組合」：第一種是物質與性理之組合：構成性體。第二種是性體與生存之組合：構成實體。這第二種組合也可以叫作「生存主體與生存之合」，或叫作生存主體與生存憑藉之合；等等，同上。

如此說來，足見「盈虛之合」，意思寬廣，超過物質與性理之合的範圍，泛指任何現實與潛能，或盈極與虧虛之合。本此理由，物質與性理是構成物質界各類實體的兩個因素。虧虛潛能與盈極現實，卻是構成「物大公名」所指實有物的兩個因素：泛指神形兩界之所公有。凡隨虧虛與盈極，或隨潛能與現實，而後生的任何屬性或賓辭，根據它們泛然大公的賓義，是有物質的形體和無物質的神體，在受造的世界內，所能公有的：例如：領受，被領受；成全，被成全；充實，被充實。

反之，物質與性理固有的賓辭或屬性，依其狹窄的本義，只適合物質的實體，絕對非無物質的實體所能有：例如生死變化，腐化，敗亡，及類此的其他種種賓辭。

第五十五章　神體與死亡

從此轉進，便可明白證出：神體不滅。（意思是說：有智力的實體，既已現有，則不會遭受實體變化：例如死亡，潰散，消滅，等等）。理由如下：

一證：滅亡是物質和性理分離。實體滅亡是實體性理離開物質：是絕對滅亡。附性滅亡，是附有的事物之性理離開實體，是實體部分（的殘缺或傷損或喪失，或受其他）附性變化。（附性滅亡也分物質的和性理的兩種。傷眼而失明，是物質的。喪失道德是性理的）。本處只論實體滅亡，專指物質與實體性理之分離）。性理常在，則實體常存。實體因性理而領受實體為成為實體所必備的那個要素：那就是生存；領受以後，作它的主體。然而，那裡沒有物質與性理的結合，那裡也就不能有它兩者的分離。故此，也就不能有實體的滅亡。

然而，（章五十）已經證明了：有智力的實體，都不是由物質與性理合構而成的。足證有智力的實體都是不能滅亡的。（有智力的實體，是神靈的實體）。

加證：某物本體之所有，是它永遠之所必有，不能分離：例如圓形是圓圈本體之所有，然而銅鐵不是圓圈本體之所有。故此，圓形是圓圈的本體，不是銅鐵的本體。為此理由，能有銅鐵而非圓圈，不能有圓圈而非圓形。

然而，物本體之生存，及其本體之所有，都是因有性理而隨之俱有的。所謂「物之本體」專指「物自己是什麼的所是者」，全在於它自己為成立起來必備的生存。物因有生存而是其所是的某某物。同時，每物都是根據自己所有的性理，而有生存。這樣看來，足見：如果有些物體，它們的實體不是它們的性理，（而是性理與物質之合），它們便能因喪失性理而隨之也失掉生存：例如方才所說的銅鐵，能因喪失圓形幾何的數理，而隨之也失掉自己圓圈的本體生存，銅鐵的圓圈便歸於滅亡。

反之，本體純是性理而無物質的實體，既已現有於實體界，便永遠不會（失掉性理，也絕對不會因失掉性理而隨之也）失掉生存；就如同方才所說的圓圈，假設實體界，現有某一實體，是沒有物質的圓圈，本體純是數理精確而完備的圓理，它就永遠不會遭受本體變化而喪失圓性的現實：就是不會滅亡：（因為，圓理不會自己離開自己）。

說到這裡，今請注意：上面（章五十一）證明了：有智力的實體，純是自立生存的性理，沒有任何物質。故此，它們不能停止生存。故此，它們是不能滅亡的。

還證：物因實體變化而滅亡時，失掉了現實盈極，仍存留著潛能虧虛。（這就是說，失掉了性理及因性理而有的生存，仍保留著物質及其潛能，例如破壞了銅圈，失掉了圓形的理，仍有破碎的銅，並有銅的潛能，可能採取別的形狀）。物體因實體變化而滅亡，實際上，不是化歸完全不存在的純無，猶如依反說相同的比例，物體因實體變化而出生，也不是生於純無：（反之：出生時，是生於另一物的物質；滅亡時，化歸另某新物的物質）。

現請理會：按（章五十三）已有的證明，在有智力的實體內，現實盈極者是它們自己的生存。它們的實體，就如同是潛能虧虛。那麼，假設它們因實體變化而滅亡，（失掉了生存的現實盈極，仍保留本體的潛能虧虛，這就等於說）：它們在自己實體滅亡以後，仍保存自己的實體。這完全是不可能的。故此，凡是有智力的實體，都是不能滅亡的。（說「神體滅亡」，是語言自相矛盾的。故此，是不可能的：就是不可說的）。

又證：凡能遭受變化而滅亡的物體，在本體以內，必須有傾向於不生存的潛能。那麼，沒有不生存的潛能，則不能遭受滅亡。然而，有智力的實體，在本體以內，沒有傾向於不生存的潛能。詳說如下：

從（前章）已經提出的理由，可以明白看到：完全的實體，收容自己的生存，是自己生存本有的主體。所謂「本有」乃是本性固有，必有，永有，不能不有的意思。任何某一生存的現實盈極，對於自己本性固有的主體，有本性自然「盈極合一」的關係，也就是「潛能與現實」本性合一的關係：既是本性固有的合一，故此主體的本性只有領受那個現實的潛能和容量，沒有相反的潛能和傾向；（本性不會有自己相反自己的潛能和傾向）：例如火體對於熱性，有這樣「本性盈虛合一」的關係。火的本性以內，只有傾向於發熱的潛能，沒有傾向於發冷的潛能。（某某燃料熱度減低，不是火性發冷，而是燃料失掉了火性，變成了灰，才開始發冷。這個發冷的潛能，是在於燃料的物質，不在於火的本性。火體的本性是熱力固有的主體。用這個大同小異的比例，可以明了神體不滅的理由：論式如下：

從此看來，可見在物質界，能因實體變化而遭受滅亡的物類中，除非因有物質，凡是完全的實體，都沒有傾向於不生存的潛能。那麼，何況靈智的實體呢？在有智力的實體以內，沒有物質；它們的本體自己，是單純（的性理，同時又是生存獨立）而完全的實體。足證：在它們以內，更是沒有傾向於不生存的潛能了。潛能常是可能。「沒有不生存的可能」，便等於說：「有常常生存的必然」。故此是不死不滅的。

另證：在不拘什麼物體以內，如果有虧虛潛能和盈極現實，兩內在因素的組合；站在第一潛能岡位的那個因素，就是第一主體，便是不能滅亡的：因此，連在能因變化而受滅亡的物質實體內，第一物質也是不滅的。

然而，在有智力的實體內，站第一潛能岡位的那個因素，乃是它們的完全實體自身：並是它們生存現實的第一主體。如此說來，足證：它們的實體自身是不能滅亡的。任何物體滅亡，都是由於自己實體滅亡，此外，別無其他理由或原因。實體不滅，則物體不滅。故此，自然界，本性有智力的實體，都是不能滅亡的。（詳加申說如下）：

加證：物體滅亡，或本體滅亡，或附性滅亡。有智力的實體不可能本體受滅亡。理由如下：

物體滅亡，都是敗於敵方。物體根據生存的現實而發出動作，動作的效果常是促成某某生存情況的現實。因此，如有某物，因此效果的現實，而遭受滅亡，以停止本體的生存；這個事件的可能，必須是因為兩個現實物體的互相衝突：因為，「互相衝突的事物，是彼此相排拒的」。（根據大哲《範疇集》，章八的定義）。為此理由，凡是本體遭受滅亡的物體，必定是：或自己和某外物，互相衝突；或自身的構造以內，包含互相衝突的因素。（這就是說或體外遇敵，或體內中毒）。這是物體滅亡的兩個理由。然而，這兩個理由都不適於靈體。有下面這個事實，可以作為符驗；（符驗不是證明，而是舉出一二實事）：

請看吾人智力（的意識）以內，外界互相衝突的事物，被領受到智力以內，在那裡便停止互相衝突：

例如黑白兩色，（在外界互相衝突，互相排拒，不能同處共存。但黑白兩色的性理，或定義），被領悟在智力以內，卻在那裡，不但不互相衝突，也不互相排拒，而且彼此相隨：兩個定義，互相發明：吾人智力由於知白，因而知黑，反之亦然。兩個理，相因而明。不相排拒，故是不相衝突。

如此，足見：有智力的實體不是能遭受滅亡的。不但不遭受本體滅亡，理由已如上述；而且也不遭受附性滅亡，理由簡指如下：

附性，都是不自立生存的性理，必須依附實體。附性遭受滅亡的方式，乃是這些性理遭受滅亡的方式。（為遭受這樣的滅亡，必須自身是不自立生存的性理，依附主體，隨主體之敗亡而連帶受到滅亡）。然而，（章五十一），已經證明了：有智力的實體，是自立生存的性理，（不是依附另某實體的附性；故此受不到附性的滅亡。即便自己有些附性可以受損失，失智失德，等等，但仍不因而受到本體滅亡：它們的實體既不因本體滅亡而滅亡，又不因附性滅亡而滅亡）。足見：它們是完全不能遭受滅亡的。

還證：滅亡是一種變化。並且必是變化歷程的終點，（而不能是始點），證於《物理學》卷五章一。因此，必須肯定凡是遭受滅亡的物體都應遭受變化。然而，（《物理學》，卷六章四），還證明了：凡遭受變化的物體，都是形體。故此，凡是遭受滅亡的物體，都必須是形體；或是形體的某一性理，或是形體所有的某一能力：形體能受本體滅亡；形體的性理或能力能受附性滅亡。然而，有智力的實體，都不是形體，也不是形體的性理或能力。這些話專指它們不是非依賴形體便不能生存或行動。故此它們既不受本體變化，也不受附性變化。故此，是完全不受滅亡的。（附性變化是附物變化：某物隨另一物的變化，而連帶受到變化）。

又證：受滅亡的原因是受傷害：因為受滅亡這件事，乃是受傷害的一種。受傷害是兩物交動相互傷害，是相互變動所致。受傷害便是受變動的一種。然而，有智力的實體當中，無一能受變動或受傷害而致於受滅亡。因為，受變動，乃是領受的一種。智性實體內，所領受的事物，必須採取智性意識內生存的方式：並因此實受智力的曉悟。這樣的領受乃是領悟。它的終效不是破壞智力及智性實體，而是增長智力的知識，並提高智性實體生存的美善：智力意識內所領悟的知識，是智者的美善和進步。。（領悟越多，進步越大，怎會招致滅亡呢）？故此，有智力的實體是不能受到滅亡的。（不能因受變動以增進知識而遭受傷亡）。

另證：官感可知的事物是器官知覺的對象。依同比例，智力可知的事物是智力曉悟的對象。器官的覺力不因本體滅亡而受滅亡，除非是為了它對象的高度強烈，例如光度極強，照傷眼睛的視覺；聲音強烈，也震聾耳朵；如此還有其他，可以類推。器官覺力不但因本體滅亡而滅亡，而且有時能因主體滅亡或傷殘而連帶也受到傷損或滅亡：（例如年老的人因身體衰老而耳聾眼花）。然而，這兩種滅亡或傷損的方式，都非智力所能受到：因為，按上面（章五十一）的證明，智力不是形體的能力，它的生存和行動不依賴形體。（智力是智性實體的一個「盈極因素」：充實靈體的美善）。它不是形體或器官的盈極因素：故受不到對象方面或主體方面物質性的損傷。同時，智力本有的對象，不拘怎樣優越高強，不會因高強而傷損智力：這是明顯的：因為智力的對像是真理；真理越高明強大，智力越透澈曉悟堅確無疑；因而懂曉低級真理，不但不感困難，或知之欠明；反而更覺容易，見識也更精確。（和器官覺力正是相反，例如烈日之下，星光不顯）。如此比較討論，足證：智力不受任何方式的滅亡。

加證：智力所知的對象，（既被知以後，構成知識），是智力本性應有的美善：充實心智的虧虛，（是智力實現潛能時必有的盈極因素）：因此，（大哲《靈魂論》卷三章四曾有以下這個定理）：「智力知識的現實盈極，和對象被知的現實盈極，是一個整體的現實盈極」。（意思是說：智者和所知的真理，合成一體；在知識裡，兩者的現實盈極，是一體的現實盈極）。兩者的現實，既是一體，必是同類同性。一方之所有，也必是另一方之所有，惟以智力的知識範圍為限。然而，在此範圍的界限以內，智力所知的對像是必然常真，永存不朽的真理。足證，智力或有智力的實體，也必須是不會滅亡的。詳論申說之：美善和美善的主體是同類而同性的。美善如果是不朽的，它的主體必定屬於不朽之類。必然常真的實理，是智力完全可知的對象，又是智力本性宜有的美善。反之，不必然常真的實理，不是智力完全可知的對象。關於這樣的實理，沒有明確的知識，而至多僅有大約真的意見。因此，對於不常存的事物，智力所有的一些知識，也是專知一些常存不朽的實理：就是普遍常真的定義和定律等等。靈智既是不朽美善的主體，足證它自己的實體也必定是常存不滅的。（盈虛同類是一定理。靈智和真理的關係，是盈虛合一而同類的關係。真理是盈。靈智是虛。盈是盈極，充實虧虛。虛是虧虛的容器，容納盈極。真理不朽，靈智便也不朽。真理和靈智是盈虛合一而同類的。不朽是不死不滅）。

還證：每一物體，按照自己實體的方式，成全自己的美善。根據這個標準，從某某物體美善成全的方式，便可斷定它實體的方式。靈智成全自己的美善，所用的方式，是遠避騷動，而安於清靜。可取證於吾人經驗：吾人運用靈魂的智力，鎮定肉身物質的變化，和心靈情慾的騷動；然後始用知識和明智，成全吾人實體的美善，詳證於大哲《物理學》卷七章三。（人的智性靈體，也是不死不滅的神體）。

從此可見，有智力的實體，依其本性固有的方式，自己的生存是超越變動的；因此，也是超越時間的。反之，能朽能滅的任何物體，它們的生存卻是屬於變動和時間範圍以內的。故此，有智力的實體不是能朽能滅的。

另證：本性的願望不能是虛枉的。因為，（按大哲《天體論》卷二章二），「物本性的自然，不作任何無目的的事物」。然而，凡是有智力的實體，本性自然，都有永遠生存的願望，不但本類的生存永常不滅，而且個體的生存也願望長生不死。這是顯明的；理由如下：

實有界，有些物體，本性自然的傾向，是根據知識：例如豺狼本性自然喜好捕殺牛羊等等動物，作為自己的飲食；又例如人本性自然喜好福樂。另有一些物體，沒有知識，它們本性自然的願望，純是根據本性因素或能力自然的傾向：例如重物本性傾向下落。然萬物，不分有無知識，都有生存的願望。符驗如下：沒有知識的物體，竭盡自己本性固有的因素和能力，抗拒外物的侵害，避免自己的敗亡。有知識的物體，貪生厭死，抗敵拒毒免害，也是竭盡自己的物力和知識。準此而論，還可推知：沒有知識的物體，又分兩種：那些本性因素和能力足以保存個體長存不滅的，便本性自然願望保存自己在數目上個體自同的生存，常存不失；那些本性因素和能力不足以保存個體長存不滅的，如果只足以保全本種性體相同的生存，便竭力保存全種公有的生存，這也是它們本性自然的願望。

以上兩種分別，也必須發現在有知識的物體以內，（因為，物類各級層之間，互有相同的比例，回閱章四十六）；以知識程度為分別的標準：有些物體只知現時，不知永遠；故此，只願望現時生存，不願望永遠生存。它們卻願望本種長存不滅，有傳種的願望；但是不識不知的願望：因為傳種所用的生殖能力，是（物類品級中）知識以下的前一級，尚不屬於知識的級層以內，（類似植物傳種而無知識）。另有一些物體，認識永遠生存，並領悟其章義；它們便用本性自然的願望，冀求長生不死。這是各種靈智實體，都有的特點。足證凡是靈智實體，本性自然的願望，都是冀求永遠生存。（既然本性自然的願望，不能是虛枉的），從此可以斷定：它們的衰老死亡，是不可能的。

還證：生存有始有終的物體，不拘是什麼，對於始生和終盡，都有同一的潛能。生死兩可的潛能，是一個相同的潛能，傾向於矛盾的兩端：能有也能無：能生存也能死亡。（根據名辭最廣泛的意義：生死，存亡，有無，三個矛盾的對立短語，是名異而實同的：泛指有生命和無生命的萬類物體。

然而，有智力的各類實體，只是依賴第一作者，造物的全能，才能開始生存：因為，按（章四十九及以下數章）所有的證明，它們不是生於先有的物質，（故是從純無中被造生於天主）。那麼，它們始生的可能，既是仰賴天主，足見它們死亡的可能，就是停止生存的可能，也只得是在於天主可能不給它們繼續灌輸生存。然而，只由於這個可能，不得說任何物體是可受滅亡的。理由有兩個：一因物體、必能常存與否，惟視其本身能力如何，不應根據天主的能力，（章三十）在前面已經證明了這一點。（滅亡是物體因自身物質遭受破壞而失掉性理與生存。死亡的可能性是在於自身的物質，不在於外物）。二因天主，造物是建立物體的本性，不減掉物體本性應有的任何需要，（也不撤銷物體本性應得的生存之灌輸）。本章前面說明了：靈智實體本性應有的生存是長生不死：從此可見，它們這永遠的生存，也不會被天主撤銷。（天主造物的意志是既成不變的）。

如此說來，它們本性既無死亡的潛能，天主又不撤銷物本性固有的生存；足見，從這各方面看去，有智力的實體，是不會滅亡的。（這樣不滅的必然性，是緣係於天主上智理性及造物初衷，既願則永願的必然性。參考卷一，八十三章）。

經證：本此意義，《聖詠》，一四八說：「禰們從諸天之上讚頌上主」，逐級數盡了眾位天神，和天上的形體，（星辰日月），在節五接著標明說：「祂建立了它們，規定它們永遠常存，至於萬世之世」：明指它們長生不滅。

狄耀尼，《天主諸名論》，章四，也說：「為了天主美善的光芒四射，各類有智力的實體，因而享有自立的生存，祂們有智力的知識，也是智力可知的。祂們有生存，有存在，並有生活。祂們的生命不衰敗，不滅退。祂們的實體純淨，完全不受生滅傷亡的污染，高高淩駕於流動不居，變化無常的境界以上」。

人類：神形之合

第五十六章　靈體與形體之結合問題

既然上面（章四十九及其下數章）證明了有智力的實體（是自立生存的物體，然而）不是物質界的形體，也不是依賴物質形體而動作的一種能力；現應轉進推論，究察有沒有某種有智力的實體也能結合物質的形體，（並能怎樣結合）？為答覆這個問題，首先證明什麼結合的方式是不可能的。以下這兩種方式是不可能的：一是混合，二是交接或接觸。（暫用靈智實體或靈體簡稱有智力的實體）。

第一：靈體結合形體，不能用兩相混合的方式。（混合是物質原素的化合。許多原素化合成一個形體，猶如許多藥材化合成一塊藥膏）。理證如下：

一證：混合是許多物質因素的化合，必須彼此交互變化而後合一。這樣的因素必須俱備兩個條件：一是共有同樣的物質，二是互相交互動作而受變化：互相衝突變化。靈體不能滿足這兩個條件：因為按上面（章五十）的證明，靈體，（就是有智力的實體，既然）都是沒有物質的（神靈實體），便和形體不能有共同的物質，（也不能促成互相衝突的變化。這樣的衝突變化是物質原素所專有的）。故此它們不能和形體混合。

二證：物質成分混合而成某一形體，既成以後，在新形體以內，那些成分只有效力的存在，沒有本體現實的存在。假設各個成分，仍舊各自分別擁有現實的存在，（猶如米豆同鍋煮），它們的混合便只是攙雜或夾雜，或攙合，不真是混而不分的化合如一。因此，許多原素化合而成新的形體，不是任何原素之一。在那新形體以內，原素有實效而無本體。原素的本體已因變化而失去了現實的生存：等於受了實體的變化和滅亡。這樣的事情，在靈體以內，是不能發生的：因為，按上面（前章）的證明：靈智的實體是不能受實體變化而滅亡的。

如此說來，足證靈智實體結合形體，所用的方式，不能是混合。（就是說：不能是物質的化合）。

第二：靈體結合形體的方式，同樣也不能是本義的交接。依名辭的本義，交接是境界相交而發生接觸，非在形體之間，不能有。例如幾何學裡所談形體的點、線、面，都是形體頂端或邊緣的境界。靈體是神體不是形體，沒有形體的境界，故不能用交界相接的方式，結合形體。那樣的結合，或接觸，只不過是兩個形體的附貼：有同類的許多種形式：例如「接合」：（同界相合平直延長：兩個小四方，接合成一個大四方）；「編組」，（經緯交織的組合）；「紐結」，（繩索糾纏綑綁）；「黏結」，（膠漆附貼凝結不分）。凡此一切交結的形式，都屬於「交接」的公類以內，不能沒有形體邊界的接觸。故此，都不能將靈體和形體結合成一個實體。

方才說了，以上的交接，是本義的交接。除此以外，尚有廣義或變義的交接。依名辭的廣義或變義而論，靈體和形體的結合，可以說是交接的一種。（交接二字，將自己的意義推廣引伸，轉變，以自然界的形體交接為出發點。請看）：自然界形體交接時，不但邊界相觸，而且動作相交，互相變化：因此，不但互有體積度量邊緣或末端的合一，而且有品性，或性理的近似或同化合一：一方變化另一方，乃將己方的品性或性理，陶鑄或銘刻在對方，或用各類不同的動作方式，促使對方接受己方的品性或性理，而形成兩方的同化合一：（例如煤火燒熱壺水：熱度兩相同）。

如果只觀察體積度量末端的交接，形體的接觸，必須是雙方交互的。然而，如果只注意動作施受的交接，可以發現宇宙間某些形體的交接是單方的，不是雙方的交互相接。例如天上形體，交接地上物質原素的形體，（用寒暑的變遷），促成元素的變化，（變冷變熱，變剛變柔），然而並受不到元素上交天上形體，變化天上的形體。故此只是單方的以上交下，不同時也以下交上。（天和地的關係：是天施地受，天生地成。反說：地施天受，則不可）。

準此而論，假設有某些原因，用動作能力，發出動作，雖然不是形體邊緣的接觸，吾人仍可說它們的動作是觸動。例如說：某某人的悲哀，觸動我們的同情心。這裡的觸動，所說的「觸」字，也有「接觸」的實義，但是廣義和變義：從形體度量邊界的接觸，推廣而轉變到動作的接觸，（和情理的接觸了。一有接觸便因交結而合一：但形式和程度，不常相同）。

用這樣廣義的接觸方式，有智力的實體結合物質的形體，也可以說是一種交接。實際上，有智力的實體，（雖然沒有物質的形體，乃是純神之類，但仍能）發出動力，或變化形體，或運動形體：理由正是因為它們沒有物質，（不受物質的限止），在現實盈極的程度上，它們有更優越的生存品級。（品級越高，越能發出動作，變化或運動下級）。

然而，上述這樣的接觸，不是數量的接觸：（只交接數量的末端或邊界）；而是力量的接觸，（發動者在被動者的實體內，產生某某動作的實效）。數量接觸，和力量接觸，彼此不同，分別之點有三：

一、（數量的接觸，是形體的接觸。兩方的形體都有度量可分的許多部分，這是自然而必然的。這樣的接觸，乃是可分與不可分的互相交接）。力量的接觸，有時，（適得其反），可能是一方以自己不可分的實體動作，接觸對方可分的形體：乃是以不可分，接觸可分。這樣的情形，在形體接觸中，是不可能的：因為，不可分的形體，（在幾何學裡），叫作「點」，一個小至不可再小的點，接觸另一形體，所能觸及的範圍，也不得不只限於某某小至不可再小的一個點：絕不能以不可分的至小，而接觸可分的廣大。（形體數量的接觸是同量相觸：以可分觸可分，以不可分觸不可分）。

然而有智力的實體，雖然本體是無度量可分的，動作起來，卻有力量觸動有度量可分的形體：（例如人靈的智力和意力運動自己的身體；精神的愁苦可以消瘦骨肉的身體。天神也可運動天上的形體）。度量至小故不可分的點，和無形質故不可分的靈體，生存的方式和品級，前後兩者，互不相同。點不可分，因為在形體以內，它是度量的末端：在體積廣展的範圍內，它佔據一個界限固定的位置，無能力伸展到界限以外去。足見、點的不可分是體積數量的不可分，（按大哲《範疇集》，和古代幾何學），它仍屬於數量之範疇。靈體不可分，理由全不同：不是因為它體積度數至小不可分，卻是因為它本體不屬於形體數量的範疇：全無體積，故無數量之可分。為此，它接觸形體時，也不限於只接觸某某不可分的一個小點；（反之，用一個單純至極的情意，可以觸動形體的許多部分，例如勃然一怒，萬髮衝冠，全體震動：顯然是以不可分觸動可分）。

二、數量接觸，抵觸邊端。力量接觸，觸通全體。力量的接觸乃是動作的交互，兩方都有施受，根據兩方的能力。然而能力之所根據，偏在全體，不只附著在末梢。因此，全體互相接觸。（例如某團火用自己全體的熱力，燒熱某壺水的全體）。

三、數量接觸，既是只觸邊端，必是觸及外邊，不能深入內部，或通過全體，反之，必被阻止。力量的接觸，適得其反，動作的實效，深入內部，通過全體，不受阻止，（實例同上；又如火燒銅鐵或礦煤，火的本體，全部，深入燃料的本體全部，並通過燃料，燃燒他物，不但不受阻止，反而受到了傳導）。

有智力的實體，本性固有的能力，接觸他物，是用上述那樣的「力量的接觸」，是動作實效的接觸；兩體相接觸時，靈智的本體，深入所接觸的物體內部，通貫全體，不受阻止；（不拘所接觸的物體是形體或是神體）。

如此說來，靈智實體，用力量的交接，結合形體，是可能的。

說到這裡，須知：力量交接的合一，不是物本體自同的純一。兩物動作，施受交互而形成的合一，不是一物本體自同的純一。說某某是一體，和說某某是物體，兩句話的意義，有相同的比例。然而說某某動作，和說某某是物體，意義全不相同；後句指示它是一個實有物，有現實的生存；說中了它是實有而非純無的絕對意義。前句卻沒有本體純有純無的絕對意義，僅指示它（本體實有以後和以外，附有）的動作。那麼，動作、既不指示本體純有，動作的合一，便也不指示本體純一。足見：動作交互的合一，不是一物本體自同的純一。（這個問題的深意，尚需詳說如下）：

所謂「一物本體自同的純一」，有三種可能的指義：一指「純一不可分」，二指「純一相接連」，三指「名理純義相合，（構成定義，指示一物本體自同的性體。性體是真性實體，確指其主體，依其本來面目的真相，必須是什麼。名理純義相合，便是性體定義的純一）」。（例如說：「人是有靈魂和肉體的動物」，或說：「人是有理智的動物」；不但兩個定義，名稱異而實全同；而且每個定義自身，也是數個名辭的名理，合成了人本體定義的純一，指人本體的純一）。

現請注意，靈智實體結合形體而構成的純一，不能是「不可分的純一」：事實上，必須是兩個成分的結合，（並且兩者可以分離；例如人死之時，靈魂的靈智實體離開人骨肉的實體）。也不能是「部分相接連的純一」：因為這樣的純一，是許多數量的部分在一個體積中的合一。（靈確無形質的體積和數量，不能和形體結成體積數量連接不斷的合一）。

說到這裡，最後只剩以下這個應追究的問題：就是：靈智實體結合形體，能不能構成「名理純一」之類的合一？尚須理會到，兩個現實久存的物體，所能構成的「名理純一」之類的合一，不能是別的，僅能是性理與物質合成一個實體時，所有的實體純一。這裡的性理和物質，是實體的性理和物質；不是附性結合主體：因為附性和主體（在名理上）構不成定義的純一：例如「人」的名理，和「白」的名理，不是相同的一個名理；合在一齊，或說「白人」，或說「人白」，都指不出定義或實理的純一來。

如此，歸結到最後，現應追究的問題是：有智力的實體，是否可能是某某形體內的實體性理？（它兩者互相結合，猶如性理結合物質；靈體作性理，形體作物質；兩者相結合，構成一個實體；這個實體，有本體的純一：是不是可能的？這是問題。為答覆這個問題，有人抱否定的意見，說是不可能的。有人卻抱肯定的主張，說是可能的，並且說在人類以內是必然的。刻下，先將否定的意見分析如下）：

有些人用理智的看法，考慮以後，認為這是不可能的。理證如下：

一、兩個現實存在的實體，不能合成一個實體。不拘什麼事物，都是因自己實有的現實，而有別於它物：（現實是事物由純無入於實有之界以後而固有的生存境況：潛能實現，達到了完備無缺的程度。由此轉義，泛指任何實際生存的盈極程度。事物每個自同的單位，都是根據生存的現實盈極，並因此有別於他物。現實盈極，是事物分立的因素，不是事物合一的因素）。然而，有智力的實體是現實存在的實體，這是（章五十一）用許多理由證明了的一個結論。同樣，形體也是一個現實存在的實體。從此看來，靈智實體和形體，似乎，就合不成一個實體。

二、物質和性理，屬於同類。凡是屬於某類的實體，或事物，分析起來，都包含盈極和虧虛兩個因素。盈虛同類是一定理。性理和物質的關係，便是盈虛同類的關係。然而靈智的實體，屬於無形質的神類；物質的形體和它們完全不是同類。類性既然互有分別，彼此似乎就不可能有性理和物質的合一。（因為性理和物質，是同類的盈虛合一；不是異類兩個實體盈極的合：。

三、其生存，在於物質以內的物體，必須是物質的。那麼，假設靈智的實體是形體的性理，它的生存必須是在於物質以內：因為性理的生存不外於物質的主體。從此而生的結果應是：有智力的實體不是沒有物質的。這正是相反上面（章五十）證明了的結論。（用反證法，反回去，足證靈智實體不能是形體的性理）。

四、還證：物體，既生存於形體以內，便不能離開形體而仍有生存。然而眾哲士證明了：靈智是和形體絕異而分離的實體；並且證明了：它既不是形體，又不是形體以內的能力。故此，它也不得是形體的性理；因為形體的性理不生存於形體以外。

五、又證：任何物體，既和形體共生存，必須也和形體共行動：因為行動以生存為根據；生存以性體為界限；動力隨性體之因素而生，故其優越，無以高於性體。今如假設有智力的實體是形體的性理，它便必須和形體有共同的生存：因為性理和物質合成本體純一的實體。它的純一以生存的現實盈極為根據：由於它有生存的現實盈極，故此它乃是自己之所是，而有別於外物。那麼，更進一步說，有智力的實體和形體，也必須有共同的行動，並且它的能力也應是形體以內的能力，以形體或其器官為能力的主體。這卻是前者（在章四十九及其下數章）用許多理由證明為不可能的。（用反證法，反回去，足證：有智力的實體不能是形體的性理。然而，能是形體的什麼呢？柏拉圖有一個答案，詳見下章）。

第五十七章　柏拉圖論人的性體

為了以上這些和其他類似的理由，有些人主張，無任何智性的實體能是形體的性理。然而人的實體，依其本性，明似是靈魂和肉身結合而成的；人的本性似乎是和上面的主張適相矛盾；（同時靈魂也是一個有智力的實體）；為此理由，他們想出了某些思路，為保全人的本性。

於是、柏拉圖和追蹤他的許多人，提出了一個學說，主張：有智力的靈魂和形體的結合，不是性理與物質的結合，而是發動者和被動者的結合；舉例自解說：靈魂生存在形體以內，猶如舵手生存在船隻以內。（參考大哲《靈魂論》，卷二章一頁四一三左欄）。如此說來，靈魂和肉體的結合，不過是上面（前章）講明了的「力量的交接」。

上面的這個說法，看起來，還是不適合：因為，按（同處）已有的說明，力量的交接，構不成任何本體純一的實體；靈魂和身體結合成人的實體，卻是本體純一的。按上面的主張，卻得不出這樣的結論來。反之，如果人的實體沒有本體自同的純一；他便也不能有本體純一的生存，而是兩個實體有兩個生存，彼此偶然有了附性的合一：這樣的主張不足以保全人性本體的純一：自證是不適宜的。

為避免這個不適宜的缺點，柏拉圖，（在所著《亞肋西比亞德》，Alcibiades，其中《將軍對話集》

卷一章二十五），進一步主張：人的實體不是靈魂和肉身的合成體；而是運用肉身的靈魂：猶如伯多祿這個人，不是衣服和人的合成體，而是人運用衣服。這就是說人穿著衣服。（人是靈魂運用肉身）。

這樣的主張還是不可能的。證明如下：一證因為人和動物是器官知識所知的，並是物質自然界，現有的一些實體。它們的本體以內，為此理由，不能不俱備著物質的形體及其各部分。然而按上述的主張，它們整個的性體，卻是靈魂。如此、它們不屬物質的自然界，也不是吾人器官知識所能知覺的了：因為靈魂既不是物質的，又不是器官覺力所能察覺的。從此可見：說人和動物，是運用肉身的靈魂，而不是靈魂和肉身合成的一個實體，乃是不可能的。

二證：許多物體，在生存上，互相分異，所作出的動作，便不能是一個。這裡所說的「一個」，不指動作的終效是一個，而專指動作的始因或出發點是一個：就是發動者方面的單位是一個。例如許多人合力拉船，終效方面，是一個動作，眾人方面，卻是許多動作：因為每人用自己的力氣，發出了拉的動作。從發動者方面觀察，主體有許多，各自有不同的性理和能力，必須各有不同的生存和行動。各自分立，不互相共生存，便不互相共行動。然而靈魂和肉身有一些共同的行動：例如見危而懼，受困而愁苦，觸物則知覺，還有類此其他：這些器官感覺的知識和情境，發生在靈魂的意識以內，同時必須根據肉身某些固定部分受到的某些變化。從此可見，這些動作是靈魂和肉身共同合有的動作。如此反轉貫通前論，便可斷定：它們既不是不互相共行動，便必定不是不互相共生存。那麼，靈肉合一，構成生存和行動的一個單位，本體純一，乃是必然的了。在此以外，靈魂自己尚有一些動作，是自己之所專有，非肉身之所共有，例如智力的動作。但這並不足以防害肉身和靈魂合成一個實體；下面（章六十九）另有詳論；（肉身方面也有一些物質動作，是自己之所專有，非靈魂之能共有；例如肉身物質原素的物質作用：重而下落，不知不覺，壓碎其他物體）。

根據柏拉圖的意見，有人能反駁上段的理論。堅持生存互異，行動合一，並無不適宜之處：例如發動者和被動者，兩個主體生存分立而互異；然而交動的現實，卻是一個，因為兩個主體，發動而動的現實，和被動而動的現實，是一個動的現實。柏拉圖主張上述那些動作是靈魂和肉身共有的行動，但因此並不必須承認兩者共有一個主體的生存和動力：因為靈魂是發動者，肉身是被動者，主體生存分立而互異，仍能共有一個動的現實。然而這樣的反駁並無實效。靈肉共有的動作，不能是它兩者動作施受的同動之現實。理由如下：

按大哲《靈魂論》卷二章五，（頁四一六右欄），既有的證明；人的實體內，發生的知覺，在乎被動於所知覺的外物。因此，無可知覺的外物，人不能有所知覺；猶如沒有發動者，被動者便不能被動而動。知覺的器官在有所知覺時，固然是被動而動，並是有所感受，然而是感受於所知覺的外物；被動於外物，不是被動於靈魂或靈魂的覺力。反之，器官的覺力乃是器官被動於外物時有所感受的內在憑藉：覺力是器官被動於外物時所表現的感受力。（這樣的感受力），以器官為主體，以靈魂為根據。有覺性感受力的靈魂，在感受外物刺激時，對於肉體及其器官，沒有發動者，和觸動者，或刺激者（對於被動者或感受者）的作用和關係，而僅有肉體及其器官感受外物時必備的感受力，和憑藉。沒有靈魂的感受力，肉體和器官便失去了知覺的憑藉，不能再知覺外物的刺激。然而感受力和感受者，在生存上，不能是互異而分離的。從此可見，有覺力的靈魂，和自己主宰的肉體，在生存上，不是互異而分離的。故此，兩者共有一個主體的生存。

另證：運動或變動是發動者和被動者共有的一個現實。雖然如此，發動和被動仍是兩個不同的動作，（屬於兩個不同的主體）：因此（大哲《範疇集》章二）兩者歸屬於兩個不同的範疇：一施動，一受動。依此而論，假設在有知覺時，覺魂施動，形體受動；靈魂的動作是一個，形體的動作是另一個。那麼，覺魂既有自己專有的動作，便有自己專有的生存，和形體不相干。形體死滅以後，覺魂就不應停止生存。連那些無理智的動物、各類的覺魂，因此，也都應是長生不死的了。依大眾看來，這明似是不確實的；但和柏拉圖的意見，沒有不相合的地方。關於這個問題，下面（章八十二）另有討論的機會。

加證：被動者，不從發動者，領取自己本種特有的性體。（類下分種，不以發動者為種別因素）。今如假設靈肉之合，不過是發動者和被動者的結合，那麼被動者、形體及其各部分，現有的種別特性，便不是得自靈魂；那麼，靈魂逝去，形體死亡之後，形體和其部分仍舊保留原有的種別特性：死前和死後，種性不變。這顯然是錯誤的：因為，靈魂逝去以後，所餘留的屍身，骨肉，手足及類似的其他部分，死後和死前，相比較，種性不同，名理不同，至多是名同而實異的：因為死屍及其各部分，不能發出活著時能發的動作。既然動作是種性必生的效果。效果不生，足證，種性已失。那麼，形體既以靈魂為自己種別的因素，足證它和形體的結合，不是發動者和被動者的結合；也不是人和衣冠的結合。

還證：被動者因被動於發動者，而得到的新現實，不是生存而是變動。今如假設靈魂結合形體，只是變動形體，形體從靈魂得來的新現實，也便只是變動，而不是生存。同時須知，生物的生活乃是一種生存，是生物所特有的。如此說來，靈魂，如果只是變動的因素，便不得是生物生活的因素了。（這是錯誤的：相反靈魂的定義）。

又證：發動者向被動者發動時，被動者不因而生成，當它離開時，被動者也不因之而滅亡：因為被動者只是依賴它而被動，不是依賴它而生存。今請假設靈魂結合肉身，只是作肉身的發動者，隨之而生的結論，乃是：靈魂結合肉身時，並沒有任何物的生成；它兩者分離時，也便沒有任何物的滅亡。依同理，靈肉分離，動物因而遭受的死亡，也就不是動物的滅亡了，這顯然是錯誤的。

另證：依照自己本體的實況，凡是自動者，在自身以內，既有被動或不被動的可能，又有發動或不發動的可能。然而，按柏拉圖的意見，靈魂運動形體，是作一個自動者，（參考柏氏著《費德勞對話集》**Phaedrus**〔《靈魂論》〕章二十四）。故此，靈魂有能力運動形體，也有能力不運動它。那麼，假設靈魂和形體的結合，只是發動者和被動者的結合，靈魂便能隨意離開形體，然後又能隨意重新結合形體。這顯然是錯誤的。（靈魂既不可只是給形體作發動者，下文證明靈魂應是形體為得到生活必備的性理）：

靈魂結合適當的形體，是如同性理結合適當的物質。證明如下：

一證：某某物體從潛能變為現實，從虧虛變為盈極，必須俱備的內在因素，或憑藉，乃是它自身的性理。然而形體、為從潛能虧虛，變到現實盈極，必備的內在因素，或憑藉，乃是靈魂：因為生物的生活，是生物生存的現實盈極：（是以靈魂為內在的因素和憑藉）；未有靈魂以前，生物的種籽，只是虧虛潛能中的生物；靈魂俱備以後，才因而變成現實盈極的生物。（那麼，靈魂既是生物現實生存的盈極因素），足見：靈魂乃是生物在自己有生命的形體內必備的性理。（依照名理的定義，性理專指物體現實生存的盈極因素。因此，性理也簡稱盈極，或現實）。

加證：生存和動作的主體，在物質界，不只是物質，也不只是性理，而是兩者合構而成的實體。故此生存及動作，歸屬於兩者所共有。兩者彼此的關係，是物質和性理的關係。事實上，例如健康和知識；吾人說某人健康，是說他不但是身體健康，而且是生活健康。說某人有知識，是說他不但心智以內有知識，而且腦海以內有知識：就是身體以內有知識。對立比較起來，生活健康對於健康的身體，有性理對於物質的關係。心智的知識對於有知識的腦海，（身體），也有同樣的關係。腦海因心智的知識而成為有知識的；身體因生活健康而成了健康的。依同比例，生活和知覺，也是歸屬於靈魂和肉身兩者所共有：吾人說人的肉身因有靈魂，而有生活和知覺。這些話的實義卻是說：肉身因有靈魂帶來的生力和覺力，而有生活和智覺：以靈魂為生活與知覺的內在因素和憑藉。足證：靈魂是形體的性理。兩者的結合是性理與物質的結合。

還證：整個覺魂，對於整個身體；和覺魂的某部分，對於身體某部分，有相似的關係和比例。相對部分，互有的關係，卻是性理和物質互有的關係：事實上，覺魂的某部分知覺乃是身體某部分器官的性理和現實：例如眼睛的性理和現實，乃是靈魂的視覺。依同比例，足見：靈魂乃是身體的性理和現實。（現實便是盈極：是實現潛能而充實虧虛的內在因素。性理是現實生存的盈極因素，故此往往簡稱現實，或盈極）。

第五十八章　靈魂與肉身

然而，針對本處議論的宗旨，根據柏拉圖的意見和想法，仍能有人反駁前面提出了的那些理由。因為，柏拉圖（《廸麥午對話集》*Timaeus*、《宇宙論》六九頁至七一頁），主張在吾人身體以內，生魂，覺魂，靈魂，是三個不同的靈魂。（依名辭的廣義，靈魂分三種：專司營養生長的靈魂，叫作生魂。專司知覺運動的靈魂，叫作覺魂。專司智性的知識和意願的靈魂，簡單叫作靈魂：是狹義的靈魂。換句話說：魂有三種：一生魂，二覺魂，三靈魂。這裡的靈字專指靈明的理智，不似在生覺二魂以內，泛指靈妙的效能。廣義的說法，凡是魂都有靈妙的生活效能，故此都可叫作靈魂。三個靈魂，既然互不相同）；只證明了覺魂是身體的性理，仍不能因此便必定結論說：有某靈智的實體，（即是靈魂）也能是形體的性理。為解破這個疑難，詳論如下：請先注意為證明靈魂不能不是是形體的性理，有下面這些理由：

一證：某物因不同性理而有的屬性，互作賓辭時，便是附性賓辭，不是稱指本體的賓辭。例如說：某某白人是音樂家。白色和音樂，是那某某人，在人的本體以外，偶有的兩個附性事物；（不但都不稱指人的本體定義，而且白色之為白的定義內，也不包含「音樂之為音樂」的道理。故此可見、音樂也不是白色的本體賓辭：而只是偶然因連帶而涉有的附性賓辭；某某白色的人是一個精通音樂的人；可以簡單說：某某色的主體是某某精通音樂的主體）。

準此而論，靈魂、覺魂、生魂，既是三個不同的性理、或能力；共同現有於吾人身體以內；吾人根據它們而能有的屬性種種，彼此互作賓辭時，也應只是附性賓辭，不稱指本性實體。在吾人言語中，人因有靈魂而是理性動物。某些生物因有覺魂而是動物。某些形體因有生魂而是生物。更進一步說：人是動物；或說：動物是生物；（或說：生物是形體）。這樣的論句，便應都是附性賓辭的形容句。這卻是錯誤的：因為這些論句內的賓辭，都是本體賓辭，稱指主體的本性本體：例如：人，根據人所以是人的本性本體，乃是動物。同時，動物是生物，也是根據了動物的本性本體。足證：某某人、本性本體，既是人，又是動物和生物；確是由於他本體內具備了一個相同的因素，不得是竟有三個不同的因素。

假設對方，轉移重點，退一步答辯說：在人的實體以內，那三個靈魂，雖然互相分立，然而彼此之間有品級高下相系屬的秩序和統一；因而不致於使上述的那些賓辭，都變成附性賓辭。保存了本體賓辭的辭性，仍不必否認人身以內有三個靈魂。對方的這個意見仍無理由成立。原因如下：

依品級高下相屬的秩序而論，有覺力者對於有智力者和有生活者對於有覺力者，並和虧虛潛能對於盈極現實，都有同樣的比例和關係：因為：根據生成和發育的次第，先有營養生長的生活，而後有眼看手摸之類的知覺，最後才長成有聰明的靈智。人的生成和發育，也是先形成動物而後發育成人。假設用這樣的秩序和關係，作本體賓辭稱指主辭的根據，主辭方面不應用種名，專指事物的性理或定義，僅可用類名，泛指事物的物質或主體。例如某物外表的平面是白色的。又例如：某某動物是有智力的。

然而，這以上的假設及結論，都是不可能的。理由有二：一因賓辭在這個情況中，是專指性理的種名，給主辭作賓辭，形容主辭類名範圍內能有的種別：例如方才說的：某物的平面是白色的。又例如：某某數目是一個偶數。二因在這樣的賓主關係內，賓辭名理的定義內，兼含主辭名理的定義。例如在「偶數」的定義內，兼含「數目」的定義。（「白色的」定義內，兼含「有色可見的平面」）。這樣的賓主關係內，主辭不是種名。現請將「某數是偶數」，和「人是動物」，兩個論句，互相比較，雙方的情形，正是相反：兩句內的賓辭，固然都是本體賓辭；但後句不是用「人」作動物的賓辭，說「某動物是人」，而是用「動物」作賓辭，說「人是動物」。賓辭「動物」的定義內，不含句之主辭「人」；反之，主辭「人」的定義內，包含類名賓辭「動物」。在這樣的賓主關係內，賓辭的作用是聲明主體的性理，不是稱述主辭和賓辭間，先後互有的秩序。（專就賓辭聲明主體性理而立論，對方的立場，不足以滿足對方的要求，就是不足以保全本體賓辭稱指本體的作用）。

另證：物體都是從相同的一個因素，得到自己的生存和統一：因為統一是物體既有生存，則隨之俱有的必然屬性。那麼，每一物體，既由性理而得生存，便也是由性理而得統一。今如假設人有許多靈魂，並且它們是不同的許多性理，人便不是一個物體，而是許多物體。為構成人實體的統一，至一自同，而有別於外物，只有許多性理間秩序的連合，是無用的：因為秩序連合、組成系統的統一，全不是實體單純自同的統一：秩序的統一是程度至低的統一；（性理結合物質，一物一理，卻是實體自同的純一）。

又證：從對方的主張，依舊生出（前章）已經指出的不適宜的結論：就是靈魂結合肉身，構不成本體純一的實體，而僅能構成附性與主體偶然的連合。某物在自身實體生存完備以後，附加的任何事物，都是和它只有附性偶然的連合：因為不屬於它的本性本體以內。凡是不拘什麼樣的實體性理，結合物質，則構成在實體類中生存完備的一個物體；因為它的實效，是構成生存現實盈極的物體，並且成立單位自同的此某物體。故此，凡在實體性理以後添加的事物，不拘是什麼，都是附性外加的偶然，不屬於實體自性的本然。生魂是一個實體性理；物因有生魂而成為生物；生物是人和動物共有的實體賓辭；從此隨之而生的結論應是：覺魂和靈魂，都同樣是人偶然添加而有的附性。如此說去，「動物」不指示一個本體自同而純一的實體；「人」，也不指示那樣純一的實體：在實體範疇之中，「動物」不是類名，「人」也不是種名了，（因為，附性的區分，不足以畫分類界或種界。人獸同是生物。覺魂，靈魂，都是附性，分不出生物以內的動物之類界，和人的種界）。這是不適宜的。（用反證法，反回去，足證對方的主張錯誤）。

加證：假設人、根據柏拉圖的意見，不是靈魂和肉身合成的一個實體，而是靈魂運用肉身；這裡的「靈魂」或只指示有智力的靈魂，或統指三個靈魂，就是生、覺、靈、三魂；或指示三個靈魂中的任何兩個。假設它指示的是三個或兩個，那麼，人便因而不是一個實體，而是兩個或三個：因為一個人，乃是三個或兩個靈魂運用一個身體。

今如假設，在那裡「靈魂」只指示有智力的那一個靈魂，這就是說：用覺魂作肉身的性理；有智力的靈魂，運用已有生魂和覺魂的肉身，它便是人；從此隨之而生的結論有兩個：都不適宜：一個結論是：人的本體不是動物，而是靈魂運用動物。肉身卻是動物，因為它有生魂和覺魂。（甚而至於，也應說：人的肉身，也不是動物，而是覺魂運用有生活的形體。生物也是生魂運用原素構成的形體。那麼，層層下降，人乃是靈魂運用覺魂所運用生魂所運用的形體。請想，人那裡還有本體的純一）。第二個結論是：人沒有知覺，而是靈魂運用一個有知覺的物體。

以上這些結論，都是不適宜的。足證吾人實體以內，有三個實體不同而分別自立的靈魂，一有智力，二有覺力，三有生力，（生力專指營養生育的能力）；等等說法，都是不可能的。（荒謬至極的）。

還證：兩個或許多因素，沒有另一因素，來結合它們，它們如果能結合成一個事物，它們互有的關係，便不能是別的，而只能是盈極現實和虧虛潛能、互有的關係：物質與性理的合一就是這樣的合一，直接盈虛合一，不用外物作連繫。然而假設人有許多靈魂，它們不是物質與性理的對立而合一，而是現實盈極單位的分立而並存，並且都是動作的因素。那麼，如果將它們連合起來，為構成某某一個實體，例如人或動物，則必須有一個連合的因素。這個因素，不能是形體；因為形體的統一寧是依憑靈魂；靈魂逝去，形體遂腐化潰散，足資徵驗。那麼，只剩是某某品級更高的性理，來將那些靈魂結合成一體。這個高級性理更應是這些靈魂的靈魂。它們結成一體，是用這個高級性理作生存和統一的因素。然而假設這個高級性理也有許多部分，沒有本體固有的自同和統一，它便又需要另一更高的性理，來作它統一的因素。如此上溯推究，不能永無止境，故此不能不推到最後一個因素，它必是本體自同而純一的，不再有更高的因素，來維持自己的統一。這最後一個，依名辭極充足的意義，才稱得起真是靈魂：因為靈魂是生物生存和統一的因素。在它以下，那些低級的靈魂，算不得真是靈魂。如此，話歸原題：在一個人或一個動物以內，必須只有一個靈魂。

又證：假設在人的實體以內，站在靈魂方面的那個因素，果是許多部分聚合而成的，那麼，它有的每個部分對於肉身方面每個相當的部分，必須和整個靈魂對於整個形體，有比例相同的關係。這個假設的定理和柏拉圖的主張，並沒有不合意的地方。實際上，他確曾主張理智的靈魂寓存在腦髓中，營養生育的靈魂寓存在肝臟裡，情慾的靈魂寓存在心臟內。（參考《弛麥午對話集》、《宇宙論》頁六九至七一）。

以上這樣的主張卻明顯是錯誤的。理由有兩個：

一因靈魂方面有某一部分，不能歸屬於肉身的任何部分。例如智力這一部分，上面（章五一及五六）證明了它不是肉身任何部分的盈極因素，也不是肉身任何部分、現實生活的官能。

二因肉身方面、相同的一個部分顯然實有靈魂許多部分的動作：例如有些動物，身體的一段落，砍斷下來，仍舊生活：因為那個段落內，仍有運動和知覺，並有動物的情慾。同樣，植物的某一部分，砍斷以後，仍在這同一部分以內，兼有靈魂的營養力、發育力、和發芽力三個部分。從此可見：在肉身的一個部分內，同時有靈魂的許多不同部分。故此，在吾人實體以內，也不是靈魂的不同部分，分別歸屬於肉身的不同部分。

加證：許多不同的能力，如果不生長在同一根源上，便不在動作時互相阻礙，除非它們有互相衝突的動作：在本題所論的這些能力之間，並不會有互相衝突的動作。然而吾人所見的事實卻是：靈魂的不同動作，彼此互相阻礙，一個動作緊張加強，另一個動作便鬆緩削弱。（耳聽入勝，便雙眼緊閉）。足證這些動作，和能力，在根底上，共有一個來源。這個來源，不能是身體。理由有二：一因某種動作，非形體所能共有和參與：例如智力知理。二因如果這些力量和動作的來源是形體本性之所固有，凡是形體以內便應都有那些力量和動作。這明顯是錯誤的。如此推論到最後，結論乃是：它們的根源是某某一個性理；因此性理，此某形體是它所是的這樣一個形體。那某某性理乃是靈魂。足見：吾人所有的靈魂方面那各樣的動作，都是從一個靈魂發生出來的。如此說來，可以斷言：吾人以內、不是有許多靈魂。（性理是生存現實的因素，和性體的條理，並是一切動作能力的根源；但不直接專指生殖慾或交媾慾的情理）。

史證：（西元第五世紀，法國瑪賽城，有一位神父，名叫日納德，著神學書籍及聖人傳紀，數目甚多，內容公正確實。在他所著的那部小書）、《教會信條論》，（《拉丁《教父文庫》》，四二，一二一六，章十五），說過以下這幾句話，和本章定論，辭同而意合：「吾人不信一個人有兩個靈魂。故吾人不附合雅閣伯及其他敘裡亞人著書傳揚的意見。他們：主張人有兩個靈魂：一是動物性的靈魂，專司給肉身維持生活，混合在血液中：二是神明的靈魂，專司理智的生活。吾人卻肯定：每人只有相同的一個靈魂：它結合肉身維持肉身的生活，它也用自己的理智治理自己」。（動物性，近似獸性，但意義比較獸性寬廣而含渾）。

第五十九章　明悟與肉身

另一方面，還有一些人，想出了別的一些理由，支持（和上面大同小異的意見），主張：有智力的實體和形體，彼此不能有性理和物質那樣的結合。實際上，他們還肯定：連亞里斯多德定名叫做「受動智力」的那個智力，也是一個和形體絕異而分離的實體：簡稱絕離實體；不結合吾人的身體而作它的性理。這些人提出的那些理由如下：

第一、根據亞里斯多德，（《靈魂論》，卷三章四、頁四二九），傳世的名言：這個「受動的智力」，是絕離的，不混合形體，是單純的，並是無感受性的。（無感受性，是沒有物質原素、交互動作，一施一受，互相變化的感應能力和受傷害的可能性。然而在超物質的意識境界內，智力仍有施動和受動的分別。智力施動，猶如發出光明，照明性理。另一智力受動，彷彿是受到了光照，便將光明的性理，悟受而曉識之。如果將施動智力、簡稱靈明，並將受動智力，簡稱明悟；靈明對於明悟，便有日光對於天空，所有的比例和關係：盈虛對立，施受合一。靈明是盈極現實：常明常照。明悟是虧虛潛能：領受光照，容納眾理。明悟是受動智力，但不是「感受性的智力」。兩者的分別，詳見下章。感受性的智力，不真超越形體，而是人和動物所共有的。明悟，非動物性的肉身所能共有，它不混合於形體，也沒有感受性）。以上、受動智力所有的那些特性，都非形體之性理所能有，足證它不是形體的性理。

第二、又證：仍用亞里斯多德的證明方法：明悟領受器官所能知覺的、各類一切事物的意像。它對於這些意像，有虧虛的容量，和領受的潛能。由此可見、依它本身的生存狀況，它是潛能虧虛：完全缺乏那一切事物的意像。這是必須的：（因為，否則，假設它或不虧虛，或無潛能，或不缺乏，它便不能虛心領受）。猶如眼內的瞳睛，能領受外界各類事物、一切顏色的印象，故此，它自身沒有任何顏色，（不但在最初全無任何顏色的印象及知覺，而且不拘在什麼時候，它在自身的物質構造上，也不能染上外界物體的顏色。反之），假設它自身已有某某顏色，這某某顏色便要阻礙它看見別的顏色；甚而至於使它，在那某顏色蒙蔽之下，所見其他一切，都有那一個顏色，表現不出別的顏色。依同理，同樣情形也要發生在明悟內，假設它自身本體已經現有器官所知物體方面的某某性理或物性。（物性是物的本性：是物的性理和物質合構而成的：也叫做天性，或性體）。然而假設它是結合形體，和某某形體是混合起來的；它必定發生上面的情形。（混合是物質原素之類的變化而合一：例如一冷一熱，相變而化合，合成半冷半熱的溫和。如此混合了物質的形體，明悟自身須現有那個形體的性情：凝結成和它相近似的一個形體，則不能領悟任何其他物體）。同時，作另一個假設，如果它（結合某某形體，不是和形體發生物質的混合，而是發生性理與物質的結合：猶如盈虛合一，結成一個實體。在那實體以內），作那某某形體的性理；在此假設之下，仍必發生上述的同樣情形：因為：物質結合性理，既是合成一個物質界有形的實體，（依照一體則同性的定理），那個實體內的性理，和自己所結合的物質，必須共同均有某些物質的本性。（明悟，因此便凝結成了一個物質的形體；仍舊不能保全它能知萬物的本性。情形和混合於物質、是相同的）。足證、那兩個假設都是不可能的。明悟不能混合於形體，也不能結合於形體而給它作性理，（物之性理是物現實生存的盈極因素）。

第三、還證：假設明悟結合某一物質的形體，是作它的性理，這個明悟進而領受他物，便應用第一物質領受他物時，所用的方式。它既然是某一形體的性理，它離開那形體的物質，則不領受任何事物；（反之、為能領受任何事物，不能不用那形體的物質，遵守物質的條件，產生物質的效果，和第一物質一樣）。然而第一物質領受個體的性理：並且性理既收容在物質以內，遂因而凝結成個體化的性理。依同比例，明悟領受性理，也應是領受個體的性理。如此，它也就不認識普遍的性理了。那顯然是錯誤的。（明悟所知的性理，都是普遍的：是一類或數類或萬類所共有的公理。明悟的知識領悟性理，和物質的主體領受性理，方式全不相同。足證明悟不是物質形體的性理）。

第四、另證：第一物質領受性理，不是認識性理。假設明悟領受性理，和物質領受性理，用相同的方式，明悟就不認識所領受的性理了。這是錯誤的。

第五、加證：按亞里斯多德《物理學》卷八，（章十，頁二六六），舉出的證明，形體以內、不能有無限的能力。然而在某些方面去觀察，明悟的知識能力卻是無限的：因為吾人用明悟的知識，判斷數目無限多的事物；根據吾人用明悟所知的公理，每個公理的範圍內，在潛能中，包含著的個體和個例，是無限眾多的。足證：明悟不是形體類的能力。

亞維羅學派——為了上述的那些理由，亞維羅，和古代某些人，據他說，遂決意主張：靈魂知理所用的明悟，在其生存上，和身體是分離的；它也不是身體的性理。（參考亞維羅著《靈魂論大註解》，卷三，註五）。

雖然如此，亞維羅仍承認明悟和吾人有不可不有的某些連繫：因為如果全無連繫，它便全不屬於吾人；吾人用它也就不能認識事物。為指定明悟和吾人有什麼樣的連繫，他曾提出「覺像媒介」的學說：明悟現實曉識的意像，是明悟現實領悟的性理；猶如眼睛現實所見的色像，在視覺以內，是視力現實領受的性理，（因此意識以內的性理，而知覺到外界物體的某某顏色。心內的性理是通達外物的憑據）。明悟和現實曉悟的性理，合成一體，構成知識的現實。故此，那個現實曉悟的性理給誰發生連繫，誰便因而也就和明悟發生連繫。那個性理和吾人發生連繫，是用覺像作媒介，因為覺像是那個性理的一個主體：（是那個性理依附寓居的所在。所謂覺像，乃是器官覺力知覺事物時，在覺識內，形成的印像。事物被明悟所曉識的性理是被明悟發現在覺識裡事物所留的印像以內。這些印像留存在覺識以內，覺識屬於覺魂。覺魂是吾人身體以內所具有的，並按亞維羅的主張，它是吾人身體的性理）。明悟，（就是和形體分離而生存的受動靈智），用上述的這個方法，和吾人保持連接貫通的關係。

駁亞維羅學說——上述這些見解，輕狂而荒謬，不難看破。理證如下：

一證：誰用智性的明悟現實曉識某理，誰便有智性的知識和能力。什麼物的性理之意像，結合了明悟，什麼物的性理就實受曉悟。人以內不拘用什麼方式，包含某某事物性理的意像，不拘怎樣交結了外在的明悟，人不能因而有任何智性的知識或能力，人僅能因而（將自己覺像的內中性理，上呈於明悟收納）被知於外在的明悟。（那麼，智性的知識是發生在人以外的明悟以內，不是發生在人的意識以內，便算不得是人有智性的知識。足見、亞維羅的學說不足以保證人有智性的知識和能力）。

另證：智力現實所知的意像，是明悟（現實領悟某某事物所依據）的性理，猶如眼睛現實所見的色像，是視覺（現實看到某某顏色）所依據的性理。然而比較起來，智力所知的意像，對於覺力所知的覺像；和視力所知的色像，對於心外物體的顏色；有相同的關係和比例。亞里斯多德本人，也用過這個比例，（參考《靈魂論》卷三，章五；亞維羅大註解註五）。從此可見，明悟用所知的性理，交接吾人覺識以內的覺像，猶如視力用所見的色像，交接外面石頭上的顏色。前後兩對的交接，比例相同。由此可以知彼。然而，這樣交接的效果，不是石頭看見人，而是人用視力看見石頭。依此比例，可知：明悟用意像交接吾人（覺像內含蘊的性理），所能生的效果，也不是吾人認識性理，而是明悟認識性理。那麼，（明悟，依亞維羅的學說，既是生存在吾人外面；它那裡的知識，依同樣的學說，不能是吾人的知識：這就是否認吾人有智力的知識。然而，這是錯誤的：因為）按名辭的本義和真義，人有智力的知識，是一個平易而顯明的事實：若不是為了吾人有智力，吾人就不（在此時此地）研究智力的本性。（如此用反證法，反回去），足證上面（亞維羅主張的）明悟和人相連接的方式，是不充足的，（不足以保全「人有智力的知識」這個事實）。

還證：（單從物我交接方面觀察），我人認識事物，是用知識能力，去交接事物；方向是由我及物，不是反轉過來，由物及我：竟見是事物來交接我。（簡言釋之：知識是由我知物，不是由物知我）

猶如技術工人，用技藝，交接工藝品；（即是製造工藝品；不是反過來，工藝品竟製造出工人）。然而吾人用智力知物，是用知識能力交接外物而認識之。故此不是人用可知的性理（向外面去）交接（人世以外的）明悟；而寧是人用明悟交接可知的性理，（將性理曉悟在心智的明悟以內）。

加證：物體動作，（不但是率性從理），而且是依性憑理。性理是物體動作的依憑：因為，物體無一不是根據生存的現實而發出動作；同時，物體若不是依靠它本體現有的性理，則無一能有生存的現實。（現實、是潛能的實現，又是虧虛的充實，全憑性理之全備。故此，性理是生存現實的因素，另名簡稱盈極，或盈極因素）。本此定義，亞里斯多德，為證明靈魂是性理，前提裡所用的理由是：因為動物用靈魂作生活和知覺的因素。（參考《靈魂論》卷二章二）。

說到這裡，請看：人不用明悟，便不懂事理。這是一個事實。亞里斯多德，研究吾人懂理所用的內在因素是什麼，也是用了這個事實，作出發點和根據；給吾人傳示了明悟的本性。（明悟是亞氏所謂的「受動智力」；和「施動智力」是相對的。如果將施動智力，簡稱靈明；靈明對於明悟，有發光照耀對於受光照明的比例。參考《靈魂論》卷三章四）。從此可見，明悟和吾人結合為一，不但是因為它所應知的事物是在吾人以內，而且必是它自己在吾人以內，猶如性理是在物質以內。它是吾人實體必備的一種性理，另名靈魂。（廣義的明悟便是靈魂。狹義的明悟卻只是靈魂智性受動的那一方面）。

另證：智力知物的現實，和物被智力知曉的現實，是一個知識的現實。在這一個現實內，雙方也現實合成了一體，（是意識境界內物我的合一）：猶如覺力覺物的現實，和物被知覺的現實，也是一個覺識的現實；雙方也合成了（意識內物我合一的）一體。（參考《靈魂論》卷三章二）。

然而，（現實和潛能互成反比例。是故，在知識的現實裡，既有物我的合一；在知識的潛能裡，便有物我的分立。故此）潛能中、能知物、現實尚不知物的智者；和潛能中、能被知、現實尚沒有被知的事物，沒有一體不分的結合：猶如潛能中的覺力，不是潛能中可被知覺的事物：兩者是分立的。（否則，兩者合一，則有知識的現實，而不是知識的潛能了。用盈極和虧虛代替現實和潛能，本節的議論，更顯透澈）。

如此看去，事物的意像，根據它在覺像內的境況，不是智力現實可知的對象；因為，意像和智力現實合一，是根據它被智力，用抽象作用，從覺像內，抽取出來以後的境況：依相同的比例，猶如顏色的色像現實受到視力的知覺，也不是根據它在外界石頭以內的境況，而是根據它在眼內瞳睛裡的境況。（境況是生存的所在和情況）。根據上述亞維羅等人的主張，智力可知的意像，和吾人連接合一，惟一的根據，是它在覺像以內的境況。（在這樣的境況中，它只有可知的潛能，沒有被知的現實。它和明悟的交接，也只是有潛能而無現實）。足見，它和吾人的交接，也不是根據了它現實和明悟的合一；就是沒有根據它是明悟現實領悟的性理。（在潛能的境況中，它和明悟是分立的）。從此可見，它不能作吾人交接（外面上方）明悟的媒介：因為（媒介在這裡，應介於吾人和明悟的中間，同時它應上和明悟，下和吾人，有現實的合一。然而實際上，適得其反：它在吾人覺像以內含蘊著的時候，它是存在於明悟以外，只有可知的潛能；當它出現在明悟以內，有了被知的現實，它卻已經離開了吾人的覺像），足見、根據它和明悟合一的現實，它不能交接吾人；反轉過去，也是一樣：根據它和吾人合一的現實，它卻不能交接明悟。（正說反說，亞維羅的學說，「覺像媒介說」，不足以說明怎樣人有明悟所知的知識。用反證法，反回去，便可證明人的明悟不應是離開人類而分立的）。

亞維羅學說錯誤的根源——將「事物可知的現實」，誤認為是「事物被知的現實」，名辭相近，意義混亂，是引領亞維羅等人陷入歧途的原因。

事實上、在心智以外存在的顏色，受到了光明的現實照耀，是現實可見的顏色：這裡「可見」的現實，確切的說，只指示那些顏色、現實有能力觸動眼睛的視覺；不指示它們已有了被知覺的現實：可知的現實，尚非已經被知的現實。被知的現實，是可知的事物和知識的能力，現實交接合一。依同樣的比例，覺像因為受到了智力光明的照耀，而變為現實可知的事物，因而有能力觸動明悟的醒識；然而有能力觸動，尚非現實已經受到了明悟的醒識。被醒識的現實，是和明悟合一的現實。在這個現實裡：明悟現實曉悟某某事物的理：（物我是合一的。然而用這樣知識現實內的物我合一，企圖證明知識現實以外的物我合一，便是將現實與潛能反比例的相對，誤認為是正比例的相合了。同時，將潛能的合一，混為現實的合一，乃是將現實的分離混作現實的合一了。宇宙裡現實分離的物我，才有在知識裡物我合一的潛能）。

又證：那裡現有高級生物的動作，那裡便也有高級生命的種類與之相對。歸納起來，觀察生物的品級，可見：植物最低，只有營養生長之類的動作。動物較高，在低級動作以上，加有知覺和移動：由此可知，動物的生活更高一級，屬於更高的類群和種界。然而，人類還高一級，超越動物，因為人有智力的行動，品級高於動物。故此，人生命的種類，也是高於動物。然而人生命的因素，是人的靈魂。足證人的靈魂也是高於動物的覺魂。靈魂中最高者，莫過於靈智。故此靈智是人的靈魂。為此理由，靈智便是人的性理。（參閱章五十七。可見：人的性理是人本性的實理，就是人之為人的所以然。它構成人的本性本體）。

還證：動作是第二現實，和第二盈極。性理是第一現實，和第一盈極。物體性理全備，有了第一現實和盈極，始因而得到性體確定的種界，（並有品級固定的生存）；然後因而發出的動作，是第二現實和盈極。再進一步，動作便產生種種效果。然而務需理會，物體種界，不是定於動作或效果：因為動作產生在物體種界固定以後。性理是決定種界的因素。動作及其效果沒有決定種界的能力。然而根據上述（亞維羅等人）的主張，明悟和人的結合，是人動作的效果：繫於人的覺像：用覺像作結合的媒介。按大哲（《靈魂論》卷三章三），覺像是覺力根據知覺的現實盈極而作出的活動。（不用這樣的活動作媒介和樓梯，明悟就無法下降交結人類的心靈。明悟結合人心、既是人心活動的效果）；足見，從這樣的結合而生出的效用，不是決定人的本體或種界。假設人只是因覺像而交接明悟；人的本體和無靈畜牲的本體，便互無種界的區分。（將人畜說得種界無分了。這顯然是錯誤。用反證法、反回去，足證人有明悟，不能只是人因覺像而交接明悟。可見亞維羅等人的那個學說成立不起來）。

加證：（實驗心理學的常識）：母胎以內的嬰兒，未誕生以前，心靈以內尚無所謂「覺像」；（因為，覺像是覺力既有知覺的現實和盈極，然後因之而作出的活動：必是發生在器官知識發育完備以後，不能是在胎兒未出生尚無知覺以前）。根據這個事實，現請注意，人因有理智而有人性的本體和種別。同時，凡有人性的本體，屬於人種，便都有理智。然而胎兒未出生以前，現實屬於人種，而無覺像。足證，胎兒已有理智，而無覺像。這一點，足以證明，人有智力，不是為了智力經過覺像的媒介而交接了人的心靈。（人在未有覺像以前，已絕有了理智，因為人在那時已經屬於人的種界以內，全不同於無靈智的畜性。從此可見：智力可知的意像，如能簡稱為「智像」，固然）：覺像是智像的主體。（智像代表性理）。覺像（暗含智像，智力看穿可以識辨），是現實智力可知的或可懂的事物之印象。（人的明悟懂曉性理，是從覺像內用抽象的作用，曉辨智像，並在智像內，領悟事物的性理。不從覺像辨認智像，人的明悟則無從領悟性理的知識。人先有明悟，而後有性理的知識。知識是明悟的效果。亞維羅等人的主張卻說：人因有知識而交結明悟，這才使人有明悟：將明悟的有無說成了知識有無的效果：倒果為因，既不合道理，又不合事實。故此，他們的學說不能成立）。

第六十章 亞維羅論人獸之別

根據上述的主張，對方針對前面提出的那些理由，尚能抗辯如下：

亞維羅說：人獸的種別，在乎人有思想力。禽獸沒有思想力，但有一種本性的辨別力。思想力是人類所專有的，也叫作智力，（但不同於施動智力，也不同於受動智力），而是亞里斯多德另定專名所謂的「感受智力」。它的任務是分辨個體意義，比較那些意義間的交互關係：同異、利害、美醜，仇友等等。它和施動智力或受動智力都不相同。這些智力是絕離的，是不混合的。（絕離是和物質形體絕異而分離。不混合是不像物質原素一樣，變化合一，而構成形體：就是不和形體發生化合的關係）。這樣不混合而絕離的智力，專有的任務，是分辨（公名）普遍的意義，比較它們的關係；同異，含蘊，引隨，推演等等。

比較三個知識能力的關係，思想力，同時運用想像力和同憶力，（在覺識內，形成覺像），將覺像預備停妥，使覺像有能力接受施動智力所施與的動作。（如將施動智力叫作靈明。它發出的動作，就可以叫作靈明的光照）。覺像受到了靈明的光照，呈現出智力可知的意像：成為受動智力現實可能領受而曉悟的理。（受動智力、專有的任務、既是受光照而悟受可知的理，故此叫作明悟）。思想力對於靈明和明悟，有分科技師對於總部技師所有的關係：預備物質資料，（供總技師分配調用）。為了這個任務和關係，思想力也叫作智力或理智。（更詳名確實一些，它也慣常叫作「感受智力」和「特殊理智」，或「小理智」，以與靈明和明悟的智力和理智，互相分別）。醫學界曾有一個大眾公認的學說，主張「思想力的器官，位置在頭上腦髓的中部。（故此，思想力、也就是腦力）。人與人、天才不同，聰明不同，巧拙不同，或在智力有關係的一切上，互相表現的分別，都是因為腦力強弱或巧拙不同的緣故。人修養而得的學識，是運用腦力，操練腦力，用功鍛練，而得來的。因此，百科的學術，在人心智以內，是以這個腦力為主體。（學術既是因修練而得，腦力又能感受薰染和教練，故此，也叫作「感受性的智力」；並是學識技能儲藏所在的寄存所和存養所：所以說是學力的主體）。這樣的「感受性的智力」，就是所謂的「腦力」，是嬰兒在成胎之初，就已具有的。因此嬰兒在未有智力動作以前，便有人類本性的特徵，屬於人類，不屬於獸類。人獸之別，在於人有腦力。（不必須在於智力）。

上述對方的抗辯，理由錯誤，言辭屈辱人性。顯明易見。理證如下：

一證：按亞里斯多德《靈魂論》卷二（章一，頁四一二）舉出的明證，生活的動作對於靈魂，比較起來，有第二現實對於第一現實，所有的關係和比例。然而在一個主體中，依時間的次第，第一現實先有於第二現實：猶如先有事物的知識，後有事物的憶想。（憶想是現實的審思和明察）。不拘在什麼主體內，既有某一生活的動作，便必須承認在那裡也有靈魂的一部分，對於那個動作，有第一現實對於第二現實，所有的關係和比例。然而人本性固有的動作，高於別的動物，例如智力的和理智的知識，按亞里斯多德的名言，是人，就其是人之所以然，而專有的動作。（參看《道德論》卷一章七，頁一〇九七）。故此，必須承認人的實體以內，有某一因素，對於理智的動作，有第一現實對於第二現實、所有的關係和比例。這個因素，依名辭的本義，是劃定人性種界的分異因素。這個因素不可能是上面所說的那個腦力或感受性的智力：因為按大哲（《靈魂論》卷三章四頁四二九至四三〇）的證明，這個因素，為作上述動作的根源，必須和形體是絕離而不相混合的；顯然和那個腦力的性質是互相衝突的。故此，人種界的劃分及人獸的分別，用那個思想力，就是所謂的「感受性的智力」，或「腦力」，作分異的因素，乃是不可能的。（何況那個「腦力」是人獸共有的，故不是人的特徵）。

還證：某一任何屬性，既是覺魂某部分的特性，便不得肯定它又是覺性生活和更高一級的生活種類所共有的屬性；猶如生魂的特性只是生魂之所能有，不可又歸之於較高的生活之類。（覺魂，高於生魂，專司覺魂的任務。知覺的知識，不會作營養生育的事情。這些事情，專屬於生魂。種類的品級和界限，在生活的行動上，是不容混亂的）。

然而，想像力，和那些隨著想像力而出生的知識能力，例如回憶力，和相類似的許多能力，按大哲《憶力論》（章一）的證明，顯然確實無疑的，都是靈魂覺性部分所固有的特性。故此，它們不足以作劃分種界的因素，將某某動物劃歸於比覺性更高的生活類界中去：（因為低級特性，不會又是高級的特徵）。同時，大哲《靈魂論》卷二章二證明了，人屬於生活的一個類界中，高於覺性。他在那裡，分辨生活的種類和品級，指明了覺性類的生活，歸於各種動物總類之所共有；在覺性生活上，又特別加上更高的一級，標明智性生活，是人類特有的屬性。從此可見，為實有自己本類固有的生活，人不能只靠上面所說的那個思想力。（這裡所說的「思想力」，是以腦髓為器官的一種知識能力，屬於覺性，發源於覺魂，低於智力。智力沒有器官，是覺性界所不能有的。人所有的「思想力」，依此處的定義，是品級最高，能力最靈妙的一個覺力：並且是有形體器官的覺力；相當於動物所公有的辨別力。在心理學歷史裡，這個「辨別力」，專指「估價力」，或「欣賞力」，估訂個體事物的意義和價值：例如仇友，利害，可愛，可怕，等等；小羔羊生來就害怕豺狼，而親愛母羊。這樣一個同級的器官覺識，在動物，叫作「辨別力」或「估價力」；在人類便叫作「思想力」，是一個統盤計算的「合計力」：較量個體事物，依個體意義、價值、效力等等，評訂它們互有的具體關係；和動物的估價力，階級相同；巧拙深淺卻不同，只是程度不同，不是種類不同：故不是種別因素）。

加證：按大哲《物理學》卷八（章五頁二五七），證明了：凡是自動者，都是由發動者和被動者兩個成分，合構而成的實體。然而，人也如同別的各類動物，是自動的實體；故此他也有發動者和被動者兩個部分。但是人以內的發動者第一是智力：因為智力用自己所知的事物，推動意力，（然後意力調動身體）。同時，不可說只是那個「感受性的智力」，就是「腦力」，是第一發動者：因為所謂的「感受性的智力」只知個體事物，不知普遍的義理。人的內在發動者，發動之時，卻兼用個體事物和普遍義理這兩種主觀的知識。（不必須也不常用客觀的知識。真理的知識是客觀的。主觀的直覺或知識，另名意見。然而意見的形成也必須有個體事物和普遍義理的兩種知識，作其內中的成分）。普遍義理的知識，屬於明悟，就是屬於所謂的「受動智力」；個體事物的知識，屬於腦力，就是屬於所謂的「感受性的智力」；明證詳見於亞里斯多德《靈魂論》卷三章十一，《道德論》卷七章三。

如此說來，足見明悟，就是受動智力，是人的一部分。並在人以內佔領極崇高的位置，在性理優越和現實盈極的程度上，也是站在最高峰。它分位至上，性理的效能至高。故此，人類現有的種性和種界，都是來自明悟，不是來自腦力；換言詳說之：都是來自受動的智力，不是來自感受性的智力。（感受性的智力，只有「智力」的名稱，沒有智力的實質；只知個體事物，不知普遍公名的義理；屬於器官覺識的境界以內，低於明悟）。

還證：明悟，就是所謂的「受動智力」，不是任何形體的器官覺力。為證明這一點，（亞里斯多德《靈魂論》卷三章四頁四二〇），提出的事實和理由是：明悟在普遍（公名）的名理內，認識各種器官覺力所知各種形體的性理。它的本領乃是用無形的公理，認識形體萬殊的本性。（故此它是沒有形體器官的。知識能力，凡是有器官的，都受器官的局限，只知某種個體事物，不知萬種形體的公有事物：例如耳聽音聲，不見顏色，不懂公名的名理）。故此，凡是一個能力，如果它動作的範圍，能擴展到各種覺力所知各種形體事物公名所指的普遍領域，這個能力，便不能是任何形體器官的能力。

人類的意力，就是這樣的一個能力。吾人智力所知的一切事物，都是吾人意力所能願意的：至少能願意認識它們；不但願意它們的個體，而且也願意它們的公類。事物的個體和公類，都能是吾人意力，願知、願愛，或願恨的對象。亞里斯多德《雄辯術》，（演講術和修辭學）卷二章四，頁一三八二左欄，曾說：我們的意志，憎恨盜匪的群眾，是根據公名的名理，憎恨盜匪的公類；我們怒情，惱恨盜匪，卻只是惱恨某某盜匪的個體。（怒情是器官覺識之界的情慾。意志是智力之界的能力。智力是沒有器官的。意力也沒有器官）。從此可見，意志不能是任何形體器官的能力，也不能是在任何器官能力生出的效果。器官能力對於器官，有現實盈極對於潛能虧虛的比例和關係。意力對於任何形體或其器官，卻都沒有那樣的比例和關係。然而現請注意，人靈魂的各部分，都有形體的某一部分作器官；只有本義的智力例外。（所謂本義的智力，是根據名辭本有的定義，名實相符的智力：靈明神悟，聖智圓通，知物而超物，知形而超形：用形體萬類的公名，以簡禦繁，揆一知萬；用普遍的名理，確知個體本性的必然：超越器官覺力和腦力：惟有所謂的「施動智力」和「受動智力」足以當之。施動智力、另名簡稱靈明。受動智力，簡稱明悟）。

如此推論，足見：意力的主體，是靈魂的智性部分，不能是有器官的覺性部分。因此，亞里斯多德，《靈魂論》卷三章九，也說過：「意志屬於理智。喜怒之情卻屬於覺性部分」。為了這個理由，喜怒之情，有慾不知自禁，感受外物的刺激，立即響應，衝動發於自然。意志的行動，卻不如此；意志無

尚須注意：人的意力不存在於人的外面；意力的主體如果屬於人，不能又生存在和人離開的任何實體以內。人的意力，是在人的實體以內。假設它不在人以內，人則不能自主行動，也不能作自己一切行動的主宰或負責人；並且，人應運用某某絕離實體的意力，來操作自己的行動；那就是被那某外在實體意志的支配；那麼，意志及意志的行動既然屬於外在的某某實體，人自身以內，實有的能力和行動，使只剩覺性部分，喜怒等等情慾的感受力和反應刺激而生的衝動：和其他各類（無理智的）動物，沒有分別了：它們的動作，與其說是行動，勿寧說是感受刺激而被動。主張人性如此，是不可能的。否定人自主，乃破壞道德生活和政治治安兩方面、學理的基礎。（行動既不自主，功罪已無責可負，賞罰也全失根據）。

如此推論，足證：明悟必須是在吾人以內。吾人和無靈的禽獸，不是同類，不但因為吾人有腦力，而且因為吾人有明悟。（腦力是「感受性的智力」以腦髓的中部為器官。明悟是「受動的智力」，沒有形體的器官；但它是人意志的主體，故是每人實體之所固有，不在人實體以外。足證亞維羅等人學說的中心點

是錯誤的）。

又證：物體如果自己以內沒有動作的能力，便無以發出動作。依相同的比例，物體如果自己以內沒有被動的能力，則無以承受動作。例如燃料，有受火燃燒的可能，不但是因為它外面有火來燒它，而且是因為它自己內部有能力被火燒燃而發火。（有的質料，不是導火體，沒有能力作燃料）。按大哲《靈魂論》卷三章四，靈智的知識，也是一種受動，（領受性理的光照而悟受性理）。兒童的智力、尚無知識的現實，先有知識的潛能。當此時期，兒童在自己以內，必須有某能力，因而能得知識。這個能力是明悟。故此，在未得知識以前，明悟已經生存在兒童以內。從此可見、明悟和人的結合，或連接貫通，不是因為智力現實認識了性理，而是因為明悟從人生開始之初，就在人以內，是人實有的一個內在因素。

為答辯上段的結論，亞維羅在《靈魂論》大註解卷三註五曾說：「兒童有得知識的能力」這句話，有兩種意義。一是說：「兒童覺識內所有的覺像，在潛能力，含蘊著智力可知的理」。二是說：「明悟有可能和兒童發生連接貫通的關係」。除這兩種意義以外，不又說：「明悟和兒童，現已結合為一了」：這個意義，是原話所沒有的。只有前面那兩種意義，便已足以說明兒童有得知識的可能，不必贅說兒童現實已有明悟。

然而上述的兩種意義，都是不充足的；理由有四條，分列如下：

第一條：發動者的發動能力，和受動者的受動能力，是兩個不同的能力：因為一施一受，是相對而分立的。某一物體如有發動能力，由此不應也有受動能力。它有受動能力的理由也不是由於它有發動能力。

然而，有得知識的能力乃是有受動的能力，因為按大哲方才說了的，智力的知識是一種受動。故此，如說兒童有得知識的能力，這句話的理由，不得是由於「兒童覺識內現有的覺像可能受到智力現實的領悟」：因為「覺像的可能受領悟」是「覺像含蘊的理，有能力光照明悟」：是發動能力的一種：實際上：覺像推動明悟，（彷彿是提醒它，刺激它，光照它）。

第二條：還證：隨某物種性而生的能力，生在此某物內，不能生於任何不給此某物賦予種性的某一因素。得知識的能力是隨人的種性而生的一個能力：因為知識是人根據人種性本體，特別固有的動作。（這裡所說的知識是智力懂理而有的知識：是人的種性本體完備以後而始有的）。然而，覺識因知形體而收集的那些覺像，不給人賦與人的種性；反之，說它們是人種性完備以後，發出行動而生出的效果，更合真理。從此可見，不可說：兒童有得智性知識能力的理由，竟是他現有某些覺像。（覺像，既不能賦予種性，故不能授予種性生出的能力。種性是某種物體，依種名的共公名理，或定義，全種公有的本性。本性也叫作性體。在有形物體內，性體是物質與性理之合。在人的實體內，肉身和靈魂，前後有物質和性理的關係和比例。性理是決定種性的因素：它是性體的體制內具備的條理；它的任務和效果是賦予種性，並授予種性固有的能力。這樣的性理，在人的實體以內，是人明悟的智性，不是腦力中的覺像）。

第三條：同樣的理由足證也不可說兒童能得智性的知識，是因為明悟和兒童將來可能發生連接貫通的關係。理由如下：人因有施動或受動的能力，始可說有能力發動或被動，猶如人因有白色而始可說是白的。但在白色和人尚未接觸以前，不可說人是白的。故此，依同理，就是依前後兩對關係，彼此相同的比例，足以斷定：某人在尚無施動或受動能力以前，也不可說有能力發動或被動。論到兒童與明悟，依同樣的比例，結論相同：在明悟和兒童尚未連接貫通以前，不可說兒童有能力得智性的知識：因為明悟乃是領受智性知識的能力，必須現實存在於兒童以內，兒童始能因而有得知識的可能。

第四條：另證：動作的可能，分兩種。一種是某物既有性體以後，有動作的本能，但因偶然受了阻礙，現實不動作，將來阻礙解除，便要發出動作：故謂之可能動作。第二種是某物尚沒有性體以前，沒有動作的本能，但因變化生成，可能變成某物，得到它的性體，有了它的本能，便要因而發生動作；現實尚無性體，將來能有：故此，也謂之可能動作。例如某物是一形體，因變化而成了輕氣，有輕氣的性體和本能，因而有上升的可能，但因受阻，尚無上升的現實。這是它有上升的第一種可能。當它尚未變成輕氣以前，它沒有輕氣的性體和上升的本能，但將來可能變成輕氣而有其輕揚上升的性體和本能。這乃是它上升的第二種可能。第一種可能、離事實甚近。第二種離事實較遠。

現請理會，我們所說的兒童，對於智性的智識，所有的可能，是第一種可能，不是第二種可能。這就是說：兒童可能得到知識，是因為他現實已經具備了智性的本體和本能，惟因受阻而尚無知識的現實：將來，只待阻礙解除，他便要得到知識：故此不是因為他現實、連智性的本體尚且無有。反之，他現實已有的智性本能，按大哲《物理學》卷七章三的說明，受他自身以內許多樣式動盪不安的騷擾和阻礙，暫且無力鎮靜，（故無力曉悟事理）。

如此說來，兒童現實已經和明悟有交接貫通的關係，惟因受阻而無應有的動作；因此，將來阻礙解除，便立刻得到智性的知識。說他能得知識，是指他有這樣的可能；不是指示他本體上現實尚無智性，將來能交接（身外孤懸的）明悟。（足見亞維羅等人的學說，主張的過度）。

又證：（現請話歸原題，繼續討論，人的種別因素和特徵，不能只是思想力或感受性的智力或腦力；

而且必須也有智性的明悟。這個明悟是在吾人以內，不在吾人以外。本段又舉出一個理證，如下）：

學習而得來的品性，是某某人動作時所用的技能：他願意時，便應心得手，用它來發出動作。（這也是亞維羅《靈魂論》大註解卷三註十八標明的定義）。由此可見，誰有根據某某品性而發的動作，誰就具有那某某品性。這是必然的。然而智性的知識是品性的一種。它的動作是智力的審視明察。這個動作屬於明悟，不屬於腦力：因為智力不是任何形體或形體部分的能力。形體或形體部分的能力，對於形體或器官，有現實盈極對於潛能虧虛，（又有性理對於物質），所有的關係和比例。（前後合一並且是同類的）。因此，形體或其器官的能力，不能是智性的明悟。

那麼，知識的動作，既是屬於明悟，不是屬於腦力，足見知識的品性也是屬於明悟，不是屬於腦力。同時須知，知識的品性是在吾人以內，不是在吾人以外。因吾人有知識的品性；以此品性為根據，吾人始可說是有知識的人，並有識者的見識。這個理由足以明證：智性的明悟，是在吾人以內，不是離開吾人而生存於外方的。

還證：知識中的物我合一，是以我符合於我所知的物：只能根據我意識內現有的意像，不能根據別的事物。並且我現有的意像，代表普遍（公名）的名理，和定義、定理等等。知識之所知，都是這樣的理。這些普遍的理，及其普遍的意像，不能收容在腦力以內，而只能收容在明悟以內：因為，腦力是一個形體器官的能力，（用頭部的腦髓作器官。用它的感受性，它只能領受個體事物的印像，無力脫離器官的約束，而收容普遍的意像）。從此可見，知識寓存的所在，也只是在智性的明悟以內，不是在感受性的腦力以內。（知識的品性，既是以明悟為主體，又必須是在吾人以內；足證明悟也是在吾人以內，不是在吾人以外）。

加證：按對方的承認，智力所得的品性，是靈明的效果。靈明發光、照明事物的性理；它的效果正是作出現實的智像，代表可知的理，供給明悟領受而曉悟之。這是靈明的本職。靈明對於明悟，比較起來，有技藝對於物質的關係：按亞里斯多德《靈魂論》卷三章五的說法：（猶如工藝將物質製造成工藝品，給物質締造新生存應具備的性情和條理；如此、依相同的比例，靈明將沒有知識的明悟，製作成有知識的明悟，給明悟締造新知識應知的性理）。

由此觀之，足以明見：智力現得的品性，既是現得的知識，便必須是在明悟以內，不能是在腦力以內。（最後結論同上：明悟必須是在吾人以內，不是在吾人以外）。

另證：實體為成全自己的美善，高級不能依賴低級。然而明悟為成全自己的美善，卻依賴人以內的動作：因為它依賴覺像。人覺識所知覺的事物印像，是覺像；它們觸動明悟，是明悟被動而醒悟的條件。明悟、既然如此在動作上依賴人，它在實體品級上，便不高於人。足證它必定是人以內的某某因素，不是在人以外。從此往下推論，乃可斷定，（明悟對於人，有性理與現實對於實體，所有的關係和比例。易言簡釋之）：明悟是人的性理與現實。（這裡的「現實」指示明悟是人本體生存現實盈極的因素）。

還證：在生存上，互相分離的物體，有分離的動作：因為動作是生存的目的；猶如第二現實是第一現實的目的。因此亞里斯多德《靈魂論》卷一章一曾說：如果靈魂沒有形體而有某些動作，靈魂離開肉身而生存便是可能的。然而明悟的動作，需要有形體：因為大哲《靈魂論》卷三章四曾說：智力為現實知理，需要從覺像內抽取智力可知的意像及公名的名理。領悟了意像和名理，才能現實完成自己的動作：就是懂理。覺像無形體則不能有。足證明悟不是和形體完全分離的。

加證：按大哲《天體論》（《宇宙論》）卷二章八的證明，假設眾星體也和動物一樣，邁步向前進行，直線移動，（而不循軌旋轉），自然生物的原因必也給它們賦予直線邁步進行的各種器官，（不但要長腿長腳，而且也長眼睛，長記含，識路記方向，等等）：因為，不拘什麼物體，根據本性的自然，能有什麼動作；本性的自然便賦予它、缺之不可的能力和物品等等。然而明悟為能完成自己懂理的動作，需要用形體的許多器官，收聚非器官不能收容的覺像。足證、本性的自然，生物之初，便將明悟和許多形體器官，合構成一體了。故此，在生存上，它和形體不是分離的。

又證：假設明悟在生存上和形體是分離的，它則不但能認識有形世物的性理，而且更能認識和物質絕異而分離的實體：因為，這些實體更是智力可知的，並且和明悟的智性，在性體上，更是相同的。然而實際上，人的明悟無能力認識和物質完全分離的實體：因為它在人的覺識內找不到足以代表它們的覺像：又按大哲《靈魂論》卷三章七的名言：人的這個明悟沒有覺像便不認識任何事物；覺像對於明悟，和有形世物對於覺識，在比例上，有相同的重要：都是缺之不可的。覺識無有形的世物則一無所覺。明悟無覺像便一無所知。足證、人的明悟，在生存上，和形體不是分離的；在實體上，也不離開形體而孤懸。

還證：每一物類之中，同類物體受動能力和施動能力，範圍的廣狹相等：因此在自然界，既有任何某一受動能力，便不能沒有和它相對的施動能力。（是故，自然界，人既有受動的智力，人也必有施動智力與之相對。受動的智力是明悟。施動的智力是靈明）。然而，人的靈明本性固有的任務，只是將器官所收聚的覺像，作成智力可懂的智象；（光照覺像，照透覺像內含蘊的物性和事理，識別、抽取，供給明悟領受而曉識之）。為此理由，人的明悟，沒有靈明的光照，則無力有所行動，這就是說：它為能完成自己的行動，必須被動於智像。智像是靈明從覺像內照透抽取出來，明悟可以領悟的意像。（這裡所謂的意像，代表普遍的義理或名理；也就是概念或意義的意思）。如此，它無能力認識所謂的「絕離實體」。（對於和物質絕異而分離的實體，覺識沒有覺像可以想像，明悟便沒有意像可以意會。從此，反回去，適證人的明悟不是和形體絕異而分離的一個實體。它的實體是和人的身體，結合成了一體的。詳見下面章六十八）。

加證：絕離實體，用智力可知的方式，包含覺識可知的，有形世界一切事物的意像和名理。它們用這些意像和名理認識有形世界的一切事物。這是一個事實。那麼、假設人的明悟認識絕離實體，它就要在絕離實體內，收取有形萬物的知識。故此，它就不再從覺像內領取知識：因為物性的自然律，不贅加多餘而無益的事物。（惠而不費，寧儉勿奢，是理之自然）。

如說絕離實體，（是純神實體），不知有形世物，仍須至少承認它們對於有形世物，雖然沒有覺性的知識，但有更高的知識。人的明悟，如果能認識它們，也必須有那知識。如此計算，人的明悟對於有形世物，應有兩種知識：一種是高級知識，在方式和程度上，和神類實體相等；一種是低級知識得自器官覺識。這又是重床架屋；其中的一種是多餘而無益的。（枉費無益，殊有違於自然）

另證：按大哲《靈魂論》卷三章四的定論，明悟，或受動智力是靈魂為有智性的知識所用的能力。今如假設，明悟認識絕離實體，吾人也便認識那些實體。這顯然是錯誤的：因為，按亞里斯多德，（《形上學》卷一，另版卷二章一）的名言，吾人的智力仰對絕離實體，猶如夜梟的眼睛，面對著太陽，視而不見。（因為絕離實體是純神實體：性理至純，神明超絕，非人智所能領悟）。

對方答辯：根據亞維羅、（《靈魂論》大註解卷三註五）的主張，明悟，根據它脫物而自立的生存，認識絕離實體；對於這些實體，它有導光體對於光明，所有的潛能，和容受力：全體透明，現實澄澈。然而，根據它交接吾人而有的生存境況，從開始之初，它只有能力領受從覺像裡抽取出來的意像，及意像所能代表的性理。為此理由，吾人，從開始之初，用明悟不能認識絕離實體。

答駁對方：對方的立場，不能站立得住：因為，根據對方，明悟交接吾人，乃是由於明悟受到了性理的充實。性理是智力從覺像中抽取出來的。明悟既受到了充實，得到了潛能的實現，才因而交接吾人。故此，只在它未交接吾人以前，吾人觀察它，才能見到它對於那些意像，有領悟的潛能。然後，由於它既已交接吾人，它對於它們，已經不可再說是有領悟的潛能了。足見對方的理論首尾自相矛盾。另加一個理由如下：

根據對方的說法，領悟那些意像的潛能，不是明悟本體固有的屬性，而是因外物而得的附性：故此不能歸入它本體的定義。然而這是違反亞里斯多德。他曾在《靈魂論》卷三，章四，給明悟製定了一條定義說：明悟乃是可能領受那些意像的一個智力。足見「可能領受」四字，是形容它的本體，不指示它偶然外遇的附性情況。（假設亞里斯多德的定義是大註解家所不應違反的，那麼，用反證法，反回去，足證他的立場，站立不住）。還有一個理由，可以列在下面：

明悟同時懂許多理，不能不是因先懂某一理，然後進步而懂另某一理：因為一個潛能虧虛，同時受到許多現實盈極因素的充實，不能不遵守先後不可混亂的秩序。今請假設明悟懂曉絕離實體和從覺像裡分辨出來的意像，它必須或是因後者而懂曉前者，或反之，因前者以知後者。不拘怎樣，所生的後果，仍是：

吾人智力現實認識所謂的絕離實體。詳說如下：（絕離實體是和物質形體絕異而分離的純神實體）：

假設吾人智力，用明悟的知識，因知絕離實體，而知有形世物的本性，吾人智力必須用同樣的步驟，先知絕離實體，而後因之而知世物的本性。結果應是：吾人智力現實知曉絕離實體。反之，將先後的步驟，翻轉過來。結果仍是相同，就是：吾人智力現實認識絕離實體：（就是神交純神實體）：這顯然是虛妄的。故此，人的明悟不認識絕離實體。故此，它不是一個絕離實體。（「絕離實體」指示「和物質絕異而分離的純神實體」，連人靈包括在內）。

第六十一章 亞維羅與亞里斯多德

為增強這派主張的聲勢，亞維羅企圖託附名人的權威，因為他（在《靈魂論》大註解卷三註五）曾說亞里斯多德有這同樣的意見。本章為證明上述諸人的意見和亞里斯多德的定論，不相合，引證如下：

一證：亞里斯多德，在《靈魂論》卷二章一，給靈魂下定義說：「物質界自然的，有器官的，有生活潛能的形體，為實現其潛能而有的第一現實，乃是靈魂」。隨後緊接著又說：「這是各種生物的靈魂，普遍而大公的定義」。既是定義，便是確然的定論；不似亞維羅幻想裡，認為亞里斯多德是在疑議中姑且提出了一個假設。（參閱其《靈魂論》大註解卷二註七）。現有希臘原文數種模範本，並有鮑也西（一二一五年以前）的譯本，足資證明。（此處所說的鮑也西譯本是從希臘文轉譯而來的拉丁譯本。中世學界流傳甚廣。譯者託名鮑也西（Boethius），實際上不是第五世紀末葉至第六世紀初葉的羅馬名哲鮑也西；據史者推測可能是英吉利人亞弗肋（Alfred）。譯本約在一一二〇年譯妥並開始流傳。鮑也西譯本，史書上也往往叫作古譯）。

然後同章下文，亞氏標明：靈魂的某些部分是可以分離的，（就是可以不結合形體）。這些部分只能是智性的，不能是別的。如此推論，最後可以斷言：那些智性的部分是形體內第一現實的部分。（第一現實、指示靈魂，實現形體內生活的潛能，是充實其潛能虧虛的第一盈極因素，簡稱第一盈極，或第一現實：都是指示因素，不專指狀況）。

然後、下文在章二，大哲又接著說：「關於智力和觀測力，尚無任何顯明的定義，然而好似是靈魂的另一類」。（觀測力能是觀測學所用的知識能力和方法，觀察角度，測算高低遠近，是數學類一個特別科的知識能力；也有時和抽象的，理論的智力，是異名而同指的。本章和下面第六九章好似是用智力和觀測力指示同類的知識能力：都是屬於智性，而超越覺性的）。亞里斯多德方才這句話的用意，既說智力好似是靈魂的另一類，便不是把智力列在靈魂公類定義範圍以外，然而只是在靈魂的公類以內，將智性和其他各部分靈魂的本性，分別排列，認為不應相混：猶如，依相同的比例，他在動物的總類中，分別空中的飛禽，和地上的走獸，兩個互不相同的分類。說飛禽不是走獸，這個話的用意並不是將飛禽從動物的總類中開除。因此，為指明他所說的「另一類」三字有什麼意義，他又在下文接著說：「也只是這一類可能和形體分離，如同常生不死者，和有死有壞者，是可以互相分離的」。（那麼，智性的靈魂，雖然是常生不死的，和低級生物的靈魂不相同；但依名辭的本義，仍屬於靈魂的總類。依總類公名的定義，凡是靈魂都是形體為實現生活潛能而有的第一現實盈極。故此，人智性的靈魂，是人形體所有的第一現實盈極：屬於人的實體以內）。

亞維羅註解說：智力是不是靈魂，亞里斯多德認為這個問題尚無任何顯明的答案；和討論其他因素時，情形相同。這樣的解釋，是註解家的揑造，不是亞里斯多德原文的真義。原文裡沒有說、關於那個問題，沒有任何答案，或沒有任何定論；卻只是說了、關於智力和觀測力，沒有任何顯明的定義。這句話的意思、只是指著智力本名固有的定義而說的：不是泛指靈魂沒有顯明的定義。

假設，依照亞維羅的解釋，亞里斯多德用「靈魂」作智力和其他因素的賓辭；一個名辭，在前後兩處，指示不同的意義；亞里斯多德，依照他自己的習慣和常規，應先分別同名異指的異點，然後指出不同的定義。否則，展開議論，同名異指，前言不答後語，（違反他自己的邏輯規則）：是用「明證法的」學術討論內，所不容許的。（可見、亞里斯多德在那章裡，既說智力是靈魂，又說別的靈魂也是靈魂，沒有犯同名異指的詭辯；處處用靈魂二字指示同樣的，類名大公的一個定義）。

又證：亞里斯多德《靈魂論》卷二章三，枚舉靈魂的各種能力，指明了智力是靈魂能力中的一個；在上段援引的那章裡，也提出了觀測力的名辭，和靈智平列在一齊。足證，在亞里斯多德《靈魂論》這數章裡，他所用的「智」，「智性」，「靈智」，等等字樣，都指示人的靈魂所有的一個能力，屬於人靈的內部，不是隔絕在人靈魂的外方。

還證：《靈魂論》卷三章四，亞里斯多德開始討論「受動的智力」，明悟，說它是靈魂的一部分，原文說：「論靈魂為能有知識和智慧所用的靈魂那一部分」。在這樣的言辭裡，他顯明指出了受動的智力、明悟，是靈魂內部的某一因素。

再證：同處下文，接著聲明受動智力的本性，大哲說：「然而，我說靈魂為擬定意見並為有智性的知識所用的能力，乃是智力。我所說的靈智也就是這個」。這些話，顯然指明了：靈智就是智力，乃是人的靈魂為有智性的知識所用的智力。它是人靈魂內有的一個因素，不獨立在人的靈魂或人的實體以外。

如此說來，足見上述亞維羅諸人的意見，不合亞里斯多德的定論，也不合真理。故應視如幻想的虛構，而擯棄之。

第六十二章　亞歷山論明悟

審察了亞里斯多德的上面這些言論，亞歷山（Alexander of Aphcrodisias）便曾承認必須肯定明悟，即是所謂的受動智力，是吾人內有的一個能力；因為不如此，亞里斯多德在《靈魂論》卷二給靈魂類名指出的公共定義，不能適合於明悟。（亞歷山，是有名的一位註解家，註解亞里斯多德的遺著，曾於西元一九八至二一一那數年間，在希臘亞典市講學）。

然而亞歷山未能懂曉怎樣一個靈智實體能是形體內的性理。因此，他竟主張人的明悟，並不是生長在靈智的實體內；而是人身體內物質原素混合而產生的一個能力。物質原素構成人的身體，混合適當，達到相當的固定方式和程度，便給人的實體生出一種能力，用它去領受發動智力的影響。根據這個影響，人遂得到智性知識的現實。人自身以內，有受動的智力，因而有領受知識的潛能。如此看來，從亞歷山的主張，隨之而生的結論乃是：人的明悟是在人以內，生自物質原素的配合。施動的智力，是常明常照的靈明，常有動作的現實：光照明悟；並且，按亞歷山的主張，它是一個「絕離實體」，就是和物質絕異而分離的純神實體，生存在人的身體外面，（在神界，如同太陽，光照人的明悟，照明事物的性理。明悟卻是人身體物質原素配合適當而產生的感應能力；感受神界靈明的光照）。

專對明悟生於物質原素之配合、這一點而論，識者初見，就能立刻看到這樣的主張和亞里斯多德的言論及證明，都不相合；因為亞里斯多德《靈魂論》卷三章四，按（章五十九）已有的稱引，證明了：明悟，就是所謂的受動智力，是不混合於形體的。說某某能力生於物質原素的配合而同時又說它不混合於形體，這是不可能的：因為這樣的能力，必須在自己的根柢上，生長在這些原素的混合上；猶如吾人常見的滋味和氣味，和類此的別種物質能力。它們的根抵既是物質的配合，它們自己也必混合於物質。從此看來，亞歷山的主張和亞里斯多德的言論，是不相容的。

為規避上點困難，亞歷山託辭說：明悟，是人的性體，為領受靈明的感通，自身所有的準備。這個準備不是一個器官覺識可知的，界限固定的物性本能；也不混合於形體。它乃是一物對於另一物所保持的對待關係和秩序，（彷彿是水面的平明，對映月光）。

上面這樣的託辭規避，顯然也不合於亞里斯多德的本旨。理證數條如下：

一證：明悟沒有覺識可知的，界限固定的某一物類的性體和本能，故此，也不混合於形體。為證明這一點，亞里斯多德提出的理由是：「因為明悟有能力收容覺識可知的萬物性理；並認識它們」。以上這些話，說到「準備」上去，便不能有意義。因為「準備」的實效，不是收容，而是裝備某某主體，使它有能力和條件去收容。從此可見，亞里斯多德所討論的，不是某某主體的準備，而是準備停妥了的某某主體。這個主體是承受知識的收容所：認識所收容的萬物性理。

加證：假設亞里斯多德為形容明悟而說的那些話，能給它作適宜的賓辭，充其全部理由，是根據它在自己主體方面的準備，而不是根據它在本性本體上自己是一個準備停妥了主體；從此隨之而生的結論乃是：凡是準備，不拘在何處，都能接受那些形容詞給自己作適宜的賓辭。（「準備」二字構成的這個公名，便是它們適宜的主辭）。然而，在器官覺力內，也有一種準備，為能現實領受可知覺的世物。故此，器官覺力和受動智力，（即是明悟），應有同樣的形容詞作適宜的賓辭。（詳釋之，賓辭的賓辭，必是主辭的賓辭。這是賓辭譜系內，逐級貫通的定律。「準備」這個公名，既然是覺力和明悟兩者共有的本體賓辭；同時，「不混合於形體，能離開形體，沒有形體器官」，等等形容詞，既然也是「準備」二字的本體賓辭；那麼，覺力便也必須有那些同樣的形容詞，作自己適宜的本體賓辭；和明悟一樣。如此便應肯定：覺力是不混合於形體的，等等）。這樣的肯定，和亞里斯多德的言論，顯然是不相合的：因為他在同處下文，明言指出了覺力和明悟在領受事物時互有的分別，是由於覺力能因對象高強而受損傷，明悟卻適得其反。（足見覺力的領受力是物質性的領受力，混合於形體，繫賴於器官的物質及其條件和限制。如此，向下推論，用反證法反回去，乃可證出「準備」二字是亞歷山的一個遁辭，是無效的：因為它不是明悟應有的本體賓辭。例如不可說：「明悟是準備」……）。

又證：亞里斯多德，為形容明悟的本性，還用了以下這些賓辭：「動於智力可知的事物」；（就是感受事理和物性的提醒和開通）；「接受智力可懂的意像」，（就是領悟公名所指的名理，將事物的本體真相，領受在意識以內）；「有領受意像的潛能」，（但在本體上，沒有意像全備的現實：這就是說：對於可知的事物，它有領受萬理的潛能和虧虛的容量，但沒有萬理鹹備的現實和盈極）。為闡明這一點，他將明悟比作隻字未書的淨先石板。這一切話，形容準備停妥了的主體，固然是適宜的；但給主體的準備作賓辭，便是不可能的。足證、肯定「明悟是一個準備」，這樣的話和亞里斯多德的意旨不是相合的。

還證：（按《靈魂論》卷三章五），發動者貴於受動者，作者貴於作品，猶如盈極現實貴於虧虛潛能。比較貴賤，某物越沒有物質，它便越高貴。物質和價值，成反比例。（性理和價值成正比例）。準此而論，效果不能比自己的原因更沒有物質。效果的物質性程度，濃厚濁重，必更甚於它的原因。然而（知識力和物質性，在根基上，是不相容的；在效用上，是成反比例的。物質性越少、則知識力越高。在最高的知識力內、物質性的程度，減少到完全無有；例如神智）。在根基上，凡是知識力，就其本性而言，都是沒有物質的：因此，覺力在知識力的品級上，是最低的一個，亞里斯多德討論到它，還說：覺力領受可知覺的萬象而無物質。原話載於《靈魂論》卷二章十二，（頁四二四左欄）。

從此可見，說任何某一知識能力是物質原素混合而產生的效果，乃是不可能的。然而，明悟在吾人以內，是品級最高的一個知識能力：因為亞里斯多德《靈魂論》卷三章四曾說：明悟是靈魂識物懂理所用的一個因素。足證：明悟不是物質原素混合而產生的一個效果。

加證：假設某某動作的因素，是從某些原因發出的效能，那個動作的實力或效用，便不能超越那些原因的實力或效用：因為第二原因的動作是仰藉第一原因的效力。然而，生魂雖低，它的動作，在效用上，也超越原素物質的能力：因為亞里斯多德、《靈魂論》卷二章四，證明這一點，說了下面這個理由：「火不是生物生長的原因，而在某些方式和限度下，它是原因的輔佐；主要的原因，卻是靈魂。火的熱力對於靈魂，有如工具對於工人，所有的關係，比例相同。從此可見，連植物的生魂，都不能是物質原素的混合而生出的效果。何況覺力和明悟呢？自然更不可能了。

又證：智力的動作，不是任何某些肉體器官所能共同作成的。然而這個動作，（知性理，愛真理），是人靈魂固有的屬性（和賓辭），也是人實體固有的：因為人間語言常說：靈魂有智力的動作，（靈魂知物性事理。靈魂愛真理）；也說：人用靈魂發出智力的動作，（就是說：人用靈魂的智力，知真理，愛真理）。從此可見，在人的實體以內，必須有一個因素，它不依賴形體及其器官，而能是這類動作的根源。然而，隨物質原素之混合而生出的準備，顯然必須依賴形體。那個準備，不是這類的因素或根源。然而明悟卻是這類的因素或根源：因為亞里斯多德在《靈魂論》卷三章四說了：明悟是靈魂擬定意見並發出智性動作所用的一個因素。足見明悟不是（亞歷山所說的）那個準備。

假設（對方有人答辯）說：上述那類動作的因素，在吾人以內，是靈明照顯了的意像；（不需要另有一個明悟）。這仍似不充足。因為，從動作的潛能和虧虛，變成或進步到動作的現實和盈極，而完成圓滿的知識；人的實體以內，不但應有智力可知的意像，而且也應有一個領悟意像的能力。猶如覺力用器官的能力領收覺像，並因覺像而認識世物。依相同的比例，智性的動作也應用智性的能力收領智力可知的意像，並因意像而通曉事物的性理。這個智性的能力，亞里斯多德肯定是明悟。故此，明悟不依賴形體。（依同理，它不是前面所說的那個準備）。

另證：意像，（呈現公名所指示的名理），如不先從物質生存境況中清洗出來，便不是智力現實可知的對象。這個不染物質的純潔，不會發生在任何物質的能力中。凡是物質的能力，或是從物質因素生出的效果，或是物質器官的能力，對於物質，都有現實盈極對於潛能虧虛，（盈虛同類而合一）的關係。既和物質同類，便不能是知識能力。故此必須肯定在吾人以內，有某一智性的能力，不沾染物質。這樣的能力就是明悟，（也叫作「受動智力」）。

還證：明悟被亞里斯多德稱作「靈魂的一部分」；（參考《靈魂論》卷三，章四，及章一）。然而靈魂不是準備，而是盈極因素，並是生活潛能的實現。準備乃是潛能對於現實，虧虛對於盈極因素，所有的關係和條理。為能領受盈極因素，潛能的虧虛應先有適當的準備。既領受了一個盈極和現實，隨之便生出某一準備，為能進一步，領受更高的另一盈極和現實：例如導光體，先領受澄澈透明的盈極和現實，隨之便有適當的準備，進領光明射入的盈極和現實。（從此可見，準備和盈極，是不同的。靈魂是盈極，不是準備）。故此，明悟也是一種盈極因素，充實靈魂的實體，不是（隨盈極而後生的，也不是先盈極而豫設的）那個準備。

加證：人是根據自己本類專有的那一部分靈魂，而獲得人類本性及本種的名稱和定義。這一部分靈魂是明悟。物體為獲得自己的本性和種類名稱及其定義，都是根據本體生存的盈極現實，不能只是根據本體生存的虧虛潛能。（例如潛能的石像，是石料，尚無藝術品石像的現實，稱不起是藝術品或石像。足見：人之所以然是人，是因為人已有明悟的現實。然而，亞歷山所說的那個）準備，不是明悟的現實，而僅僅是潛能虧虛對於現實盈極現有的預備條件：（仍屬於潛能虧虛範圍以內；不是明悟的盈極現實。故此，它不是人為是人所可依靠的根據）。足見，明悟不能只是人本性以內（為得智性的知識）現有的一種準備；（而是準備停妥了的一個實力，並是領受知識的一個主體，彷彿是知識的收容所）。

第六十三章 氣質與靈魂

名醫賈藍（Gregury of Nyssa）的《靈魂論》，和上述亞歷山的明悟論相近似。賈藍說靈魂是氣質。（參考尼柴主教，額我略三八〇年前後著《靈魂對話集》：另名《瑪克林姐》、《病榻對話錄》：論靈魂不死及肉身復活；希臘《教父文庫》卷四五，欄一九五；奈默思主教四百年前後著《人性論》章二，希臘《教父文庫》卷四〇，欄五三三。氣質是物質原素冷熱燥濕等等性質的配合）。

賈藍提出此說，其動機是吾人日常慣見的一個事實：身體如有不同的氣質，靈魂便因之而有不同的情慾。例如膽液質的人，有好怒的情慾；憂鬱質的人，便有好發愁的情慾；（多血質的人輕佻快活，黏液質的人冷靜深沉）。情慾，在這裡，指示靈魂的屬性。（靈魂的屬性生於氣質，賈藍於是便說：靈魂就是氣質。這樣的說法，和前章亞歷山的說法，兩相近似）。

因此，前章駁亞歷山明悟論已經用過的理由，都可用來駁賈藍的《靈魂論》。除了前章那些理由以外，還有特別的一些理由，專為駁賈藍的《靈魂論》，列舉如下：（為證明靈魂不是氣質）：

一證：前章證明了，生魂的動作，及覺魂的知覺，都超越物質原素冷熱燥濕等等施動和受動性質的能力。那麼，何況智性的動作呢？當然更是超越遠甚。氣質既然是那些物質能力配合而生的效果，足證氣質不能是靈魂這些動作的根源。從此可知，說任何一物是靈魂而又是氣質，乃是不可能的；（因為那是自相矛盾的）。

還證：氣質不是動物身體移動的原因。假設它是，動物的身體便應隨從主要氣質的傾向，常常向一個方向移動；例如氣質沉重者，常應向下跌倒降落。然而，實際上，動物身體的移動，有能力向各方面移動，（不受氣質限定於一方）。靈魂是動物向各方面移動的原因。足證靈魂不是氣質。

加證：靈魂管治肉身，抵抗情慾。氣質作不來這些。故此靈魂不是氣質。情慾生於氣質：人有氣質偏向貪慾者，也有人氣質偏向忿怒者；還有人氣質偏向節慾而禁怒者：無慾無怒，性情冰冷，受了氣質的箝制。氣質產生情慾，便不節制情慾：偏向一方而不自止。（靈魂卻能抵抗各種情慾：既可止怒又可震怒，循理而自主）。

賈藍錯誤的理由，照上述看來，是因為他沒有審察到「情慾屬於氣質」，和「情慾屬於靈魂」，這兩句話的意義，各不相同。氣質生情慾，是說氣質是情慾物質方面的身體條件，例如血液的熾熱，和類此的體質。靈魂生情慾，卻是靈魂是情慾性理方面的主要原因；例如靈魂罰惡誅暴的正義感和願心，是振作起忿怒的原因。（靈魂發怒，和氣質發怒的方式，全不相同；猶如火力發熱，和煤炭因被火燒而發熱。火力是熱性的根源，是性理方面的原因。煤炭及其品質，是生火的燃料，是熱度物質方面的原因和條件。不可因為火生熱，煤炭也生熱，便說火是煤炭；依同比例；不可因靈魂決定情慾，氣質也決定情慾；便說靈魂就是氣質）。

第六十四章　靈魂與調和

另有一些人和上述的賈藍，抱持相類似的主張，肯定靈魂是調和。依照他們的定義，「調和」不是音樂裡，異聲共鳴的諧和，而是生物身體的構造內，許多因素間互相衝突，因折衝而有的程度之適中，猶言平衡或中和：例如性質方面寒熱燥濕、配合適度；體量方面長短輕重，均勻適度；各方面無太過亦無不及）：因為根據他們的看法，凡是生物的身體都有質量方面分配適度的調和。大哲《靈魂論》卷一章四，似乎是將這個意見歸屬於古哲恩培德。尼柴主教額我略《靈魂論》卻將它歸屬於狄納各。它和前章所述的意見，受同樣的批駁。另外，還有數條特別理由，列在下面，專為證明靈魂不是調和。

一證：凡是（物質原素）混合而成的形體都有適度的調和與氣質。然而所謂的調和也和氣質一樣，無能力運動或管治身體，也無能力抵制情慾。兩者同樣都能有強度的增減。從此可以明見，靈魂既不是氣質，同樣也不是調和。

還證：依名辭的實義，調和二字，適於形容身體品質的程度，不適於形容靈魂：因為，說身體健康是體液的調和；力量強壯是筋骨的調和；體貌的美麗是肢體和顏色的調和，都有適當的意義，並能指出是那些成分的調和。然而，如說靈魂或他的部分是調和，例如說覺力是調和，或智力是調和，便說不出意義來，並且也指不出是那些成分或品質的調和來。足見，靈魂不是調和。

加證：調和這個名詞，有兩種指義：一指成分的配合。二指配合的條理。然而靈魂不是成分的配合：因為假設它是，它的每一部分必須是身體某些成分的配合；並且吾人觀察身體成分的配合，便也可指出靈魂及其部分來。這和事實是不相合的。同樣，靈魂也不是配合的條理：因為，身體內許多不同的部分，各有不同的配合條理：因為「配合條理就是許多成分配合起來，在質與量各方面，互有的關係和比例。那麼，假設靈魂是身體成分配合的條理，身體的許多部分，既然各有不同的條理，便各有各自不同的靈魂：例如骨有骨魂，肉有肉魂，筋有筋魂。（一個人的靈魂應是許多靈魂）。這顯然是錯誤的。故此靈魂不是調合。

第六十五章 靈魂與形體

還有往代別的許多人，錯誤更大，竟主張靈魂是形體。他們的意見、派別不同，樣式互異，此處擇取它們共同的要點，用下面這幾個理由，加以批駁，證明靈魂不是形體。

一證：生物是物質自然界的一些實體：都是由物質與性理合構而成的。然而，生物的實體是由身體與靈魂合構而成的；靈魂完成生物生活的現實。故此，兩者之中，一個應是性理，另一個應是物質。然而，身體不能是性理，因為身體不能用另一物體作自己寓存所在的物質和主體。故此，靈魂乃是性理。故此靈魂不是身體，因為身體不是性理。

還證：兩個形體，不能同時站在一個地點。然而靈魂在身體生活期間，不是站在身體外面。故此，靈魂不是形體。

加證：凡是形體，都能分成許多部分。然而許多部分合成一個形體，需要有某一因素，作它們結合的原因，並用包圍的能力，維持它們的統一：滿盡統一和控制的任務。今如假設靈魂竟是形體，它便應受另一因素的統制。這個因素比較所統制的靈魂更是靈魂：因為，吾人眼見的事實，靈魂退走，人死，身體便腐化而潰散。如此，假設靈魂的靈魂也是形體，那第二個靈魂，則應有更高的第三個靈魂；如此，逐級追究，或追到最後，止於某某因素，不再有部分可分，也沒有形體，它便是靈魂；或越追越遠，永無止境；這是不可能的。故此，靈魂不是形體。

又證：按上面（卷一章十三）已有的證明，並根據亞里斯多德《物理學》卷八章五提出的理由，可知凡是自動的實體都是由發動者和被動者兩個不同部分合構而成的。然而凡是動物，都是自動的實體，在它以內，發動者是靈魂，被動者是身體。故此靈魂不是被動者而是發動者。然而，按上面（卷一章二十）的證明，凡是形體，如不被動，便沒有一個會自動。足證靈魂不是形體。（形體都是被動的）。

另證：上面（章六十二）證明了：智性的動作，（知真理，愛真理），不能是任何形體的動作。智性的動作是靈魂的動作。故此，至少那有智性的靈魂不是形體。

解難一：某些人竭力證明靈魂是形體，所根據的那些理由，是容易解破的：

他們第一個理由，是因為兒子在靈魂的一些性情上相似父親；然而兒子的產生，是生於父親某部分身體的（種籽）分裂；（因此，兒子便分得了一部分靈魂的性情，足見，兒子的靈魂也是父親身體分裂出來的一部分）。第二個理由是因為靈魂和肉身共同感受苦樂等等。第三個理由是因為靈魂能和肉身分離。然而分離是兩個形體相接觸而後有的分離。（故此靈魂和肉身，都是形體）。

解答：肉身的氣質，在某些樣式下，是靈魂情慾物質條件方面的原因，（故此，兒子和父親，身體氣質相似，靈魂的性情也可能相似。回閱前面章六三，便知如何氣質是性情的原因）。靈魂和肉身，共同感受變動，靈魂因肉身受變動，而附帶著也受變動，是附性的變動，不是本體變動。靈魂是肉身以內具備的性理。性理都隨物質而附帶受動。物質移動，性理也便隨著移動。（這是物性的自然，不足證明性理是物質，或靈魂是肉身）。論到靈魂和肉身的分離。須知它兩者的分離，不是形體相接觸而後分離；而是性理和物質、先結合而後能有的分離。另一方面，尚須理會，按上面（章五十六）的證明，無形的實體，和有形的實體，彼此也能發生某種接觸。（故此，兩個實體的接觸並不足證明兩個必是形體）。

解難二：還有別的許多人，認為，物非形體，便無生存或存在。他們的智力受了形體界的蒙蔽，只有形體界的知識，無力超越覺像力，而有智性的知識。覺像力的知識只是在形體的範圍以內輾轉徘徊。（回閱章四十九）。

因此，《聖經》裡《智慧篇》章二節二，用沒有上智的愚人自述，提出了上面這樣的意見：紀載他們談論靈魂說：「靈魂是我們鼻孔中的煙雲和氣息；又叫作振動心臟的火星」。（火星是打石取火時，打出的小火星。喻指心胸中熱火的起源，是指示靈魂的象徵名辭，不是本體名稱。誤將象徵名辭，看作本體名稱；因而認為靈魂是物質的火星；便是愚人的見解了）。

第六十六章　覺力與智力

和上述諸人相近似的，曾有某些古代哲學家，認為智力和覺力沒有分別。（參看大哲《靈魂論》卷三章一）。實際上，這是不可能的。證明如下：（覺力是器官的感覺能力）：

一證：覺力是各類動物都有的。智力卻是人類所專有；非他類動物所共有。事實明顯：因為它們各類有界限固定，樣式一律的動作；不會作出性質相反和樣式不同的動作來，自證是受動於本性的必然，不是自己用智力的聰明自作主張；例如紫燕構巢，全類樣式相同。智力知變，覺力不知變。足證智力覺力，兩不相同。

還證：覺力只知個體事物：因為凡是器官覺力都是用個體意像，認識事物。形體器官領受的印像，都是個體的，（不是普遍的）。按經驗的實證，智力認識普遍的定義和真理。足見：智力不同於覺力。

加證：覺力的知識範圍，超不過有形的物體界：因為事實明顯，理由也明顯：就是因為各器官覺力所知的固有對象，都是覺力可知的物類品性；這些品性只有於形體界，不有於他處；並且，假設沒有這些品性，覺力便一無所知：（例如眼看顏色，手觸寒熱燥濕硬軟，等等）。然而，智力能認識無形體的實理；例如智愚、真假，及事物間的關係。足證：智力和覺力不是相同的。

又證：覺力不自知，也不知自己的動作：事實上，眼睛的視力，看不見自己，也看不見自己看見。自己知自己，按大哲《靈魂論》卷三章二的證明，屬於更高的能力。智力卻認識自己，並且認識自己智性的動作；（例如懂自己懂理是什麼）。足證智力和覺力，兩不相同。

另證：所知的對象高強，覺力不能支持，便受損傷。智力不因所知的真理高明而受損傷，反能因而聰明提高，既能知高深，便更能知淺易。故此，智力和覺力是兩個不同的能力。（回閱章四十九）。

第六十七章　覺像力與明悟

和上面這個意見相接近的，尚有往昔某些人主張，人的明悟和覺像力沒有分別。（覺像力是腦髓內部的一個覺力，是內官覺力之一。外官用覺像，覺外物。內官用覺像，覺外官之所覺。覺像力，覺外官已得的覺像，觀賞、比較、分離、組合、想像、勾想，都是覺像力的工作。參考亞維羅，《靈魂論》大註解，卷三，註五）。

這樣的意見顯然是錯誤的。理證如下：

一證：覺像力是各類動物所都有的，不是人類所專有。以下這個事實足以作為符驗：覺力所知的事物不在面前的時候，動物追尋它們，或逃跑隱藏，躲避它們。假設動物沒有覺像力，想像不到它們，便不會作出這些追尋，或逃避等等的動作來。然而，動物（除人類以外），沒有智力：因為它們不表現有任何智性的行動。故此，覺像力，或想像力，和智力是不相同的。

還證：覺像力只能覺知形體界的個體事物：因為按《靈魂論》卷三章三的定義：覺像力的動作，即是覺像，是覺力根據知覺的現實而作出的活動。（知覺的現實都是有形世界以內的個體事物之知識）。然而智力卻懂曉沒有形體的普遍事物，（性理和名理等等）。足見、明悟不是想像力。

加證：發動者和被動者，（互有因果關係），不能是相同的一個事物。然而覺像發動，觸動明悟，猶如外界事物發動，觸動器官的覺力。亞里斯多德《靈魂論》卷三章七曾有這一點說明。這樣的關係，足證：明悟和想像力是不相同的。

另證：《靈魂論》卷三章四證明了：智力不是身體任何部分的能力。覺像力卻有身體內某某固定的器官。（醫家主張是腦髓的中部）。足證覺像力和明悟不是相同的。

經證：本此意義，古經裡，《若伯傳》章三十五，節十一有以下這兩句話說：「天主教導吾人，超越地上的走獸。天主訓誨吾人，超越天空的飛禽」。言外指示人類有某些知識能力，超越飛禽走獸所有的器官覺力和覺像力。（參考章五十八及六十）

第六十八章 靈魂和肉身（一）

從章五七及其下數章提出的理由，繼續推論下去，便能推出另一個結論來，就是：有智力的實體可能如同性理一樣，結合形體。（靈智無形的神體和物質有形的身體，彼此連合起來，可以締結性理和物質互有的關係：就是盈虛同類，合一無間，共同構成本體純一的實有物。在這個實有物的本體內，靈體和身體，就相當於性理和物質）。理證如下：

一證：（消極的理由）：既然有智力的實體，不只是按柏拉圖的主張，如同發動者一樣，結合形體；也不只是按亞維羅所說的，用覺像交接形體；也不是按亞歷山的學說，智力作人本性以內為能懂理而有的準備；也不是按賈藍的主張，智力是氣質；也不是按恩培德的主張，智力是調合；也不是按古代許多人的說法，智力就是覺力，或覺像力；或說靈智是形體。既然，以上數盡了的各種可能說法，都不是；最後便只剩一個結論了。就是：人的靈魂乃是一個有智力的實體，如同性理結合物質一樣，結合了形體。為將這一點證明清楚，尚有以下這些（積極的）理由：

二證：某物給另某物作其實體的性理，需要滿足兩個條件。第一條件是：性理給自己的主體，作實體生存的原因。（生是生成，存是久留；泛指實體為能存在必先內自具備的生存，不專指生物的生活，更不指生物的附性行動）。這裡方才所說的原因，不是動作生物的外在原因，而是性理之類的內在原因：物因具備性理而得生存，既有生存，便因而有存在和行動，並因而被人稱作實有物，或簡稱一物。從這第一個條件，隨而俱來的另一條件是：性理和物質共有一個生存。這是性理成物，和作者成物的分別：因為作者用自己的動作，將生存授給自己作成的物品：作者和作品不能共有一個生存。（作者和作品，不是一個實體，而是分開存在的兩個實體：可能異時異地分離生存）。性理和物質，結合起來，構成一個實體；它們共有的一個生存，乃是這個實體為存在於實有界而握有的生存。這個實體是性理和物質兩者俱備而合成的，在生存上，是一個本體自同而純一的物體。

以上兩個條件，都是靈體所能滿全的；因為按（章五十一）已有的證明，有智力的實體固有的自立生存，不阻礙它仍給物質作生存的、性理類的原因；如同性理一樣，將自己的生存授予物質，讓物質共同享有。在這種情況中，合成的實體自立享有的生存，和性理自己的生存，是相同的一個生存：合成的實體用性理的生存，作自己的生存，這不是不適宜的：因為合成的實體如果不依賴性理便不能有生存：實體和性理也不分開存在。

詰難：有智力的實體，不能將自己的生存，授給物質的形體共同享有：竟使智性實體和形體的物質，共有一個生存：因為物質和靈智屬於形神迥異的兩個物類。物類不同，生存的方式便不同；品級也不同。高貴的實體有高貴的生存。品級高下不同的實體，怎能有同級的生存？

解答：上段的詰難，為有實力，在前提裡，根據的假設應是：物質和靈體，共有方式相同和品級相同的生存。然而事實上不是如此。形體物質對於某某更高一級的生存，有容器對於所收容的物品，有相同的關係和比例。容器可收容高貴的寶物；如此，物質也可收容高貴的生存。容器和內容，彼此仍有本性方面的適合。這樣的適合，卻不阻礙容器收容高貴的物品。（例如陶器可以盛美酒）。足見：有智力的實體，對於某類物質，根據本性的適合，是給那物質授予生存的因素，沒有不適宜的道理。

準此而論，有智力的實體，作人身體內的性理，就是作人的靈魂，沒有任何阻礙。

歸納的觀察和證明：依照上面的這個看法，吾人可以觀察物類奇妙美麗的鎖鏈。品級羅列，上綴下結，上級有底，下級有巔，巔底銜接，連環不斷。例如動物類中的最低級，近似植物類中的最高級；例如牡蠣，（蠔山），只有觸覺，緊繫泥土中，（或附著於石坡而生長），狀如岩石，不自己移動地方，（腹背生殼，腳已退化，作用全失），和植物相似。

因此狄耀尼《天主諸名論》，章七曾說：天主的上智，將上級諸物的末尾，和下級諸物的元首，連接在一齊。準此而論，理應承認形體類中，有某最高的形體，就是人的身體，氣質均勻，調和平衡；和上級物類中最低的部分，就是和人的靈魂，緊相銜接。從它領略知識的方式，可以看出來：人的靈魂在有智力的實體類中，佔在最低的品級上。因此有人也說：人的靈魂，彷彿是有形和無形兩類實體間的交界，也好似是天水相連處的地平線，（參考泡克路〔Prochus〕著，《原因論》命題第二），這些話的意思，專指人的靈魂既是沒有形質的實體，同時卻又是形體內的性理。（靈魂的純神實體，是人身物質實體內的性理）。

比較起來，尚值注意：有智力的實體和形體的物質，結合起來，構成某一物本體的純一，在程度上，和火內的性理與物質，結合而成的火體純一，互相比較，只有過之而無不及：因為，性理高強，越能克勝物質，它結合物質而構成的實體，也便更是純一。（純一是本體只有一個自同於己而別於物的生存；並因此生存，而純是某類某種的一個實體，例如人或馬等等）。

雖然，性理和物質，共有一個生存；物質卻不必定常和性理的生存，尊卑平等。反之，性理越尊高，它在自己的生存上便更超越（自己的）物質。審察各類性理的動作，可明明看到這一點：由觀察性理的動作，吾人認識它們的本性。每一個物體因性理而得生存，因生存而有動作。動作表現性理和生存。既知某某性理的動作，超越物質的限制，便因而可知它在自己生存的尊貴上也超越物質。

根據物類的實況，逐類觀察，便可看到：有某些物類的性理，品級最低，能作出的動作，僅限於物質品性和能力的範圍以內，例如寒熱燥濕，鬆緊輕重，和其他類此種種：屬於物質原素的性理之類。它們的品級最低，因此它們是完全屬於物質限制以內的性理，完全沉沒在物質以內，是物質的性理。

在原素以上，有原素混合而成的（礦類）形體，種類有許多。它們的能力雖然作不到物質原素所不能作成的事功；然而有時，按本類本種性體自然的秉賦，領受從天上諸類形體降來的高級效能，產生一些較高的動作：例如磁石，（在原素的動作以外），還能吸引鐵屬。

在這些（礦類）性理以上，還有品級更高的一些性理：它們能力的範圍，包括上述物性能力作不到的一些事功，雖然它們為作出那些高級的事功，仍引用上述低級的物質品性和能力，作自己的器官和工具：例如植物類的各種性理：就是植物的生魂。它們（運用低級物力而作出的高級事功），不但超越下級物體施動受動的品性，近似天上形體的能力，而且給有生活的物體，作自動而動的發動因素，在這一點上，便也近似天上形體運行的發動因素；足以自證自己雖然是植物的性理，但在生存和效能上，超越植物的物質，而近似上級實體。

在這些（植物類）性理以上，還可發現別的一類，近似高級的實體，不但因為有發動能力，而且因為有知識能力：如此，它們能作出上述物質品性作不到的工作，雖然仍用形體的器官，但已不再用物質品性的能力：因為知覺和覺像的意識動作，不是物質能力，例如火燒熱，冰濕冷，等等，所能完成的：雖然某些適當的溫度仍是知覺器官為維持知覺能力所需要的條件。這一類的性理中，包括禽獸的覺魂。（意識的境界，超越物質，並超越植物的生活）。

然而，在上述各級物類性理以上，觀察事實，還可看到尚有更高的一類，近似高級實體，是因為它們有特殊的一類知識：這就是智力的知識。這類知識能力能完成自己的動作，完全不用形體的器官。這一類的性理中，便包括智性的靈魂：因為靈魂智性的能力完成自己的動作，不用任何形體的器官；（例如懂曉理論的屈直真假）。這類的智性靈魂，是人為完成自己智性的動作，所用的那個內在因素，既然屬於智性之類，便必定也超越形體物質的限制，不是被物質完全包圍起來，或沉沒在物質以內的。如此比較，人的靈魂，（固然是人身體以內的性理），和別的物質（形體以內的）性理，是不相同的。它的異點，明明呈露在它的動作上：因為它在智力的動作上，用不著形體物質來參加，並且和物質動作沒有共同之處。

雖然如此，尚須注意，人靈魂的智力動作，仍需要人有某些能力，運用形體器官，完成自己的某些動作，例如覺像力，及知覺力；（這些器官覺力，是人智力動作，所必需的先備條件：為能從覺力的知識內，領悟智力的知識）。根據這個事實，本章結論只得是：智性的靈魂，是根據它本性的自然，結合（物質的）形體，為能構成完整無缺的人性本體：實現「人」字種名，所指的名理。

第六十九章 靈魂和肉身（二）

審察了上述的這些理由，不難釋開對方在上面（章五十六和章五十九），為反對前章結論，提出了的那些疑難。

先將第五十六章的疑難，逐條解釋如下：

解一、第一條疑難裡，前提的據點是錯誤的。不應設想靈魂和肉身，兩相分立，各有生存和存在的現實。反之，現實圓滿的生存和存在，屬於它兩者結合而成的惟一實體。人的身體，依其現實情況，有靈魂期間，和靈魂不在以後，不是相同的一個身體，（而是名同貌同而實異的，因為前後的類性不同，前者屬於人類，後者屬於礦類的塵土）。人身體現實有人的生存，卻是靈魂在身體內產生的效果。（人有靈魂時，便有生存，並有生活，存在，和行動。這都是靈魂的功效）。

解二、如說：性理和物質屬於同類，這句話的實義，不是兩者是同類的兩種，或一種；而是兩者給同類的一種實體作內在的因素。本此實義，在事實上，分開存在時，靈魂和肉身，不但不是同種，而且不是同類：靈魂是神體類的一種；肉身，既是死屍，便是礦類的一種。兩者合起來，構成一個人的實體，便屬於同類的一種，是一種實體的內在因素。（猶如濕氣和布，分開是兩類兩種，結合便是同類同種的一塊濕布，又如氫氧二氣，分開是兩種氣，合一便合成一種水。二氣不同的性體，合成了水性相同的一個性體）。

解三、靈智的實體在某某形體以內，作它為生存而必備的性理，並且生存在它那物質以內。雖然是如此，但不可因此便依照對方的想法而結論說：靈智實體是物質類的性理。理由，正如前章所說，物質內存在的性理分兩種，一種是物質類的：完全沉沒在物質以內，或完全被物質包圍起來；另一種卻用別的方式存在於物質以內，而不完全沉沒。（詳見前章。靈魂是第二種性理，存在於物質以內，同時又有超越物質類界的本性）。

解四、既說有智力的實體和形體，互有性理和物質的結合，同時依照哲學界的主張，又說靈智和形體是絕異而分離的：這兩個說法，不是互相否定的：前一說並不消除後一說：因為說：「靈智是絕異而分離的」，這句話的意義，只是標明智力為完成自己的動作，不用形體的器官：它的能力因此而自證不是器官的能力；此外，並不兼指靈魂的實體，既是智力的主體，便因而不得又作性理之類的因素，為給某某形體授予生存。（反之，正可既說它的智力不是器官的能力，又說它是某某形體以內的性理）。將理由詳說如下：

觀察靈魂以內，應注意到兩點：一是它的本體，一是它的能力。根據它的本體，它將自己的生存，授給某某形體，（在此形體的物質以內執行性理的任務）。根據它的能力，它卻作出一些自己專有的動作，（不用形體的器官。用反證法推證可知）。故此，假設靈魂用形體器官某某，完成某某動作，它那某某動作的能力，必須是那某某器官的能力：和那器官發生盈極現實和虧虛潛能，同類對偶而合一的關係；例如視力是眼睛的器官能力。視力和眼睛，有現實盈極和潛能虧虛互有的關係：虧虛的容量容納盈極：器官用主體的容量，承載動作的能力。（這樣的能力將自己的根柢，栽植在器官的形質以內，彷彿是從形質以內生長出來，不是和形質絕異而分離的）。反之，假設靈魂完成某某動作，不用形體器官，足見它那某某動作的能力，不是任何形體的盈極因素；不以形體的任何部分作自己根柢所在的主體。為此理由，並按此意義，（吾人肯定），智性的能力和實體，都是和形體物質絕離而分異的。但這樣的說法，並不否認靈魂的智性實體仍是給某某形體，授予生存，作它為生存必備的性理，是它為實現生存潛能不可不具備的盈極因素。這就是說：靈魂是肉體的性理和盈極：（不是以肉體為根柢所在的主體，也不是依賴肉體而有生存）；而是將自己的生存，授予肉體，（只以肉體作收容所在的主體。如此說來，人的靈魂，既是一個無形質的靈體，又是人的靈性。這裡所說的靈性，便是智性，或理智之性。人是神形之合）。

解五：肯定了靈魂，根據自己的實體，是形體的性理，並不由此必須肯定，它為作出不拘什麼動作，必得運用形體，甚至於因此又說它的各種動作能力，必須都是形體器官的能力：這就是說：都必須是某部分形體的盈極現實。這是對方的第五條疑難。為說明這個疑難不足為難，僅請回憶，（前章）已經證明了：人的靈魂不是完全沉沒在物質以內的那類性理；而是屬於超越物質的性理之類。前一類在物質以內不超越物質，後一類既在物質以內同時又超越物質；並且，人的靈魂在各級物類中，高貴至極，最超越物質。因此，它不用形體卻有能力產生動作，這就等於說：它在動作時，不依賴形體；在相當的方式和限度下，全用不著形體：因為，它在生存上，也是不依賴形體。（它既能不依賴形體而生存，便能不依賴形體而動作。本體的因果關係，確然如此。那麼，在知識次第上，既知它實不依賴形體而動作，便知它能不依賴形體而生存；由果推因的知識方法，是確然無疑的）。

用同樣的方法，也可明證，亞維羅，為傍證已見，所舉出的那些理由，不足以證出有智力的實體不如同性理一樣結合形體。現將那些理由，（依照前面章五十九的敘述），逐條解破如下：

解一、亞里斯多德說：明悟不受物質品性的變化，不混合於形質，並和物質的形體是絕異而分離的。這些話都不足以引人必須稱認：有智力的實體，不得是授予生存的性理，並以此而結合形體：因為這些話，最大限度的實義，不過是說：人的明悟或智力，或亞里斯多德所稱道的觀測力，不是任何形體器官的能力，故此，也不在任何方式或程度下，用器官來操作自己特有的動作。他議論程式的出發點，也聲明他的本旨確乎不過是如此；因為他是從智力懂曉萬物時所用的動作出發，進而證明靈智是「不混合的」，或是「絕離的」。動作屬於能力，以能力為自己的原因。（由「動作如何」，證出的結論，應是「能力便也如何」。足見只是證明了智力不是器官的能力。說它是絕離的，最多只有這樣的意義而已）。

解二、從此可見，亞里斯多德的推證程式，證不出這個結論：有智力的實體不能如同性理一樣，結合形體。理由如下：假設我們認定靈魂的實體，根據本體生存的現實，確是如同性理一樣，結合了形體；同時也認定智力不是任何器官的能力；從以上這樣的連合認定，隨之而生的結論，仍不得是智力必有形界器官覺力可知的物質性：因為（按章六十四的證明），我們不得承認靈魂是物質的調和，或是某某器官的性理；猶如亞里斯多德，《靈魂論》卷二，（章五）討論覺力時嘗說：覺力是器官的性理，（也就是器官的所以然之理）。智力，（不是任何器官的性理），因為智力和形體沒有共同的動作。

同時，須知亞里斯多德說智力不混合形體，或與形體絕異而分離等等，他的用意不是否認智力是靈魂的一部分，雖然靈魂是整個形體的性理：因為曾有些人主張身體的不同部分有靈魂的不同部分，亞里斯多德在《靈魂論》卷一末段（章五），卻提出了一些話，反對他們：他說：假設整個的靈魂包圍整個的形體，（控制它，維持它的統一），靈魂的每個部分也包圍形體的某一部分，才是合宜。然而，據實觀察，便看到這是不可能的：因為請看智力包圍形體的那一部分呢？怎樣包圍呢？這是難設想的。（是不合情理的）。

解三、智力不是任何形體部分的盈極因素，就是說：它不是任何形體器官的性理和能力。從這樣的前提生出的結論，不得是：它的領受性理便和第一物質的領受性理用同樣的方法。理由明顯：因為智力領受性理，用智力的動作，完全不用任何形體的器官。

解四、同上。

解五、肯定靈魂是形體內的性理，並不取消智力的無限；因為，按已有的說明，智力根柢所在的主體是靈魂智性的實體，不是形質的體積，（故受不到形質的界限）。

第七十章 亞里斯多德論神形之合

為傍證己見，亞維羅極重大的依靠是引據亞里斯多德的論證。（參閱章五十九首段）。為此，現應證明：依照亞里斯多德的見解，必須肯定：靈智根據自己本有的實體，結合某某形體，如同是性理結合物質。（比較天上形體和人的形體，便可看到亞里斯多德認為靈智怎樣結合形體）：議程如下：

亞里斯多德，在《物理學》卷八，（章五），證明在發動者和被動者的品級上，逐級追究，不能追至無窮。因此他的結論是必須終止於某某第一被動者，它或是自動而動，或是被動於不動的發動者。在這兩個或然的兩端中，他擇取了第一端，就是第一個被動者是自動而動的被動者：（自己運動自己）。他的理由是：自己因本體而有某類生存的物體，先有於仰賴他物而有那同類生存的物體；（例如：先有本體流動的河水，而後始有乘水浮動的帆船。河水被動於河道無阻，水性流下。帆船卻被動於乘水漂浮）。

由此繼進，他說明了：自動的物體，必定能分成兩個部分：一部分發動，另一部分被動。故此，那第一個自動的物體，必須是由發動者和被動者兩個部分合構而成的。然則凡是這樣的物體，都是有靈魂的活物：（靈魂發動，形體被動）。如此說來，足見按亞里斯多德的意見，他所說的那第一被動的物體，就是最高的天體，是一個靈魂的活物。檢閱他所著的天體（及宇宙）論，（卷二，章二），就可見得：他明明說：天體是有靈魂的活物。為了這個理由，不但對於吾人，相對的說，而且對於天體自身，絕對的說，必須肯定：天體（是一個圓球形的動物，乃是無所不包的高天；並有上下左右，前面背後，屈直邪正，等等）不同的體態和方位。

準此而論，根據亞里斯多德的意見，吾人尚應考察，天體擁有的靈魂，是什麼樣的靈魂。為答覆上面的問題，他在《形上學》卷十二，（章七），證明在天體的運行中，應觀察到完全不被動的發動者，和被動而動者兩個物體：前者運動後者，是如同可追慕的對象，吸引後者追慕。這也是確然無疑的。同時，他指明這裡所說的追慕，不是覺性界器官情慾的追慕，而是精神界靈性意志的追慕。因此他說：不被動的第一發動者，是有靈智的。故此，那個第一被動者、（至高的）天體、所有的知識和追慕，（為和發動者對待適當），也是屬於靈智之類的；並且、按他在那裡緊接下文所有的證明，天體靈性的品級崇高，勝於我們人類。

從此可知：按亞里斯多德的意見，天體是由物質形體和有智力的靈魂、兩個因素、合構而成的一個實體。

本著同樣的意思，他在《靈魂論》，卷二，（章三），也說：有些實體，有靈性的識別力和智力；例如人類，和人類以外可能有的某些實體；它們或至少不同於人類，或甚而至於榮貴程度，高於人類，例如天體。

然而，根據亞里斯多德的意見，天體的靈魂不是覺魂：因為天體沒有覺魂。這是確然無疑的：否則，假設天體有覺魂，便也應有各種不同的器官：這和天體的單純是不適宜的。（天體的物質，依照古代天文學和《物理學》的想法，是精純而簡單的，沒有器官構造所需要的複雜成分，因此能有健行而不自息的運動，不能有生死的變化，也不能有知覺的器官）。為指示這一點，亞里斯多德在（同卷章七）那裡，接著說了這句話：「有智力的實體，如果屬於有生死變化的物體數目中，它們也便具有其他各種（靈魂和性理的）一切能力」。這句話言外的含義，是說：（如果某些有智力的實體，沒有世間各種生物的一切能力，它們便不屬於生死變化的物體數目中。這正等於說）：有某些沒有生死變化的物體，有智力，而無靈魂的別種能力，（也沒有這些能力的器官）；它們就是天上諸形體。（從此可見，按亞里斯多德的說法，天體無覺魂而有靈魂。靈智和天體是連合起來的）。連合的方式是什麼樣的呢？略如下文：

（按章五十九和六十九的證明），不可贊稱靈智是用覺像作媒介，而連接天上諸形體，（因為，方才說了天上諸形體沒有器官覺力，也沒有覺像力）。反之，必須承認：靈智、根據自己的實體，如同性理結合物質一樣，結合了天上的形體：（因為依照亞里斯多德和古代天文學的看法，天上諸形體，是有智力的活物）。

如此比較推論，請看人的形體，在下級各類形體中，是尊高至極的；在氣質的均勻上，最近似天體。接這樣的比例推想，可以斷定：根據亞里斯多德的本旨，有智力的實體和人的身體，結合而為一，不是用任何覺像作媒介，而是如同性理結合物質一樣：靈智的實體在人的身體以內，滿盡性理在物質以內，所滿盡的任務：作生存和行動的根源。（兩者的結合，是密切無間的）。

天文與教義——說到這裡，尚須注意：我們在上段，關於天體的靈魂，說的那些話，不是在任何程度內，發表信德的教義：因為那樣的學說，或任何其他不同的學說，都完全不屬於信德教義範圍以內。（信德的教義，是人為信仰天主並為保救身靈，不可不信以為真的道理。上面天文的學說，和這樣的道理，完全沒有關係）。因此，（教父及聖師），聖奧斯定，《教義袖珍》，（《論信望愛三德》，章五十八），有以下這幾句話：「太陽和月亮，和所有一切星辰，是否和諸品天神，屬於同類，我沒有確實的定論：雖然有些人，依他們的看法，認為日月星辰，是物質的形體，有光明，沒有知覺，或甚至也沒有靈智」。

第七十一章　神形無間

從上面提出的理由，轉進推論，還可證出另一結論，就是：靈魂和形體的結合，是直接的；沒有任何中間的因素，作兩者的媒介，或連繫。故此，不可依從亞維羅的主張，說它們兩者的結合，是用覺像作媒介；或按某些人的意見，說它們是用靈魂的各種能力作媒介；或按另某些人的主張，說它們用的媒介是身體內的津液或精氣。（精氣是精細流動濕溫的濃氣：似氣似液的流質）。理由如下：

前在（六十八及七十）數章，已經證明了：靈魂和肉身的結合，是性理和物質的結合。然則性理和物質的結合是直接無間的本體合一，不用任何中間因素。故此，靈魂和肉身的結合，是本體直接的結合。性理、以自己的本體，有能力作某某形體的盈極因素，充實它生存潛能的虧虛；盈虛合一，是本體無間的，不用另某一物介於中間。按亞里斯多德，《形上學》，卷八，（另版卷七章八），舉出的證明，物質和性理，有虧虛潛能和盈極現實、互有的關係和比例。因此，除外在原因用自己的動作完成物質與性理的結合，作成某一物體以外，別無任何內在原因連結物質和性理。外在原因，是作者，它用動作，將某物生存的潛能，引渡到盈極的現實。生存的現實盈極，收容在潛能虧虛的容量中卻是不能有間隔的。（盈虛無間是一定理）。然而另一方面，不說生存，而談行動，和出生的歷程，便不是不可說，在靈魂和形體之間也有介於中間的因素。在行動時，靈魂運動身體，經過某一部分，運動另一部分，遵守一定的秩序。靈魂用能力完成動作，因此也是用能力運動身體；並且還用精氣或津液運動肢骸和器官；然後，用一個器官，運動另一個：所用的能力，或器官，等等，便是中間的因素。

在實體因物質變化而出生的歷程上，物質以內先有適當的準備和條件，然後才領受性理。性理全備之頃，方是實體出生之時。物質的準備條件，依生存價值的優劣而論，比實體性理，低劣；如此比較，它們的位置，在優劣的品級上介於靈魂和形體中間。那麼，它們便可以說是中間因素，介於兩端之間。

第七十二章　靈魂充滿肉身

用同樣的理由，尚可證明，靈魂充滿肉身，不但是整體充滿整體，而且是整體充滿每一部分。（充滿是遍在各處）。

盈極因素，用美善的現實，充滿主體的虧虛。這是一個必然的定律。然則，（按《靈魂論》卷二章一），靈魂是有機形體的盈極因素，不但是整體的，而且也是每一部分的盈極因素。（有機形體是有器官的肉身）。故此，靈魂的本體，既是肉身的盈極因素，（賦於肉身以內），作肉身以內必備的性理，則是以整體遍在於整體，並以整體遍在於每一部分。（倒裝言之：肉身有靈魂，不但是整體有整靈，而且是每個部分，都有靈魂的整體）。

依本性固有的自然方式，靈魂為作肉身全體的性理，不得不同時也作肉身每一部分的性理。因為，假設它只作肉身全體的性理，而不作肉身每一部分的性理，它就不是肉身的實體性理了；（僅應是它的一個附性）：例如房屋的性理，（是建築物的結構形式的條理），乃是（建築資料、木石鋼鐵、等等實體的）一個附性：屬於房屋的整體，不屬於它的任何某一部分。（足見實體性理和附性，互不相同）。人的靈魂是肉身的整體及其部分領受種性的原因。從此可以明見它是一個實體性理，（用盈極因素的現實），不但充實肉身的整體，而且也充實它的各個部分。為此理由，人死，靈魂逝去，殘餘的屍身整體及一切部分隨之也失去原有的種性。例如死人的眼睛和他的骨肉，只不過是名同而實異的眼睛和骨肉。故此，靈魂既然是肉身每一部分的盈極因素；同時盈極因素充實其主體容量的虧虛，被容納在其主體以內，足見靈魂根據自己的本體和本質，遍在於肉身的每一部分；（用每一部分作自己寓存的所在）。

轉進一步。靈魂寓存於每一部分，是整個靈魂的全體都寓存在那裡。這是顯明易見的。惟須注意，整體和部分、在實義上，是相對待的。部分有許多不同的意義，依同比例，整體的意義也分許多種，種種不同。

然則部分的意義有兩種：一種是數量的部分，例如二尺是三尺的一部分。一種是性體的部分，例如物質和性理是物質實體內性體的兩個部分。故此，整體的意義，也分數量全整和性體全整兩數量的全整和部分，非性理之所宜有；如說性理有數量的全整或部分僅可說它是附物而有，不是本體能有的。因為性理只是隨所依附的主體而受數量的分割。主體的數量分成部分，性理隨著分成部分，不是性理的本體能有數量可分的道理。下：相對著每一個性理，有配合適當的某某物質：用本性固有的適合為根據。同時須知：性理越高貴而單純，它的能力也便越強大。在下級各類性理中，最高貴者，是靈魂，因此它有許多能力和動作。為此，它需要用許多不同的器官，為完成自己有能力作的那許多動作。不同的能力是不同器官的盈極因素：和器官有盈虛合一的關係：例如眼有視力，耳朵有聽覺，逐此類推，各器官各以自己的能力作自己實現潛能所應具備的盈極因素。為此理由和目的，高級的動物，在器官的設備上，有程度至高的複雜現象。低級生物，就是植物，器官的設備卻簡單至極。

針對著上段所說的情況，和機會，有些哲學家曾說：靈魂的「主座」是在身體的某一部分：例如亞里斯多德本人，在動物活動論章十，曾說是在心臟：因為靈魂的某些能力，據說是那一部分身體所特有的。例如發動力，靈魂用以運動身體全部，支配全身及各部的動作，主要的座位，據亞里斯多德那部書中的討論，便是在於心臟：（心臟是動力的中心，故是靈魂的主座）。

但是性理的本體，卻能有性體的全整或部分。（性體的全整是名理完善的實現，理全而體備，真全無缺）。

專就性體的全整而論，遍察事實，即可明見：任何一個性理，寓存於形體以內，都是全體在於全體，又是全體在於每一部分。例如白色，依其名理的真全，既在白物的全體以內，又在白物的每一部分。但是另一方面，如果專論性理偶然附性能有的數量部分，白色隨主體的體積數量，分成許多塊白，在此意義之下，吾人便不能再說，整體那一大塊白，竟是全在某某部分的那一小塊白以內。

如此推論，假設有某性理，不隨主體的部分而分開，例如高級動物的靈魂，便不需要分別兩種不同的全整：因為它們只能有一種全整，就是名理真全的性體之全整。本此意義，應絕對肯定：靈魂的整體是在身體的任何某一部分以內。

上面這一點，並不難明了，惟須理會到，上面（章五十六）已有的分析和講解：（就是「不可分」三字有兩種意義：一是數量至小單位的不可分。一是性體無數量並無物質而有的不可分：前者例如幾何學上所談的點：至小不可分。後者例如任何非物質的實體，或實理）。靈魂不可分成許多部分。它的不可分，不是數量至小單位的不可分，而是性理無物質的不可分。同時，也須注意無形體的實體和有形實體的互相結合，在方式上，也不同於兩個形體的互相交接。（前者能是性理與物質的盈虛合一，共成一個實體。後者兩個塊然的形體，交界相觸，卻格格不能相入。參閱章五十六）。

靈魂，既是一個單純的性理，同時又是形體內許多不同部分的盈極因素，不是不適宜的。理由如

智力：明悟與靈明

第七十三章　萬人一心與人各一心

根據前面提出了的那些理由，轉進推論，便可清楚證明：往古現今和將來的一總人，不是按亞維羅《靈魂論》卷三註解第五的幻想，全體共同只有一個明悟。（明悟和靈明是相對的。明悟領受靈明的光照。明悟如果另名受動智力，靈明便可叫作施動智力。參看前面章五十九）。證明的程式如下：

證一、（章六十八）已經證明了：靈智的實體結合於人的身體而作它的性理，如同是性理結合於物質。然而，性理結合物質，常是一個性理只和一個物質結合而成一個物體；不可能是一個性理結合許多物質：因為（兩者互有盈虛合一的關係），每物自己固有的現實盈極是實現在自己固有的潛能虧虛（的容量）中：兩者彼此互有對稱的比例和條件。故此靈智也不是眾人共有一個。（一器一量，理至確鑿）。

證二、每一個發動者，或動作者，各有各自適當的工具。音樂家用樂器作音樂。工程師用工程師的器械營造房屋。然而按亞里斯多德《靈魂論》卷三的定論，靈智對於身體有發動者對於工具所有的關係和比例。故此，猶如工程師不可能用管笛等樂器來營造房屋，如此、一個人的靈智也不可能是另一個人的靈智。（一工一匠，比例明顯）。

證三、亞里斯多德在《靈魂論》卷一章三，評責古代哲人，談論靈魂，未嘗談到靈魂各自固有的收容所，（這裡的收容所三字指示靈魂寓存所在的主體。人的身體是人靈魂的主體，猶如它的收容所）。例如，按皮達閣拉斯的神話，任何一個靈魂可以隨便依著任何一個身體；（用身體當作衣服，可以隨便脫換）。根據亞里斯多德評責時指出的理由，可知這是不可能的。例如：狗的靈魂不能進入狼的身體；人的靈魂只能進入人的身體，不能進入異類的身體。靈魂和身體，互有一定的關係和適宜的條件。不但人類的靈魂只能進入人類的身體；而且人類中，此某人的靈魂只能進入此某人的身體。身靈相對，同類相對，個體相對，比例是相同的。依此比例而論，足見此某人的靈魂只能進入此某人的身體，不能進入另一人或任何另一物的身體。然而，根據亞里斯多德《靈魂論》卷一章四的名論：人是用靈魂作出智力的動作，故此，這某人的智力動作是用這某人自己的靈魂。足證：這某人和那某人不是共有一個智力。（一物一性，一性一理，定理不易：萬無一物兩性或一性兩理之可能）。

加證：任何某物現有的生存和統一，來自同一的因素。物單位的統一和生存，是相隨不離的。然而每物現有的生存，所依憑的因素是它本體現有的性理。故此，物體單位的統一，也是隨性理單位的統一而出生的。足見，許多單位不同的個體，既有單位不同的生存，彼此不能共有相同的一個性理。然而，此某人，為成全自己本體的生存，所依憑的性理，乃是有智力的性理，（即是他的靈魂）。足證：單位不同的一總人共有一個靈智是不可能的。（萬人同心，是志趨合一，不是共有心靈的實體單一）。

另證：對方如果主張，人雖大眾共有一個靈智，但彼此各有不同的覺魂，足以成立人本體的單位統一。須知這樣的主張是站立不住的：因為物體的動作是跟隨著物性而生出的效果，並且將物性顯示出來。物性是每物本名定義所指的牲體。例如動物本性固有的動作，是有器官的知覺，依同比例，按大哲亞里斯多德，《道德論》卷一章八的定論，人本性固有的動作是有靈智的知識和意願種種動作。從此可知：根據亞里斯多德《靈魂論》卷二（章二），猶如此某個體，因有器官覺力，而是一個動物；如是，依同比例，此某個體，因有靈性智力，而是一個人。人因有靈魂而有的智力，或靈魂為發生靈性動作而用的智力，卻是明悟；證於《靈魂論》卷三（章四）。可見此某個體，乃是因有明悟而是一個人。

故此，假設依照對方的主張，這某一個人和那某一個人，共有一個相同的明悟，不是分開各自獨有一個，同時不是兩人共有一個覺魂，而分開各有自己的一個；那麼，隨之而生的結論，應是他們兩個固然是兩個動物，卻不是兩個人。這顯然是不可能的。（用反證法，反回去），足證：明悟不是全類一總人共有一個。

還證：前面說過的大註解家，（亞維羅），在《靈魂論》卷三，答辯上述的理由，曾說：明悟交接吾人，是用它所領悟的性理，就是用智力可知的意像或名理。意像的主體或容器，只有一個，就是在吾人（每人）以內現實存在的，覺識所知的覺像：人人各具，互不相同。如此，在數目單位不同的許多個體內，也就算是每個都有明悟，不是因為明悟的實體，分在每人以內，而是因為它所領悟的性理，遍在於每人覺識所知的覺像以內。

上面這樣的答辯，是全沒道理的。前面（本卷，章五九）已有了明顯的證明。假設明悟只是那樣交接吾人，便不能是人有智力的動作。轉進一步，更詳加證明如下：

一證：縱令承認了上述的交接，足以完成人有智力動作的（心理）事件；上面對方的答辯，仍舊解不破本章前數段舉出的理由：因為根據對方的主張，只是覺像除外，其餘凡是屬於靈智的一切，在數目上，都不隨人數而分多；並且，覺像隨人數而分多，是在未受智力現實懂明以前，不是在既受懂明以後：因為，在那以後，它便領受在明悟以內，並且經過了靈明的光照和抽象作用，業已脫離了物質的條件。當它未受現實懂明的以前，它只有可受懂明的潛能；在這樣的時期中，它的生存程度，超不過覺魂的品級。從此可見，同類的人，這一個和那一個，互有的分別，仍然只以覺魂為原因。從此隨之而生的結論，仍和前面說過的那個相同，是不適宜的，就是：這一個人和那一個人，不是多數的（兩個）人，（而只是多數的兩個動物而已）。

另證：物體領受種類確定的本性，都是依憑某某現實的因素，無一只是依憑尚未實現的因素。然而，針對著智力的意識而論，覺像有被知的可能，沒有已被知的現實；現實被知的覺像，既受明悟懂明以後，便不是隨人數而分多，每人各具的那個覺像了。從此可見，此某個體領受智性動物種類確定的性體，所依憑的現實因素，不是那個覺像。這就是說，隨人數而分多，每人各具的那個覺像，不是「人」字所指人性及其定義的一個成因。如此推論下去，給人確定種名定義的那個本體因素，仍然不是隨人數而分殊，或人人各具的。（那樣的覺像，不足以建立人性全備，單位獨立的每個人）。

還證：每個生物領受種類確定的性體和定義，所依憑的因素，是第一美善，不是第二美善；明證於亞里，《靈魂論》卷二（章一）。然而覺像不是第一美善，而是第二美善：因為《靈魂論》卷三，（章十三），曾說：覺像是覺力現實完成的活動。足證人為領受自己的性體和種名的定義，所應依憑的因素，不是隨人數而分多，或人人各具的那個覺像。（第一美善是第一現實，也是第一盈極。回看章六十一）。

加證：能被智力懂明的那些覺像，在未受現實懂明以前，只有可被懂明的潛能，是隨人數而分異的。

物體為領受種類確定的性體和定義，所依憑的因素，卻必須是全種物體至同而至一的：因為一個種界，只有一個種別因素。如此說來，足以斷言：人為領受自己的性體和種名定義，所應依憑的因素，不是那些隨人而異的覺像。

又證：人為領受自己種類確定的性體和種名定義，所依憑的因素，必須常常存在一個相同的單立體以內，終身如一；否則，時有時無，那某某單位獨立的個體，也隨著不常常屬於相同的一個種界以內：而必定種界變換無常，時此時彼。（例如時人時獸）。然而，方才說的那些覺像，在一個人以內，不是常存不變的；舊有者，有些被消除；未有者，有些卻新生。從此可見，人的個體不是因覺像而得種性，也不是因覺像而交接自己的種別因素。人的種別因素就是明悟。（最後結論，已不待言）。

假說對方轉退一步說：這某一個人的種性，不是得自那些覺像，而是得自有覺像的那些能力，就是：覺像力，記憶力，和思想力。（覺像力和思想力，也叫想像力和腦力）。思想力是人類所特有的；亞里斯多德，在《靈魂論》卷三，叫它作「感受性的智力」，（感受外物的刺激，察覺仇友，利害，同異等等情況。參閱本卷前面章六十首段）。這樣轉退的遁辭，仍有不適宜的許多後果。分述幾點如下：

一、思想力，按名辭的狹義，確指「感受性的智力」。依此而論，它自己動作的範圍，只包括特殊的事物，用身體的器官，不高於覺魂的總類。它的工作是分析或綜合個體事物的觀念或意像：都是器官覺識境界以內的。然而，人由覺魂而得來的性分，不足以是作人，而是作動物。如此推論下去，最後的結論仍是：在吾人以內，隨數目而分多，人人各具的種別因素，是人動物性之所固有，不是人本性之所固有。（這是不適宜的）。

另證：思想力，（按上面的狹義，是腦力），是用器官的動作能力，不是吾人懂理所用的智力：因為智力的動作不是任何器官的動作。（器官是物質實體的一部分）。吾人懂理所用的智力，是人所以是人的因素，（是人本性本體的特徵）；因為智力的動作，例如懂理等等，是人性特有的動作，乃是人類性體的效果，並是人字種名定義內必須含蘊的一個特點，和人的本性是相隨不離的。足見，這某單立體所以然是人的理由不是（因為它有）腦力：並且這個力量也不是人和禽獸，在本性實體上，互不相同的因素。如此可見上述大註解家的主張，乃是沒有根據的虛構。

還證：思想力，就是狹義的腦力，為助人發生智力的動作，對於人的明悟，所發生的關係，只限於用自己的動作，預備（覺識內所收聚的）覺像，使這些覺像承受靈明的光照，因而由可被懂的潛能變為可被懂的現實，並且完成明悟懂理的現實動作：（現實受到明悟的懂曉：充實明悟的虧虛：使明悟領悟到覺像內含蘊的理）。這樣的動作，就是預備覺像；在吾人以內，不是常存不變的，也不是眾人相同的。故此，人用它或交接人類的本體原因，或成立自己種界確定的本體或本性，都是不可能的。如此想來，足見對方上述的答辯是吾人全應拒絕的。（不恆長至同的動作，不足以成立人類恆長而至同的本性）。

又證：物體動作所用的因素，在發生效用時，不但決定動作的產生，而且決定它的多寡。例如同一的熱力，只產生一個燒熱的動作，雖然能燒熱許多物體。靈魂懂理所用的明悟，按亞里斯多德《靈魂論》卷三，（章四），是智性動作所用的因素。照此說去，假設人不分彼此，共有數目上相同的一個明悟；那麼，人的智性動作，也便不分彼此，在數目上，只是共有一個相同的動作：這是必然的。這顯然是不可能的：因為許多不同的個體，不能有相同的一個動作。（用反證法反回去），足證：人不分彼此，共有一個明悟，乃是不可能的。

假設對方轉進一步主張：智性動作是隨覺像的分歧而分多；這樣的主張是站立不住的。理由有以下數點：

一因、按已有的說明，一個作者作出的一個動作，通達於許多主體，乃隨主體的分歧而分多。這樣的動作，是外成動作，所以才如此分多。然而智性的動作，例如懂真理，愛至善，和此類的其他動作，等等，都不是外成動作；它們不通達於外在的物質以內去；反之，它們存留在作者的本體以內，成全作者本體的美善：明證於亞里斯多德《形上學》卷九，（另版卷八，章八，頁一〇五〇右欄）。故此，明悟的一個動作，不可能隨覺像的分歧而分多。

另因覺像對於明悟，在某些方式和限度下，和施動者對於受動者，有相同的關係和比例：根據亞里斯多德《靈魂論》卷三，（章四頁四二九左欄），智性的動作，（曉悟事理），乃是一種受動。然而，受動的現實，不是隨施動者數目的分異而分多，而是隨施動者性理或本體的不同。因為，一個受動者，同時受動於兩個施動者，一個施熱，一個發乾，受動者便受燒熱，並受燒乾：兩個受動的現實，性理不同，受動於兩個性理不同的施動者：同時完成於一個受動的主體以內。然而，兩個施熱的主體，施放出性理相同的熱力，在一個受熱的主體內，只能產生出一個受熱的現實，不能產生出兩個來；除非那兩個熱力是本體不相同的兩種。

現因同種的兩個熱力不能存在一個主體內；又因變動的事件，是根據終點計算數目，假設在一個時間發生在相同的一個主體內，這個主體受燒熱的現實，便只是一個事件，不能是兩個。這是一個定理，熱力不同種者例外；例如生物的種籽以內，有兩種火的熱力，一種來自天體，一種來自靈魂。（天體是包圍地面的天上形體，發出火力，和生物靈魂發出的火力，會合，維持種籽傳遞生命所需要的溫度。一個種籽受兩種火力燒熱，便同時有兩種受燒熱的事件：一個是天體物質的火力，一個是靈魂生命的火力，前後有時溫度相同，有時互成反比例，以維持生物體溫的平衡：天氣冷時，生命的火力便提高；天氣熱時，生命的火力便減低：有一定的限度；過度時，生物便害病或死亡）。

準此而論，足見明悟的動作不因覺像的分異而分多，除非是由種類不同的覺像中，領悟了種類不同的物性：例如領悟人性是一個動作，領悟馬性是另一個動作。然而領悟這兩種之中的一種物性，是所有一總人能同時共有的一個動作。故此，（從覺像方面著眼），仍得同樣的結論：就是在數目上，人不分彼此都應共有相同的一個動作。（這是不可能的。如此，用反證法反回去，足證對方的主張是站立不住的）。

還證：明悟懂人是什麼，不是根據人是這某一人所是的什麼，而是根據人字種名純粹的名理，絕對確定依此公名的實理，人之所以是人，不分彼此，都是什麼。然而，這樣的公名實理是至一的，不拘人的覺像有多少，或分別存在一人以內，或在不同的許多人以內；覺像所代表的人分許多不同的個體，故此覺像也隨之而分多，不拘多到多少，所呈現的人性，卻是全人類至一而至同的。人性相同，人字的名理相同，懂明這個名理，便是一個知識的動作。足見，對於一個種名的名理，（及其所指的物性），覺像的分多，不能是明悟動作分多的原因。如此，又得出原有的結論，仍是在數目上，許多不同的人，共有一個動作。（這是不可能的，用反證法反回去，足證對方的主張不能成立）。

又證：知識本有的主體，是明悟；因為明悟的現實動作，是根據知識明察事物的性理。然而，（知識是品性的一種，品性是依附實體的附性），附性如果是一個，便只能隨主體而分多。今如假設全人類，大眾共有一個明悟，種類相同的知識，例如文法的知識，便必須在數目上是全人類大眾共有的，相同的一個知識。這是不堪設想的。故此，不是全人類，大眾共有一個明悟。

然而對方答辯又說：知識（依附所在的）主體，不是明悟，而是感受性的智力和思想力。（明悟和靈明相對，一施一受：靈明施動發光照明事理。明悟受動，領受洞曉的事理。感受性的智力，不是明悟，不是靈明，而是腦力。腦力是人人不同的，故此智性的知識，也便因而是人人不同的。回閱章六十）。

對方的這個主張，實際是不可能的。理證如下：

一證：依照亞里斯多德，《道德論》，卷二，（章一，頁一一〇三右欄），所有的證明；從同樣的行動，生出同樣的品性和技能；同樣的品性和技能，返回去，又產生同樣的行動。然而，在吾人以內，從明悟的行動，生出知識靈通的品性和技能；根據這樣的品性和技能，吾人有能力作出同樣的行動。足證：知識的品性和技能是在明悟以內，不是在腦力以內：就是說：不是在所謂的感受性智力以內。

還證：知識的靈通，是通達明證法所證出的結論：因為，按亞里斯多德，《分析學後編》，卷一，（章二，頁七一右欄），舉出的定義，明證法是產生知識的三段論法。然而，明證法的結論，和前提的原理一樣，都是普遍的公理。故此，這樣的知識也應存在於普遍公理的知識能力以內。這樣的能力，認識那些普遍的公理。然而，腦力，就是所說的感受性的智力，不認識普遍的公理；而專是認識個體事物的意像。故此，它不是知識（品性和技能）的主體。（腦力強的人，思想巧妙，幻像豐富而奇特，但不常有哲學或數學等等智力的聰明。足見腦力不是智力）。

另證：還有許多別的理由，上面（在章六十），討論明悟對於人的結合問題時，已經提出了，也足以推翻對方錯誤的主張。（茲不重述）。

對方陷於錯誤的原因，依照他們的思路看來，好似是：因為他們發現了人間因腦力，就是思想力和像想力的條件不同，而分出知識技能的靈敏和駑鈍等等差別：為此，他們便主張腦力是知識的主體。殊不知這樣的想法是錯誤的。理由如下：

一因知識的靈敏，銳利，不是直接依賴腦力，而只是和它們有一些間接的關係：猶如，根據亞里斯多德《靈魂論》卷二，（章九，頁四二一），提出的說明：知識的聰敏，和觸覺的銳利，也有一些關係；和身體的氣質也有一些關係：因為觸覺銳利，肌肉柔軟的人，有聰明靈利的心智。但以上這些關係，是疏遠而間接的。反之，知識的品性和技能，和通達事理的聰明銳利，前後互有直接而密切的關係：前後兩者，共同和知識的能力，也是有直接而密切的關係：因為，既然是知識的優長，便必須成全知識能力的美善：吾人知識，在知公理；所用的能力，乃是明悟。知識的優長，正是幫助明悟行動便利，隨心如意：猶如別的各類品性或技能的優長，也一樣，都是直接成全各自依附所在的能力，（參考亞維羅，《靈魂論》，卷三，註解十八）。

又因那些腦力的條件，屬於對象方面，就是屬於覺像方面：那些腦力優良，便有活潑而高強的想像力：能配製覺像，預備覺像，使它們容易感受靈明的光照；由可知的潛能，成為現實可知的智像：受到明悟的曉悟。能力的優長，屬於能力方面，不屬於對象方面。例如勇德的優越，屬於靈魂的某一部分，靈魂因之便有充足的能力，忍受鉅重的艱難；那麼，它不得屬於對象方面：因為這裡的對象，本身艱難，為能變為尚堪忍受，（必須在某些方式和限度下，減輕自身艱難鉅重的程度；因而），便不是勇德（在靈魂的耐力方面）可有的條件了！如此比較推論，可以顯然明見：知識（品性和技能）的主體，不是任何腦力，而主張它是明悟，更為適宜。從此可見上述大註解家立論的不適當。（說到這裡，話歸原題，繼續前進，證明不是全人類大眾共有一個明悟，又有一個理證如下）：

又證：（用反證法），假設全人類，大眾共有一個明悟，那麼，按對方的主張，人類從無始之始，就是永遠常有的，必須肯定明悟從太古以前，也是永遠常有的；並且靈明更應是如此：因為，（明悟是受動智力，靈明是施動智力）；按亞里斯多德，《靈魂論》，卷三章五，（頁四三〇左欄），提出的定論，施動者榮貴，優越，勝於受動者。然而，假設施動者和受動者都是永遠的，所施與所受必須也是永遠的。（然而，靈明之所施，與明悟之所受，乃是現實可知的理，及代表實理的意像，意像是概念，或觀念之類）。故此，（對方必須稱認），智力可知的這些意像，也從無始之始，永遠常有於明悟以內。那麼，明悟便不從新在某某時間，又領受某些古所未有的，或古所已有的意像。

然而，依此假設及其上述的結論，器官的知覺，和覺識所知的覺像，都不是人為智力的知識所必需的了：因為它們的用途不過只是（呈現物性事理的意像）以供明悟的領受和曉悟。現在，它們既然全無用途，真理的意像及知識是人明悟常有的，吾人不用再經過器官知覺而取得物性事理的知識；反之，僅僅受到了器官知覺的驚醒或刺激，便能（反觀內省）回憶原先已知的知識。我們理智的知識，竟然都是回憶了。這是回到了柏拉圖的成見。（參考柏氏《梅諾對話集》，Meno，德能問題的檢討）。這是錯誤的，足證前提的假設是成立不起來的。

上述大註解家，（亞維羅），反抗而答辯，又說：智力可知的理，及其意像，有兩個主體，作自己寓存的所在：一是明悟，二是覺像。從明悟方面，理和理的意像有永遠的現實；從覺像方面，它們卻有新時間內的呈現；猶如視而可見的景像，也有兩個主體：一是心外的物體，二是眼睛內的視力。

上面這樣的答辯，也是無效力的。理證（七條）如下：

一證：永遠的行動和美善，不可能依賴不常存的事物。覺像，由器官的知覺，形成於吾人（的覺識）以內，每日新生，不是永遠已有，也不是永久常存的。足見（永遠的）明悟現實動作，所用的（永遠）意像，也不能像似視而可見的景像，依賴心外實有的物體那樣，依賴不常存的覺像。

加證：物不領受自己已有的事物：因為領受者必須容量空虛，始能領納所受。（猶如容器盛物，按亞里斯多德《靈魂論》卷三章四），容器空虛，始能盛物。然而，（按對方的主張），在你我未有器官知覺以前，凡智力可知的實理及其意像，都永遠就已存在於明悟以內。故此，明悟便不從吾人的覺像，領取可知的物理及其意像；也用不著白費工夫，用靈明的光照，將吾人的覺像，變化成智力現實可知的意像。詳言之：對方必須承認，明悟是萬理鹹備，永遠如一的：因為在吾人現代以前，所有往代的人，都有智性的知識；明悟不能不也現實滿載所需的各種物理及其意像（或觀念）。也不可說：明悟原先領受的意像，在已往某某時期，失去了存在：因為明悟的任務，不但領受意像，而且保存已領受的意像：因此，亞里斯多德，《靈魂論》，卷三，（章四，頁四二九左欄），曾說：明悟是意像的儲存所。（萬理萬像，俱已鹹備，既有永有，不需要用抽象的工夫從器官的覺像，抽取出來，重新受到明悟的領受）。

又證：被容納的物品，在容器中，遵從容器的生存方式和限度：器虛而物盈：盈虛同類而相當。（參考泡克路著《原因論》Liber de causis〔*The book of causes*〕，命題十二）。然而，靈智依其本體是超越變動的。（超越變動，便超越時間）。依此而論，足見：明悟之所容納，在明悟以內，有固定不變的生存。

另證：智力高於覺力，故此比覺力更是統一。吾人明見一個智力能判斷器官覺知的各類事物：足證智力有統攝萬類，兼知異類的統一能力。因而吾人可承認許多不同覺力專司的任務，也可匯聚歸一，統屬於一個智力。器官覺力當中，有專任領受者，例如外部器官的知覺；有專任儲存者，例如覺像力和記憶力。（覺像力保存外官知覺的印像。記憶力回憶內官知覺的印像，並追認某些是已往某時某地經歷過的印像）：它們也叫作，覺識印像的寶庫。（參閱下章）。故此，不應否認明悟不但能領受，而且也能保存已領受的事理。（明悟既能保存已知，便不需要再向覺像方面，搜尋那已知的事物）。。加證：在（物質界）自然物體裡，全無意義主張：因變化而達到的終效，不應久存，而應立刻消失：這樣的主張等於說：萬物常變。這是錯誤的：因為變動是一個有始有終的過程，終止於安靜：不是永變不止。物質的變動，尚是如此，何況靈性的智力呢？足見更不可主張：明悟不保存已領受的知識。（它的知識既是常明常照，便不必每次去覺像裡搜尋摸索）。

還證：（仍用反證法），假設：因為明悟已經從往代人類的覺像中，領取了可知的意像，它便不再從現代吾人的覺像中，領取那某些意像；依同理，它也不從任何往代以前又有往代的世人覺像中，領取任何意像。然而，按對方的主張，世界是永遠的，故此，任何世代的人以前，都又有往代更古的人。如此推論下去，明悟便永不從任何某世代人覺像中，領取智像。這樣說來，亞里斯多德主張的靈明，將覺像變化成現實可知的智像，云云，便等於虛設了。（這是不適宜的。足證對方的假設是不能成立的）。

另證：從此看來，對方顯然的結論，好像應是：明悟為有智性的知識，不需要覺像。然而，既然吾人是用明悟而有智性的知識，（懂理等等）；那麼，吾人為得這樣的知識，也不需要用器官的覺識和意像了！這顯然和事實的真理是不相合的，並且是違反了亞里斯多德的定論。（《靈魂論》卷三，章三，頁四三二左欄：證明了，人的明悟為懂明實理，常需要用覺識所知的覺像。依此，用反證法反回去，足證對方的主張錯誤）。

人的明悟，常用覺像——有人能答辯說：按上面相同的理由和比例，縱令不同的許多人，有許多明悟，各人有各人的明悟；只少為現實觀察明悟內保存的那些意像及所代表的事物，（就是物性事理等等），（仍應主張）吾人不需要用什麼覺像。足證：明悟仍有一些知識，純粹屬於智性，和覺性界的知識全無連繫。

以上那些人的答辯，是反對了亞里斯多德的定論。他（在《靈魂論》卷三章三）證明了：靈魂永不會無覺像而懂理。據理而論，也可顯然證明那樣答辯是不適宜的；理證如下：

一證：明悟動作，根據自己本性的方式；和其他任何實體相同：都是率性而動。然而，根據它的本性，它乃是形體的性理。所以，它固然懂曉非物質的實理，然而它懂理，乃是在有形的物質實體或事件內，審察那無形質的實理。下面的事實是這點真理的符驗：為講解或懂明普遍的道理，人的明悟需要舉出個體的事件作實例，在這些實例以內，察驗所講的理：隨事體察，即物觀理，是一個定律；足徵明悟知理，不是沒有覺識所知的事形物像。為懂無形的理，用靈性界的智像：智像的形成卻需要成於覺像。明悟需要任用覺像，分智像形成前後不同的兩種方式。在智像未形成以前，明悟需要覺像，是為從覺像中，取納智像，（用智像代表智力可知的性理）：當此之時，覺像對於明悟，有對象充實收容者的任務，觸動明悟的醒識和察收。在智像形成，既被明悟領受以後，明悟需要覺像，任用覺像作智像的根據或工具：呈現智像所代表的客觀物理：當此之時，覺像對於明悟，有效果對於原因的關係：覺像生於明悟是依照明悟的命令和主宰，形成在覺像力以內，符合某某智像；和智像發生肖像對於樣本，或實例對於標準典型，或彷印品對於模範印版，所有的關係。智像光明呈現於覺像以內，猶如理想的典型實現於具體實例之中。無形的實理顯現在有形的物像以內。（物因理備而成形，理因形備而彰顯）。如此說來，足以斷言：假設明悟以內，智像業已俱備，永遠如斯；覺像對於明悟，便永不會發生對象對於收容者，所有的關係和比例。（這裡對像是覺像所顯露的外物及所含蘊的物理；屬於客體方面。明悟屬於主體方面。知識的主體，認識客體的物理，是用明悟的智像照顯覺像內所含蘊的理。覺像是屬於對象方面，和明悟是對立的：它觸動明悟，給明悟供獻客體物理的圖樣：覺像主施，明悟主受：互有施受的關係，在相當限度內說話，這樣的關係是真實的。對方的主張不足以保全這個事實。足證對方錯誤）。

又證：根據亞里斯多德，《靈魂論》卷三，章四，（頁四二九左欄），人和靈魂懂理，所用的能力是明悟。今如依照對方的主張，假設明悟，（不但是能力，而且是一實體，並且）是全人類大眾共有的：永遠常存，至公至一；那麼，在它以內，應盛載著現代或往代任何人所知一切事物的性理，及代表這些性理的智像：萬理鹹備，萬像俱全。照此說來，我們現代的任何某人，既然是用那個明悟懂曉事物的理，並且他理智的知識是那個明悟的知識，他應現有古今任何人所已有的一切知識。這顯然不合於事實。（用反證法反回去，足證對方的錯誤）。

針對著上面這一點，上述的大註解家，還能轉進答辯說：吾人用明悟懂理，僅僅是由於明悟藉覺像而交接吾人。惟因覺像眾多，人人不同；各自所有的條件不同，人理智的知識，彼此也便不完全相同，並且有智愚的差別。

上面這樣的答辯，外表看來，好像符合上面舉出的前提：因為，縱然明悟不是大眾只有一個，而是各人各具的，吾人如果不先有適當的覺像，誰也不能曉悟自己明悟內已有的智像，及智像所代表的那些事理。（明悟用智像通達物理，不得不經過覺像的門路）。

但，實際上，他上面的答覆，仍不能完全避免不適宜的後果。理由明顯如下：

按亞里斯多德，《靈魂論》卷三，（章四，頁四二九左欄），明悟既因領受智像而有現實知識以後，便能自己現實運用那些知識。觀察日常經驗，也可明見：吾人既有某物的知識以後，便有能力隨意，重覆觀察它，思想它。吾人不因覺像（缺乏或不適）而受阻礙，因為吾人有能力，隨心如意，形成和那知識恰相適當的覺像。此外，惟一能有的阻礙，是來自人的器官方面。例如腦神經有病，或患昏睡病的人，不能自由運用覺像力，（想像力），和記憶力。

為了這個理由，亞里斯多德，《物理學》卷八，（章四，頁二五五右欄），又說：已有知識和技能的人，雖然現實只有審思的潛能，但他有能力隨意自己出動，現實審思或觀察，由潛能過渡到現實，不需要被動於外物，只需要去掉自己行動的阻礙。（這個阻礙，在頭腦健全的人中，是覺像的缺乏，但不難解除：用腦力思構所需的覺像就是了）。

說到這裡，請注意，假設依照對方的主張，在那個明悟裡，有各種知識的現實：萬理鹹備，萬像俱全，因為它是至一至公而永遠常存的，那麼，明悟需要覺像，不是為取得新智像，照顯新物理；而僅是為徵驗舊智像，煥發舊知識的復甦，達成再度審思妙悟的現實。為有這樣的現實，沒有適當的覺像，也是不能成功的。（然而，方才說過了，針對已有的智像，新造適當的覺像，是人人有能力作到的）。

準此而論，把話說回去：既然每人用明悟懂理，是由於明悟因智像全備而有知識的現實，懂明智像所代表的理；然後，每人能隨意隨時現實運用已有的一切知識，明察所知的一切事物：人人如此，無一例外。（人人成了現實全知的！）這顯然是和事實不相合的。假設事實果然如此，便無人再需要投師求學了。（從此，用反證法反回去，足證對方的錯誤）。

說到最後，顯然的結論乃是：明悟不是全人類大眾共同只有一個；（每人各具的明悟），也不是永遠已有的，（而是與生俱來的）。

第七十四章　亞維新與柏拉圖論「靈明」

比較觀察，足見另一位哲學家，就是亞維新（Avicenna），他的主張，和前章提出的那些理論，也是互相衝突的。

他在所著的《靈魂論》，（《物理學》，卷六，篇五，章五及章六），曾說：在明悟以內，智像不長存，僅有於現實的知識和思想時期中。他的理由如下：

被知的性理或形像，現存於知識能力（範圍）以內的時期，是它們現實被知的時期：因為知識知物的現實，和物被知的現實，是一個現實。在知識的現實中，知者和被知者是合一的。（大哲亞里新多德，《靈魂論》卷三章二及章四，曾證明了這樣的定論）：現實中的覺力，和現實被知覺的事物也是合一的。同樣，現實內的智力，和現實被曉悟的事物，也是合一的：前者便是後者。從此可見：覺力或智力，在意識範圍內，實有被知事物的形像或性理（的意像、觀念），在此限度內，乃是和被知覺或被曉悟的事物，現實合成了一個。在現實合一的時期中，便有覺力或智力知物的現實知識。他又說：

保存已知的物像或物理，不是知識的現實，所以也不是知識能力的任務，而是知識能力另有的一些所謂倉庫的任務：例如覺像力是外部器官覺力所知各種物像的倉庫；又如記憶力是內心覺識不用外部器官覺力而知的種種意像的倉庫；（物像是有形的物像，內心覺識不用外部器官而知的某些意像，是無形的意像，例如意識或情慾）；例如羊對於狼，有仇敵的感覺。（這樣的感覺不是有形質的，仇敵的關係及其印像，保存在羊的心內，只有意像，沒有形像。保存形像，是覺像力的任務。保存無形像的情意，或意念；在覺性界，是覺性記憶力的任務。意像是類名，分有形無形。意像的保存力或倉庫，因而也分兩種：一是覺像力，二是記憶力）。

這些保存力，不是知識力，雖然沒有交接外物的器官，但有身體內部的某些器官，（古代醫家認為它們的器官是在腦髓的中部）；因而，它們有能力將已知的印像，保存在這些器官中；保存而不運用的期間，沒有明覺的現實；但那些印像的收容和保存，接近於現實的明覺；（仍屬於意識界，隱而不顯，藏以待用）。為此理由，知識能力，轉念回顧這些倉庫以內，便能現實明覺在那裡儲存的印像；（將它們回想起來。覺像力和記憶力能保存它們，是因為這兩個力量有身體內部的某些器官。這是重要的一點）。

但按大眾已知的定論，明悟既是知識力而不是保存力，又沒有身體內外的任何器官；為這兩方面的理由，亞維新在結論裡，斷定說：明悟以內，智像的保存，僅限於現實被知的時期以內。（這是他的第一個結論）。

接著，他又（推出第二個結論）說：故此，那些智像的保存，僅有三個（可以假設的）處所：或在某某器官，就在有身體器官的某一能力以內；或在形體以外脫離物體，而飄然獨立存在，反映在吾人明悟以內，如同物體反映在明鏡以內，（如同天上的星月，反映在池水中）；或在某一絕離的施動者以內。這個施動者，和形質絕異而分離）保存各樣智像。每當吾人明悟現實懂曉事物之時，代表那些事物性理的智像，便如水流注一般，從那箇施動者，傾流到吾人明悟以內。（這個施動者，也叫作施動的靈智，依亞維新的想法，它不但是一個智力，而且是一個神智的實體，有獨立的生存。它將智像注入吾人明悟以內，就如同太陽將光線和形色放射到吾人眼睛以內。太陽是物質的光明。那個神智的實體，是神界的靈明：施放光明，光照人的明悟）。

在以上三個或然假設的處所之中，亞維新看到了，第一個假設，在實際上，是不可能的：因為，在形體器官的知覺能力以內，存在的那些物像或意像，都是覺識內的意像：就是覺像：它們對於明悟，只有可知的潛能，沒有可知的現實，（不能形成明悟的知識）。第二個假設，也是不可取：它乃是柏拉圖的舊說，受了亞里斯多德的批駁，（參考《形上學》，卷一章九，頁九九〇左欄）。這樣想來，亞維新，在（最後的）結論，乃採取了第三個假設，認為，在事實上，每當吾人明悟有現實知識之時，可知或應知的那些智像，便從那個施動的靈智，傾流出來，灌注到吾人的明悟裡。他主張那個施動的靈智，是一個所謂「絕離的實體」，（就是一個和有形物質絕異而相離的物體：是無物質而有生存的實有物：神體）。

如果有人反對他說：依此而論，人間學得新知識，和回想已學的舊知識，便前後沒有分別了。（都是受那個「神體」的啟廸和灌輸）。

他的答覆如下：學得新知識，不是別的，乃是練習完善的技能，給自己配備上適當的條件，交接那個施動的神智，從祂那裡，領受可知的物性事理，及代表性理的智像。未學以前，人有空洞的能力，虛而能受，有領受的容量。（既學以後，知識飽滿，充實了明悟的空虛）。學習的現實，是調整（明悟的）能力，（修養心神），為能適合靈明的光照和知識；（受神明的光照和啟廸）。

從言詞的外表看去，亞維新的論調，和亞里斯多德的學說，好像是聲氣相合。亞里斯多德在《記憶論》章一，曾證明了：記憶力不在智力方面，而在覺力方面。從此看來，好像是智像的保存，（就是義理的記憶），不屬於智力方面。

駁亞維新：然而仔細觀察，亞維新的主張，在根源上，和柏拉圖的主張，沒有多大分別，或完全沒有分別；因為柏拉圖主張智力可知的性理，（是種名代表的物性事理，並是至完善的純理），都是和有形物質絕異而分離的實體。通達物性事理的知識，是從這些實體湧流出來，注入到吾人靈魂以內。亞維新卻主張，那些知識的河流，不是發源於許多「絕離的實體」，而只是發源於一個「絕離實體」，就是發源於他所說的「靈明」，也叫作「施動的靈智」：根源上，絕離的實體，依兩個主張，前後相較，雖有許多和至一的不同；但吾人的知識不是由覺識可知的事物而產生出來的效果；在這一點上，兩個主張卻完全沒有分別。這一點是兩個主張共有的錯誤，和事實明顯是互相衝突的：因為，殘廢的人，如果缺乏了某某器官的覺力，他便也缺乏那個覺力所知各種事物的知識。（生來沒有眼睛的盲者，缺乏光學的物理知識）。

亞維新的學說，卻主張，（吾人的）明悟觀察覺像能力以內所呈現的個體事物，便受到靈明的發光照耀，遂能認識普遍的物理；又主張下做的能力，就是覺像力和記憶力，連同思想力，（都是腦力，屬於器官的覺力之類）；它們的動作是調整靈魂，給靈魂裝備上適當的條件，為能領受從靈明湧流出來的知識之光。靈明是他所說的施動靈智。知識之光是從那靈明湧流或施放出來的智像。（智像代表可知事物的真相，就是代表它們應有的真性實理）。他說，為能領悟這些真性實理，吾人的靈魂先應受到覺性知識的影響和調整。

以上這樣的學說，是新奇的異說，不合於慣常的事實。考察事實，便可看到：吾人的靈魂越遠離覺識可知的，物質界有形體的事物；為從那些絕離實體、領取可知的事理，就能越有更適當的準備和條件。所謂下學而上達，必脫離了下方的始點，方能上升，接近於高峯的極點。膠著於下界，擺脫不開，則不能上達。從此看來，如說靈魂因俯視形體物像，遂因而準備自己，並得適當條件，藉以領受靈明之光的灌輸，云云，這樣的學說，不似符合真理，（因為是欲上升而反下降）。

比較觀察，可見柏拉圖，思路推進，從始至末，不失根本，不亂方向，表現有邏輯的優點。他在根本上，一開始，便主張，覺識可知的事物，不調整靈魂，不給靈魂裝備適宜的條件，助祂領受超越形質的性理之灌輸；反之，它們僅僅喚醒明悟，提醒它，使它理會到某些事物；這些事物的知識，它原來就已經實有於意識以內：是由外在因素得來的效果。柏拉圖主張，吾人靈魂內，俱備各種可知事物的知識，是在生存開始之初，由那些絕離形質的純理，在吾人靈魂內，產生了的效果：因此，（萬物萬理的知識，是人人生而俱備的；受了下界形質的騷擾，便遺忘在靈魂的虛壑中），學習而得的知識，是那些原有知識的一些回憶。依照他的學說，這是一個必然的結論。因為，那些所謂的絕離實體，是常存不變的，故此，萬物的知識如同常照不息的光明，從它們那裡，放射到有能力領受的人靈以內。（然而，話又說回去，亞維新和柏拉圖的學說，在共同根本之點上，是錯誤的：因為吾人明悟內的知識，直接不是生自超物的神體，而是生自覺識可知的事物：生在明悟以內，也便能保存在明悟以內。為證明吾人的明悟有保存知識的記憶力，前章已經提出了一些理由；本章在這裡，多加一些理由，證明如下）：

加證：容納在某物以內的物體，在那某物以內生存，依照那某物的生存方式。明悟的生存是智性的生存，穩固堅定，甚於形體物質的生存。依照亞維新的見解，物體的性理，從那施動的靈智，湧流到形體物質以內，尚且被保存在那裡，那麼、何況明悟呢？它們湧流到明悟以內，便更能久存，依照明悟生存穩固的方式和限度。

還證：智性的知識比覺性的知識，更是完善。覺性既有某某能力保存已得的知識，智性便更應有這樣的能力。

又證：觀察物類實況，可見：許多不同的事物，在低級物類，如果屬於許多不同能力分別專司之；在高級物類，便屬於相同的一個能力合聚統理之；例如中心覺力，用合聚統理的知識，全知各種器官覺力，分別專知的各種事物。知識的收領和保存，在靈魂的覺性部分，屬於不同的許多能力，依照上面的比例，可知它們在靈魂至高無上的那一部分，就是在智力（的意識範圍）以內，應合聚歸一：而統屬於一個智力。（明悟既能收領新知識，便也能保存舊知識）。

另證：按亞維新的意見，靈明的神體，就是他所說的施動靈智，從自己以內，傾洩出知識的河流，灌注到每人明悟以內。照此說去，學得新知識，不是別的，乃僅是學者修養或整飭自己的明悟，為能交結那個神體。倘果如此，學者現得的知識，不能有與其知此，勿寧知彼的分別，也不會有知識程度高下的比較。（既有了適當的準備，神交靈明，便應全知一切）。這顯然是錯誤的。

又證：亞維新的這個主張，顯然也相反大哲亞里斯多德的定論。大哲在《靈魂論》卷三，（章四，頁四二九左欄）曾說：明悟是智像儲存的場所：這和亞維新所說的「智像的寶庫」，在實義上，沒有任何不同。

再證：亞里斯多德，在那裡的下文，接著說：明悟既願得到知識，它便有能力專憑自己發出行動，雖然它還沒有現實的知識。它既能自動，則不需要依賴任何高級施動者的灌輸或影響。

還證：亞里斯多德，在《物理學》卷八，（章四，頁二五五左欄）曾說：在未學知以前，人在本性上，對於知識，有虧虛而能領受的潛能；為轉移到知識的現實，需要依靠某某因素的推動；但在既已學知以後，他（可以自由運用那箇知識），不再而要被動於外來的因素。足證，他也不需要依靠施動靈智的灌輸。

還證：亞里斯多德，在《靈魂論》卷三，（章七，頁四三一左欄至四三二左欄），又說：覺識內的印像對於明悟，和覺識可知的事物對於器官的覺力，有相同的關係和比例。（既然覺力所覺的印像，是來自覺識可知的事物），依照上面的比例，看去，便可明見，明悟以內所領悟的智像，（及其所代表的物理），乃是來自覺識內的印像，不是來自所謂的「絕離實體」。（覺識內的印像，是覺像。明悟內的智像，是公名的名理或意義。覺像對於明悟，和形物對於覺識，有同樣的比例。覺識的覺像來於形物，明悟的智像來於覺像，不是來自他方）。

解難：和本章定論好似衝突的一些理由是不難解破的。第一個難處是分別知識的現實、潛能、和儲存三個境況。明悟、智像俱備時，既有審思或明察的現實，便有知識完善的現實。然後，（將已有的知識，收存在明悟以內），在儲藏期間，既然沒有審思或明察的現實，雖然智像俱在，仍無知識完善的現實，但也不只時虧虛的潛能，而是智像或知識的儲存；這乃是現實盈極和潛能虧虛中間的一個境況。（這個境況是實有的，例如，記憶是可能的。在記憶中儲存著的知識，既非虧虛無所知，又非現實完善的明知，而是、在隱意識中，儲藏以待用的知識）。

亞里斯多德，在《靈魂論》卷三，（章四，頁四二九右欄），說過的以下這些話，正是指上面這一點而說的：靈魂的這一部分，就是明悟，既然（在意識的境界）「變成了每一個事物」；它和事物的合一，叫作知識的現實。因為它能依靠自己而動作，當它現實自動時，它知識的現實，便發生出來。它既有了知識的現實以後，它所處的境況，在某些限度內，固然相似潛能而虧虛，但和未學得，或未發現那知識以前的潛能而虧虛之狀態，卻不是相似的。（未知以前的虧虛潛能，是愚昧無知而能有知。既知以後的藏智以待用，相似虛靜無知的潛能，但不是愚昧無知）。

第二個困難：肯定靈魂的覺性部分有記憶力，因為它能追認，在已往某某固定時間內，曾已發生了的某某事物：記憶的任務無他，惟在懷念往事。它既然不脫離個體事物的條件和限定，故不屬於靈魂的智性部分。這一部分，乃是明悟，專知普遍而大公的事物，不受個體條件的限制，沒有已往和現今的區別。然而因此，並不可否認明悟有智性的記憶力，專為保存智力脫開一切個體條件而抽象曉悟的知識。（覺性有覺性的記憶力，專記往事。智性有智性的記憶力，專保存常真的理。理無時地之分，事有古今之別。記事，憶其古。存理，守其常。理不因無東西古今而不存。故能實存於明悟，這就是記憶何難之有）？

第七十五章　答駁「明悟惟一」論

還有對方為推證明悟惟一，提出了的一些理由。現應在這裡，證明它們無效。（參考亞維羅，《靈魂論》大註解卷三，註解五）。先將對方那些理由，標明號數，逐條列舉出來，然後再一一加以批駁。

甲、對方的理由

甲一、同類同種許多個體共有的性理，在種名的實理上，既然是一個，在數目的單位元上，如果分成許多，而建立許多個體；便必須用物質作個體化的因素：各種有形物體的性理，都是如此：因為，凡是種類同一，而數目眾多的物體，都是性理相同，物質互異的：相同之點，在於性理；互異的根據，乃是物質。準此而論，既然明悟、在種名的實理上，確是一個，假設它在數目上分成了許多，分別歸屬於許多不同的人；那麼，它在此某人，和彼某人以內的生存，必須也是用物質作個體化的因素。

然而，這裡的物質，（是什麼？只能有兩個假設：或是明悟自己的一部分，或是人身體的物質。第一個假設，是不可能的）：物質不是明悟自己本體的一部分：因為假設它是，明悟領受性理，便不是意識的領悟，識認物類的公理；而是第一物質之類的領受，取納個體的性理及形像等等，（用個體化的作用，將性理收縮而凝聚到個體內，建立塊然獨立的個體）：這和明悟的本性是正相衝突的。第一個假設，既是不可能，就只剩第二個假設：明悟個體化的因素：物質、應是某某人的身體：它既是那人身體的性理，必因那人身體的物質而變成個體化的。

對方本著上面的結論，更進一步，推證：凡是因物質而個體化了的性理，既是物質（潛能虧虛）的盈極現實，便是一個物質的性理或物質形式的條理：因為任何物體的生存，和它個體的成立，依賴相同的一個因素：既因物質而有生存，便因物質而成個體：猶如公有的因素屬於全種共有的性體，依同比例，個體的因素屬於此某個體獨有的性體。隨之而生的結論乃是：明悟確是一個物質的性理。從此必生的另一結論應是：明悟或領受某物，或發出任何動作，不得不用身體的器官。如此，明悟竟成了一個有器官的能力。這也是違犯明悟的本性的。（這是荒謬的。為此理由，對方用反證法反回去，乃結論斷定說）：明悟不分成許多而存在於許多不同的人內；但是只有一個：為全人類大眾所公有。

甲二、又證：假設明悟在人以內，因人而異，分或許多個，彼此不同，明悟所領悟的智像，及所曉識的實理，也必須在數目上，分或許多，彼此不同；在公名的實理上，卻是全種相同而至一的：因為現實所知的智像，以明悟為本有的主體：被主體收容保存。故此，明悟分成了許多，智像，在數目上，也隨著分成許多，而存在於不同的許多人內。智像或代表公名的實理或代表種別名所指示的性理。凡是種同而數異的性理，都是個體性理。然而（注意），個體性理，（具體存在於物質的個體內，或呈現在覺識的意像內），都不是明悟可知的智像或實理：因為智力可知的智像或實理，是普遍的觀念或公理，不是個體特殊的。如此說去，足證明悟分成許多而存在於人類許多不同的個體內，乃是不可能的。故此，大眾共有一個明悟，便是必然的了。

甲三、還證：師長將自己有的某某知識，灌輸給學生。這個知識，或在數目上是單位相同的一個知識，或是在數目上，單位不同，而種同，理同：就是同種的兩個知識。在以上這兩個假設中，第二個顯似不可能；因為，假設可能，師長在學生（明悟）以內，產生知識，便和父親，生兒子是一樣了。父親給兒子身體的物質內，產生人類同種的性理：這樣的產生是物質的產生，（不屬於意識界）。故此，必須採納第一個假設：就是承認師長在學生明悟內灌輸的知識，在數目的單位元上，和師長自己原有的知識，是相同的一個知識。（相同的某某一個知識，因師生相交，而出現在師長和學生兩個人，或許多人的意識內）。這樣的事情，除非師生共有一個明悟，是不會發生的。（既然承認了這樣的事實），似乎必須承認人類大眾是共有一個明悟。

乙：解破對方的理由

如同前者（在章七十三）證明了上述對方的意見沒有真理，同樣今者在本章不難解破對方為證實己見而提出的以上那（三條）理由。逐條解答如下，（甲乙號數相對）：

乙一、吾人公認人的明悟是種同而數異的：同種的許多明悟，存在於許多人內，（每人各有一個）。這些話的意思，在重點上，不是說：人的部分，每個的本體，屬於相同的某類或某種；而是說：它們是人整個實體的因素，屬於人整體所屬於的人類或人種。（類或種是一個群體。群體的成分，是個體，不是個體的部分。類名或種名，是個體的本體賓辭。例如說：張某是人。張某的本體是人；然而不能是張某的某部分的賓辭。因此，不能說張某的身體是人。但張某的身體和靈魂，既然是張某本體的部分和因素，而張某本體是人，故此張某的身體和靈魂是人的身體和靈魂；猶如不可說張某的腳是人，但可說：張某的腳是人腳，不是獸腳。從此可見，人的整體屬於人類或人種；而人的部分，但就部分的本體而言，不屬於人類或人種。腳的本體，不必定屬於人類或獸類。但某某腳，因為是某人的腳，便屬於那某人；並屬於那某人所屬於的人類。那某隻腳，直接屬於那某人，間接屬於類或種。同樣，身體、靈魂、或明悟，各是人的一部分，直接屬於某某人的整體或個體，間接屬於人類或人種的群體）。

然而同時須知，說明悟是人的靈魂，這句話的含義，不是說：明悟或靈魂是（人身體內）物質的性理，在生存上、依賴身體。因為人的靈魂，（雖然隨著身體的形成而開始生存，但在本體的生存和行動上，只運用身體，間接需要它，不是直接依賴它。這是人的性理、就是靈魂，和物質性理不同的一個要點。雖然如此不同，人的靈魂，在個體化問題上，仍和物質的性理一樣，用物質作個體化的因素）；因為，人的靈魂，和人的身體，根據兩方種名的名理、及所指的本體，應當在同種的界限內，結合而成此某某人的整體。為了這樣的、本體的關係，這個靈魂，（屬於這個身體），在數目的單位元上，不同於另某一個靈魂，因為那另某一個靈和另某一個身體，有本體結合的關係。靈魂個體化的方法，（和數目單位元的計演算法），正是如此：根據靈魂和身體，（互有的本體關係）。明悟既然是靈魂的能力，便也隨著靈魂，用身體的物質，作個體化的因素；不過這仍然不是直接依賴物質：靈魂或明悟的個體化，是以靈肉的本體關係，為（直接的）根據，不是肉體（或物質、直接）產生的效果。（人靈魂的本體生存，既不是身體或物質產生的效果，它的個體化，也就不是身體或物質的效果。既不依賴物質而生存，則不依賴物質而成為個體化的。然而此某靈魂和此某物質，在兩方的本體上，有互相結合的關係。這個本體的關係，是靈魂個體化的真理由：根據種名的名理所指示的本體和自然）。

乙二、對方第二條理由的缺點，在乎名理和實理的混淆。智像是名理，（也叫作實理的觀念，概念，或意像等等），被收容在明悟以內，是明悟懂曉事物之實理時，所依靠的憑藉；然而，仍不是明悟所懂的事物：因為明悟所懂曉的事物，既不是形界的個體，又不是意界的名理，而是個體事物本性本體內含蘊的實理。名理，根據這裡的定義，是意界的意像，或意念，或思想：是語言內，一個字或名辭所有的意義。假設智力所知的對像，不是心外事物的實理，而只是心內的名理或意像；既然各種的學識和技術所研究的對象，都是智力所懂曉的對象；那麼，百科學術的對象，便應都是明悟以內存在的名理或意像；而不是事物，在心外客觀的本體內，實有的物性或物理了！這現然是錯誤的：因為和事實全不相合；在事實上，不是所有各種學術，都是研究名理或意像；只有理智的和形上的學科，在本科某些範圍內，以名理或意像為研究的對象。（理智的學科，後代名辭叫作邏輯，或理則學，或名學等等，形上的學科，包括《形上學》總論，本體論，神體論，靈體論，或《靈魂論》，等等）。名理或意像，（雖然只是邏輯和《形上學》所研究的對象），但其餘所有各科學術，為能知曉所欲知的事物，必需都用名理或意像作少之不可的憑藉和門路。

從此可見，明悟懂理，在意識以內，收容的名理或意像，不是明悟之所懂，而是明悟之所憑：憑藉著名理或意像，而懂透事物內所有的實理：猶如眼觀顏色，眼睛視覺內所形成的意像，（或印像），不是眼睛所見的對象，而是吾人眼睛欲觀外物的顏色，必用的憑藉。（眼睛所見的對象，是實際物體的顏色，在於實有的自然界；視覺內的印像，卻是在於視覺的意識界）。猶如視覺之所見，是心外存在的事物，依同比例，明悟之所懂，也是心外存在的事物之理。（心外指示靈魂的意識範圍以外。心外事物的理，是事物的實理：猶言真性實理，或本性實理，或簡稱性理，和名理是相對的。理字單說，卻是名理和性理渾統名辭，除掉邏輯和《形上學》某些部分以外），人間所有的各科學術，發明成立，都是為在事物的本性實理上，認識心外存在的事物。（事物的實理，是普遍的公理，普遍存在於同名同指的每個事物中。代表實理的智像，卻是存在於每人心內的意識界。許多人用許多智像，各人用自己的，懂曉一個公理；猶如各人用自己的思想，想念那個公理。這樣的事實，只足以證明思想的個體化，不足以證明公理的個體化，也不足以證明名理的個體化。思想的個體化，適足以證明明悟的個體化。智像是思想內所想見的觀念，用以代表事物的實理。智像的現實呈露，包括兩個成分：一是思想的動作，屬於人的智力；一是代表作用：智像，猶如像貌或觀念，用自己內備的條理，模仿心外事物的條理；用雙方的對照和印似，作人由內心的意識，通曉外物的潛望鏡：就代表作用而論，凡是名理，或意義之類，都是智像的一種。智像或意義，猶如思想，成於心內，發於言表，寄於文字，傳達心外事物的實理。個人的智像，有普遍的代表作用，表達普遍的公理。智力所知的理，或名理或實理，都是普遍的公理。知公理，是智力的本務；也是學術的目的）。

方才說了，學術所知的對象，是普遍的實理。然不可因此按柏拉圖的主張，而認為普遍的實理在心外，有脫離物體而自立的生存。雖然知識的真理以符合事實為必要的條件，然而事物存在的情況，仍有心內和心外的分別。心外自然界整體合一的事物，有時在心內的知識中，卻是分開的：例如一個物體，在心外的事實內，是潔白而甘甜的；在心內的意識中，視覺只知潔白而不知甘甜，味覺只知甘甜而不知潔白。又例如：智力懂幾何學內「線」的實理；既可知線的實理是在形質以內，又可知其實理而不沾染形質，還可兼知兩者：將線的實理和形質的實理，同時領悟在心中：這裡情況的互異，是由於智像的不同。明悟所領受的智像，在這裡，分兩種：一種只代表數量的理：數理是純理而無形質的。一種卻代表有數量的形界實體：實體既然屬於形界並有數量，便不是純理而無形質。同樣，類名所指的類性，和種名所指的種性，在實際上，是同種每一個體固有的性體：離開個體，沒有飄然自立的生存；然而心際的意識裡，人的智力，可以不思想個體及其個體化的因素；用抽象的作用，從個體限制中，將全類或全種公有的性體，抽取出來，分開曉悟之。不但將公性和私體分開，而且將類公性和種公性也分開：這樣的解析離辨而有的曉悟，就是所謂「智力知普遍實理」的知識。

如此看來，足見：既說：普遍的實理在心外沒有離物而自立的生存；同時又說：智力因知普遍的實理而懂曉心外實存的事物：這兩句話的意義，不是矛盾不相容的。後一句的肯定，不是，也不足以證明出前句的否定來：這就是不足以證明普遍的實理，在心外有離物而自立的生存。

智力能給類名或種名所指的公性公理、將所有一切個體化因素，完全解脫罄盡。這個可能是以智像為條件。智像，就是名理或意義之類，是人用靈明作成的一個無物質的意像：因為，它是抽象的，乃是從物質和物質個體化的條件內，識別而曉辨出來的：這就是說：它是普遍化而意識化了的。這是靈明的本務。如此，智像，普遍化而意識化以後，便實被領悟在明悟以內：並是明悟所知的公理或公性。因此，（意識內的公性或公理，也叫作虛靈的性理，「虛」指全無物質的充塞，「靈」指全無個體局限和物質界限的拘束：簡言之，也叫作「無物質的性理」：虛靈無礙，是智像的特性。這個特性是靈明的效果，是明悟知公理的條件。靈明也叫作施動智力。明悟也叫作受動智力。智像因靈明而有公性。明悟因智像而知公理）。

為了上述的理由，也可看到智力和覺力的分別。凡是覺性界的知識能力，都不足以認識普遍的公性或公理：因為它們沒有能力領受方才所說的無物質的性理：這又是為什麼呢？這是因為它們，常將所能領受的印像，領受在身體的器官以內。（既然常用器官，便無力領受無物質的性理。反之，明悟和靈明都沒有器官，故不受器官物質的約束。靈明能作成無物質約束的智像，故能因而曉悟無物質約束的公理。智像是名理，觀念，意義，及其他類此種種。它們在人的意識以內，代表人身內外事物的性理）。

準此而論，不應肯定許多人知公理時所用的智像，在數目上、是單位相同的一個智像，兩人相較，彼此全無分別。這是不可能的：因為假設兩人的智像是一個，兩人的智力動作，也應是一個動作：因為動作隨從性理，而性理乃是性體的成因，也是種名定義的成因。智像對於智力動作，有性理對於性體或生存、所有的關係和任務：智像是智力動作的成因。

為說明怎樣兩人或許多人，同時懂到的理，是相同的一條公理，或一個公性，僅應肯定（那許多人的許多智像），像似並代表相同的一個性理。猶如許多圖畫，可以畫出一個人的像貌，因此一個人的像貌可被許多人看見；依同比例，可知：在數目上，有許多智像，（在許多人的明悟裡），代表一種物體的實理：這不是不可能的。

從此可見：許多不同的人，在許多不同的明悟內，有許多不同的智像，和公理的普遍知識，不是不相容的。

為了上述的這個理由，對方：「假設智像在數目上分成許多，既是種同而數異的，便和其他個體一樣，只有智力可懂的潛能，而沒有可懂的現實」，這樣的理論，不是必要的。前提和結論沒有必然的連貫。因為既說「某某是一個物體，有個體生存的現實」，又說「某某是現實可懂的，有被智力知曉的現實」：這兩句話不是不相容的。個體生存的現實，不是現實被懂的阻礙：因為，假設（依對方的意見），靈明和明悟是兩個「絕離的實體」，不結合形體而有自立的生存，它們便是兩個同種而數異的個體；但它們（依對方的意見，仍然）是智力可知的。（無物質的神體，彼此的相識，是智力的知識）。

可知性的阻礙是物質性。物質事物的性理，非用抽象的工夫，從物質中離辨而提引出來，不能受到智力現實的曉悟。這樣的事實足以作本段首句的符驗。依此定理，用某指定的物質作個體化因素的物類中，那些個體化了的事物不是智力可以現實曉悟或認識的。然而，假設有些個體，不用物質作自己個體化的因素，它們是無物質而有生存的實體，或實有界的任何單位；它們雖是個體，仍無任何妨礙受到智力現實的認識。

智像正是如此：它們是明悟內代表外物實理的意像：用自己寓存所在的主體，作自己個體化的因素；和其他各類性理一樣，被收容在某某主體內，因而變成個體專有的性理。然而智像的主體，乃是明悟。既然明悟不是物質的；故此，明悟的個體化作用，固然將所領受的智像個體化了，但仍不剝奪那些智像現實被智力知曉的可能性。簡言之：物質的個體化，取消性理現實被知的可能性；明悟的個體化，不是物質的，故此，不妨害性理或智像的可知性。（個體的明悟，認識自己專有的智像，代表公理）。

另證：假設可知性的阻礙是個體化，而不是物質化，凡是智像，或被收容於一個明悟內，或被收容於許多明悟內，都要受到個體化。明悟的多寡雖不同，個體化作用卻無不同。那麼，對方「明悟惟一」的主張，也不能保全智像的普遍性和可知性。

為說明上段的理由，可取譬於形界。在有形的物質界裡，種同而數異的個體，例如眾人或群馬，不是智力現實可知的。依相同的比例，種同而數同的個體，是獨種獨體，例如天上的這個太陽或月亮，也同樣沒有現實的可知性：（因為智力面對著日月，未加研究而解悟以前，現實不懂日月的所以然）。智像正是如此，同樣因容納於明悟中，而受到個體化：不拘明悟是許多，或是一個；惟須注意，智像在這裡的個體化，不是同種數異的個體化，不分成許多個體，依對方假設，是獨種獨體的；但這並不減輕它的個體化。（假設對方堅持個體化，是可知性的阻礙，便應理會到自己「明悟惟一」的主張，也無以保全智像及性理的可知性。如此，用反證法，反回去，足證對方的主張自相矛盾。可見：智力知識及性理可知的阻礙，不是性理的個體化，而是性理的物質化。具體的有形事物，是物質化了的性理。故此不是智力現實可知的。為現實被知於智力，而要智力用抽象的工夫，從具體的物質中，曉辨無形的性理）。

又證：依照上述大註解家的主張，在智力可知的實體之類，分許多品級不同的實體。明悟是它們當中最低的一個。同時他不能否認，某些高級實體，有明悟所有的某些知識，因為他主張天體運行，產生許多效果，具備的各種性理，是諸層天體推動者現實所知的。那麼，縱令人類大眾共同只有一個明悟，宇宙間仍有許多不同的實體和明悟，智力可知的性理和智像，仍因領受在那些明悟內，而分成許多；（並且仍舊要失去公理的至一性和普遍性：依對方的主張，這便是失去現實的可知性。結果仍是對方自相矛盾）。

（反觀內省的知識，也能知曉所說的智像）——吾人在本章內已經說過了：智像收容在明悟以內，不是明悟所知的對象，而是明悟為知對象所用的憑藉。雖然如此，吾人並不因而否定人的明悟、用某種反觀內省的工夫、能知自己的本體，也能知自己的知識或動作，並且能知自己的知識或動作所用的智像。（所謂智像，泛指名理、意義，意識內的印像及其他類此種種，和心外事物的實理是相對的，並是那些實理的代表）。

明悟，如此對於自己的知識，有兩種反省的知識：一知自己現時知曉某某實理：這是個體特例的知識：知現時發生的一個特殊事件，是自己現有的某某知識；二是性理普遍的知識：是明悟關於自己動作的性體或定義，由思辨論證，而得來的知識：知自己一切動作公有的本性。

關於自己的本體和智像，明悟如此也同樣有兩種反省的知識：一在特例知識中，明覺自己有現實的生存，並有某某智像；二在普遍知識中，明察自己和智像的性體：（是眾人的明悟和智像所公有的）。各種（心理學系）的知識，研究智力和他所知的對像，便是用這一種反觀內省的知識。（特例知識，知個體事物。普遍知識，知公共的性理）。

乙三、用上面說出的這些理由，顯然可以解破對方的第三條理論：對方說師生共有一個知識：是在數目上單位的同一。這樣的說法，在某一部分，有些真理，在另某一部分，卻是錯誤的：關於所知的對象，是對的。關於為知對像所用的智像，是錯誤的；關於知識的修養和技能，也是不對的。

然而，不應肯定師長在學生明悟內，產生知識，是用物質的產生方式：例如（此木用自己）火產生出（彼木燃起的）火來，（或例如父親的生命，產生兒子的生命）。因為自然生物和人工生物的方式，不是相同的。以火生火是自然生物的生，乃是將某某物質、對於應有的性理，由潛能的虧虛，轉移到現實的盈極。師長在學生明悟內產生知識，卻是用人工生物的方式。（人工的技術，分許多種類，各有各自不同的產生方式）。這裡為產生知識，現有的技術，是亞里斯多德在《分析學後編》所傳授的明證法，（是形式邏輯和科學知識所用的推證法：由明確無疑的前提，推證出明確無疑的結論）：知識的產生是結論的明證：因為，（按《分析學後編》，卷一章，指出的定義），明證法是產生知識的推證法。（推證法也叫推論法，或論證法；簡稱論法；普通分大小前提和結論三段，因此也叫作三段論法：就是論說文裡，據理論辯時，所用的理論方法：這裡將它列入人工技術的總類中，有科學技術的含義。技術分許多種，請閱下文的分析）：

尚須知道，按亞里斯多德《形上學》卷七，（另版卷六章九），技術分許多種，在某些技術中，物質為產生藝術品，沒有任何施動的因素，卻只有受動的適宜性：例如建築術所攻治的土木磚石等等質料，自己沒有任何建造房屋的動力。另有一些技術攻治的物質，為產生技術的效果，有發動的能力，例如醫師攻治病人的身體：在病人的身體內，有恢復健康的某些動力，不但受醫，而且能自醫。前類技術的效果，總不是自然界的產品，常是人工的產品，例如房屋永不是自然天生的，而是人工築造的。後一類技術的效果，既能生於人工，也能只生於自然而不用人工：許多病人，不經醫師的醫治，專靠自然的療養，也恢復了健康。在這第二類技術內，人工效法自然。（參考《物理學》卷二章二頁一九四左欄）；自然療養，是以熱醫寒，醫師醫病，也是如此。（人工分兩種：一是利用自然而自我創造。二是利用自然而效法自然）。

師長教誨學生的教學法，和醫法相似。學生受教育，（不但有領受的能力，而且）有自動領悟學理的能力：因為他有明悟，又有自然的一些真理，就是第一原理，是生而能知的，不待有學於師長。為此，知識的取得，有兩種方法，或專靠智力的發明，不待教於師長；或學而知之，仰賴師長的教導。（師長教導生徒，效法智力自然的發明）。教誨的步驟，效法發明的步驟：由相同的始點：由淺及深，由近及遠，由前提到結論，由已知到未知；提出有形的事物作實例，給學生的心內，形成必須的想像，藉以領悟無形可見的性理。（按《分析學後編》卷一，章一頁七一左欄），凡是學識的講求或學習，都是從已有的知識作出發點。

學生受教，為得知識，如無內在的才能，任憑師長在外怎樣勤勞，都生不出任何功效。知識的才能，是天主賦與吾人的。因此，神學界有兩句名言說：人師教人，是獻勤於外；天主教人，是功效在內：猶如醫師治病，也是輔佐自然，獻勤於外。如此說來，足見學生投師求學，所得的知識，不是自然（界物質）的產品，而是人工技術的功效。按這裡的說明，教學法是第二類技術的一種，和醫術相似。

另證：上面稱引的大註解家，主張各科學識的技能，附著所在的主體，（不是靈明，也不是明悟，而）是腦力。既然如此，「明悟惟一」的問題和「師生學識惟一」的問題，彼此是全不相干的。大眾共知的定理是：腦力是眾人不同，人人各具的：因為腦力是物質界的一個能力。故此，這裡他的理由，根據他的立場，和本處的問題，沒有什麼關係。（依照亞里斯多德的術語，靈明叫作施動的智力。明悟叫作受動的智力。兩者都屬於超物質的智性界。腦力，叫作思想力，也叫作感受性的智力，是內官覺力的一種：屬於物質界以內。參考前面章六十及七十三。受動智力是潛能虧虛的，但不屬於物質界：不是物質性的潛能虧虛）。

第七十六章 答駁靈明惟一論

從上述的這些理由，還可推出另一結論，就是：靈明也不是全人類大眾共有一個。（參考亞維羅，《靈魂論》大註解，卷三，註解十七及以下數篇）。亞歷山，（《靈魂論》，靈明章）；亞維新，（《靈魂論》，另題：《物理學》卷六，編五，章五；《形上學》卷九章三）；這二位亞氏，雖然不主張人類大眾共有一個明悟，但主張靈明只有一個，是人類全體所共有的。（請回憶：明悟是受動智力，靈明是施動智力。明悟受靈明的光照而見物理，猶如眼睛受光明的照耀而見顏色。為證明每人有自己固有的靈明，不是全人類共同只有一個，茲將各條理由，列舉如下）：

一證：施受相稱，是物力動作的定理。依此定理，有一受動，便有一施動，根據本體固有的特性，適相對待。然而，明悟對於靈明，根據固有特性，有受動對於施動，恰相對待的關係：因為，靈明對於明悟，按《靈魂論》卷三，（章五，頁四三〇左欄），和藝術對於物質，有相同的比例和關係。按（章七十三）已有的證明，既然明悟是人靈魂的一部分，隨人類個體的數目而分成許多，靈明便也應是如此，不得是眾人共有一個。

還證：靈明的本務，作出現實可知的智像，不是供自己用以懂曉事理；（按對方的主張），靈明是一個絕離實體，（有和物質分離而絕異的現實生存），既然沒有潛能的虧虛，便絕對不是供給自己，而是供給明悟用以曉悟性理。從此可見，它只作出為明悟知理，適相符合的一些智像。又因作品相似作者，所以它既有這樣的作品，便是一個這樣的作者。（參考亞里斯多德，變化論，卷一，章七；頁三二四左欄）。足見，靈明相稱於明悟。如此說來，明悟既是靈魂的一部分，靈明便不是一個絕離的實體。（相稱於明悟）。

加證：猶如第一物質是用心外實有的性理，充實自己的潛能和虧虛；同樣，依相同的比例，明悟是用現實可知的性理充實自己。然而第一物質領受自然界的性理，不是某某絕離實體單獨動作的效果，而且也是同類性理某某動作產生的效果，同類的性理及其動力是物質內部所具有的：例如，按亞里斯多德，《形上學》卷七，（另版卷六章八，頁一〇三三右欄），提出的證明，這塊肌肉是由這些骨和這些肉以內具有的性理，產生出來的。準此而論，明悟以內的智像既然是靈明用動作產生的效果，又按（章五十九）已有的證明，既然明悟是靈魂的一部分，不是一個絕離實體；靈明便也不應是一個絕離的實體，而是靈魂的一個動力。

又證：柏拉圖曾主張，吾人所有的知識生自（種名所指示的）純理。他又主張這些純理是一些絕離實體。亞里斯多德《形上學》卷一，章九，駁斥了這個主張。然而大眾確知的定理，是吾人的知識繫賴於靈明，猶如效果依賴於第一原因。假設靈明是一個絕離實體，這樣的主張和大哲駁斥了的柏拉圖主張，沒有多大分別。（足證這樣的主張是不可取的）。

還證：假設靈明是一絕離實體，它的動作必須是連續不斷的：或至少必須說它的連續或中斷，不隨吾人自由決定。然而它的動作是作出明悟現實可領悟的意像來，就是將覺像從可領悟的潛能狀態，製作成現實可懂的智像，（供給明悟領受，使明悟因之以為憑藉，而通曉心外事物的性理。這樣的施工動作，是靈明的任務，也是明悟懂理的原因。用象徵的語法，靈明的動作，就彷彿是發光照明物理，照耀明悟。靈明的光照，是明悟懂理缺之不可的因素）。

照此說來，請想：靈明作自己的那個動作，或常作不息，或不常作，而時作時息；並且它的或作或息，全不隨吾人作主。然而吾人現實懂理之時，惟在覺像成為現時可懂的智像之時。故此，必須結論說：或吾人懂理常懂不息，（就是常知理，常想理，常有知識的明覺）；或（不常懂理，也不常知理或想理），吾人智力的現實動作或停息全不由吾人自由作主。（這兩個或然的兩端，都是錯誤的，由而，用反證法，反回去，足證靈明不是一個絕離實體，也不是全人類共同只有一個靈明）。

另證：明悟，如果是全人類共有的一個絕離實體，對於任何那些人所有的一切覺像，便發生「一主對眾客」的關係和比例；猶如一個太陽光照萬象的顏色一樣：（一個關係，一頭而萬緒：是一首對多端的關係）。然而萬物的覺像，徧在有器官知覺的許多人意識以內：同時徧在，不分智愚：因為智人愚人，能同時覺知許多面臨的有形事物。那些覺像便應受到靈明同樣的光照：而同時成為現實可懂的智像。（既然那裡有現實可懂的智像，那裡就有明悟懂理的知識；今又智愚平等，共有同樣的覺像和智像），那麼人類，不分智愚，都有相同的明悟和知識。（這也顯然不合事實。用反證法反回去，足證前提的假設，那就是對方的主張，是錯誤的）。

（對方的答辯）——關於上段的理證，對方能答辯說：靈明，在自己方面，是常照不熄的，然而不常照明覺像，因為覺像方面不常有適當的條件。吾人方面為使覺像得到適當的條件，應運動腦力、加功思想；將覺像搜集周全，整頓條理，適當之後，始克領受靈明的光照。運用腦力，是吾人自由權能範圍以內的事。從此可知明悟懂理，也是由吾人全權作主。

為了同一理由，也可以看到，為什麼眾人可能有同樣的覺像，卻沒有相同的智思：因為不是人人都有腦力的思想技能；（或根本沒有思想的技能），或技能不夠精強，或受的教育不足，或習練的不成熟，（或有其他阻礙），便領受不到靈明常照的光輝，（因而從所有的覺像內，發現不出明悟可領悟的智像來。故此，覺像常有，靈明常照，而明悟不常懂曉事理。這不是不可能的）。

（反駁對方上面的答辯）——依吾人看來，上面對方答辯的理由不是完全充足的。

腦力，就是思想力，（器官在腦髓的中部）。為用明悟懂理，吾人先用腦力作準備。準備什麼呢？或按亞維新說，準備明悟，給它裝備上適宜的條件，為能領受從靈明那裡湧流而來的，智力可知的性理；或按亞維羅和亞歷山說，準備覺像；搜聚，組織，調整，配置條件，使它們（能受到靈明的光照）而成為現實可懂的事物。這或然的兩端，依對方的假設，是必有的。（然而這兩端，都不適宜，理由如下）：

依吾人看來，第一端是不適宜的：因為明悟按自己的本性，有領受現實可知智像的潛能和容量：它對於那些智像，和透明的導光體對於光明或顏色的景像，有相同的比例和關係。本性既能領受某一性理，便不需要更加任何另外的準備：除非先應去掉阻礙：例如水的物質，為能領受氣體（輕燥）的性理，先應（經過煮沸的變化）去掉水原有重濁濕冷的性理。性理新舊互相衝突，便互相阻礙。然而在明悟內沒有任何性理阻礙它領受可知的性理：因為性理互相衝突的智像，在明悟（意識境界）以內，不是互相衝突的；因為互相衝突的名理，是相因而成，相因而明的；（欲知其右，而定其義；必知其左而先明其理）。詳證於亞里斯多德《形上學》卷七（另版卷六章七，頁一〇三二右欄）。既是相因而明，便不是互相阻礙。

（不但為知性理，明悟方面，無阻礙可除，而且為判斷是非，也無阻礙先去）：判斷的錯誤，發生在明悟對名理的分合上，（根據事物的實況，宜分者分之，宜合者合之，言論和事實相符，便是真理；宜分者合之，宜合者分之，言論和事實不符，便是錯誤。宜分者分之，用否定句，例如某物是榆而非柳，榆柳宜分，故曰：是榆非柳。宜合者合之，用肯定句：例如某物是榆又是綠樹，榆樹和綠樹，兩相合一，合於一物，則曰：此某榆樹是一棵綠樹）。準此而論，判斷的錯誤，發生的原因，不是由於明悟有知識，而是由於明悟缺乏知識。（例如某人不通基本的植物學，不知榆樹是葉色發綠的樹，便能因而陷於錯誤，而說：榆樹不是綠樹）。

如此說來，從知識和判斷兩方面去看，明悟，在自己本體以內，為能領受從靈明湧流而來的智像或性理，都不需要任何準備：（因為本性天生的能力，應有者無不盡有）。

另一方面，（第二端也不適宜。覺像收聚在覺識以內，也不需要腦力費工夫，另加調整）：因為，按亞里斯多德的定論，覺像對於明悟，和顏色對於眼睛，有比例相同的關係。顏色受光明的照耀，成了現實可見的對象，必定將自己的色像，印刻在透明的導光體內，（例如空氣，眼鏡，眼睛等等），並隨後因而也將自己的色像，投射到視覺的意識以內去。今如假設，那些覺像，受到了靈明的光照，而不將自己的意像，印刻到明悟裡面去，而僅僅準備明悟領受性理，它們對於明悟的關係，就不能和顏色對於眼睛的關係，互有相同的比例了。（這是不適宜的。參考《靈魂論》卷三章五，頁四三〇左欄）。

又證：根據上面對方的這個想法，覺像本體不是明悟懂理之所必需；因此，諸器官覺識，隨之也失去了本體的必要性，而僅有附性的必要性：只是刺激明悟，將它喚醒，準備它領受應知的性理。這乃是柏拉圖的意見，既不合技術生產的秩序，又不合知識的秩序：故非亞里斯多德學說之所能容納：《形上學》卷一，（章一，頁九八〇右欄），《分析學後編》，（卷二，章十五；頁一〇〇左欄），曾說：「記憶生於覺識；從許多記憶生出一個經驗；從許多經驗生出普遍的智見，這便是知識和技術的開端」。（經驗、在這裡有許多次經歷實習和實驗的意思。智見之所見，是經驗中理會到的公理或公律。智見的知識，最初生於器官覺識。覺識所知的覺像和智見，有本體必須相連的關係，不是覺像只準備智力，引智力去從別處領取應知的物理）。

上述亞維新的這個主張，卻符合他在《形上學》關於自然物體「變化產生，」所提出的見解。他那裡（在卷九章五）曾主張：下級物體，用動作，產生新物，只是準備物質領受性理。這些性理卻是從絕離的靈明實體內湧流出來，注入物質以內的。依照同樣的理路，他也主張覺像（為產生知識），只是準備明悟，不供給性理，因為性理照他說也是從那絕離實體中，湧流出來，注入明悟裡去。

用上面相同的理由，足證對方如果主張靈明是一絕離實體，明似沒有適當的理由又主張：吾人用腦力準備覺像；（整頓調理，使它們成為現實可懂的事物並能觸動明悟）。有此人主張下級物體，用動作促成變化，只是準備某某主體領受最後的美善，以成全自己。那最後的美善，卻是來自某某絕離實體的動作。這樣的意見，不合於亞里斯多德，《形上學》卷七（另版卷六章八，頁一〇三三右欄）證明了的定論。然而對方的主張和這些人的意見，比較起來，形式相同。足見、後者不合理，前者便也不適當：因為人的靈魂對於智性的行動，比較自然界下級的物體，對於各類本性固有的行動，在以不完善對完善的比例上，靈魂不低於那些下級物體。（按亞里斯多德的定理，下級物體尚能實現所生新物的最後美善；完成自己的動作；何況較高數級的靈魂呢？豈應不更能自力完成自己的動作，並實現自己的終極美善嗎？智性動作的終極美善，乃是領悟實理；由靈魂用自己的能力完成，不應只依賴外在的所謂絕離實體）。

加證：（現在話歸原題，再加一個理由，證明每人應有自己的靈明）：在這些（有形的）下級物類中，高貴的效果產生時，不只生於高級原因的動作，而且需要生於本類原因的動作：因為，例如人類：兒子不只生於太陽，而且生於父親：（生兒子傳生人類是有形物類中高貴的效果。太陽是高級的遠因。父親是本類的近因。高級動物或高級效果，都是如此。低級效果，卻不常是如此。宇宙間，依生物學家的知識，有些低級生物，是無種自生的，不是生於同類的先輩）。同樣，在別的完善的動物類中，也看到有些卑賤動物產生時，只是生於太陽的動作，不是生於本類父輩的動作：明例可見於物質腐化而生出的某些動物，（微菌、蛆蟲等等）。

然而，（比較物類的各級效果），在這些（面前有形的）下級物類中，人智性的知識和動作，是人類最高貴的效果；（在這些下級物類中，人類也是最高貴的一類）。依此比例推論，可知為產生人的智性動作，只肯定有高級原因的動作，仍是不夠；必須也承認有本類中切近的原因及其動作。（從此可見，對方如果承認人有外在的靈明，便必須也承認人有內在的靈明，為能完成明悟的智性動作）。

惟須留神，上段的這個理由，為反駁亞維新，是思路不通的：因為他（不接受大前提），反之，他主張各種動物，不分類級的高低，個個都可能是無種自生的；（出生之時，只需要太陽變化物質，然後物質有適當的條件，便從所謂絕離的靈明實體，領受性理的賦界，而生成新物。參考他所著的動物學，卷十五章一。亞里斯多德卻否認高級動物能是無種自生的。參考他所著的《物理學》卷二章二，《形上學》卷七，另版卷六章四，頁一〇三二左欄。並參閱下文還有的證明）：

還證：效果的目的，標明作者的宗旨。從此可見，物質腐化而生的低級動物，不是生於本級物性的自然宗旨，而是生於高級原因的宗旨：因為只是由高級原因動作的功效而產生的；為此理由，亞里斯多德在《形上學》卷七，（卷六，章四），曾說：無種自生，或生於物質腐化的動物，是生於偶然的動物。反之，由種籽傳生而出世的動物，（不是生於偶然，而是生於自然：因為它們不只是生於上級高遠的原因；而是）依照物理，生於上下兩級原因本性自然的宗旨。（上下兩級原因，本性自然的宗旨，合而為一，協力產生新物，傳生下級本類的物體：上下合德，化育萬物）。

然而，請看靈明產生的效果：從覺像中抽取普遍的性理，是屬於吾人宗旨以內的，不是專賴外在而遙遠的原因所有的動作和宗旨。（並且吾人的動作和宗旨，是在吾人意識以內的，至少是反省可知的）。準此而論，必須肯定吾人，每人以內有某一切近的因素，專為產生這樣的效果。這樣的因素，卻是施動的智力：就是靈明。從此可知：它不是一個絕離實體，而是吾人靈魂的一個能力。

又證：為作自己本性的行動，每一任何發動者，在本性以內，都有充足的因素和能力：施動者有施動的能力，受動者有受動的能力。施動主變化外物，例如植物的營養主變化食物。受動主收取外物的動作和刺激等等，例如動物的感覺，明是收取外物的印像：感受外物的刺激。

然而，在下級各類發動者以內，人是完善至極的一個。人本性固有的動作是智性的動作，首在知理。智性的知識，知理，（和器官感覺的覺識不相同。覺識的本性，是感受：只受動，不施動。智性的知識），必須有施動和受動兩方面，缺一不可。智性的受動，是悟受可知的理；它的施動是將理，從可知的潛能，轉移到可知的現實。故此，人在自己的本性以內，必須具備這施動和受動的兩種智力。前者叫作靈明，後者叫作明悟。既然都是本性內賦的，便不是離開人的心靈，而超然獨存的。

還證：假設靈明是一絕離實體，顯然它應高於人性。人用它的能力而作自己無力作的工作：乃是作超越本性的工作；和發顯奇蹟，說先知話，作先知事，或仰藉天主助佑作類此的別種工作，等等靈蹟，沒有了分別。（那麼，人的智性知識，不但都是天主的靈恩，而且完全不是人性的動作了。詳說如下）：既然人無靈明的能力便不能有智性的知識，假設靈明是一個和人絕異而分離的實體，結果必是，智性的知識不得是人本性的動作。如此說來，人的本體定義內，就不應再包含智性或理智的特徵了。（這是極錯誤的，足證對方的主張也極錯誤）。

另證：不用本體以內性理所賦的某類能力，無任何物體能發出那某類動作：因此亞里斯多德《靈魂論》卷二，（章二，頁四一四左欄），證明了一個定義說：吾人生活和知覺的憑藉，是性理和生存現實的盈極因素。（性理不是別的，乃是生存潛能實現時，所依憑的盈極因素：充實潛能的虧虛：給物體成全生存的美善，裝備上動作的能力）。

然而，靈明和明悟的兩種動作，都是人本性所宜有的：因為是人作抽象的工作：從覺像內抽取智像；也是人領悟物理：用心靈領受現實可知的理：這是每人的經驗：如果吾人以內，沒有這兩種動作的經驗，吾人便沒有別的途徑，去察尋它們的有無和情況。從此可知，必須承認，這些動作既然發生在吾人本體以內，它們的能力，就是明悟和靈明，也是吾人本體以內，因性理的秉賦，現實具有的一些能力，（不是和人類分離的實體）。

解難：如果，按亞維羅的主張，有人詰難說：這兩種動作，由於靈明和明悟交接吾人，乃可歸屬於吾人，而是每人自己的動作，（回閱章五十九）。為答覆這個困難，先應回憶已經（在同章裡）證明了，假設明悟是亞維羅所說的絕離實體，它和吾人的交接仍不足以完成吾人用明悟所作成的動作。明悟如此。靈明也是一樣。理由如下：

靈明對於明悟內容納的智像，和技術對於物質內配製的條理，有比例相同的關係：明見於亞里斯多德，《靈魂論》卷三章五，（頁四一四左欄）所提供的譬喻。然而技術的條理，在物質內，產生的實效，不是技術的動作，而只是技術成品的實像，符合了應有的條理：因此，物質承受了那些條理，作了它們的主體，並不能用它們作出技術家的動作。

依相同的比例和理由，人因自己領受了（外在的某一）靈明作成的智像，並不能因此竟說是自己作出了靈明的動作。

還證：每個物體，如果不依靠外在原因的推動，就不出頭作自己的動作，它便與其說是自動，勿寧說是被動。本此理由，可見無理智的動物，動作之時，受動的情形，多於自動：因為它們的每個動作都依靠外在原因的推動：它們的知覺，被動於外間的對象，將所感覺的印像，銘刻到覺像力的意識以內，如此逐級類推，歷數各種能力，至到運動能力為止：無一不是被動於外物。

然而人特有的行動是智力的動作，首在知理。它的第一因素是靈明。這個因素，發出動作，作出智像，（供給明悟）。在某些方式和限度下，明悟領悟智像，也是一種被動；既被動以後，有現實的曉悟，轉進推動意志。如此說去，假設人的明悟是在人外面孤懸的一個實體，人的動作便完全依賴外在的因素。故此人的動作，應是被動於外物，而不是自動；人也就不是自己行動的主宰；也便再沒有功過褒貶之可分了；人間的道德知識，和城鄉的社會治安，都要全歸喪亡。這是不合理的。從此、（用反證法反回去），可見人的靈明不是和人本體離開的一個實體。

第七十七章　人的靈明和明悟

照此看去，將來可能有人要想，靈明和明悟，既有施動和受動的分別，便不能共同來在靈魂的一個實體內：因為，對於相同的對象，（就是對於一切可知的理），相同的一個實體，即是吾人靈魂的實體，不能同時既有潛能的虧虛，又有現實的盈極。明悟能領受萬理，故有潛能和虧虛。靈明能作成萬理可知的現實，故此應有現實的盈極：盈滿至極，萬理鹹備。這是必然的，否則不能作成現實可知萬理的智像：作者能作，不是以潛能虧虛為根據，而是以現實盈極為憑藉。盈虛相反，施受也相反，靈魂實體純一，似乎不能兼有。以上是有人能想到的困難。（盈虛同類不同體）。

然而人如正確審察，能看到實際上從前章的定論生不出任何困難或不適宜的後果來。理由是：兩物對立：此某對於彼某，在兩個不同的據點上，完全無妨同時既有潛能的虧虛，又有現實的盈極。（一物對於兩物，也能同時對於一個有潛能的虧虛，對於另一個卻有現實的盈極）：例如觀察有形諸物的自然，便能看到：氣體現實充滿著潮濕，有（領受火的燃燒而）變為乾燥的潛能：同時有濕而無燥；土卻適得其反：現實乾燥，有變為潮濕的潛能：同時有燥而無濕。

靈魂和覺像之間，有和上面兩物相對，比例相同的關係：對於某一方面，靈魂有現實的盈極，覺像卻有潛能的虧虛；在另某一方面，靈魂有潛能的虧虛，覺像卻有現實的盈極。（分別詳察如下）：對於「非物質性」，靈魂的實體有現實，覺像有潛能。對於此某或彼某個體限定而應知的物性，覺像有盈極的現實，靈魂卻有虧虛的潛能。

靈魂、現實是非物質的；因為按（章六十八）已有的論證，它有靈智的本性；既無物質，便有智性；凡是實體都是如此，靈魂也不例外。然而為確定認識此某物或彼某物，吾人的靈魂必須將自己同化於那應知的某物：因為凡是知識，都是由於所知某物的實像現有於知者的意識以內、而完成的：知者意識以內，既有所知物的實像，像似那物，故是同化於那物，（是意識界的同化，不是物理界的同化）：也就是知識的盈極實現。對於這樣個體確定的知識，靈魂在只有智性之時，卻尚沒有現實的盈極。

從此可見，現實智性盈極的靈魂，對於可知事物個體確定的實像，尚且只有潛能的虧虛。有形萬物個體確定的實像，（是什麼？乃是事物的本來面目和真相），代表事物的性體或本性。給靈魂的智見，呈現有形萬物個體確定的性體，正是覺像的本務。然而覺像中包含的這些性體，尚且沒有達到現實可知的境地：因為它們是有形事物的實像，還是根據物質的條件和限制，代表事物。那些物質的條件和限制，都是個體的特性，並且還是暫留於物質的器官以內。當此之時，它們還不是智力現實可知的；然而卻不是沒有可知的潛能：因為，例如：智力現實應領悟的人性，是智力將它曉悟而發現在某些覺像用確實的似點而代表的這某人的個體以內；用抽象的功夫，將普遍的人性，解除一切個體化的條件，從那人的個體中，取納出來。照此看來，可見，對於智性界的可知性或可懂性，那些覺像只有潛能和虧虛，對於事物實像個體的確定性，卻有現實的盈極。靈魂適得其反：智性十足，仍非確知物性。

總結前論：靈魂既有能力將覺像作成現實可知的智像，足證它自己對於覺像，有施動的能力：這樣的施動智力是靈魂的一個能力，就是吾人慣稱的靈明。另一方面，靈魂對於有形萬物性體確定的實像，先無而後有，故此有虧虛的容量，和領受的潛能。它這樣的潛能，是能領悟事物真相的能力，故是受動的能力，就是明悟。

（意識潛能和物質潛能的分別也足以證明人先用靈明照耀覺像，後用明悟領受智像）。吾人觀察比較，可發現靈魂（意識）以內的情況和自然界物質因素內的情況，互不相同。在物質因素當中，兩個因素、交互動作，一個有潛能領受另一個現實所有的某某性理，依照此性理在那另某方面現有的生存方式，品級和程度：例如氣體的物質潛能，（經變化）而領受水質現有的（潮濕的）性理，而變為濕氣或水露：濕氣中的濕性和水質內的濕性，有相同的生存方式，（品級和程度）。為此，自然界的形體，如果在物質上互相交通，彼此施動和受動的境界是相同的：（生存的品級相同，程度的水準線相等：依照物理境界內的衡量）。

然而靈魂，在智性的意識境界以內，有潛能領受諸覺像以內現有萬物的實像，不是依照覺像內的生存方式，（品級和程度），而是根據那些實像被升高以後而有的某一高級生存方式：為能（經過抽象的手續）脫離物質界個體化的條件，由而成為現實可知的智像（或名理）。這一套手續，是靈明的工作。這些工作完成了，明悟才領智像所代表的實理。從此可見，在覺像方面，靈明的工作，完成在明悟領受實理的以前。如此分析，也可看到，那個工作的首要效力，不屬於那些覺像，而屬於靈明。（足見，靈明確實是一個施動的智力）。為此同一理由，亞里斯多德，《靈魂論》卷三章五，（章五頁四三〇左欄）說：靈明對於明悟，和技術對於物質，有比例相同的關係。

尚有一個完全相似的實例，可以說明上述的這個關係：請假設某些人或動物的眼睛，在器官的構造中，不但有透明的導光質，足以收納顏色的色像，而且同時也有充足的光明，足以（不全靠日光）自力照顯外物的顏色，就是將顏色由可見的潛能，轉變到可見的現實：在這個假設裡，（眼睛代表靈魂，外物的顏色相當於覺像，眼內的導光質，收納色像，相當於明悟收納智像；眼內的光明照顯色像，相當於靈明照顯智像。眼外的日光，相當於靈魂外在的靈明。眼睛和靈智，前後相當，適可引彼以例此。眼睛同時有的受光力和發光力，譬喻靈智同時有受動智力和施動智力：就是明悟和靈明）。

生物學界，有人說：有些動物的眼睛以內，自備著充足的光明，足以給自己照見外物：為此理由，它們在黑夜比在白天看的更清楚：實際的理由是：它們眼睛的抵抗力薄弱，受了微弱光芒的刺激，便發生清楚的視覺，仰對強大的光輝，反而雙目眩惑，昏黑無所見。這樣的情形也和吾人的明悟相似：仰對顯明至極的實理，它卻茫茫然無所曉悟；猶如夜梟的眼睛仰視太陽。從這些譬喻看來，可見為什麼理由，吾人本性生而俱有的靈明，雖然微小薄弱，但已足以照顯（有形宇宙間的）萬理，完成吾人智性的知識和其他動作。（參考亞里斯多德，《形上學》卷一，小甲，章一，頁九九三右欄：確切的說：吾人本性生而俱有的靈慧，是施動智力、所有的效能。施動智力，猶如靈光，是體；它的效能，猶如靈光發出光明，是用。體用有分，而名相同，通稱靈明。一個名詞，時而指體，時而指用）。

吾人靈魂的本性生而俱備的靈明，自力足以完成吾人施動智力的動作。為明了這一點，先應詳察人必須承認自己有施動智力的理由；（下文用靈明二字，通稱施動智力和它的效能）：

根據經驗的事實，分析起來，靈魂對於實理，當初先有潛能，而無現實；猶如覺識對於形物，先無覺而能覺，後有覺乃實覺：吾人的智力不常知，猶如吾人的覺力不常覺。（動作不常，必有潛能與現實之分。潛能是潛藏的可能或能力，一物不常動，時動時靜：動的現實裡，有靜的潛能。靜的現實裡，有動的潛能。一個物質，凝而為雨雪，散而為雲氣。雲氣的現實裡，有雨雪的潛能。雨雪的現實裡，有雲氣的潛能。潛能對現實，猶如虧虛對盈極）。

實理，是人靈魂的智力可知的理。柏拉圖主張這些實理是本體（直接）可知的。他定名叫它們作「純理」：（它們是純用智力直觀可見的理，現實存在於心外和物外，供人智的觀瞻）：因此，柏拉圖不需要主張人為通曉實理應有靈明，（因為只有明悟就夠了。然而這個柏拉圖學說是錯誤的。用反證法反證如下）：假設，這個學說是真的，萬理現前，直觀可見，必定有些純理，本體越高明可知，就被吾人更能知得明白。這顯然是相反事實的：因為吾人知得更明白的理，是更切近於形界和覺識的理：都是本體不高明的。理的本體越高明，距離形界的覺識越遠，便越是吾人所難知。（將理的本體光明，和人智的難易相比，適成反比例：本體越光明，人智越難見）。

因此，亞里斯多德，迫於事實，進而主張吾人智力可知的理不是一些實體現前，（直觀可見），本體可知的純理，而是從覺識所知的形界事物中，照察曉辨出來的理。從這個據點出發，必須主張人有一個適當的能力，為作這個照察物理的工作。這樣的能力便是所謂的施動智力：就是靈明。主張人有靈明，其理由和目的是給吾人照察物理：就是將可知的理，作成與吾人智力強度適合的理；（照顯察考出來，以供明悟的接納）：這是靈明的任務。這樣的任務不超越吾人本性生而俱有的靈明，是這個靈明在本性的品級和限度以內所能作到的。

從此可見，無妨將（對方所說的）施動智力的工作，歸屬於吾人靈魂本性具有的那個靈智的光明；最主要的理由之一也是因為亞里斯多德曾將施動的智力比作光明。（參考《靈魂論》卷三章五頁四三〇左十三行）。

第七十八章　亞里斯多德論靈明

許多人附合對方意見，因為想信那是亞里斯多德的意見，（並認為亞氏大哲的意見便是真理）；現在這裡，（補充前章），引據大哲的言論，證明他並沒有認為靈明是一個絕離實體。（靈明指施動的智力，用象徵的比喻法，也叫作靈智的光明，比如日光是眼睛的光明。眼睛以內的眼力，是眼睛以內的光明，也叫作眼光。智力叫作靈明，猶如眼力叫作眼光。眼光屬於眼睛，靈明屬於靈魂。人的靈魂是在人的實體以內，不是和人絕異而分離的。亞里斯多德本人的言論，可以引來，證明這一點）：

一證：他在《靈魂論》卷三章五，（頁四三〇左十），說：各類物性中，都有兩個因素：一如物質：每類都有，對於本類所有一切：有潛能的虧虛和容量；一如作物的原因：它作成本類所有一切：它對於物質有技術對於質料的效能和關係。各類物性都是如此，可見靈魂的智性也不例外：必須也有上面這兩個因素的分別。果然，靈魂的智性以內，也有這樣的兩個因素：一是明悟，也叫受動智力：在明悟以內，萬物變成了可懂的；它在於靈魂以內，猶如物質（在於形體以內）；二是靈明，也叫施動智力。它固有的任務是將萬物作成（現實可懂的理或代表物理的智像、理念等。可懂，指示智力可知的對象，都是理或性理之類的無形事物）。靈明之有於靈魂以內，猶如作物的因素之有於形體以內。就範疇或類別而論，靈明是技能類中的一種，不是潛能類中的一種：（猶如技術之對於質料，有製作的效能；如此靈明對於明悟，有照顯萬理的效能）。

他怎樣說靈明是一種技能呢？他在那裡的下文，接著解釋說：靈明好似光明：在某一方式和限度內，光明照顯萬色，是把潛能的顏色作成現實的顏色，也就是說將潛能中可見的顏色作成現實裡可見的顏色：光明給眼睛照顯萬色。靈明呢？它給明悟照顯萬理：就是將潛能中可懂的事物作成現實裡可懂的事物。（又如眼內的光明，是眼睛的技能；如此靈魂（明悟）的靈明，是靈魂的技能。凡是技能，都是動作能力：或是天然的性賦，或是習成的智巧：都是靈魂的能力。天然秉賦者是才能。人工修練者是技能）。

從上述一切看來，可以明見：（根據亞里斯多德的講解），靈明與其說是一絕離實體，勿寧說是靈魂的一個因素或能力，更為適宜：因為他明白的說：明悟和靈明是靈魂的兩個區分：就是靈魂以內具有的兩個不同因素。足證兩者無一是絕離實體。

還證：他言論裡面的實理，也證明這個相同的結論。因為，在各類物性以內，如果實有潛能與現實，或虧虛和盈極的分別，在那裡便有兩個因素：一個彷彿物質，有潛能和容量，領受本類所有一切；另一個彷彿施動者：用動作的效用，將本類的潛能，轉移到現實：充實本類潛能的虧虛：實現其美滿的目的：猶如在人工的藝術品裡，也有技術和質料、兩個因素。

然而，人智性的靈魂，是一個物性。在它的性體內，實有潛能虧虛和現實盈極、兩個因素和情況的分別：因為它時而有智力知識的現實，時而有潛能而無現實。（它一切智力的活動，都是時而動，時而靜的。現實動時，有靜的潛能。現實靜時，有動的潛能）。故此，在靈魂的性體以內，也有兩個因素：一個彷彿是物質，有潛能領受萬物可懂的理：它就是明悟：另一個彷彿是作物的原因：作成萬理的現實：它便是靈明。明悟主受，悟受萬理，是受動智力。靈明主施，施工動作，照察而顯明萬理。從此可見，根據亞里斯多德的證明，那兩個智力、明悟和靈明、每個都是在靈魂的性體以內的，無一是在生存上離開靈魂所在的身體，而自立的。靈魂是在所在的身體以內，因為靈魂是身體（生存）的現實盈極。（那兩個智力、既是在靈魂以內，便也隨之是在身體以內故此不能又是所謂的絕離實體：因為絕離實體，乃是和人身實體、絕異而分離存在的實體）。

加證：亞里斯多德說：靈明如同光明，屬於技能之類。然而技能，依名辭的實義，不是自立生存的一個實體，而是一個某某實體所有的能力。足見它不是離開他物而自立生存的一個實體，而是人靈魂所有的一個能力。

根據原文的實義，不可將「技能」二字，懂作靈明的效果，將原話的意思解釋成「靈明使人的智力懂曉萬理。既懂以後的知識，便彷彿是一種技能」，（那是學習修養而成的學識，或學術）。按大註解家的定義：有學識的人，用自己的學識，通曉本科的學理，自出心裁，隨心如意，時時現成，不需要依靠心外的任何援助。（參考亞維羅《靈魂論》大註解，卷三章五，註解第十八）。這樣的學識，是技能，但不是靈明所是的技能，而是靈明所產生的效果。亞里斯多德明白用技能二字，在此處，指示作成萬理可知之現實的智力，不指示智力所作成的效果。

然而另一方面，也不可將靈明懂作品質範疇的第二種，（品質的總類分四種：一品性和情況，二強弱，三感受和刺激，四姿態和形狀。第二種：強弱包括動作能力的巧拙智愚等等：這裡的「智」是基本原理的通達，「愚」是其反）。有人曾說靈明是基本原理的心得。（有心得的人，表示有聰明；無則表示愚笨）。這樣的聰明，既是基本原理的瞭解和心得，便是靈明的效果，不是靈明智力的自身。按亞里斯多德《分析學後編》卷二章十五的證明，原理的心得，是得自覺識所知的有形事物：必須是靈明的效果：靈明的本務和效用是將覺識所知的萬象，由可懂的潛能，作出已被懂的現實來：先茫然不懂，而後澈悟妙理。從此可見，聰明和靈明，不可相混。

說靈明彷彿是技能，是用技能二字指示本性的秉賦，屬於性理方面，和殘缺、潛能等等是對立的：依此比例，凡是性理、現實、和盈極等等積極名辭，都有一些「技能」含義：（因為「技」是握有的智巧，「能」是動作的智能。習成的技能是聰明。本性生而具備的技能，便是本能。廣義的說來，凡是本性，性理，才賦，及物體為實現潛能而有的盈極（因素），既是動作的張本，便可都叫作本能，有些是實體，有些是附性。狹義的說去，本能指附性，不指實體）。在此藝「本能」的狹義之下，用「技能」指示靈明是靈魂的一個附性，是亞里斯多德原文的本旨，因為他說靈明是技能，如同光明也是技能，都有附性本能的意思。（這個本能的首要任務，是從覺識所知的事物中，照察可知的原理。最高原理的知識，是人人都有的良知良能，並是靈明本能的第一效果，也是廣義的靈明。故此靈明有時指本體，有時指附性，有時指本能，有時指習性，有時指能力，有時指效果。這裡說靈明是靈魂的一個能力，專指附性的本能。如將性賦的技能專懂作學習得來的技能便是因詞害義誤解先哲了）。

亞里斯多德在下文裡又說：這個靈明，就是施動智力，是絕離的，是不混合的，是不感受形界刺激的，並是現實生存的實體。這四個賓辭當中，前兩個也是亞里斯多德在上文形容明悟時指出的賓辭，（參考同書同卷章四，頁四二九；回閱前面章六九：明悟是絕離的，也是不混合的）；第三個賓辭，按同處的講解，分廣狹二義，狹義指不感受形界器官可感受的刺激或變化；廣義指不感受任何動作的變化。依其狹義，明悟是不感受器官刺激的；依其廣義，明悟卻能感受靈明的光照，而悟受可知的性理。不分狹義廣義，靈明是沒有任何感受性的。第四個賓辭，是明悟所不能有的，因為亞里斯多德既然肯定明悟有懂萬理的潛能在未懂以前沒有任何知識的現實；他便不得同時又肯定明悟是一現實生存盈極的實體：（因為潛能虧虛和現實盈極，在同一觀點下，是不能同時並存的。盈虛同類不同體是一定理）。

如此說來，在前兩個賓辭上，靈明和明悟，兩者相同；在第三個賓辭上，兩者半相同，半不相同；在第四個賓辭上，兩者全不相同。

為證明靈明實有那四個賓辭所指的條件，亞里斯多德在下文裡，指明了一個理由說：「因為在榮貴的程度上作比較，施動者高於受動者；有動作的原因高於物質。上面他也說了：靈明對於明悟，和作物的原因對於物質，有相同的比例和關係。用這個理由作前提，他證出了兩個結論：一個說：靈明有前面第一和第二兩個賓辭：論式如下：

比較榮貴的程度，施動者高於受動者和物質；然而明悟，既彷彿是受動者和物質，又是絕離而不混合的，詳證見前。足證靈明更是如此。（距離物質和其他實體越遠，越能自立生存，便越是榮貴）。

另一個結論說：靈明是一現實，而不是潛能。前提的理由相同，論式如下：

比較榮貴的程度，施動者高於受動者，因為前者對於後者，和動作產生變化對於受動而遭受變化，又和現實盈極的物體對於潛能虧虛的物體，有比例相同的關係。然而，明悟和靈明，對立比較起來，明悟是受動而遭受變化的，並且是一潛能而虧虛的物體：至少在某些方式和限度以內，它確是如此。故此，靈明是施動的，不是受動的，並且是一現實而盈極的事物。

亞里斯多德的這些話，顯然不足以證明他主張靈明是一個絕離實體：因為他用「絕離」二字只不過是說：靈明和明悟一樣，沒有形體的器官。

然而亞里斯多德說了：靈明是一個現實生存的實體，（又是絕離的）；這些話只有「現實施動的一個事物，非潛能，而無器官」的廣泛意義。（依此廣泛的意義，實體二字，在亞里斯多德口中，屢次指示物體，或各類的事物，等等絕對寬廣的意義，是一個無限的大公名）；至於說靈明是現實的實體，也不妨害另一定理：靈魂的實體是有潛能的。上面在章七七已經證明了這一點：（在不同的觀點下，靈魂同時有潛能的虧虛，又有現實的盈極）。

亞里斯多德在下文又接著說：在現實裡，知識和事物是相同的（《靈魂論》卷三章五，頁四三〇左二〇）。這句話的意思是說：知識知物的現實，和物被知的現實，是一個相同的現實：（根據亞里斯多德的名論，這是各種知識都有的一個共同點：可歸納證明，引據原文如下）：

前在同書同卷的上文，（章五，頁四三〇左三），他用同樣的話，形容明悟，肯定明悟的本體，（不但能知物，而且）和其他可知的事物一樣，是可知的：因為在沒有物質的事物中，知物的明悟，和被知的事物，是相同的。靜觀物體的知識，和知識所靜觀的物體，是相同的。現實懂曉事物的明悟，既然和現實被懂曉的事物，是（兩相同化而合一的，故是）相同的，顯然他說這些話的用意，是用它們去證明，那個明悟的本體，也如同可懂的事物一樣，能現實受到（自己或另一明悟的）懂曉。

又稍在前面一點，（同章，頁四二九右三一），他曾說：「在某些方式和限度內，明悟在自己潛能裡，自己是可知的一切事物，（這裡「在潛能裡是可知事物」數字，指示明」悟的潛能，足以知可知的事物」），但在它未知事物以前，它沒有是任何物的現實」。這些話的意思，顯然是說：由於明悟現實懂曉事物，它本體便成了智力可知的對象。（在知識的境界裡，知者知物，便是知者是所知之物：因為知物是同化於所知之物：是意識界的同化，不是物質界的同化，接讀下段，更顯清楚）：

他關於明悟說的方才那些話，並沒有什麼稀奇，因為在同書更前面一點，討論器官知覺時，也說了同樣的話，（參考同卷章二，頁四二五右二七）：因為他說、知覺因現實所覺知的物像，而成為現實的知覺：物像被覺知的現實，和知覺的現實，是一個現實：成於意識內現有的物像。同樣的比例：明悟成為現實明朗的明悟，由於它的意識內有了智像的現實，代表所知的物理。本著這樣的比例，理由和意義，他說現實懂物的智力是它現實所懂的事物。

根據上述的理由，便應肯定：在證明了明悟和靈明的定理以後，他在這一章裡，開始討論「現實境況以內的智力」，並證明他的定論是：現實境況以內的知識，和現實境況以內被知的事物，是相同的。

說到這裡，回頭審察大註解家，對於亞里斯多德那些話的解釋是否正確：大註解家、亞維羅認為亞氏的用意是說：靈明和明悟不同的理由是因為靈明和所知的事物是相同的，明悟和所知的事物是不相同的。回觀上述的各段理由，足見這樣的解釋，顯然不合亞氏的本意。

其後（在同卷章五，頁四三〇左二一），亞里斯多德說：在一個主體內，依時間而論，潛能而虧虛者，先於現實而盈極者。不加條件，絕對的說，（針對生存的有無而論），潛能而虧虛者，不先於現實而盈極者：連在時間上，也不先於現實。

他在許多處，用上面的話，指定現實盈極和潛能虧虛的分別。那些話的意思是說：依性體（品位）而論，現實而盈極，先於潛能而虧虛；（品位的先列，是價值的優先）；但依時間（次第）而論，在相同的一個事物以內，變化的過程是始於潛能而虧虛，終則達於現實而盈極；故此是潛能先於現實，虧虛先於盈極。然而，絕對的說，（不加同一事物以內的限制），連在時間（次第）上，潛能也不先於現實，（虧虛也不先於盈極）：因為潛能而虧虛者如不仰藉現實的盈極，不會轉入現實而盈極的境界：（例如桌椅，如不仰藉木匠製造的現實盈極，不會由潛能虧虛而變成現實盈極：效果圓滿，常生於原因圓滿以後）。

為此，他說：潛能虧虛的邊界以內的智力，針對它潛能虧虛的處境而論，在時間上，是先於現實盈極以內的智力的。他的意思是說：明悟的潛能虧虛，在時間上，先於明悟的現實盈極。我還要說明：在相同的一個主體或事物中，這是真確的。去掉了限制，（在所有一切主體或事物之間），觀察萬物萬事的全體，絕對的說：明悟的潛能虧虛，在時間上，也不是先於明悟的現實盈極：因為明悟，按亞氏已有的定論，依賴靈明現實而盈極的光照，由潛能轉入現實，由虧虛轉入盈極，就是由愚昧的黑暗轉入知識的光明；並且（還有時）也依賴某一知識業已現實飽滿的另某一個（人）的明悟；由此，他在《物理學》，卷三，（章三，頁二〇二右十八），曾說：「人欲求知，不可無師。明師先加教導，人乃實現知識潛能，由虛而盈，由愚而智矣」。

根據這樣的話，足見他立言的本旨是證明：人的明悟，知識進步，由潛能而現實，由虧虛而盈極，循序而進，不可顛倒次序。專就進步境況而論，潛能的明悟，對於現實而盈極的智力，必有這樣的關係和秩序。（靈明高於明悟，先於明悟等等話語，固有的意義，也不過就是如此：然而不因此便有意主張，靈明和明悟竟是各自分離，脫物而獨存的實體。大註解家、必作這樣的解釋，不可不算是曲解大哲，附合己見）！

其後，他說：然而它卻不是時而有智，又時而無智。（原文見於同章，頁四三〇左二三）。他用這些話，證明現實智力和明悟的分別。他在同卷上面（章四）說過：明悟不常有智，但有時無智。對於可知的事物，有領悟的潛能而無其現實之時，虛而不盈，是無智；當明悟現實「是」它們之時，盈而不虛，是有智。明悟現實「是」它所知的那些事物，便因此由潛能的虧虛，變成現實而盈極。「是」字的意思，詳論見於前面。從此可知、知識現實盈極而飽滿的明悟，不宜再有「時而有智、時而無智」的現象。

其後，他在下文接著說：「只是有真生存的這一個，是絕離的」。這些話不是指靈明而說的：因為指它便不能說只有一個：理由是它已經說了明悟也是絕離的。但也不能是指明悟而說的，理由相同，因為他已經說過了：靈明也是絕離的。（靈明和明悟，分開來說，既然已經說了，是兩個絕離的事物，就不能又說是只有一個絕離的事物）。從此可見，他說的「這個絕離的事物」，不是單說靈明或明悟，而是合起來，統說包含兩者的智力：就是他方在話下所談的現實而盈極的智力；簡言之，就是那個「現實的智力」：因為在每個人的靈魂以內，只有這一個是絕離的，它不用形體器官：這樣的特性，屬於那個「現實的智力」。

這就是說：「現實的智力」，指示靈魂的那一部份，吾人用它懂曉現實所知的事物，它包含靈明和明悟兩者，（並在話下是兩者的統稱）。為此理由，他在下文又接著說：只有靈魂的這一點是長生不死的；

這話的意思是說：它（的行動和生存）既然是絕離的，故不依賴形體。（不依賴有形世界內的實體，故是絕離實體。絕離形體，是不用形體器官，只是不依賴形體，然而卻不必是形體之所不依賴。妙在超異不依，可在形體內，扶持形體生活；也可在形體外，任聽形體死亡。合時不離，不合則離。可合可離，故此仍是絕離的。絕離分兩種：一是永離不合，一是時合時離，或合而後離。說人靈魂的智性是絕離的，是說第二種絕離：既合而後能離，不依賴形體，卻是形體之所依賴。詳見以下數章）。

靈魂：生活的因素

第七十九章　靈魂不滅、物質不滅

從上面提出的那些理論，往下推究，便能清楚證明人身體滅後，靈魂不滅。（滅和生相對，是生存的停止）。

一證：上面（章五十五）證明了：凡是實體，如有智力，便不滅亡。然則人的靈魂是一個實體，又有智力，證如上面（章五六及以下諸章）。故此，人的靈魂必不滅亡。

還證：物本體美善成立所倚賴的憑藉，不是它滅亡的理由：因為美善的成立和物體的滅亡，是兩個互相衝突的變化：方向相反：一向物之成全，一向物之敗亡。然而，人靈魂成全自己的善善，所倚賴的憑藉，是謝絕身體的某些牽連：因為靈魂成全自己的美善，是用知識和道德。知識知理，理超形質，超之越高，理識越精深。道德在乎從理而不從慾：但應根據理智調節身體的情慾。超越形質，尅制身體，都是謝絕而擺脫身體。那麼，絕離身體，既是靈魂美善成全之所倚，便不是靈魂敗滅之所由

疑難：如有人說：靈魂成全自己的美善，在乎謝絕肉身，只是在工作範圍內謝絕，不是在本體生存上脫離。物之敗亡，是在生存上，物的性理脫離物的形體：（物體既滅，物理將難以自存；靈魂亦然，身體既死，靈魂不易自活）。

解疑：上述的疑難，與理不相適合：因為，物之動作，表現物之實體及生存：物因有生存而成全其本性本體；並根據其本性本體，而發出固有的動作。率性而動，是物之自然。物之動作既以實體生存為根據，它動作的美善及成全也必須以它生存的美善為根據。準此而論，靈魂動作的成全及美善，既然在於脫離身體，足以表現它本體生存的成全及美善，也是在於此；故不得又因在於此，而遭受傷損或喪亡。

又證：在靈魂方面為成全人的美善，人性固有的因素是一個不滅的事物。先請注意：人性固有的動作是智力的知識：人之所異於動植及無生命的各類物體，正是由於此。然而知識所知的理，是普遍常真的，故此是本體不滅的。這些理是人為成全自己的美善，本性固有的因素。因素，效果，及效果所在的主體，彼此間，必須有相稱的適當條件。既然因素和效果都是不滅的，主體也便是不滅的。足證：靈魂是不滅的：（因為靈魂是智力的主體。智力知理是一件美善；它的成因是理：都是不滅的）。

加證：本性自然的願望不能是虛妄的。然而人本性自然的願望是長存不滅。明見於萬物的公律：萬物共有的願望是生存。人之為物，具有智力，領悟絕對生存（的可欲），不但如同無理智的禽獸，只賞識現時。從此可知，人既因靈魂而知絕對生存之可欲，不受時間的限制，人便因靈魂而得長生，永不滅亡。

又證：物在容器中的生存，依照容器的方式。事物的性理，充其現實的可知性，收容在人的明悟中。然而現實可知的性理，所以然是明悟之可知，正因為沒有物質而是普遍常真的，故此也是不朽不滅的。（它們這樣的生存方式，表現明悟方面相對照的生存方式）。足證，明悟的生存也是不朽不滅的。然則按（章五十九）已有的證明，明悟是人靈魂的一個能力。足證人的靈魂也是不滅的。

還證：智力可知（事物）的生存，比覺力可知（事物）的生存，更能恆久不變。然而，在覺力可知的物類中，佔第一容器位置的那個因素，根據它實體的本身，是不滅的：它就是第一物質，（這樣的物質是不滅的）。從此，比較觀察，可見智力可知性理的容器，就是明悟，更是不滅的。足證人的靈魂也不滅，因為明悟是它的一部分。

加證：作者榮貴，勝於作品，這也是亞里名言，（見於亞里斯多德《靈魂論》卷三章五，頁四三〇左一八）。然而靈明，（就是施動智力），是一個作者，因為，按前面（章七十六）許多理由的證明，靈明作成萬理可知的現實。既然現實可知的眾理，就理之本體而言，是不滅的，（它們是靈明作成的）；足見靈明，更應是不朽不滅的。從此可知，人的靈魂也是如此，因為，按前面（章七十八）的許多理證，靈明乃是人靈魂的光明。

又證：性理的滅亡，僅有三途可以假設：或滅於敵對的衝突，或隨主體的滅亡而滅亡，或隨原因的喪失。例如：熱遇冷而消失，是衝突相滅；眼睛傷殘而視力失明，是主體既滅，附性則不自存；又如日光失明，則空氣失明，是原因的效力喪失。然而這三途都不足以導致人靈魂的滅亡：因為，它第一不滅於敵對的衝突：它沒有任何敵對：因為它因有明悟而能知萬理：互相敵對而衝突的理，它都能兼收並蓄，（涵容在意識以內、思通而曉悟之）。同樣，它第二也不隨自己的主體滅亡：上面（章六十八）證明了：人的靈魂是一個在生存上不依賴形體的性理：（既不依賴形體而生存，便不隨之而滅亡）。同樣，它第三也不因原因的喪失而滅亡：因為，按下面（章八十七）要有的證明，人靈魂生存的原因，是無始無終，永遠長存的（造物者），除此以外，它沒有別的任何另某原因。從此可知，人的靈魂是完全不能滅亡的。

還證：假設靈魂因身體變滅而隨之俱滅，它的生存必須也隨身體的衰弱而衰弱。靈魂的生力如因身體衰弱而衰弱，此乃附性之偶然，不涉本體，例如視力衰弱，為了眼睛器官的病弱：是靈魂生力以外附有的偶然遭遇。這一點，可明證於吾人共見的事實：視力顯似衰弱至極以後，器官如獲治療，視力則隨之而恢復：（足證器官衰弱，未傷視力的本體）；假設傷殘了視力的本體，則永不會因器官的治療而恢復；（但應救治其本體）：本此關係和理由，亞里斯多德，《靈魂論》卷一，（章四，頁四〇八右二二），曾說：假設老年人，換取上青年人的眼睛，他就要有和青年人相同的視力。

準此而論，既然按前面（章六十八）的證明，智力是靈魂的一個能力而不需要器官，它便不會衰弱；本體不衰弱，也不因外來的附性遭遇而衰弱；不因年老而衰弱，也不因身體任何衰弱的情況而衰弱。但是，智力操勞，或感疲或因身體病弱而受阻礙，這不是因為智力本體的消弱，而是因為腦力或神經力的消弱。智力的動作，需要運用腦力或神經力：就是覺像力，（或想像力），記憶力，（或思索力），及思想力，（就是思量忖想，或往返觀摩、尋思、評量的能力。這些腦力或神經力因身體害病而受阻礙，轉而不能供應智力知識所需要的材料；智力的動作，間接受到不利的影響；然而傷不著智力的本體；腦力康復以後，發現原有的智力仍在那裡，並又恢復工作）。從此看來，足以明見：智力（的本體、既不隨身體而衰弱，故不隨身體而滅亡。它在身體朽滅以後，仍然自己）是不朽不滅的。足證吾人靈魂，也是如此：因為它是一種有智力的實體。

用亞里斯多德的權威名論，也可明證此點。他在《靈魂論》，卷一，（章四，頁四〇八右一八），說：靈智是一實體，不能遭受滅亡：依上面的觀察，可以看到此點。這些話的意思，是指人的靈智而說的，不是談論什麼「絕離實體」：或明悟或靈明。回觀前面（章六十一及七十八）提出的理由，可看到這些話的本旨。

此外，他在《形上學》卷九，（章三，頁一〇七〇左二一），也說了一些話，足以明證此點。他在那裡，批駁柏拉圖，交對辯論如下：柏拉圖說：事物（種名所指的）性理，在事物未有以前，先有超物的存在。亞氏反對說：事物未有以前，先有存在者，是發動的原因，不是事物的性理。然而，性理也是事物的原因，（因為它們是事體或物體本性以內的條理），它們是隨事物的出生，而同時俱生的：實際上，（例如），人體痊癒時，便有健康：健康卻不有於人體痊癒以前。（健康是一種性理，人體是一種物體並是健康的主體，以健康為其附性）。

在這些話下面，不久，又加了一些話說：在事物停止存在以後，是否尚有性理常存，是應當深深研究的問題。因為，在某類事物中，無妨有某性理，確是如此：（它隨事物俱生，不隨物體俱滅）：例如假設有某類的靈魂是如此的。不是各類都是如此，但有靈智是如此。

從亞氏上面這些話，根據原文審察，可以明明看到，他所談的是諸類事物的性理；他的用意是說靈智是人類的性理，在身體死亡以後，仍然存留不死。身體是人的物質。靈智是人的靈魂。靈魂結合身體，而形成人的本體，猶如普通物類中：性理結合物質，而形成物的本體。他類性理，生滅隨物。人類的靈魂，隨人而生，不隨人而死。這些意思，都明明包含在亞氏的那些名論中）。

根據上段稱引的亞氏那些言論，還可看到一點：就是他雖然主張靈魂是性理，但他並不像尼柴主教額我略歸罪於他而說的一樣，竟主張靈魂沒有自立的生存，而是能滅亡的。因為，亞氏指明了人的靈魂，不屬於他物性理的種類，（普通性理隨物體俱生俱滅），人的靈魂卻在身體死後，長存不死，並是一個實體。（參考，尼柴主教額我略，《靈魂論》，講詞一；另名《靈魂論對話集》，或名《瑪克林姐》、《病榻對話集》；奈默思主教《人性論》章二；回閱本卷前面章六三）。

《公教》信仰的定論，和上述一切，相合。（法國瑪賽城神父日納德，第五世紀著作）《教會信條論》，章十六，《拉丁教父文庫》，卷四二，一二一六欄），有下面這一條說：「吾人信只是人有實體自立的靈魂，它脫離了身體以後，仍有生活，並活潑潑的保持它的諸樣知覺，和它的聰明才賦；它、不像阿拉伯（哲學家、亞維羅）所肯定的那樣、隨身體一同死亡；也不按采諾的意見，只生活短短的一個時期；因為它有實體自立的生活；（故是長存不滅，長生不死的）」。

駁謬：用上面的這個結論，便可破除那些「離經叛道者」的謬論。智王撒羅滿，用他們自述的語法，記載他們說：（《智慧篇》章二節二）：「我們從虛無中出生了；今後的將來，我們仍要還歸虛無中去如同未生以前一樣」！《德訓篇》，章三，節十九，撒羅滿也同樣記載那些人說：「人類和獸類，共有相同的死亡，並有相同的終局。不分人獸，個個呼吸相同的氣息。人之所得，絲毫不多於畜牲」；（生既喘息相同，死則同歸於盡，無生後有生之理）！智王所言，雖是自我口述，然而非抒己見，惟乃追述邪徒而已，明證於書尾標明的結論，彷彿是斷定議案，宣言說：「至到地生的灰塵，歸於地中；天主賦於的神靈，還於天主」，（到了那時，萬事始休）。

此外，《聖經》的名言，明證人靈不死；多不勝收。（例如：《聖詠》第十六，第七三，兩章內，用「不死」二字指示人的靈魂在肉身死後仍舊生活；《創世紀》，章二至章三，《智慧篇》，章一，章三—四，章六，章八；指示「長生不死」是天主賞的恩典，屬於人靈魂肉身合成的整體，人曾因犯罪而失掉，並能因天主救贖而復得：新經聖保祿和聖伯多祿的書信，也指示同樣的意義。古經《智慧篇》章八，節十三，和節十七，「不死」指後代人、世世紀念不忘：有「萬世留芳」的意思。同時《聖經》各處用「死」字，往往不指示「生活的終止」，而僅僅指示「痛苦不堪，生不如死的可憐境地」：永受天主的眷愛，是永福，永受天主的嚴罰，便是永死。這「永死」二字，不指示「生存的終止」；只有「永苦至極」的意思：是「永福」的反面。背後都暗含「人的生存有始而無終」的意思）。

第八十章　靈魂常存的問題

然而，尚有些人認為，用理證的方法，可以證明人的肉身死後，靈魂不能仍然存在。他們的理證如下：

一證：既然，按上面（章七十五）的證明，人的靈魂隨身體而分多；那麼、身體瓦解已後，靈魂不能仍是許多：（因為失掉了分別自立的根據）。從而必生的後果，僅有兩種可能：或靈魂完全停止生存；或只剩一個靈魂存在。這第二個可能，是許多人的意見：他們主張只有眾人公有的那個靈智，是（自立惟一的，並是）不朽不滅的。亞歷山說它只是靈明，（就是施動智力）；亞維羅卻說它是靈明和明悟。（明悟也叫受動智力。參看章七十三及七十六）。

加證：性理是種別的因素。假設許多靈魂在身體朽滅以後仍然存在，它們必須仍是許多：因為實體相同的物體是一個物體；依同比例，實體眾多的物體是許多不同的物體。身體死後仍存的靈魂之間，只能有性理的分別，（不能有物質的分別）：因為，按上面（章五十及五十一）的證明，它們不是物質與性理之合：凡是智性的實體，都是如此：只有性理，不含物質。從此說來，它們彼此之間只能有性理的分別：那便是種的分別。（種的分別，是種名定義所指的本體分別：例如人獸同類而不同種：同是動物之類，而分有理智和無理智兩種）。

然而，人的靈魂，彼此之間，不能有種的分別；身體生活時，靈魂屬於人種；身體朽滅後，靈魂不能因而改變種名所指的本體：因為由一種改變成另一種，必促成物本體的滅亡。假設在身體離開以後靈魂互有的分別，是種的分別；那麼，在離開身體以前，也應有種的分別。物質與性理凝聚而成的形體，是根據性理而得到種本體的自同，並有別於異種。如此，人類的許多個體，原來便應是分成了本體不同的許多種。這是不適宜的：因為（事實上，人類是數異而種同的）。故此，（用反證法反回去），足證眾人的身體死後，仍有許多靈魂存在，用這樣的看法看來，似是不可能的。（人類之類，是動物之類的分類：對公類而言，分類是種。種的自稱，既是分類，便仍可稱作類。眾人數異而類同，有數異而種同的意思。如此看來，可知眾人數異而種不同，乃是不可能的）。

還證：根據「宇宙永遠」的學說，無人能承認眾人的靈魂在身體死後，仍有許多長存不滅。因為：宇宙既是永遠的，變化也是永遠的。故此，實體出生，也是永遠的。然而，假設實體，逐代生生，是永遠的，在吾人本代以前便有了無限多眾人出生以後，又死去了。今既假設身死靈不死，眾靈復相分；便也必須肯定往代死人的靈魂，現實生存者也有無限之多。這卻是不可能的：在自然界，不可能有現實無限多的數量。從此看來，主張「宇宙永遠說」的人們，結論必須說：眾人的靈魂，在身體死後，不能仍有現實的生存而又是許多。

又證：某物之來去，不傷此物之實體，便是此物之附性。這乃是附性之定義。（參考波非俚，《範疇集》指南，章五）。故此，假設身體離開，靈魂實體不變，人的本體，既是靈肉之合，便是實體與附加品之合，不能有本體自同的純一：也構不成「人」字種名所指的實體。因為實體和附加的事物，合不成種名所指的本體。實體加上附性，也構不成種名的定義。例如說「白人」二字，是在的人實體上附加上白色，構不成任何種名所指的本體或定義。（這顯然是錯誤的：因為靈魂和肉身是人字種名所指的本體因素，不是附性因素。用反證法反回去，足證身體離開，靈魂不能不改變實體。實體改變，等於滅亡或腐朽）。

加證：實有之界，不能有實體而無動作。然而凡是靈魂的動作，無一不是用身體完成的：離開身體便不會完成。可用歸納法明證於個例的逐類觀察：

植物類、生魂的營養、生長，生育繁殖，等等能力，運用物質形體的品性，動力，和工具，增進身體的福利，發育完備以後，結出傳生的種籽，生殖新一代的身體。

動物類、覺魂所有的各種能力，都是用身體的器官，完成一切動作。還有些動作完成之時，產生身體的變化：例如所謂的喜怒愛憎及類此的各種情慾。情慾動於中，體態變於外。

靈智類、人靈魂知性的動作，在施行上，雖然不用任何身體的器官，但它的對象，都是覺像：覺識所知的事物形象，代表應知的事物：它們對於智力，如同顏色對於視覺，有比例相同的關係：為此，猶如視覺無顏色不能見物，依相同的比例，靈魂無覺像也不能懂理。為曉悟事物的性理，靈魂還需要運用許多官能，預備覺像，配製適當，始能由可知的潛能，變成可知的現實。這些官能就是思想力和記憶力：它們是身體內某些器官的效能，用那些器官完成自己的動作：顯然身體不能生存以後，它們也不能自立生存。它們卻是智力動作少之不可的先備條件。

因此亞里斯多德也說：靈魂沒有覺像，斷斷無懂理的可能。智力無腦力，便懂不到任何事物。（參考《靈魂論》卷三，章七，頁四三一左一七；章五，頁四三〇左二五）。為此理由，他又說：人智性的生活，因某內在因素之傷殘，而歸於喪亡：這裡所說的內在因素，是方才提到的覺像或腦力，也叫作感受性的智力，或思想力，是能傷亡的一個腦部的神經力。（參考《靈魂論》卷一章四，頁四〇八右二四）。在《靈魂論》卷三，（章五，頁四三〇左二三），他又說：在死了以後，我們回憶不起生前已知的那些事物來。

歸納上面各段的理由，可以明見，肉身死後，靈魂不能仍有任何動作；既然實體不能無動作，足見靈魂的實體也便不存在了。

第八十一章　解答前章問題

前章列舉的各條理由，結論錯誤，不合於前在（章七十九）各處證明了的定理。現應作一番努力，將那各條理由逐一解破。

第一須知：互應配合相稱的任何一些因素，同時領受個數單位的獨一或眾多：各自領受於自己特有的原因。假設此某因素的生存，依賴彼某，此某的單位獨一或眾多，也就依賴彼某：否則，便依賴另某外在的原因。

一物之內，它的性理和物質，依其本性的自然，是互應配合相稱的兩個因素：因為性理和物質，有盈虛配合的關係：物質本有的潛能和虧虛，容納本性宜有的現實和盈極。故此，兩者，在生存單位的獨一或眾多上，是相隨不離的：同數相對：一對一，二對二，各對各。如果某物性理的生存，依賴物質，它的單一或分多，也便依賴物質。反之，假設它的生存不依賴物質，它的單一或分多，便不依賴物質，但仍必需隨物質而分多，因為仍必需和物質，保持配合相稱，同數相對的關係。

然而，靈魂正是如此：按（章六十八）已有的證明，人的靈魂是一個生存自立而不依賴物質的性理。從此而生的結論是：人的靈魂，固然是隨身體而分多；然而身體分多不是靈魂分多的原因。靈魂的數目既不依賴物質而增多，則不因物質的敗亡而減少或減至無有。足見對方第一條理證是無效的。

對方第二條理證，也不難解答。理由也是根據前段的原理。不是任何性理的差異，便是種別的因素；而只是性理因素的差異足以是之。性理的因素，是種名所指公共性體的成因，也是種名定義內的本體賓辭。種名定義所指的實理不同，種必不同。性理的本體，雖每個主體不同，而彼此有個體的差異，是無人否認，也是無人懷疑的。然而個體的差異，不是性理因素或種名定義的差異，構不成種別的差異：例如此團火，和彼團火，各有各自不同的火性實理；然而兩個火性實理，雖然個體私有的本質不同，但火字種名所指的公性，卻是同種，沒有種的差異。靈魂的賞體，雖然在肉身死後，仍有數目的眾多，並是許多個體自立的性理，但彼此沒有種別的差異，因為性理的公有因素，和全種共有的定義，沒有分別。此人和彼人靈魂的個體分別，以靈魂和身體，配合相稱，同數相對為根據。這樣相對相稱的關係，是個體私有的，肉身死後，仍存在於靈魂以內：猶如靈魂的實體自立，不依賴肉體而生存。靈魂根據自己的本性實體，是作身體的性理：否則，它和身體的結合，不能構成實體自同而純一的本體，而僅能是主體與附性的結合。靈魂既然是身體的性理，必須和身體有同數相對，同量相稱的關係。這些相對相稱的條件，隨個體而互異，離開身體以後，仍然存在於靈魂以內。條件不同，個體互異；靈魂的實體，因之，仍有許多，（不會減少或減至無有）。

面對著第三條理證，主張「宇宙永遠」的人，從相同的出發點，陷入了分歧而離奇的意見。有些人退讓據點，間單承認了對方的結論，肯定眾人靈魂和身體同歸死亡，全無殘餘生命的可能。另有些人卻說，眾人死後，眾靈絕跡，只剩全人類共有的一個絕離實體：某些人說，它是施動的靈智，就是靈明；某些人卻說，它是受動的靈智，和施動的靈智、兩個都是絕離的實體，（猶如日月相對，靈明的日光，照明月魄似的明悟）。

還有些人主張眾人靈魂有多少，身體死後，靈魂不死，數目仍有多少，不異於身體未死以前。但為避免靈魂現實眾多無限，乃倡言那些相同的靈魂，生存一個固定的時期以後，又結合許多不相同的身體，（投胎轉世）。這是柏拉圖學派（靈魂遷移輪迴）的意見，下面（章八十三）將作詳論。

又有些人，避免上述各派的意見，主張離開了身體，現實存在的靈魂，數目眾多無限，不是不適宜的。彼此間無固定品級和系統的物體，現實的無限，不是實體無限，而是附性無限：就是本體不相關，附性偶然能相關的實體，數目眾多無限，現實並有；這樣的無限，他們不認為是不合理的。（回閱前面章三十八）。這是（阿拉伯兩位名哲）亞維新和亞家則（Algael）的意見。（亞家則，詳名亞爾家則肋，一〇五九至一一一一年時期的人）。

關於本問題，亞里斯多德有什麼意見，書無明載。然而他卻明明主張宇宙永遠。上述最後的那個意見，不違反亞氏的原理。他在《物理學》卷三，（章十三）；《宇宙論》，（天體和《宇宙論》，卷一章五），曾證明，在有形質的自然界，現實無限的形體，是不會有的；然而在無物質的實體界，卻不是不能有現實無限的實體。

贊稱《公教》信仰的人，關於本問題，感不到任何困難，因為他們不承認宇宙永遠。（「永遠」不常指無始無終的長期；有時也指無始無終的現前。「生存現前，無始無終」，和「時間久遠，無始無終」，意思全不相同。《公教》信仰，認為天主的永遠，是無始無終的現前生存；是天主的本體；宇宙的永遠，是世代相連，無始無終的長期：據理論的假設和推想，這不是不可能的；回看本書卷一章十五；卷二，章三十一至三十八；據《聖經》歷史事件的敘述，宇宙的壽命，不是無始無終的長期）。

對方第四條理證，也證不出必然的結論。人身體滅亡後，靈魂仍存的前提，證不出「身靈結合只是附性偶然」結論的必然來。因為附性定義是固然指主體，但不指主體的因素：物之來去，不傷主體者是附性，是指主體而說的：主體在這裡，是性理和物質兩因素凝聚而合成的實體，既有種類的界限，又有個體獨立的生存。它的附性來去，對於它的種類界限和個體生存全無變更和傷害。這是真確的；但轉過去說那定義只指它內在的因素，便不復真確。（因為，不但性理的來去，必破壞原有的實體，故此性理不是附性，而是本體；並且），針對物質，以物質為主體而言，本體性理的來去，雖然不破壞物質的本體，然而性理和物質，作某物的實體因素，互有的結合，卻是實體因素的結合：構成本體純一而自同的實體；不是附性和實體的結合。物質實體，因性理來去無常，而受實體滅亡時，第一物質的本質，仍存如故，不受滅亡。它既不因受變化而出生，也不因受變化而滅亡。這是亞里斯多德，《物理學》卷一，（章九，頁一九二左二八），證明的定理，是學界共知的。

同樣，靈魂和身體的結合，（按上面章六十八的證明），乃是性理和物質的結合，構成個體生存，本體純一的實體。根據這樣的比例來推論，足證：身體死後，靈魂仍然存在；兩者原有的結合，卻是本體因素的結合，不是附性偶然的結合。

至於說：性理去後，物質仍存，不是說它倔然自立，而是依據另一性理完備的現實；靈魂在身體死去以後，卻是自立，並是依據自己原有生存的盈極現實。（前後如此不同，並無礙於雙方生存情況的真確）：

理由根據在雙方的本質上：人的靈魂是一種性理，又是一種盈極現實的因素，故能保持自己固有的生存及其現實和盈極。第一物質，依其本體，乃是一個潛能而虧虛的事物；自己沒有現實的生存，故此，為有生存的現實，不能自立，必須依據另一性理。

對方第五條理證的前提是：人在身體死後，靈魂不能有任何動作。吾人卻斷定這個前提是錯誤的：因為那些不用器官而能實行的動作，靈魂常能作到。這樣的動作一是智性的知識，二是智性的願望：（願愛無形的真理和真善）。另外，那些用器官的動作，失去了身體或器官，靈魂便作不來了。（人身體死後，靈魂的某些動作，採取和身體死前不相同的方式。不同之點在那裡？是一重要問題。正確的答案，將要消除許多疑惑。故應先找到正確的理由和思路，為能找出真實的答案）。

本著上述的需要，現應轉移方向，明辨靈魂智性動作有兩種不同的方式，一在現生，一在來生：因為動作方式隨生存方式而改易。現生和來生既有不同的生存方式，故不能不改變動作的方式。（分開講明如下）：

現生期間，人靈魂結合肉身，（如同性理結合物質）。靈魂的生存，雖然是絕對自立，不依賴物質的，然而以物質為包裹自己的皮囊和收容自己的主體：身體彷彿是靈魂的衣衾和宮舍：是靈魂的寓所和寄託。根據這樣的生存條件，靈魂本體固有的動作，就是智性的動作，雖然實行之時，不直接運用身體的器官，和器官能力不相同，直接不依賴身體；但為領受並享有自己動作的對象，卻不能不領受在身體以內；因為那個對象，乃是覺識所知的物象。因此，靈魂在身體以內的生存期間，沒有覺識所知事物之形象，不能作出智性的動作；例如懂明物性事理：並且除非任用腦神經的思想力和記憶力，靈魂的智力也不能回憶已往的知識。按上面（章八十）的證明，這些腦力，是給智力配備覺像的官能：傷殘了它們，理智在現生，不能有智性動作。為此理由，現在的智性動作，是任用腦力的智性動作。這樣的智性動作，在身體殘破後，便隨之而消亡：不再能知理，或回憶。

然而，（除任用腦力的智性動作以外，靈魂尚有某些不任用腦力的智性動作：這是靈魂離開肉身以後，仍然能有的動作。方才說了：動作的方式，依照生存的方式）。離開了身體，靈魂的生存是本體自立的生存：既有自立的生存，便有自立的動作，和那些在生存上完全不結合任何形質的實體一樣，本體自力能完成智性的動作，就是能領悟或愛慕現世形體器官以內不存在的某些對象。智性動作的現實，不再和形體器官以內所領受的那些對象，發生關係。這是絕離形質的（純神）實體，固有的動作方式，詳論見於本卷下面，（章九十六及其後數章）。離開身體以後，人的靈魂，既有純神實體那樣的生存和動作，便也能從那些純神實體方面，領受（所需對象的）灌輸，豐富雄厚，勝於形體器官（色象）之所能供給。實體品級比形體越崇高，灌輸流佈的智力對象，也越豐盛優美：靈魂得之，便能藉以完成更優美的智性動作：（或懂更高深的理，或享用更優厚的福樂，或崇愛更高尚的真善真美）。

為佐證上段的情形，可用青年們經歷的一些事實，作相當顯明的符驗：青年人們的靈魂，越受剋制而不掛慮自己的身體，越能發動更精強的智力，領略更高深的事物。因此，節德，節制體膚的慾樂，引靈魂退避肉情，主要的功效是（將青年人），培養成智力靈敏的人。

還可另取符驗於睡眠的人：在睡眠中，人不運用器官的知覺，如果沒有身體內外濕氣或焰氣的擾亂和阻礙，人便（能用清醒平靜的神智）感受上級實體給人心神智內銘刻的印像，藉以洞曉未來的事物，在某些情況中，超越人用腦力推想或用議論推理所能推知的範圍：（夜旦神智清明，誠能感通神奧，並能預知未來）：關於未來的事物，人的神智能因上級的靈感而妙悟人用理智所不能推知的一些實情。

以上這類的事實，更多發生在「妙悟驚絕」，和「超絕」的人神智以內：當此之時，神智引退，離開身體各器官知覺的境界以外，神悟意識的高度，更超越睡眠中神智的清明。（妙悟實理而驚絕，是驚魂動魄，全失知覺，絕離形質之界；妙悟而超絕，和驚絕有些分別：驚絕是突然而至。超絕、是超越絕人，不是突然而至，卻是人有預先的準備和期待；至於神悟的高度，各有高下久暫或深淺的不同，視失去知覺的程度深淺而定：絕離器官知覺越深遠，神悟超絕的程度，也便越高明廣大而深奧）。

以上這樣的事情，發生出來，並不是沒有道理。原因是：按上面（章六八）的證明，人的靈魂，依生存的品級，既然處在神形的交界，恰如處在永遠和暫時兩個世界，天地相分的水準線上：升降之時，離低處越遠，便去高處越近；（最低處是形質覺識所知的境界，猶如地下的塵界；最高處，是超絕覺識的神智妙境：猶如峻極九天以外至高的天界：天地軒隔：人的神智，卻能用智力的妙悟，觸天而立地）：條件是：離形界越遠，入神界越深。

本此理由，在來生，人的靈魂完全離開了身體，在智力動作的方式上，完全同化與絕離（形質的純神）實體，也要領受它們豐厚的灌輸和影響。

如此比較，足見吾人智性的生活，現生所採用的方式，將要隨身體而滅亡；然而在來生，要得到另一更高的生活方式，繼起而代之。（方式，統指品級和限度及條件。現生指靈肉相合的今生。來生指身體死後，靈魂獨有的生活：現生和來生，智性相同，方式有別：現生俯察形界，見有形而悟無形；來生卻仰觀神界，悟無形而不雜形質）。

往事的回憶，是用形體器官操作的行動，身體死後，非靈魂仍能獨有：除非用雙關語法，假借「回憶」二字，指示明悟曉識昔者已知的事物；靈魂離開身體以後，既然在明悟以內，保存已知事物的智像：永存不失，牢固甚於銘刻；便應握有在世時已得的知識。惟需分辨，智像猶如理念，（純理無形），按上面（章七十四）的證明，明悟一悟永悟，不會遺失；但智像的永存，大有異於形界往事的回憶：按亞里斯多德在記憶與回憶論一書內（章二，頁四五一左二〇）的證明，回憶是記憶官能的行動，不能不用形體的器官；（它所回憶的事物也是形界的個體變化）：都不能實有於神界：故非靈魂離開身體後，所能獨有。（明悟知甘苦之理，和舌端回憶甘苦的感覺，兩事大不相同。知識如此，情感或情慾亦然，詳見下段）：

關於靈魂的其他各類動作，例如愛憎，喜怒，和其他類此的情感，或情慾等等也有名同而實異的假借語法，易生混亂，故宜慎加防範。那些名辭，在言論中，有時指示靈魂的情慾，是覺性界喜怒等類的慾情行動，並有伴隨的身體變化。按亞里斯多德、《靈魂論》卷一，章四，（頁四〇八右二六）舉出的證明，那一類的情慾在人死後，不能仍存於靈魂以內。

然而那些名辭，有時指示不含情慾的意志行動。（意志不是覺識界器官的情慾，而是智性的情意）。本此（精神的）意義，亞里斯多德，在《道德論》卷七，（章十四，頁一一五四右二六）曾說：天主（至純的神體），享受一個單純動作的喜樂；在卷十，（章七，頁一一七七左二六），又說：在上智的靜觀欣賞中，有奇美的福樂；在卷八，（章五，頁一一五七右二八），並且提出了友愛和慾愛的分別。友愛是理智的。慾愛是肉情的。理智的友愛，屬於理性的意志。意志是不用器官的一個智性能力，和智力的明悟是同類的。既然如此，顯然方才舉出的那些名辭，根據它們的精神意義，所專指的意志行動，是靈魂離開肉身以後，仍然能有的。（簡言釋之，肉身死後，靈魂有智性的情意，不再有肉體的情慾）。

準此而論，從上述的各條理由不足以證出這條結論說：人的靈魂不是長生不死的。

第八十二章 禽獸的靈魂

從上述的這些理由，轉一個方向，可以推證出另一顯明的結論：禽獸的靈魂不是長生不死的。證法數條如下：

一證：因為（在章六十六及六十七）已經證明了：靈魂的覺性部分，沒有身體，不能發生任何動作。然而，在禽獸的靈魂裡，找不到任何高於覺性的動作：因為，它們沒有神智的動作，也沒有理智的動作。用下面這樣的事實，可以明明看到這一點：各類禽獸，同類者有相同的動作方式，表現自己是被動於本性的自然，不是根據理智的技術：例如巧燕構巢，蜘蛛結網，同種一律。

從此可見，禽獸的靈魂，只有覺性，沒有智性和理性；沒有身體，則不能發出任何動作。既然凡是有生存的實體，都有一些動作；故此沒有了身體，禽獸的靈魂不能有生存。足見：禽獸的身體死去，它的靈魂也同歸於死亡。（如此說來，禽獸指沒有理性而有知覺的生物。它們的靈魂，只是覺魂，除覺性器官的生活以外，沒有更高的生活。它們沒有形體器官不能動作，表現自己沒有形體也不能生存）。

又證：凡是物體的性理，離開了物質，便是智力現實所知的對象：因為靈明作出現實可知的智像，代表事物的性理，正是用這樣的方法，就是按上面（章七十七）用許多理由證明了的定理，用抽象的作用，從物質條件中，抽取可知的性理。

然而假設禽獸的靈魂，在身體朽滅以後，仍有生存，它便是一個離開了物質的性理。故此，它應是智力現實所知的一個性理。然則按亞里斯多德、在《靈魂論》卷三（章四，頁四三〇左三），說出的定理，在離開了物質而有生存的實體內，智者和所知的對象，是相同的。故此，禽獸的靈魂，如果身體死後，仍有生存，便是智性的實體，這是不可能的。（生前無智性，死後怎能竟變成了有智性而無形體的神靈呢？果如此，何必貪生怕死，豈不都要厭生而求死，速速成神便了？物性必不如此。用反證法反回去，足證對方的命題錯誤）。

還證：能進步而得某美善的任何物體，對於能得的美善，都有本性自然的傾向或願望。觀察物類，即可見得。善是萬物之所欲。惟一條件是：各物有各自本性所欲的美善。（參考《道德論》卷一章一，頁一〇九四左二；卷八章二，頁一一五五右二三）。

然而，觀察可見：禽獸長生的願望，只在種類群體生存的永傳，此外沒有更高的願望；它們的生存慾，全部實現在傳生慾內。傳生蕃殖本種，是禽獸和植物以及無生物（礦物火生火，冷傳冷等等）所共有的物質傾向，不是禽獸覺魂本性固有的願望。依動物覺魂的本性，不知則不求。覺性的知識，都是器官知覺；所知的範圍，僅限於此處和現時；在器官限止以內，不能感覺到永久的生存：心目中根本沒有長生不死的觀念：故此，用覺魂的願心，不會懷中生出長生的慾望來。足證，禽獸的靈魂，沒有長生不死的能力。

加證：按亞里斯多德，《道德論》卷十，（章四，頁一一七四右二三），提出的證明，（心滿意足的）福樂，完成動作的至善。任何物體的動作，都是追求自己福樂的目標，以此為極終的止點。然而禽獸的福樂，都關係於身體的安全，集中在食慾或性慾；除此以外，別的知覺所知的一切事物，例如耳聽的聲音，舌嘗鼻嗅的滋味，和氣味，眼看的像貌形色；除非和食慾或性慾有利，便引不起它們的興趣：它們得到或作到這些事物，也不表現有福樂的感覺：除非直接或間接指示它們食慾或性欲慾的滿足。從此可見，它們一切動作的目的，全是為保全（自己個體，或本類群眾）身體的生存。它們行動的終點，盡止於此；（不能有別的目的和終效，也沒有別的福樂之願心）。足證它們的生存範圍，一點也擴展不到身體以外去。

《公教》信仰的道理，和上面這個定論，意旨相合：

《創世紀》，章九，（節四和節五《肋未（司祭）紀》章十七，節十四）論禽獸的靈魂說：它的靈魂是在血液以內：猶言它的生存，依賴血液的保存。

（日納德著）《教會信條論》，（章十六至十七），也說：「吾人肯定只是人有自立生存的靈魂；禽獸的靈魂和身體同歸死亡」。自立生存，就是自立生活。

亞里斯多德，《靈魂論》卷二，（章二，頁四一三右二六），也說：靈魂的智性部分和別的那些部分，是分開的，如不朽不滅有別於可朽可滅。

駁謬：用本章的定理，足以破除柏拉圖的主張，他曾認定禽獸的靈魂也是長生不死的。（參考，費道對話集，靈魂不死論，章二十三，及三十五）。

對方的意見和理由

然而，禽獸的靈魂長生不死，似乎也是一個可以證明的結論。理由數條如下：（先列出對方理由，然後逐條解破）：證法如下：

一證：物，離開他物，既有一些自立的動作，便有自立的生存。然則覺魂在禽獸以內，有一些自立的動作，不是和身體合力共發的。它的這個動作，就是運動：因為（禽獸都是動物），凡是動物都是由兩個因素，合構而成的：其中，一個是發動者，另一個是被動者。在禽獸以內，身體既是被動者，從此可見，發動者只剩是靈魂。足證靈魂有自立的生存。為此理由，獸體朽滅，獸魂不因附性連帶而隨之俱滅：原因是只有那些沒有自立生存的因素才因附性連帶隨他物而受滅亡。獸魂本體不能遭受滅亡：因為它（的本體單純，猶如性理），不是由衝突因素聚合而成的，（故不因內部因素的解散而敗亡）；它（在覺識的意識以內，能用相容的方式，收納外界衝突不相容的事物之印像，足證它）、依其覺性的本質而論，和任何外物的性理也都不相衝突：（既不與物為敵，便受不到傷亡。如此說來，既無內憂，又無外患）。足證最後結論是：禽獸的靈魂是完全不會死亡或朽滅的。

另證：柏拉圖另一條理由，轉回來，也似乎能證出前段的這個結論。就是：凡是靈魂，都是不死的：因為都是自動的；（參考《費德勞對話集》，（純理的）觀念論，章二十五）；凡是自動的必定都是不死的。靈魂不離開，身體便不死亡。然而本體自同的物體，不能自己離開自己。靈魂自動，正是如此。靈魂自動的本體，是靈魂自己，不能離開自己：故此，也不能死亡。如此推論，最後的結論，仍是：凡有運動力的靈魂都是不死的。禽獸的靈魂也是如此。

方才說：上面的這個理由，轉回來，仍證出這個相同的結論；因為它的前提裡仍有相同的原理：就是按柏拉圖的立場，物不被動便不運動。某物既能自動，就是本體有自動的能力；如此、也就有一些自立的動作。（轉回來：它既有本體自立的動作，則有本體自立的生存。本體不自己離開自己，故此是不死的）。

又證：柏拉圖主張、不但在運動裡，而且在知覺裡，覺魂也有本體固有的一些動作。他說知覺是靈魂覺物時本體自發的一個運動；自動以後，調動身體前去感觸事物。因此，他給「知覺」出一定義說：知覺是靈魂任用身體而發出的行動。（參考戴義徒對話集，認識論章三十；費來博對話集，至善論，章十九；雷綮斯對話集，勇德論，章十；《廸麥午對話集》，《宇宙論》章四十三）。

解答對方

上段提出的這些理論，都是錯誤的，可以證明如下：

一證：實際上，知覺不是發動，而是受動：這樣說更合於事實：因為，動物由知覺的潛能和虧虛，接觸可覺知的事物，而成為知覺的現實和盈極，乃是器官的覺力受到了外物的刺激和變化。覺力感受可覺知的事物而有知覺，和智力感受可領悟的性理而有知識，兩者的感受，方式不同。智力領悟從物質及物質條件中，抽取出來的物性和事理，識別無個體私限的公理。覺力卻不是如此。理由明顯，因為在事實上覺力知個體事物，智力卻知普遍而大公的性理。覺力用器官；智力不用器官。因此，可以明見，覺力感受外物的變化，是根據物質以內的生存條件。智力感受於性理的充實曉悟，卻是根據抽象境界的生存條件：在那裡只有公理的普遍常真，沒有形質的凝固和私限。足見、智力的感受，不是形體物質界以內的；器官覺力的感受，卻正是相反，不是沒有物質的條件和限止。

還證：不同覺力，收領不同的對象：視力收領顏色，耳力聽取音聲。這樣的分別，顯然是來自器官不同的設備：視力的器官有能力和容量，收取所有的各種顏色；耳力的器官收領各種聲音。今如假設覺力收領各種對象，不用身體的器官，便應用相同的一個能力收領這各類各種的一切對象：因為無物質（界限）

的覺力，依其本體，能和那一切對象，發生同等的關係：感受它們的刺激和變化。為此理由，智力既然不用器官，（便不受形質的局限），故能認識覺力所知萬類事物的性理。（知覺卻不是用一個能力兼知萬類）。足證知覺的完成，不是不用身體的器官。

另證：對象高強，覺力支持不過，便受傷殘。智力不然，見識越高明，懂理越眾多而透澈；不會削弱。足見智力感受於性理，和覺力感受於形物，兩者的感受全不同類。智力不用器官，覺力缺不得器官。器官的健全適中，因外物強烈而受傷殘。

特別一點詳證：柏拉圖曾肯定：靈魂是本體自動的。遍察形體之界，似乎事實明確：如不被動，形體無一能自動。因此，他主張凡是物體的變動都是被動而動。但因追究發動者，逐級上溯，不能追至無窮，故此他又肯定在每類被動而動的系統裡，必須有最高的一個發動者是本體自動而動，不復被動於他物。從此隨之而生的結論是：靈魂既然在動物的活動裡，是第一發動者，便是一個本體自動的發動者。

以上這樣的理論錯誤，可明證於以下這兩個理由：

第一個理由（簡單）：因為（本書卷一章十三）已經證明了：凡是本體被動而動的物體，都是物質的形體。因此，靈魂既然不是形體，便不能本體被動而動，僅能因附性的連帶，隨身體之變動，而被變動（例如身體害病，靈魂覺痛苦而發愁）。

第二個理由：慎防同名而實異的言論混亂：依名辭的本義，發動者是一現實物體，故此，被動者是一潛能物體。現實者盈極。潛能者虧虛。在同一根據上，無一物能同時是現實又是潛能，也不能同時是盈極又是虧虛。依同理，同一物體，在同一根據上，自己被動於自己，也是不可能的；反之，必須在本體以內分兩部分，一部分發動，另一部分被動：凡是自動的物體，（在形體之界），都是如此。本此定義，人間的語言稱獸類為動物，就是自動的形體：因為它們的本體內有靈魂和身體兩部分：靈魂發動，身體被動，（正是被動於靈魂。動物叫作「自動物」，靈魂就不應再叫作「自動物」。靈魂為運動身體而發出的動力，不是使自己受到身體所受的變動。在身體所受的變動上，靈魂只有發動的效能，沒有受動的潛能：因此說它是本體不變動的，雖然它有能力促成身體活動或變動的實效）。

然而柏拉圖不主張靈魂是形體，因此，他雖然用了形體界特有的「變動」二字，他的用意卻是在本義所指的物質變動以外，廣泛指示任何活動：猶如亞里斯多德，在《靈魂論》卷三，（章七，頁四三一左六），也曾說：知覺和智力的知識，都是一些變動。在此意義之下，變動不是潛能物體在潛能中存在的現實；而是現實物體生存完善的現實：（前者是物質的變化過程，後者是生活的行動：前後兩者都叫作「變動」之時，「變動」二字便是名同而實異的一個名辭）。

本著以上的分析，可知柏拉圖說靈魂自動時，他的用意是說靈魂不用形體輔佐，自己有本體獨立的生活行動；和他類性理正是相反，如果那些性理沒有物質則不動作，例如（水流）火燒等物質動作：火離開物質的材料，不會燃燒而生熱；它的效力卻必須是燒熱某某有形質的物體。依照他言論的本旨，他的用意是從上面這樣的前提，推證出結論說：凡是有動力的靈魂，都是長生不死的：理由是任何物體，既有本體自立的行動，便也能有本體自立的生存。

然而，（柏拉圖的前提裡，有言過其實的地方，因為前在章六十六及六十七），已經證明了：禽獸（是無理智的動物，它們）靈魂的動作，乃是覺性的生活行動，不能沒有身體的器官和變動。這一點，可明見於知覺，更可明見於嗜慾：因為覺性情慾的一切衝動，發作起來，顯然有一些形體變化伴隨發生：（例如發怒則氣喘，怒目而面紅，甚至髮指）：因此，這些情慾的發作，也叫作靈魂的感動，或感受，（例如發怒叫作受氣；發愛情，叫作受愛慾的感動：心情受了感動，身體也隨著同時受到變化。按變動的施受而論，覺性界的知識和情慾，都是一種受動：和身體的器官是離不開的）。

從此隨之而生的結論，乃是靈魂在禽獸以內發出的動力，也是非用器官不能完成的覺性動作：因為覺魂只是用覺性的知覺和情慾運動或變動禽獸的身體。執行運動的能力，調動肢體，服從情慾的命令。從此可見，獸魂所有的那些動力，與其說是自動能力，勿寧說是他動能力，更合於實情：因為它們的實效是完成身體應受的變動或運動。

如此觀察，乃可明見，獸魂不用器官不能完成任何動作。從此可以推出必然的結論，就是獸魂和獸體死亡時同歸於消散。

第八十三章　人靈無始的問題（一）

普通觀察，習見同樣的物體，生存有始也有終，因此有人能想：人的靈魂生存，由於無終，便也無始，而是在已往永遠常存的。下面這些理由，確似能證明這樣的想法不錯；（實際如何？是本章應檢討的問題）：

一證：既有能力將來永遠長存，便有能力在已往也永遠長存。它既有能力永遠常存，就不能又說它有時不生存：因為生存的能力擴展到多遠，實體的生存也就延長到多久。然而凡是生存有始的物體，便能說它有時沒有生存。足見永遠無終的生存，不應有時而有始，（故是無始無終的永存）。

還證：智力可知事物的真理，是不朽的。照此而論，可知它充其本體之所是，同樣也是永遠的：因為它是必然常真的。然則凡是必然的，都是永遠的：因為必然有生存，乃是不能無生存。同時，（在章九十九）用真理的不朽足證靈魂有生存的不朽。依相同的比例，用真理的永遠，也能證明靈魂的永遠。

加證：許多主要部分缺乏的物體，是不完善的。然則宇宙的一些主要部分是各種的智性實體。又按上面（章六十八）已有的證明，人的靈魂是智性類的一種實體。準此而論，假設每天有多少人誕生，便有多少靈魂開始初生；明證宇宙每天增加數目甚多的主要部分，同時也是缺乏甚多。（已往缺乏今天始生的。

今天缺乏來天要生的）。結果必須說：宇宙是不完善的。這卻是不可能的：（因為宇宙包羅萬有，是無所不有的：這是古今公認的定義和實理）。

還證：還有些人從《聖經》的權威名論中，提出了一些理由：例如《創世紀》章一，（另版章二節二），說：天主第七天完成了所作的工程，於是停止所作的一切工作，休息了。既然如此，天主則不又每天作出許多新生的靈魂。足見人的靈魂在造世之初就已經有了生存，不是後來才開始生存。（造世之初，是永遠以前的無始之初）。

史證一：宇宙永遠說：為了上述的這些和相類似的理由，（歷史上）有許多人認為：人的靈魂既是不死不朽的，便是（通貫古今，無始無終）永遠長有的。這些人當中，第一派是主張宇宙永遠說的一切人。這是一個總派，分許多支流。（分論如下）：

史證二：柏拉圖《輪迴說》：為了那些理由，有些人主張人類的靈魂，數目眾多，都是永遠已有，長生不死的：它們遵守年代的輪廻交替，和固定的期限，時而結合形體，時而離開形體。（《廸麥午對話集》，《宇宙論》，四二；費德祿對話集，觀念論章二八及廿九）。這是柏拉圖派的主張。

史證三：亞歷山，（亞維新），亞維羅，和別的一些人，主張眾人的靈魂，在身體死後，長生而不死，不是許多，而是根據大眾公有的一個靈智；並且主張這個靈智，是貫通古今，永遠常存的。他們當中，有些人主張它是所謂的「施動靈智一，（就是靈明）：例如亞歷山，（和亞維新），就是這樣主張。別的一些人卻主張，伴隨著靈明，尚有明悟，就是所謂的受動靈智，也是至一至公而永遠的：（彷彿是說：靈心廣大，至一至公，充塞宇宙，通貫古今，人我相同）：例如亞維羅就有這樣的主張。

史證四：這樣的主張，和亞里斯多德的言論，在字形字聲的外表看來，似乎是相合的：因為論到靈智，他說它不但是不死不滅的，而且是永遠長存的。（參考《靈魂論》卷三章五，頁四三〇左一八）。

史證五：在歷史所知的已往，有些宣揚《公教》信仰的人，濡染了柏拉圖派的見解，採取了中間路線：因為，根據《公教》的信仰，除天主惟一以外，別無任何永遠的實體；故此，他們不主張靈魂是永遠的，但主張它們同時被造生於造世之初：被造於有形世界未造以前；既已被造，便隨時結合許多形體，新生到人間。《公教》中，第一位抱這樣主張的人，據史所載，是名作家奧理真（Origen，神父），追隨他的人，數目相當多。（參考他所著的《因素論》卷二，章九）。這樣的意見，至到現今，仍流傳於異端人之間；其中有摩尼派人，附合柏拉圖，主張眾人靈魂是永遠的，並逐代傳流，從一人的身體，過到另一人的身體，（不是由父傳子，而是由古傳今，彷彿是託胎輪廻。摩尼教始於波斯，初與《公教》無緣，後則交互影響，在古代某些地方，兩教發生雜揉的現象。薰染上摩尼教色彩的《公教》人，是本章所說的摩尼派的異端人）。

身體未生以前，靈魂不先存在

上述各派意見，沒有真理的支援，這是不難指明的。因為上面（章五十九及七十六）已經證明了，靈明和明悟，都不是眾人共同只有一個；因此現在只剩的問題是檢討一下：眾人的許多靈魂，在身體未生以前，為什麼不先各自已有生存：或始於無始的永遠，或始於宇宙建立之初。在前段，提明了許多人抱持這樣的主張。觀察下面這許多理由，可以看到這樣的主張是不適宜的。

一證：上面（章六十八）證明了：靈魂結合身體，是如同性理和盈極結合物質。雖然比較性體優劣的位置，盈極先於虧虛：現實先於潛能；然而在相同的一個主體內，比較變化發展的時序，潛能先於現實，虧虛先於盈極：因為變動是某一主體由潛能虧虛進步到現實盈極。依此定理，生物出生之時：種籽先有，而靈魂後賦：種籽是潛能中的生物。靈魂卻是生活的盈極因素：（實現物質的潛能，充實物質容量的虧虛：使缺乏生活的物質領受盈滿至極的生活。（參考亞里斯多德《動物生成論》卷三章三）。

還證：依靈魂本性的自然，它應和身體先結合而後分離。本性宜有者應先有。本性以外能有者必後有：因為本性宜有者是本體之所固有。本性以外能有者卻是本體能有的附性遭遇。然則附性之遭遇常是發生在本體既有之後；萬無本體未生，附性先附之理。然而每一性理和本性宜有的物質結合，是本性自然宜有的結合：否則性理和物質結合起來就應構成本性自然規律以外的一個不自然的怪現象，異象，或偶然遭遇的事件：竟而致使附性的偶然先生於本性自然以前了。這不能是合於理之自然的：（猶如未健先病，未得先失。天主造物，必不如此顛倒自然次序）。足證靈魂不被造生於和自己身體尚未結合以前。

加證：凡是一個部分，離開了自己的整體，都是殘肢斷片故是不完善的。然則按（章六十八）已有的證明，靈魂既是一個性理，便是人性本體的一部分；離開了身體，就也是不完善的。同時須知：依照物類自然的秩序，完善者先有於不完善者。足證自然生物的秩序，而要天主先造生和身體結合的靈魂，不應先造生脫離身體的靈魂。

加證：假設靈魂被造生了沒有身體，請問然後怎樣去結合於身體。結合之時，或是強迫的結合，或是自然的結合。這兩個或然的假設都不適宜。詳說如下：

假設是強迫的，便是相反自然的。靈魂和肉身不合自然的結合，構成的人本體，也就是一個不自然的物體。這顯然是錯誤的。此外，另有一條理由：依物類尊貴的品級，智性的實體高於天上的形體。然而，在天上形體以內去觀察，見不到強迫和違反自然的實體。何況在智性實體以下的呢？便更不宜有了。（天主造天上的日月星辰，不先造違反自然的）。

假設靈魂和身體的結合是順乎本性，就是合於自然的；靈魂在初被造生之後，必定以本性自然的傾向，追求結合於身體。本性自然的傾向，除非有某阻礙，立刻就發出行動：猶如重物自然下降，輕物自然上升：本性自然的動作，常有相同的方式，（品類和限度）。準此而論，方在造世之初，靈魂一被造生，立刻便結合了身體，除非有了阻礙。

然而當時，不能有任何阻礙：因為凡是本性自然傾向的阻礙，都是敵力的強迫；靈魂如果有一個時期和身體是離開的，就是受了敵力的強迫：（彷彿是囚在監牢）：這是不適宜的。理由是：因為在靈魂一類的實體內，按方才的證明，不能有任何被強迫的事件，（在造世之初，事事在天主全能造化的手中，敵力的強迫，無從而來）；又因為強迫的事件，既是違反自然的，必是生於偶然的附性，不能發生在本性自然的以前，也不能是人性整個本體全類公有的現象或特性。

另證：每個物體本性自然傾向於自己的美善全備。為此理由，物質依其本性的自然，傾向於性理；反說則不可，（因為性理自然的本性不傾向於物質。物質不是性理的美善。性理卻是成全物質美善的盈極因素）。然則，靈魂對於身體，有性理對於物質的比例和關係，證明如前（章六十八）。從此可見，靈魂和身體的結合，是由於身體追求靈魂，不是由於靈魂追求身體。（那麼，身體未形成以前，不會追求靈魂；既形成以後，靈魂尚未結合身體，不但身體是一死物，不會有所追求，而且靈魂既不追求身體，身體怎能自動去尋找靈魂？或捉取靈魂？）

另一方面，假設有人說：靈魂和身體，（彼此互相追求，是兩者自然的本性，而且）兩者的結合和分離，也是本性自然的：在不同的時期：先分後合，合後又分。審察下面的理由，便可看到這是不可能的。因為一個主體本性自然而有的變遷，都是附性的境況，不改變其本體，例如人年齡的老少。假設結合於身體，是靈魂本性自然而有的變遷，靈肉之合是一個附性的境況：構成的物體，不是單位純一的本體，而是兩個本體在附性境遇中的偶合：不能是人類實體之本然了：（因為人的實體，是一個生存的單位，有本體的自同，又有純粹的精一，不是兩個單位的偶合）。

另證：靈魂超越時間，故不能逐時變遷。整個時間的流逝，遵循天體的運行。形體界的時間，以天體運行的時序作計算的標準。然而靈魂屬於智性實體的類群：沒有形質，超越整個形界：因此不能隸屬於天體運行的範圍以內：（超越時間最高標準的界限以外，便無時間先後之可言）。故此，如說靈魂逐時變遷，並且依照它本性的自然，時而結合於身體，時而離開身體；或時而追求此某身體，時而追求彼某：這都是不可能的。

如果（有人）說：靈魂結合於身體，不是用強力的逼迫，也不是由本性的自然，而是出於意志方面的甘心情願。這是不可能的。（理由兩條，如下）：

選擇生存境況，除非受欺，意志（自由）不肯去優而就劣。然則靈魂的生存境況，離開身體，優於結合身體；因為根據柏拉圖派的意見，首先須知，由於結合身體，靈魂受兩種損失：一是遺忘原先已有的知識；二是真理的純淨妙悟和欣賞，受阻礙而延擱。足見靈魂如非受欺必不自願結合於身體。

進一步說：靈魂自己以內，不能有受欺的可能或原因，因為，按他們的主張，靈魂以內（萬理鹹備），實有各種知識。

如說：選擇個體事物，公理的知識雖然不缺，現實的判斷仍能屈服於情慾的迷惑，神志顛倒；猶如淫亂的人，（違背良智的理性，淪陷於肉情的罪惡：自投於陷溺）。對靈魂而言，這是不可能的：因為這一類的情慾，是所謂的肉情或物慾；無身體及其變化，則不能有。因此，靈魂離開身體期間，不能有這樣的情慾。足證：靈魂，如果在身體未成以前已經有了生存，便不自願結合於身體。

另證：兩個意志，不期而合，產生的效果，是偶然的：例如某人上市買貨，遇到不約而會的商家，是偶然相遇。現請觀察某人的父母，自由同意，生養一個兒子，（按柏拉圖派的意見），只是生成兒子的身體；父母的意志，和某某靈魂願（投胎）結合於這個身體的意志，是彼此原來沒有關係的兩個意志：兩者的合作，是不約而同的合作；兩者的遇合也是偶然的：能遇合，也能不遇合。兩者不相遇合時，兒子不能生出：他的靈魂和身體不能結合。從此可知，它們現有的結合，是偶然的。如此說來，父母生兒女，是一件偶然的事，不是本性自然而有規律的了。這顯然是錯誤的：因為父母生育兒女，守本性自然的常規，例外是極少數：不似偶然事件的常無定則。（何況靈魂自由，天下必有許多靈魂所不願結合的身體，也必有許多父母不願意靈魂來結合的身體，靈魂不屑於來結合；兩個自由的意志，能同意合作，也能拒絕合作；兒女的出生，便全無自然律可守了。這決不是事實）。

如果又（有人）說：靈魂結合於某某身體，不是出於本性的自然，也不是出於自由的意志，而是決定於天主的編組和調遣。這樣說也是不適宜的。理由如下：

假設在未造身體以前，先造了許多靈魂；在這個假設之下，天主將既造的靈魂組遣到塵界來結合身體，乃是將它們從高級降低到低級。這樣的組遣不合於天主的仁善。天主組遣，與其降低，勿寧升高；與其引物從優變劣，勿寧引物從劣變優。故此，靈魂結合於身體，不是由於天主的組遣。天主當初依照物性適宜的方式，造生了每一物體：因此《創世紀》章一論到每一物體也說：「天主看見所造的每一件物體都是好的；總《論萬物》又說：天主遍觀所作成了的萬物，也看見它們都甚美好」。（天主全善，不會把物造壞）。準此而論，假設天主造生的，是沒有身體的靈魂；則應稱認離開身體而自立生存，乃是和靈魂的本性更適宜的生存方式：既已造得美好適宜，又將它們弄得不如從前：這不能合於天主的至善。天主造物，必不出此。

另證：將最低的物體升高，而傷害高級物體，不合於天主上智的秩序。在物類品級中，有生死變化的形體，是最低的物體。為升高人的形體，而派遣先已存在的靈魂去和形體結合，按方才的說明，不能不傷害靈魂（神體的尊高）。足見不合於天主的上智。

奧理真看到了這一點，既主張眾人靈魂最初先已受造而生，乃說天主派遣靈魂組合於肉身，是為處罰它們在以前犯了的罪過：按罪的多少和大小，結合於卑劣或優越的身體：彷彿是被封鎖在監獄中。

以上這樣的主張是站立不住的。刑罰和本性自然的福美是相反的：因此叫作苦楚。福美是善。苦楚是惡：因為是相反本性自然的。今如假設靈魂和肉身的結合是一種刑罰，便不得又說那是本性自然的福美：反之、應說那是相反本性自然的痛苦和惡事。這卻是不可能的：因為事實上，那乃是人性自然的本旨和終向。人類本性自然的生育，以靈魂和肉身的結合為終點：開始人本體的生存。必欲說靈肉結合是刑罰，結果須說：人本體的生存不合於本性自然的福善和美好；（這顯然是錯誤的，不但不合人心的公意，而且不合於《聖經》的名言）：《創世紀》章一，節三一，明說：在造生了（有靈魂和肉身的）人以後，天主遍觀所作成了的萬物，（連人包括在內），也看見了它們是美好至極的。

另證：善出於惡，常是偶然，（凡是偶然，都是附性，不是本性。本性是實體天生而有的性理之本然）。今如假設規定了靈肉結合的福美，是出於靈魂以前犯了的罪惡，那麼，靈肉之合，便是偶然而生的事件：人的被天主造生，也原來應是一件偶然的事了。（彷彿是出於天主意料之外的）。這樣說話，是貶低了天主的上智。《聖經》裡，《智慧篇》章十一（節二〇：《論天主》的上智說：「天主上智，建立了萬物，各按固定的數量，重量，和度量。（沒有一物一事是天主意料以外的偶然）。

還證：對方這樣的主張，顯然也和宗徒正統的傳授，是相刺謬的。大聖宗徒保祿致羅馬人書章九，（節十一至十二），論到雅各伯和厄撒烏，曾說：當他們（弟兄二人）尚未出生以前，或當他們尚未作任何善事，或惡事以前，（《聖經》就說天主規定了），年長者要用自己的勞動，服務年幼者。根據《聖經》裡這樣的記載，可見在他們既孕在母胎以後，天主規定的命令尚未發出以前，他們的靈魂還沒有犯任何罪惡。（足證他們的靈魂不是因犯罪受罰而結合了肉身）。這裡所說的天主命令，是在他們既孕在母胎以後，才發出的，可明證於《創世紀》，章二十五，節二三。

上面（在章四十四）討論物類的區別時，批駁奧理真的主張，提出了的理由，尚有許多，也可採取過來，用在這裡；願請回閱，這裡不再重述。現應繼續原題的論證，舉出別的理由如下：

又證：人的靈魂或需要覺力，或不需要：這是兩個必不能同時肯定的矛盾立場。兩端矛盾，用或字連起來，構成的論句，（或命題），是意義常真的必然論句：就是必應選擇一端，既不能兼取兩端，又不能兩端盡棄。如用吾人經驗的事實，作選擇的標準，顯然可見，人的靈魂需要覺力：這是應擇取的一端：因為，人如某某器官的覺力缺乏，便在智力方面得不到那個覺力所知事物的專科知識，例如生而無目的盲者，用盡了智力，也得不到光學裡關於各類顏色所有的任何知識。（眼不識光，智力便懂不到光學裡的原理，或顏色的定義：顏色的分別，在於光的濃淡強弱）。

此外，假設人的靈魂為作出智力的行動，（例如知真理，愛真善等），不需要器官的覺力；在人以內，便找不到，覺性和智性兩種生活，在行動上，有什麼關係。然而吾人經驗的事實，適得其反：明證兩者有上下相隸屬的必然關係和秩序：因為，在吾每人以內，從各器官覺力的知識，生出記憶內所存養的知識；從記憶的許多知識，而生出經驗實習的知識。關於各類事物，既已得到了經驗證實的知識，吾人遂因而更進一步，領悟各科學識和技術的原理。（覺力、記憶、經驗、和實習的知識，是在內外器官覺識以內；原理的學識和技巧，有普遍而大公的特性，超越具體事物的覺識，故此是在智性的明悟以內）。足見，人的靈魂為有智性的活動，需要有器官的覺力。

既然靈魂有這些需要，同時、物自然天生的本性，為完成自己特有的動作，又不缺乏任何所需；猶如動物需要覺性知識和身體的移動，動物天生自然的本性，便給動物，生長出適宜的器官；依照這樣的理由和比例，可知天主造成的靈魂也不缺乏覺性生活的機能，以滿備智性生活的需要。然而，請回憶（章五十七）已有的說明，覺性生活的各種機能，沒有身體的器官，則無以作出任何動作。如此推論，足證，靈魂初受造生之時，不是沒有身體的器官。（造其器官，不造其覺力，是可能的；造其覺力而不造其器官，是不可能的，雖天主亦不能：例如造視力而不造眼睛和視神經）。

另一方面，如說人的靈魂為有智性生活，不需要器官覺力，並因此說它被造生以後，沒有結合形體；便必須說它在未結合形體以前專用自己的能力，也已經懂明了各種知識的真理。這也是柏拉圖派已經承認了的結論：他們說純理（的觀念）是知識的原因；按柏拉圖的名論，純理是各種事物（種名定義所指）的性理，並是脫離形體，自立存在，本體直接可懂的：是人智直觀可以洞見的：從此可知，和身體絕緣而分離的靈魂，如無其他任何阻礙，應完全得到了各種學科的知識；及至後來，結合了身體，據事實的表現，愚昧無智，必是遺忘了前者已有的知識：這是柏拉圖派根據其前提已經承認了的另一結論：他們為證明這一點，除上面的理據以外，還提出了下面這樣的事實，作事據，和符驗：他們說：任何人，不拘多麼愚昧無智，聽到了各科學識內條理通順而明白的問題，便豁然開朗，從自己心智內，供出正確的真理作答案；宛如某人，遺忘所已知的某事，回想時，按著往事的線索，逐事追溯，乃可回想起來。從此可知，他們為什麼也主張，學習不是別的，乃是回憶。（真理之言，言中己心之所欲言：彷彿醒覺心內原來不是完全沒有的知識和真理）。

依照這樣的思路，根據這樣的立場和前提，最後推出的結論，必是：靈魂和肉體的結合，給神智的生活，造成了阻礙。本性生活的阻礙，不能來自物體的本性。物自然的本性，不給自己添加阻礙；反之，更願盡可能給自己增進工作的方便。可見：靈肉之合如果不是人性的本然，人的本體，（既是靈肉之合），也就不是本性自然的物體了；並且人的（出生於宇宙間），及世代相傳的生育，或蕃殖，都是不合本性之自然的了！這明顯是錯誤的。（用反證法，反回去，足證對方最初的前提是錯誤的）。

另證，物體用自己的各樣動作，努力達到的成果，是它生存的最後目的。然則，人用各種本性固有的動作，守秩序，按規則，努力要達到的成果，是真理的妙悟和觀賞：因為實作的勞動，是為給靜觀的智性諸德，預先準備所需要的資料和條件。足證人的生存目的是觀賞真理。為此理由，可見靈魂結合於肉身的目的，是為成全人的生存。既然是為成全它，怎能又使人遺忘了他生存固有的知識呢？豈不更應使他得到知識嗎？因此，吾人與其說靈肉之合的效果是使人遺忘已有的知識，勿寧說靈肉之合的目的，（依自然天生的本性），是為得到未有的新知識。此說合理，足證對方理屈矣！（若然，則靈肉之合應在人生的最初）。

又證：能有某人，不學無術，聽到了學術的問題，自供的答案，最初只限於無人不知，人人同知的一些普遍原理：這些原理，人人平等，是本性自然會知的。然後，按著（邏輯的）秩序，再進一步，他才能答出和第一原理極接近的定理，定理是由第一原理推證出來，和第一原理有密切關係。第一原理是眾科大公的。低級定理是某科專有的。如此，逐步推進，最後才能將第一原理的邏輯實效，運用到某科以內提出的特殊問題上去，並證出真理的答案。可見，顯然愚人心內，因問題合理，而自供的真理之答案，不是回憶舊知識，而是用第一原理產生了新知識：第一原理（的光明）是新知識的原因。（所謂第一原理是百科相同，人人皆知的許多公理：是人人體察各類事物，不待學習，天性生來，自然而然，觸物遂通的：例如：是非不同可的矛盾律；各是其是而非其非的自同律；有果必有因，因果不相混的因果律；等等。將公理證出的新知識，講解成前生知識的回憶，是無對證的錯覺。由此進一步又說靈魂有前世超形的生存，就是越錯越深了）！

另證：假設知原理和知結論，都同樣是靈魂本性自然的知識；關於結論和原理，眾人也應有同樣的定見：因為本性的自然，是人人相同的。（例外是偶然的，而且是少數。本體的自然卻是全類大同的）。然而，事實上，關於原理，眾人定見相同；關於結論，卻意見不常相同。足見，原理的知識，是本性自然的；結論的知識卻不是。吾人用本性自然之所有，進而取得本性自然之所無：猶如人工用自然而有的手，製造自然所無的工藝品。依同比例，吾人用本性自然而知的原理，（用學習或推證），取得結論的知識。（本性自然的知識，和人智推證的知識，都是人感觸外物，而理會到的新發明；不是前生舊知識的回憶）。

還證：本性動作或關係，常是以一對一的。一個能力依其本性，必有一個對象：例如視力的對像是顏色。耳朵聽覺的對像是音聲。本性的對像是各類統一而有宗主的。智力既然是一個能力，也便有自己本性自然而知的一個對象。這個對象也必須是總括智力所知的一切：猶如顏色總括本體可見的萬樣顏色。本性自然的對像是全類的宗主。這樣的對象，為智力知識之所必有。它不是別的，乃是（絕對大公名物字所指的）物。吾人靈智，本性自然知物（大公名所指的物）；並且也知物大公名依其本有的實義必不可無的特性。物依其公名而有的實義和特性，是第一原理知識的基礎：例如：關於同一物體有同一特性，不可同時又肯定又否定。這是矛盾律。類此的原理，還有別的，（例如排中律：或真或假，無中間立場。因果律：果必有因，兩不相混）。吾人智力本性自然而有的知識，只是這些原理。至於結論的知識乃是用原理燭照而得來的：猶如視力用顏色的知識，（不但知視力所獨知的顏色，而且）兼知（數種覺力所共知的）公有對象；也知覺力（本體所不知，偶然所兼知的）附性對象。（例如數目，動靜，大小，遠近，位置，等等，是覺力的公有對象。生死，有無，父兄關係，仇友等等，是覺力的附性對象。都是眼睛在色象中所能看見的）。

另證：吾人因覺力而得的知識或技能，非靈魂在未有身體以前所能具有。然而，那些原理的知識，是由覺力所知的事物而在吾人以內所產生的效果：覺識不知某某物的整體，智力便懂不到「其整體大於其部分」的原理；猶如生而失明的盲者，不懂顏色的光學原理。從此可見，未有身體以前，靈魂也不曾有那些原理的知識。至於其他知識，就更沒有了。如此推究，可知：為證明靈魂先有生存（和知識）而後結合於身體，柏拉圖的理證，是不可靠的。

又證：假設眾人靈魂，未結合於身體，而已先有了生存，結果看去則可能有相同的一個靈魂，在不同的時期內，輪流結合於不同的許多身體。主張宇宙永遠的人，顯然要推演出這樣的結論來。因為：人類世代的流傳，既是永遠的，經過無始無終的長期，必定有無限多人的身體，舊者死滅，新者代興。在此同一長期中，或假定每個身體有一個靈魂，便必須稱認在未有身體以前先有了無限多的靈魂已有現實的存在；或（因為他們認為任何實體現實存在而有無限之多，按前面章八一的說明，是不可能的；故此，必須）假定當時那些靈魂的數目不是無限多；那麼，（以數目有限的靈魂交結數目無限的身體），就不能不肯定應有許多靈魂，各自輪流結合許多身體：演成逐代輪迴的現象，（這又是不可能的，回閱本章前數段，參考章七十，七十八，九十）。

同理，縱令人類世代的流傳不是無始無終的，如果仍要主張未有身體而先有許多靈魂，依相同的看法看去，仍要生出相同的後果：因為雖然實際上有始，但將來不是不可能無終：依身體的本性而論，子既生於父；便能有孫生於子，逐代相生相傳：既是本體可能，除因附性遭遇而偶然受到阻礙，就能形成生生不息的現實：為此之故，（在將來仍能有無限多人的身體出生），靈魂的數目既依假設是有限的，則不能不肯定仍有一個相同的靈魂要從一代人的身體，過渡到另一代人的身體裡去。（這又形成了輪迴，或一系內逐代輪迴，或數個族系內，交織輪迴，或逐代，或跨代循環，等等）。這卻（都）是不可能的。（用反證法反回去，足證）：眾人在未有身體以前不先有許多靈魂存在。

駁輪迴──一個靈魂不能結合於許多不同的身體。證明如下：眾人靈魂彼此只有數目的分別，沒有種類的分別。否則、眾人彼此也要有種類的分別了。（這顯然不是事實）。數目分別的根據，是物質的許多因素。人靈的相互分別也必應取決於某一物質因素。這樣的物質因素，不得是靈魂本體內的一部分：因為上面（章五十，五十一，及六十八）證明了：它的本體是有智力的實體；凡是這樣的實體都不包含物質。故此，尚餘的惟一可能，是人靈的眾多互異，取決於靈魂和所交結的物質，本體固有的關係：詳見於上面（章八十至八十一）的說明。根據那樣的關係，既然有許多身體互不相同，相對的必有許多靈魂也是互不相同。靈肉之間，有一對一的必然關係。故此，不是一個靈魂結合於許多身體。（不同時結合，也不異時輪流）。

又證：上面（章八十八）證明了：靈魂和肉身的結合，是性理和物質的結合。性理和本性宜有的物質，必須有適稱的條件：因為盈虛相稱，是一定律。足證一個靈魂不結合於許多身體。（靈魂對身體，性理對物質，盈極對虧虛，現實對潛能，上下相對，條件必須相稱，關係必是以一對一）。

加證：發動者的能力，必能相稱於被動者。不是任何一個能力運動任何一個被動的物體。縱令靈魂不是身體的性理，但仍不能不說它是身體的運動者：動物因有知覺和運動而有別於沒有靈魂的死物。足見、身體不同，靈魂必隨之而互異。

又證：世代傳生，是新舊代興，不是舊數重出：新生的物體，和故去的物體，不可能是數目單位相同的一個物體。因為，舊體滅亡，新體出生，是實體的變化；新舊兩體，不能是相同的一個實體，歷經變化，而常存不改；竟要和地方的變化相同了：一個實體從一個地方移易到另一個地方。然而假設一個靈魂，經過不同的時期，相繼輪流結合於異代新生的許多形體，那麼，數目單位相同的一個人，便從往代，生入現代；他的出生，應是他的化身轉世。柏拉圖的主張，必定生出這樣的結論：他已經說過：人的實體，是服戴身體的靈魂：（用身體當作自己穿戴的衣冠。參閱前面章五七。如此說來，柏拉圖自己的新生，也是某某往代人的重來人間。這是他的學說不能免的結論；不但他個人是必然如此），而且其他任何人，（或任何物類），也都是必然如此；因為物體的數目單位，包括它的自同和統一，是取決於性理；猶如物類的實體生存，也是取決於性理：任何某些主體，如果它們有數目單位相同的一個性理，它們隨之而必是一個實體：在數目的單位元上，是相同的一個。（這是不可能的。用反證法反回去），足證：一個靈魂，結合於許多不同的身體，是不可能的。從此證出的另一結論就是：眾人靈魂不是先有於身體未生以前。

《公教》信仰的定論，和本章已證的真理，意旨是相合的。《聖詠》，（章三十二，節十五）有句話說：「天主逐一，揑塑了他們每人的心」：這句話的意思是說：天主給每一個人，分別造生了靈魂，不是一齊作出了一總人的靈魂，也不是把一個靈魂結合給許多不同的身體，（同時以一統眾，或異時前後輪流）。

此外，（日納德著）《教會信條論》（章十四），也有意思相同的一些話：「吾人肯定眾人靈魂受造於天主，不是和其他各類靈智實體合夥受造於造世的開始，也不是大眾一同受造。奧理真（神父）的異說是他的幻想」。

第八十四章　人靈無始的問題（二）

對方證明靈魂從無始的永遠已有生存，或至少在身體未生以前已有存在，所用的一些理由，是不難解破的。（今按前章首半段列出的數條，逐一解答如下）：

第一條說：靈魂有能力長生。這一點是應受認可的。然而一方面須知物體能力的擴展，只達到現今或將來，不能達到（自己未生以前的）已往。故此，由現有或將有的生存能力，證不出在過去，也有生存能力：至多能證出將來長生。

另一方面，須知：從能力證出功效，缺乏不可的先備條件是某物具有那某某能力。縱令人的靈魂有能力長生不死，在尚未（證實它已經）取得那個能力以前，仍無以證出結論說它長生不死。然則，今如前提裡肯定它從無始的永遠就已經具備了那個能力，那正是犯了無理乞賴的滑輪病。（這裡所謂的「滑輪病」一是邏輯之大病：因為）這樣的議論，要求用尚須證明的結論，作前提裡最後的根據：那個根據乃是：人的靈魂從無始的永遠已有了生存。（等於說：靈魂永遠生存，因為它永遠生存。這是強詞奪理）。

對方提出的第二條理由根據了人靈懂曉真理的永遠性。關於這一點，必須注意「懂曉真理是永遠的」一，這句話能有兩種意義：一是懂曉的對像是永遠的；二是懂曉的動作或能力是永遠的：前後兩者，分別至大：前者是「所懂」，後者是「所以懂」。本此而論，如用那句話，專指所懂的真理是永遠的，從而推出的結論，僅能是被知事物的永遠，不是智者的永遠：（前者是客體對象，後者是主體的生存和能力及其他因素。客體的永遠，不必有主體的永遠：真理的永遠，不必有人靈的永遠）。

然而，如果用那句話，（懂曉真理是永遠的），專指智力及其動作是永遠的，便在言外是說：有智力動作（懂曉真理）的靈魂是永遠的。（不過在這樣的意義之下，那句話是應受證明的結論，不能作前提：免陷於方才所說的滑輪病）。並且，那句話的本義，不是專指這第二種意義，而是專指（前段指明了的）那第一種意義。在事實上，根據前面（在章七六）提出的證明，可知吾人靈魂，每次懂曉某真理，必定每次用（施動智力的）靈明，從覺識現知的物象以內，從新抽取明悟可領悟的意像。（這些意像猶如智眼可見的觀念，或智思所思的思想，是思之則生，忘之則亡的：是隨人心智的動靜而時生時滅的，雖然靈魂用它們所想通的真理，卻是永遠常真的）。

從那樣的意義裡，推出的結論，不得是「靈魂是永遠的」；而是靈魂所懂曉的某些真理，（既然是永遠常真的），必有某一永遠的因素給真理作永遠常真的根據：這樣的根據，乃是第一真理：它是所有各種真理的原因，至一至公，包含萬理，無理不備。人的靈魂對於這個真理永遠的根基，比較起來，和主體對於性理，有比例相同的關係；而且以前對後，猶如物體對自己本性宜有的目的：因為真理是智力所冀願的目的和福善。

說到這裡，請轉念注意（以下這個邏輯的定義）：由目的可以推知將來，（不可以推知已往）；為能推知已往，須用（當初）作物的原因。既知某物的生存目的是安享永遠的真福，便知那某物體有永遠常存的能力：（它的生存的長期，可以延長到永無終止）。

從此可見，從所知真理的永遠，足以證明靈魂長生不死，永無壽終；不足以證明它永遠現前，永古無始。

然而，從作物原因方面的永遠無始，也不足以證明受造物的永遠無始。理由明顯，詳見上面（章三十一及其下諸章）已有的證明。（從天主的永遠，不足以證明人靈的永遠）。

對方提出的第三條理由，是用「宇宙全善」作前提，也不足以證出必然的結論。因為，宇宙的「萬善俱全」，專注意在「萬類俱全」和「萬理俱全」，不在乎「萬體俱全」或「萬物俱全」：因為，先有的各種物類以內，不斷增加數目至多的個體，（也不斷喪失許多個體；個體的增減，無損益於宇宙萬類俱全的美善）。然則，按（章八十一）已有的證明，人靈互異，不是種異，而是數異；足見人靈新生，受造於天主，無妨於宇宙的全善。

從此可以明見，對方第四條理由，也可迎刃而解：造物工程的告成，或萬物的全備，專注意在「萬類俱全」上，不在乎「萬類的個體俱全」。依此限度，天主停工休息，實有的意義，只是說天主停止造新生類，不是說停造新體。同類個體，舊的故去，新的出生，仍不妨有某些個體受造主於天主。如此說來，眾人靈魂，和眾人個體一樣，既然是類同種同；足見、天主停止造生新人類，而不停每日造生新靈魂，不是兩件互不相容的事。實際上，《聖經》裡，《創世紀》，章一，（另版章一，節二），同時說：「天主完成了自己的那些工程」，又說：「天主停工休息了」。那樣的說法，僅能指示停造新物類，不是停造某些新個體。（無拘如何，宇宙全善，並不足以證明眾人靈魂必有無始的永遠生存）。

尚有一點，（有關於古書的訓詁），不可不知，就是：審察古書，可以見到，亞里斯多德，從來沒有說過：人的靈智是永遠的（無始無終），他卻在談論他認為永遠已有的某些實體時，習慣說它們是永遠的（無始無終：足見在他心目中，人的靈智，和其他永遠常在的實體，不全相同。然而他確實說過：人的靈智是永久的（常壽不死：無終）。「永久」二字，可能只是指示某些物體，雖然在過去不是永遠已有，（無始而永在）；但在（既生以後）將來的生存，卻是永久無終的。（永古者，無始。永久者無終。合遠古與久遠，謂之永遠：無始無終。人靈永久，而非永古；亞里斯多德用永久二字，指示種類傳生，世系線長，生生不息，永無終止；也指示人靈智的生命永久：和「永古」或「永遠」的確義，不全相等）。

本此意義，在《形上學》卷十一，（章三，頁一〇七〇左二五），論到人的靈魂具有智力故與別類性理不可一律看待，亞里斯多德，也沒有說它是先於物質而已存在的性理，雖然柏拉圖論到他所主張的「純理」，卻嘗說它們是先物質而常存的性理。亞里斯多德在他所談論的題材裡，所遇到的機會，雖然顯似適於肯定靈魂先物質而有生存，他卻沒有作這樣的肯定；反之，他只說了人的靈魂在身體（死亡）以後，仍然存留不滅。（足見亞氏想法，不必有利於對方）。

第八十五章　人的靈魂和天主的實體

從以上這些理由，還可證明人的靈魂不屬於天主的實體。（理證如下）：

一證：上面（卷一章五十）證明了天主的實體是永遠的，不包含任何部分有新生的開始。人的靈魂卻有新生的開始：因為按前兩章的證明，人的靈魂不是在身體未生以前已有生存。足見它不屬於天主的實體。

加證：上面（卷一章二十七）證明了天主不能給任何物體作其內在的性理。然而，按（章六十八）已有的證明，人的靈魂是人身體以內具備的性理。故此，人的靈魂，不屬於天主的實體。

另證：任何某物所由而產生的原料，對於由而產生的那某某物體，有潛能對現實，和虧虛對盈極的關係。然而天主的實體，既然按上面（卷一章十六）的證明，是純現實和純盈極，故此對於任何物體，都沒有潛能和虧虛的關係。（天主的實體不是靈魂的原料）。足證人的靈魂，或任何其他物體都不能是從天主實體內產生或製造出來的。

還證：原料不受到某一形式的變化，便不得用去作成某某物體。然而，按上面（卷一章十三）的證明，天主完全不能受到任何變化。故此，天主不能是作成任何物體的原料。

加證：靈魂以內，顯然有知識的智愚，道德的善惡，種種對立情況的變遷。然而，按同處的證明，天主完全不能受到任何本體或附性的變化。足見，人的靈魂不屬於天主的實體。

又證：上面（卷一章十六）證明了：天主是純現實和純盈極，自己本體以內，不包含任何程度的潛能或虧虛。然而，請看在人的靈魂以內，卻是既有現實和盈極，又有潛能和虧虛：因為它既有明悟又有靈明。明悟是潛能和虧虛，能領受智力可知的萬般事物。靈明是現實和盈極：（發出光明，照顯萬象含蘊的真理）：回閱上面（章六十一及七十六），已有的說明，即可明見。足證：人的靈魂不屬於天主的性體，沒有天主的本性。

又證：既然天主的實體完全不能分成許多部分，故此祂實體的任何某一部分不能是人的靈魂，除非祂的整個實體也是人的靈魂。（否則，一部分是，一部分不是，祂的實體便分成了許多部分：按卷一章十八的證明，這是不可能的）。又按上面（卷一章四十二）已有的證明，天主的實體不能不是純一的。如果天主的實體是眾人的靈魂，從此隨之而生的結論必是眾人共同只有一個智力的靈魂。這是上面（章七十三及其下諸章）已經證明了是不可能的。故此可見：人的靈魂不屬於天主的實體。

觀察對方的意見，可知它的來源似乎能是以下三個：（都是前提裡有了錯誤的見解）：

第一：有些人認定了凡是實體都有形的物體。因此他們主張天主是高貴至極的一個有形的物體：並且有些人說天主所是的這個形體就是空氣；另有人說是火體，又有人說是任何另某形體界的因素。於是乃說人的靈魂也屬於這某形體，有和它相同的本性：因為回閱亞里斯多德《靈魂論》（心理學卷一章二，頁四〇四右一〇）的記載，足以明見，那各派的人，一主張萬物共有的因素是什麼？便主張人靈的實體也是什麼。（他們主張那個因素是天主）。由而隨之便說：人的靈魂也屬於天主的實體（之類）。

摩尼教人的學說，枝脈蔓延而叢生，追求根原，也是從這裡發出。他們的師祖、摩尼、誤認天主是一個有形的光明物體：廣闊展開，彌滿各處無限的空間：於是他乃主張人的靈魂是這光明之體的一小部分。

上面卻已證明了這樣的主張錯誤：一方面因為（卷一章二十）證明了天主不是形體；另一方面因為（本卷章四十九及六十三）證明了人的靈魂，或任何某一智性的實體，也都不是形體。

第二個來源：另有某些人，認定了眾人共有一個靈智，或說共有一個靈明，或說同時共有一個靈明和一個明悟，詳見上面（章七十三及其下諸章）。又因古代人主張不拘什麼實體，凡是和物質絕異而分離的，都是天主；從此隨著進一步主張吾人的靈魂，就是吾人智性的知識所用的靈智，也有天主的本性。本此理由，吾人現代尚有某些《公教》信仰的倡導人物，既主張靈明是和物質絕異而分離的，便明言肯定了人的靈明也是天主：（意思是說：天主是至純的神明，入於人心，便是人的靈明：吾人每個人的靈明乃是天主至純至上的神明：一個神明，徧在宇宙人心）。

上面（章七十三及其下諸章）已經證明了這樣「人類一智」的主張是錯誤的。

第三個來源：吾人靈魂，像似天主。從這像似之點，竟然在已往也生出了上段這樣的意見。智性的生活，知真理，愛真善，非下方塵界任何實體所能有，僅為人類所獨有，因為人有靈魂：並且，智性的生活，依照價值的比較，被人認為至極高貴：極應是天主本性的特點。人靈和天主既有同樣的智性生活，因此有人認為人的靈魂屬於天主的性體：有天主的本性。尤其是堅信人靈長生不死的那些人更傾向於這樣的主張。（沒有料想到其中的錯誤）。

《聖經》上有些話也似乎助長這個意見：《創世紀》章一，節二十六，（加閱章二節七），曾記載天主說：「我們要按我們的形狀和肖像造人」，在下文接著又紀載說：「天主用泥土造成了人的形體，又向著他的面孔，吹入了生命的氣息」。根據這裡的紀載，某些人強經解言，附合己意，認定人的靈魂出自天主的性體：因為生命的氣息是一團氣息，有數目單位的自同：從一個主體的胸中吹出，向著另一個主體的面孔吹入。如此解釋，《聖經》的象徵語法，似乎暗示：有某某神性的因素，出自天主的神體，輸入到人的實體以內，為扶持人的生活。（用「氣息」或「神氣」喻指人的靈魂）。

殊不知，上面《聖經》裡所說的「肖像」，所能喻指的肖似之點，不足以證明人（的實體或靈魂）是天主神體的一部分：因為人的智性生活，（知真理愛真善），遭受許多缺點，都不可說是天主所能有。從此可見，那裡所說的肖像或似點，與其暗指實體相同，勿寧只不過標明了不完善的像似而已。《聖經》明說「按形狀和肖像」，暗指神靈間某些特點的近似。那裡用的「吹入氣息」等等字樣，也是指明。生命發源於天主，過渡到人身以內：人和天主相似，都有生命：然而生命的相似，不是實體同一。為此，《聖經》只說：「向面孔以內，吹入了生命的氣息」：一則因為人的面部有許多知覺的器官和孔竅，比較其他部分，更能明明表現人有生命；二則，既說「吐氣而吹入」，便是喻指人生命的神氣，是天主的恩賦，不是從天主實體裡，分裂出來的一塊實體：因為象徵語法，借有形喻指無形，兩界的比例對照，是喻義所依憑的根據。請看形體界，一個物體吹出空氣，吹入另一物體的面孔，只是將一團空中的清風吹出吹入，並不是將自己的一塊實體，吐出來，填入到那另某物體中去。（本此比例對照的限度，足見《聖經》象徵語法暗指的喻義，指出了天主神體和人靈神體，在神智的生活上，有不盡同的相似之點：在實體上，卻是既不同性，又不同體）。

第八十六章 靈魂與生殖

從上面提出的那些理由，轉進推論，即可證明，人的靈魂，不是和精血一齊，如同媾精生殖一樣，流傳而孳生的。

一證：無形體則不能有動作的任何因素，無形體不能有生存的開始。每物都是根據生存而動作：故此，依照雙方相同的比例，既知其動作情況，便知其開始的生存情況。反之，無形體而有動作的因素，它們的出生也就不用形體出生的辦法。按上面（章六十八）的證明，生魂和覺魂的動作，不能沒有形體；然而人靈魂的智性動作，卻用不著形體的器官。準此而論，生魂和覺魂的出生，是依靠形體的出生；人靈魂的出生卻不是採用形體生殖的辦法。然而精血的流傳是以形體的生殖為目的。足證，生魂和覺魂是藉著精血的流傳而開始生存；靈魂卻不是如此。

還證：假設人的靈魂是藉著精血的流傳而開始生存，這樣出生的方式，只有兩種可能：

第一種方式：假定靈魂如同是用附性而偶然的分裂方法，從父體的靈魂裡，分裂出來：猶如精血（雄精的精蟲和精液）也是從父親的形體裡，（用本性自然的分裂方法），分裂出來的：分裂出來的靈魂現實生存在分裂出來的精血以內：例如觀察身體多環節的動物（爬蟲類），切斷了的每一部分，都有自己現實的生活。在沒有切成片段以前，整體以內，現實中只有一個靈魂；潛能裡卻含蘊著許多靈魂：整體切成許多片段，每一片段便因而開始有現實生存的靈魂。這個新靈魂現實的生存，是因這一片段活體的分裂而開始。（這樣的出生可以叫作裂生）。

第二個方式：假定智性的靈魂，在精血以內，有生存的效力，沒有生存的現實：如此說來，乃是肯是精血以內包含一種生存的效力：足以產生智性的靈魂。

然而（以上這兩種方式，都是不可能的），第一個方式是不可能的。理由有兩個：一因在各類靈魂當中，智性的靈魂是完善至極的一種，效力也強大至極；它本性固有的任務是成全器官繁多至極的身體；並用那些器官完成樣數繁多的動作。本著這些條件，可知它無法在離開父體的精血中得到生存的現實：因為即連高級動物類的禽獸也不是用分裂法而蕃殖：和低類的多環動物，不可一律看待。二因人靈本性特有的首要能力是智力，不是身體任何部分的器官能力：不和任何部分的身體，發生盈極充實虧虛的關係：故此不能隨身體的分裂，附帶著自己也受到分裂。智力不能如此；依同理，有智力靈魂也不能如此。

第二種方式也是不可能的。精血內具有動作的效能，為促成動物的生成，在於發出動作，變化形體：和物質內具有的動作效能，（例如火燒水流之類），作用沒有兩樣。然而凡因物質變化而始生的性理，都是依賴物質而有生存：因為，物質的變化將物質由潛能虧虛轉移到現實盈極：變化過程的終點是物質生存潛能的實現：端賴結合於性理。因此如果某某性理是因物質變化而開始自己最初的生存，那麼這某性理的生存也應全在於和物質結合：它的生存也便同樣是依賴物質的生存：（不能是和物質絕異而能分離的生存了）。

準此而論，假設人靈魂的生存，是精血動力作成的產品，它便和其他各類物質的性理一樣，僅有依賴物質的生存。這和上面（章六十八和七十九）已證的定理，適相衝突。（用反證法反回去，足證前提的假設完全不能成立）。從此可知：智性靈魂的生存，完全不是由精血的流傳，而產生出來的。

加證：凡是因物質變化而從無入有的性理，都是從物質生存的潛能和虧虛中，引渡出來的性理：因為物質變化乃是從潛能引渡於現實，從虧虛充實到盈極。然而智性的靈魂不能從物質潛能中引渡出來：上面（章七十八）已經證明了智性靈魂的本體，超越物質能力的全部；並且因為它有某些動作，不用任何物質。從此可見：智性靈魂的始生，不是依賴物質變化而被引入生存現實的境地。依同理，可知它也不是依賴精血內的生育作用。

另證：物體動力，越出本類的範圍，無一能作出任何動作。（例如鐵櫃藏得住金銀，但保存不住日光）。然而人的靈魂超越形體的全類：因為它有超越各類一切形體的動作：就是智力的動作：（知真理，愛真善：追求不受物質局限的生存）。足證形體類的任何動力，都不足以產生智性的靈魂。

然則精血內的能力，能作的一切動作，都是運用某種形體界的能力：因為它表現的生育能力，為能發出作用，需要運用三種熱力，火的熱力，天體的熱力，和靈魂的熱力，（這裡的靈魂，專指生魂，屬於植物營養之類）。這三種熱力都是形體界的物質效能：超不過物質形體之類的界限。足證。：用精血內的生育能力，生不出智性的靈魂來。

另證：（神形異類。異類不能相生。有智力的實體，都是神體）。說神體隨形體之分裂而分裂，或說神體能是某某形體能力的產品，是說笑話。然則，按上面（章七十八）的證明，人的靈魂是一種智性的實體。故此，不得說它是精血內生育力的產品，也不能說它隨形體精血之分裂而分裂出來。用這些理由，足證它完全無法用精血的流傳而開始自己的生存。

另證：如果某物的出生是某物生存的原因，它的滅亡便是它停止生存的原因。然而身體的滅亡不是人靈魂停止生存的原因，故此，身體的出生也不是靈魂開始生存的原因。上面（章七九）證明了人的靈魂是長生不死的：它不隨身體同歸於滅亡。然而精血的流傳是身體出生本性宜有的原因：故此，它不又是靈魂出生而得生存的原因。

駁謬：用本章的理證，足以破除亞波梨（ApoLinarius）和他同派人的錯誤。他們曾說：靈魂生靈魂，猶如肉身生肉身。（參考尼柴主教額我略《靈魂論》，另名《瑪克林姐》《病榻對話集》，或《靈魂對話集》，希臘《教父文庫》卷四五欄二〇六。奈默思主教《人性論》卷二章四。亞波梨詳名亞波梨納利斯，敘利亞國，勞地棲（Laodecia）教區主教，三一〇至三九〇年時期的人；神學，哲學，《聖經》學，著作豐富，德學不凡，名重一時；惟因教會神哲體系，尚在草創時期，先鋒激進，猶如探險，難免失足陷落。亞波梨主教為了許多神學問題，受了當時東西兩方教會數次主教會議的罰禁；並被撤削主教職務。他有許多神學和哲學的意見，被後代歷史視為異端。雖然如此，當代聖熱羅尼莫（Jerome）著《公教》名人傳，以及歷代的教會史家，仍稱揚亞波梨主教是當代第一流的人才）。

第八十七章 靈魂的始生

從上述一切，尚能證明只有天主造生人的靈魂，人的靈魂纔能開始生存。

一證：凡受產生而得生存的物體，或受本體變化而出生，或受附性變化而出生，或受天主創造而出生。但是、人的靈魂不是受本體變化而出生，也不受附性變化而出生，又因不是永遠無始的；故有新生的開始；足見只得是仰賴天主的創造，出自烏有之境，而入於生存之域。

方才說：人的靈魂不受本體變化而出生：因為它的本體不是物質與性理之合，詳證於上面（章五十及章六十五。物質和性理的分離，是本體變化的定義。既非物質與性理之合，便無本體變化之可言）。又說：人靈也不受附性變化：因為（附性變化是附著於主體，隨主體之變化，而連帶著受到變化；例如眼睛的視力，本體未受變化，但因眼睛的疾病或強弱，人的視力隨著有明暗或清晰的變化。物質的性理，本體不受變化，但隨物質之具備與否，而附帶著受到生死強弱或盛衰等等的變化，參考前面章七十九），人的靈魂是人身體（成全自己必須具備的內在）性理。假設它能受附性變化，（它應是一個依賴物質生存的性理），它的出生也就應採用形體變化而出生的方式：（在生物之類），便是生自種籽或精液內的生育能力。這是（章前）證實為不可能的。

至於說：只有天主造生人靈：理由是：按上面章廿一的證明，只有天主有造生物體的能力：故此只有天主造生人的靈魂，人的靈魂纔能得到生存。

加證：按上面（章十五）的證明，凡是物體，如果它的實體不是它的生存，它便有某作者來，給它創造生存。然則，人的靈魂正是如此：它的實體不是它的生存：因為上面同章裡證明了，只有天主的實體才是自己的生存。故此，必然另有某原因，來用動作，給人靈創作生存。如有物體，不拘是什麼，既用本體擁有生存，也便用本體承受創作。反之，如有任何某物，它不是用本體擁有生存，而是連合另某一物而共有生存；它則不用本體，單獨直接承受創作，而是隨那另某一物之受創作，而偕同出生：例如火的理性（猶如火力）是隨火體之受創生而與之俱生。尚須注意：物類各種性理當中，人靈固有的特點，是在自己的生存上，獨立存在；並將自己固有的這個生存，傳授給肉身，讓肉身和自己共有一個生存。（回看六十八章）。準此而論，人靈和其他物類的性理，出生的方式不同：他類性理的出生是附物出生：隨從物體之出生而連帶出生，因為它們不是用本體擁有獨立的生存，而是結合物質，構成組合的實體，依憑實體之生存而存在。人靈既是用本體擁有生存而存在，故此也是用本體承受創作而出生。

然而人靈的本體，不含物質成分，故此它的出生不是生於物質，也不用任何因素，充作物質一般的因素。（回閱五十一、五十六、六十五，及七十諸章）。從此而論，最後可知，人靈出生，只得是（仰賴某某原因而）生於純無。如此、受創作而出生乃是受造而生。按上面（章二十一）的證明，造生物體是天主的本務；足證人靈直接受造而生，只是受造於天主而已。

還證：按上面（前章）的證明，同類的物體，出生用同樣的方式。人靈既然屬於靈智實體之類，此類實體出生的方式，只有受造一途，沒有他路可以設想：足證人靈出無入有，也是由天主造生。

又證：受任何某一原因、用動作創生的任何物體，從那原因方面領取之所得，僅有兩種可能：或是絕對的生存，或是某某種類以內生存的某一因素：例如物質及性理合構而成的物體：它們的出生是由於領受現實盈極的性理，得自作物的原因，接納在物質之中：性理是它們生存的因素。然而，人靈受創作而出生，不得說是由於領得任何某一生存因素：因為人靈實體單純，按上面（章五十及六十五）的證明，單純實體本身以內，不包含任何複雜的成分，故此，沒有任何另某因素，在自己本體以內，作自己生存的憑藉。照此而論，最後可知，人靈出生時，從原因方面領取之所得，只得是絕對的生存。這樣無條件限制的生存，是至上至公、第一作者的固有效果，非低級作者所能作成。凡是低級作者，即是第二作者，用動作成全事物，是將自己固有性理的模樣，印製在所成全的事物內，作事物必備的性理：在它們物質內，作它們生存的因素。人靈不能這樣生於第二作者，故此只得生於至上至公的第一作者：就是生於天主：直接受天主造生。

另證：一物生存，始終如一，是一定理。物體生存之至善，在乎上達於本有的原始，或模擬而近似，或竭盡性分的限度，用近而不似的方式。然則人靈生存的終極至善和目的，即是它最後的歸宿，在乎用知識和愛情，超越受造的全個宇宙，上達於至上無上的第一原始：就是上達於天主。如此，依照終始相符的定理，足見人靈的終向既是歸於天主，人靈的原始也必是始於天主。人靈生存，以天主為始終。（始終相符是一定理。故可由終而知始）。

經證：《聖經》裡有些話的暗示，喻指和本章相同的意義。《創世紀》首章，紀載人類和禽獸初生之時，各有不同的原因，例如說：水生爬蟲，而蟲有生命：各種禽獸，都有類此的紀載；惟獨說到人類，明指人靈直由天主造生：（故在章二節七紀載說）：「天主用泥土作成了人的形體，並向著人的面孔，吹入了生命的氣息」。（這些象徵性的描寫，依照異類相喻的比例，暗指人的靈魂，直接受造於天主，回看章八十五）。

駁謬：用本章的定論，可以破除某些人的錯誤：他們主張眾人靈魂受造於眾位天神，（不是直接受造生於天主。聖奧斯定，異端叢論，章五十九、記載塞留池（地方）許多人認為天主造了天神；有某品級的一些天神，造了人的靈魂。參考聖多瑪斯《神學大全》，上編，問題第九〇，節三）。

第八十八章　靈魂的出生與繁殖（一）

和上述那些定理，相反的理由，尚有以下數條：

一、人有覺魂，因此人是動物，依名理而論，「動物」二字、是人和禽獸共有的賓辭，並且是同名而同指的。從此可見，人的覺魂和他類動物的覺魂也是同類的。然而，凡是同類的物體，既有相同的生存方式，便有相同的出生方式。出生是出於無生存的境界，而入於有生存的境界。他類動物的出生，是依靠父母精血內的生育能力；故人的覺魂，也是同法出生。說到這裡，尚應注意：按上面（章五十八）的證明，在人以內，覺魂和靈魂，任務雖不同，實體卻無別：共是一個實體。足見、靈魂的出生，和覺魂一樣，也是依靠精血或種籽內的生育能力。

二、此外，按亞里斯多德《動物出生論》（卷二章三）的遺教，人的生成，有兩個時期：胚胎初期，只是動物，然後發育，始成而為人。然而，當胎兒只是動物而尚非人物之時，它只有覺魂，尚無靈魂。它那覺魂的出生，無疑是生於種籽的生育力，情形同於他類動物。同時須知、它那覺魂有能力發育成靈魂：猶如它那動物也有能力發育成有理智的動物；何況上面（章五十八）證明了：後期出現的靈魂不是在實體上分立的另一魂。從此可見，靈魂的實體也是生於種籽以內的生育能力。

三、次之，靈魂既是形體的性理，便是根據自己的生存，結合於形體。然則根據生存而合一的物體，是一個作者用一個動作產生的終效。否則，假設作者是許多，動作也因之而是許多；隨而產生的終效，也是許多：並且相互的分別，是以生存為根據。準此而論，人靈肉的生存，為能維持其合一，必須是一個作者用一個動作所產生的終效。今請注意：人的身體出生，是依靠種籽內的生育作用，這是大眾共知的定理。足證：靈魂也是生於那相同的作用，不是生於「絕離的另某作者」：因為靈魂是形體內具的性理，（和形體結合起來，共有的生存，也是合一的）。

四、加之：人傳生人類，同種相傳，是用種籽從父母體血分裂出來以後，內含的生育能力。同種的作者，如用動作，產生同類的效果，根據種名的定義，是同名同指的原因，它的效用、正是給效果締造同種的性理。人種傳生，長幼種同的性理，是人的靈魂，故此出生之時，是生於種籽內的生育能力。（人生人，猶如火生火：以同種的性理，產生同種的性理，用傳種的生育作用）。

五、復次：（前在章八十六提過的）亞波梨曾有以下這段議論。他說：勿論誰給某作品完成最後的階段，誰便是給作者合作，協力完成了那件工作。但如假設眾人靈魂是受造生於天主，便是天主有時給姦淫而生的嬰兒，完成了他們生成的最後階段。故此便是天主給姦淫者合作，協力完成了他們的罪行。這似乎是不適宜的。

六、題名尼柴主教厄我略（Gregoru）著，人的造生論，章三十，希臘《教父文庫》，卷四四，欄二三五），也有一些理由，為證明同樣的這個結論。議程如下：靈肉合一而結成一物，就是結成一個人。準此而論，假設靈魂先於肉身而生成，或肉身先於靈魂而生成，都明似是不可能的：因為那乃是說：同一物先於自己，或晚於自己而生成。既然彼此不能有先後出生的差別，故此兩者是同時出生。然而肉體出生，是開始於種籽分裂之時。足證、靈魂出生，也是由於種籽的分裂。（種籽的分裂，是種籽從父母體血以內，和父母分裂而離開，不是種籽的顆粒自己分裂成碎片）。

七、還證：作者不產生某物之全體，它的動作，便似是不完全的：因為產生了一部分，沒有產生應有的其餘部分。如假設生人之時，天主造生靈魂，種籽生育肉身，靈肉兩個部分，各自生於不同的原因和動作，兩個原因的動作，看來都是不完善的。天主的動作，不完善；種籽的動作也不完善。這顯然是不適宜的。（如此用反證法，反回去），足證人的靈魂和肉身是生於相同的一個原因。說到這裡，尚須理會，人的肉身是生於種籽的效能，這是大眾共知的定理。故此，人的靈魂也是生於相同種籽的效能。

八、復次：凡是從種籽內生出的物體，它的一切部分都包含在種籽以內，雖非現實呈露，但有效能的含蘊。試觀小麥，或其他傳種的生物，全麥的莖幹，枝節，麥穗，麥的針芒，都在前代麥種以內並在實效中，含蘊著；然後種籽發育伸展，呈露含蘊的生命，遵照自然的次第，漸漸發育成全，不採取外在的任何物體。（參考上面稱引尼柴主教題名的那部書）。大眾共知的定理，承認靈魂是人的一部分。故此，人靈包含在人的種籽以內，（雖然在那裡尚無現實的呈露），但已有效能的含蘊。人靈的出生、是由效能的含蘊，發育到現實的呈露。足見人靈的生存，肇始於種籽的效能，不取源於任何外在的原因。

九、加證：試觀物類，即可見得：歷程相同，終點相同者，則始源必同。今在人類，靈魂和肉身的出生，歷程相同，終點也是相同的：因為四肢百骸，以及各部器官，發育到形態俱備，度量適足，靈魂的各種動作，也隨著逐漸發顯：先有生魂的營養，繼生覺魂的知識和運動，終則形體全備，靈魂的理智乃顯出動作。故此，靈魂和肉身的（終點相同，歷程相同），始點也是相同的。然而肉身生存的始點是由於種籽的分娩。足證靈魂生存的始點也是由於此。

十、還證：物體形態，成於模型的陶鑄：猶如臘像的形成，成於圖章的叩印。然而，大眾共知的道理是：人和各種動物身體狀態的形成，都符合於各自固有的靈魂。請看靈魂為能實行動作，應俱備什麼樣的器官，肉身發育也便成長條件適宜的器官。足見肉身的形狀，是靈魂的動作所規定的。由此，亞里斯多德《靈魂論》卷二，（章四，頁四一五右十），也說：靈魂製造肉身的形狀，是它形成的原因。同時注意，除非種籽以內實有靈魂，肉身便無以形成：因為肉身的建立、是依賴種籽以內實有的效能。故此，人的種籽以內，實有人的靈魂。如此看來，可見靈魂的初生，是生於種籽的分娩。

十一、又證：生物不依賴靈魂，便沒有生活。然而種籽是有生活的。可明見於三點：第一是種籽的分娩：乃是從現實生活的身體中，分裂出來的。第二是種籽以內有生命動作和生命熱力的表現：明證有現實的生活。第三是植物的種籽，播蒔在土壤中，除非自身以內實有生命，從無生命的土壤裡，不會發熱，而長出生命來。足見種籽以內實有靈魂。同時可見，靈魂的初生，也是始於種籽的脫落。（參考尼柴主教厄我略著人的造生論，章三十）。

十二、加證：按（章八十三）已有的說明，靈魂不先有於肉身之前。若果如此，它也不隨種籽的脫落而始生：乃應待於肉身形成以後，新受天主造生，賦與肉身。如果真是如此，便應更進一層說：靈魂是為服務肉身而生存，因為凡是為服務某物而生者，依觀察所見，都是晚於那某物而生：例如衣服是為掩護人身而縫織的，（也是待人身長成以後，而剪裁）。然而，這（對於靈魂說）卻是錯誤的：反之說肉身是服務靈魂而生，更是合理：因為目的高貴，常佔優先地位。（將它兩者相較，依眾哲公論，靈魂是目的，肉身是工具。綜合上述一切：靈魂既不先生於肉身以前，又不晚生於肉身以後，故應同時並生於肉身初生之時）。準此而論，可以斷言：靈魂的始生和種籽的脫落，必是同時的。

第八十九章　靈魂的出生與繁殖（二）

為更易解破（前章）提出的那些理由，先應舉出數點，說明人類和獸類、公有的生育歷程和秩序。

首先須知某些人意見的錯誤。他們認為胚胎時期的種種生活現象，不是來自幼胎的靈魂或那靈魂的效能，而是來自母體的靈魂。這個意見不是真的。假設它是真的，幼胎便不真是動物了：因為凡是動物，都是靈魂和肉身合構而成的。並且生活的動作，不來於外在的因素，而來於內在的效能。觀察事實，可見生物和無生物的分別，主要在於生物本性具有自動的能力。營養的作用是生物將食物同化於自己。同化的效用，在於作品相似作者的因果律。足見營養的效能是生物自身以內固有的一個動作能力。同樣現象更可明見於器官的知覺：眼見耳聽，都是因為視力和耳力現實存在於某人的眼睛和耳朵以內，是在那某人或某動物內部，不在另某外物以內。從此可見、幼胎胚育時期的營養和知覺等等生命的作用，不應歸於母體的靈魂。

還有一些人的意見，也是錯誤的。他們說：在種籽以內，從開始的最初，就有本體完整的靈魂；惟因器官缺乏，故動作不明顯。這個錯誤，不難看破：因為，靈魂和肉身的結合，是性理和物質的結合：互有盈極充實虧虛，或現實完善、實現物質潛能的關係。依此關係，每個靈魂結合配製完備的肉身。物質條件不全備，物體的性理便不光臨。靈魂是有機形體的盈極因素。機構不全備以前，靈魂不光臨。故此，種籽以內，器官盡缺，尚無靈魂的現實，僅有靈魂的潛能，或（至多僅有一些）靈魂效能的含蘊，（尚非靈魂生存的本體）。因此亞里斯多德、《靈魂論》卷二，（章一，頁四一二右六至二五）也說：種籽和果實僅有生命的潛能，屏絕生命的靈魂，然而靈魂充實的生物，（尚未成熟以前，例如胚育時期的幼胎），固然尚且僅有生命的潛能，但不屏絕靈魂。在這些話裡，「屏絕靈魂」是「缺乏靈魂」的意思。

還證：假設種籽裡最初就有靈魂，從此隨之而生的結論應是：動物的出生乃是種籽的脫落，僅此而已：猶如多節的蟲類：由一分二。理由是：假設種籽初落，立時就有靈魂，它便已有生物全備的實體性理。然而凡是動物的出生，都是實體的變化而出生，實行於幼體尚無實體性理以前，不隨之於它既有以後。實體性理完備以後，假設新物遭受變化，這些變化的目的，不是創始它實體的生存，而是為增進它生存的福利或美善：（都是附性的變化）。如此說來，動物的出生，完成於種籽脫落之時，隨後產生的種種變化，都無涉於實體的出生。

此外，更可笑的是：論到人有理智的靈魂，假設承認上面對方的意見，便有以下這幾點不可能的後果：一是肯定人靈魂肉身的分多而分多：俾能存在於脫落的種籽以內。（但依前者章七五及八六的證明，這都是不可能的）。二是種籽許多次脫離父體，雖不（在母胎或他處）孕生胎兒，仍舊要分出許多靈魂。（古代的生理學，認為父體的精血是種籽，內含生育的動力；母體的精血不是種籽，而是滋養種籽的物體資料，好似土壤，助成陽光的生育工作：承受太陽和父體雙方施發的生育效用。父母天壤，施受合一而生幼輩。今依對方的意見，種籽一脫離父體，雖無母胎承受，仍然繁殖許多靈魂。這是違反當時生理學的定律，故被認為是不可能的；並且是可笑的）。

另有某些人的主張，也是不可贊稱的。他們說：在脫落的最初，為了器官缺乏，種籽以內，沒有靈魂的現實，僅有它效能的含蘊。雖然如此，他們卻主張，那個含蘊的效能對於種籽，有靈魂對於肉身的關係和比例：猶如說：器官完備的肉身裡，所有的靈魂是現實完滿的靈魂；器官尚不完備的肉身是種籽，它的靈魂不是現實完滿的靈魂，而是潛能虧虛中隱藏著的靈魂：這是種籽內含蘊著的生育效能。他們還說：植物的生活需要的器官，比動物生活，數目較少，初脫落的種籽，器官充足齊備，適合植物生活的需要時，種籽的效能，遂一變而為植物性的生魂；然後器官增多，發育更形完備，那同一效能，由生魂再變而為覺魂；更進一步，轉變發育，器官的形式和能力，發育完備以後，那同一靈魂，最後又變，遂成為有理智的靈魂。最後的這一變，不是依靠種籽的效能，而是成於外在原因動力之流入。於是他們臆想亞里斯多德《動物出生論》，（卷二章三，頁七三六二八），曾說：靈智生自外方，就是指這最後一變而說的。他們這樣的意見錯誤，理由有以下三點：

一是數目相同的一個能力，歷經三變，最初只是生魂，不久以後，卻變作覺魂；如此逐漸發展，繼續不斷，最後乃發育成實體的性理。這就是說：實體性理的締造完善是連續而漸進的。二是實體性理，從潛能虧虛，被引入現實盈極，不是整體一時俱來，而是前後相繼，逐段漸進。三是實體出生，是連續不斷的變動，宛似品質（冷熱等類的附性）變化。以上三點，是對方意見必生的結論，都是物性自然界不可能的事。（用反證法反回去，足證對方意見的錯誤）。

此外，還有更不適宜的一點，是對方意見必生的結論，就是理智的靈魂不是長生不死的了。用性理附著於物的方式，給某任何有死有滅的物體，附加任何另某因素，都不會將那物體，變成本性不死不滅的。將可滅可朽，變成不可滅不可朽，是不可能的：因為按《形上學》卷十，（另版卷九章十、頁一〇五八右二八），兩者類性不同，（異類不能相變）。然而覺魂的實體，依對方的主張，在上述的歷程中，是用附物出生的方式，隨形體的出生，而連帶生出；故此，依相同的歷程和方式，也必然隨形體的朽滅而朽滅。

準此而論，假設覺魂因領受由外輸入的某一光明，而變作理智的靈魂；那個光明對於它，發生性理附物的關係；它自己有覺性的現實，故有智性的潛能；（本性屬於可滅可朽之類，變不成本性不可滅不可朽的實體）。隨之而必生的結論是：人類理智的靈魂，肉身朽滅以後，也隨著同歸於朽滅。按上面（章七九）的證明，並按《公教》信德的道理，這樣的結論，是不可能的。

根據上面的討論，可知隨種籽而脫落的那個能力，就是（生理學所說的）胚胎能力，（固然是來自父體，包含在種籽以內，它的效用是製定胎兒發育應長成的形狀，因此也叫做「定形」或「塑形能力」；然而它）不是種籽內的靈魂，也不在生育歷程裡變成靈魂。

那麼、它是什麼呢？（簡直答覆，可以說：它乃是一個塑形的動力，發源於父體靈魂的生殖能力，脫離父體後，包含在種籽內，仍舊依靠父體的生殖力，繼續胚育幼胎的工作，它的任務是作成和父體種類相同的胎兒形體。（如此說來，它是父體生殖力的一部分，隨種籽脫離父體，在父體外面，繼續父體生殖力的胚胎工作）。

為明了上面答覆的意義，尚須理會以下數點：

首先須知胚胎能力植根所在的據點和主體，不是種籽，而是種籽內部包含的「精氣」。種籽是「精氣」的儲存所，保養精氣的生命。種籽的形質，彷彿是一種泡沫，有發酵而滾沸似的形狀。（它所包含的精氣，是生物的生氣，猶言「神氣」，或生命素；種籽之有精氣，猶如形體之有靈魂，又如物質之有性理。種籽失掉精氣，只剩無生命的泡沫；猶如身體失掉靈魂，便只剩無生命的死屍。精氣有許多能力，其中最主要的一個，便是這裡所說的胚胎能力）。

其次須知胚胎能力，發育幼胎的身體，規定它身體的形狀。它完成這些任務，都是依靠父體靈魂的生殖力，不是依靠胎兒新生所有靈魂的能力：這點是值得注意，也是真確的：因為胎兒生成的主要原因，是父體的靈魂，不是胎兒自己的靈魂。事實上，是父體生殖胎兒，不是胎兒生殖自己。胎兒即使已有靈魂以後，也不用它的生殖力來生殖自己。為詳證此點，可用歸納法，將胎兒靈魂的各種能力，逐一觀察如下：

種籽內的胚胎能力不能歸屬於幼胎靈魂的生殖力，一因幼胎的靈魂、最初只有消化食物的營養力，和擴大身體的增長力；尚無生殖力；即使有之，仍在營養增長未成熟以前，尚不能作出生殖的行動。生物的營養增長是培植並助長生殖力的成熟。生殖是生物成熟以後的行為。未成熟以前，營養增長的階段，胎兒的胚育，無法依靠自己的生殖力。縱令胎兒有充足的生殖力可以完成生殖的行動，它的效用也只應是生殖另一代胎兒，不能是自己生殖自己：因為生殖行動的任務和目的，不是某物自己生自己，也不是自己發育自己而成熟；反之，專是為傳生本類本種，生出後代的幼輩。從此可見，胚兒的胚育，是種籽內胚胎能力的效用，屬於父體的靈魂，不屬於胎兒自己的生殖力。

種籽內的胚胎能力，也不能歸屬於胎兒的營養力。理由如下：營養力的任務是消化食物，是胎兒將食物化為己有，並將外來的食品同化於自己，變成自己活體的一部分。這樣的作用，不是胚胎時期，種籽內胚胎能力的作用：因為當此時期，胎兒尚在方成未成之際，胚胎能力無法將食物同化於尚不存在的胎兒；反之，胚胎能力的效用，卻是運用食物的滋養，亟力給胎兒塑造接近父體而相似父體的體態和狀貌：目的是將胎兒同化於父體，不是將食物同化於尚未形成的胎兒。足見、胚胎能力不屬於幼胎的營養力。

依同理，種籽內的胚胎能力，也不能屬於幼胎自己的增長力：因為增長力的作用，不是改造形狀，而是改變體積的大小和輕重。胚胎能力的首要作用是締造形態狀貌及性情的條理。

論到胎兒靈魂的器官覺力，和理性的智力，不消說，它們顯然沒有任何像胚胎能力塑造形狀的那樣作用。歸納上述一切，最後的結論，只剩是答案中原有的定論，就是：幼胎身體的形態，是種籽內胚胎能力胚育而成的。胚胎能力的效用，首要的一些部分，不歸功於幼胎的靈魂，也不歸功於胎兒自己靈魂的「塑形動力」；而是歸功於父體靈魂內生殖能力附有的「塑形動力」：它的功效是（依照因果相似的定律），給幼胎作成和父體種類相同的身體：幼胎既成，相似父體，（猶如效果相似原因：火生火，人生人：傳生同類。火生火、用火種以內的燃燒能力。人生人、用種籽以能的胚胎能力。這個胚胎能力，來自父體，不來自胎兒。事理明確如此）。

根據上段的說明，討論至此，尚須注意，胚胎時期，分許多階段，從始至終，胚胎能力是一個，歷各段而相同；幼胎的種類及本性，卻逐段改變：實體性理，隨段不同：最初有種籽的本性及性理，繼則變成血液，遂有血液的性理；如此逐段改變，（歷經植物性，動物性），以至於達到最後完成的階段，（生成人性），而後止。低級生物，形體簡單，實體性理直接結合第一物質，「形成」或「胚胎」的歷程，不必遵守逐級遞進的秩序。高級生物，形體複雜，出生歷程，須遵守固定的秩序，經過許多中級的階段，逐段領受各級不同的性理和形狀：依物類品級，逐級升高，從原素初級的性理，達到最後的極峯，領受最高的性理，完成最高某類實體生成的目的。如此、由始至終，前後相繼，逐級遞進，劫劫生生，經過了各級前死後生的實體變化，才達到了新實體出生的目的。

在出生歷程中，有某些中級物體，生成以後，立時中途破滅，也沒有什麼不適宜的：因為中級物體，沒有完全的本體，不是某類某種以內，足以自立的實體；而是程途中的段落，逐段改進，為能達到完全本體的建立，形成某類某種以內，足以自立的一個實體：為此理由，它們生成的目的，不是長久生存，而是作最後實體生成必經的梯階。

如此說來，實體出生的變化歷程，不是全程連接合一的，而是許多中級變化，前後相繼，此興彼替，並且每級的變化都是舊者死，新者生的實體變化。這樣的現象，不是稀奇的：因為同樣的現象也發生在質和量的變化中。觀察事實，足見質和量的變化，也不全部是連接合一的；並且按大哲《物理學》卷八，（章七，頁二六一右三二），在各種變動之中，只有地方的移動，真是連接不斷，始終合一的。（其餘各種變化，都有段落分開，前後代興的現象）。

根據上述的程式，某類性理越高貴，距離原素性理越遙遠，應有的中級性理，也越眾多，經由各級，歷階上進，始可達到最後一級，因而應經過中級的實體變化，次數也便隨著增多。為此理由，動物類和人類，既有完善至極的性理，在出生時，有極多的中級性理和中級的實體變化。每級的變化，是舊有的低級滅亡，新生的高級代興：因為實體變化中，新體出生乃是舊體的滅亡。出生的新體和事件，次數有多少；隨著滅亡的舊體和事件，次數也便有多少。準此而論，幼胎初期，有植物性的生活和生魂，繼則生魂滅亡，較高的靈魂，就是覺魂，繼之而出生。覺魂有知覺和運動，兼有生魂的營養能力。幼胎此時，因有覺魂，便有動物性的生活。然後，覺魂滅亡，更高的另一靈魂，就是理智的靈魂，新生，繼覺魂之位而代替之。惟須理會，生魂和覺魂的新生，是生於父體種籽內的生育能力；理智的靈魂卻是生於外在的原因，被派遣而降入胎兒成熟的身體以內了。（它的出生、被派、降入，和胎兒身體的成熟，這些事件，是發生在同時：儼然是一個事件。參考前面章八十三、八十四、八十六、及八十七）。

根據上面觀察的一切，不難答覆對方（本章前段，列舉的）那些理由。（茲按號數，逐條解答如下）：

一、對方第一條理由，推證出來的結論，不是必然的。（故是無效的）。「動物」固然是一個同名同指的類名賓辭，但是這個理由、不足以證明人類和獸類的覺魂，有同樣的來源和出生的方式：因為人類和獸類的覺魂，是類同而種異的，一如人類和獸類的實體，作覺魂的主體，彼此也是同類而不同種。人獸之別，由於人有理智。依相同的比例，人獸覺魂之別，也是由於人的覺魂，（不但是一個有知覺的靈魂，而且）是一個有智力的靈魂。獸類的靈魂只有器官的知覺和運動，因此沒有超越形體的生存和行動。（它的本體屬於形體之類的品級，和範圍以內），故此，它也隨形體之出生而同時出生，並且隨形體之滅亡而同時滅亡。

然而人的靈魂，固然有器官的知覺和運動，但在覺性以上，具有智性的能力。從此可見，人靈的實體本身，在生存和行動方面，品級優越，高於形體；這是必然的。為此理由，人的靈魂不因身體出生而出生，也不因身體滅亡而滅亡。出生方式，人獸互異，由於靈魂互不相同。分別所在，不在類性相同的覺力，而在種性所由分的智力。用智力的有無，僅能推斷出人獸的種別，推不出兩者的類別來。（反之亦然，用類名的同指，僅能推出類同，不能推出種同的結論來。覺魂之在人獸，種既不同，出生方式，便也不是同種。類同與否，不涉本題）。

二、對方第二條理由：幼胎既成，先是動物，而後成人。這仍不足以證明、理智的靈魂隨種籽而傳播：因為動物生存所依靠的覺魂，不是久有的；繼之而生的是另一個靈魂。它同時兼有覺力和智力由它而生的實體，也同時兼是動物和人。回看前段，可以明見。

三、對方第三個理由，說：許多不同的作者，用許多動作，結束時不會作出一個作品。關於不相系屬的許多作者，這些話是有道理的。關於互相系屬的作者，便應改變主張：因為如有許多作者，互相系屬，必須生出一個效果。第一原因的效力，深入第二原因的效果，強烈的程度，甚於第二原因自身。本此定理，觀察可見：首要原因，利用工具作成的效果，歸功於首要原因，比歸功於工具，更為合宜。有時主動者，能在作品裡，作出工具所作不到的某些功效：例如生魂的營養力，能用火的熱力，消化食物，將食物變成肌肉。這是生魂的營養作用，非火的熱力所能作到。雖然火的熱力，足以分解並消化食料，製造條件，準備食料，承受變化，變成肌肉。火的效用，止於作這些準備工作，服務靈魂，給靈魂作工具。肌肉的生成，是靈魂營養力的效果。肌肉和食料，本體的種別，有生死之差異，肌肉本種的性理，也是得自靈魂，非火力所能賦與。然而肌肉的生成，卻是靈魂和火力，聯合產生的一個功效。兩個不同的原因，用不同的效力，互有主從系屬的關係，配合起來，自應產生出相同的一個效果。

準此而論，今請比較觀察，可見物性自然的各種動力，對於造物的天主，都有工具對於第一主動者所有的關係和比例。依此比例，無妨在相同的一個主體生成時，物性自然的動力，止於在那主體內，產生某些部分的功效，不產生天主造物所產生的全部功效。本處所說的主體生成，不是人的實體生成。人的身體，結構形成，依賴天主的第一主動能力，同時依賴種籽內的生育能力：天主的動作，產生人的靈魂，種籽的生育能力，盡第二原因的任務，胚育人的身體，固不足以造生身體，更不足以造生靈魂，但能給身體，配製條件，準備它領受靈魂。

四、由此觀之，可見對方第四條理由，也可迎刃而解。人類傳生，是同類相傳；規律和方式，全賴於種籽以內有生育能力，完成各項準備的工作，胚育條件適當的身體，引它領受最後一級的性理。由此性理，人的實體，秉受人之所以為人，必須具備的種性；而不秉受其他。

五、至於說天主助成姦淫；在本性自然的動作上，沒有任何不適宜的。姦淫者的罪惡，不在於本性的自然動作，而在於意志的妄用本性。男女行淫之時，種籽以內生育能力發出的動作是本性（天生）的自然，不是人意志的自由。從此可見，天主助成那個動作，完成它最後的成效，（不是助人意的罪惡，而是助天性的自然），沒有不適宜的。（猶如天主不因罰賊人放火的罪惡，而消除火天性自然的燃燒。火的燃燒是為順從天性，不是天主幫助賊人作惡）。

六、顯然對方第六條理由，也推證不出必然的結論來。故此也是無效的。縱令靈魂未造，身體先成；或先後顛倒，身體未成，靈魂先有；都引不出「一個人自己先生於自己未生以前」的結論來：因為人不（只）是自己的身體，也不（只）是自己的靈魂，（而是兩者之合）；從那裡能引出的結論，但可以是：人的一部分先生於另一部分未生以前。關於本處問題的要點，這沒有什麼不適宜的：因為依照時間的次第，物質先於性理。這裡所說的物質，專指潛能虧虛的物質：它尚無性理，但能領受性理；不指性理全備，現實盈極的物質；在這樣的境況中，物質和性理是同時並在的。照此說來，人的身體，專就其有將要領受靈魂的潛能而論，既然現實尚無靈魂，故是依時間次第，先有於靈魂未有以前：當此之時，它不是人身的現實，而是人身的潛能。待到它既成為現實人身之時，它便受到人靈的充實；身體和靈魂，沒有先後的分別，都是同時並在的。

七、對方第七條理由，也說不通。種籽生育能力，只生身體，而不生靈魂。這並不足以表示天主和物性的工作，各自都不完善。實際上，兩者的出生，都是仰賴天主的能力，肉身不減於靈魂。惟獨肉身的形成，經過種籽本性天生的能力，間接成於天主；靈魂卻是天主直接造生的。為了那個理由，也不可結論說種籽的效用不完善：它完成了它生存的目的，（還有什麼不完善之可言）。

八、須知種籽的生育能力以內，含蘊著生物不超越形體能力的一切部分：例如莖榦，枝節，及同類的其他種種。這樣的事實和理由，不足以證明在種籽以內，也含蘊著人實體內完全超越形體能力範圍的那個要素。從此可見對方第八條理由也是無效的。

九、觀察起來，固然見得靈魂的動作，在生育歷程中，好似是隨著身體各部分的發育而一並進步。但這並不證明人的靈魂和肉身，共有相同的一個始源，不過僅證明身體各部分的適當發展，是靈魂動作缺不得的必要條件。這是身體和靈魂平行發展的原因，故不足以證實對方第九條議程的結論。

十、對方第十條理由，認為身體的形成，以靈魂為規範，因此，靈魂給自己備製形態相似的身體。這樣的理論有一部分真理，卻也有一部分錯誤。如說父體的靈魂，便說中了真理。如說新生幼胎的靈魂，就犯了錯誤。因為在首先和主要的部分上，幼胎形體的生成，是依靠父體靈魂的生育能力，不是依靠幼胎自己靈魂的能力。這一點（在本章）前數段裡，已經證明了。事實上，同樣的情形，也可發現在各種實體變化中。凡是物質實體的形態，都遵照性理的規範。然而形態的規劃成功，是決定於生物者性理的功效，不是決定於被生者的動作，（例如引火生火，新生的火力強弱，受原火強弱的決定：只少最初始生的首先部分，確是如此）。

十一、種籽、脫落的最初，只有生命的潛能，尚無生命的現實：由此可知，它在當初，也沒有靈魂的現實，卻只有靈魂的效能。生育的程式展開以後，它相繼而有的生魂和覺魂，是發源於種籽的生育能力；既生以後，不長期久存，轉而逝去，理智的靈魂乃繼超而代之。從此可見，對方第十一條理由，並不足以證出對方的結論。

十二、縱令形體先成，靈魂後生，也不得像對方第十二條議論一樣，引出結論說：故此靈魂是以服務形體為目的，兩個物體，在目的方面，互生的因果關係，分兩種：

第一種，一物以另一物為目的，是為服務其動作，或為保全其實體，或為成全它在既有本體生存以後另外應有的某些因素，均和動作或安全之所需是同類的。類此的需品，比較先後，都是晚生於主體既生以後：例如衣服以人為目的，工具以工匠為目的，（絕對說去：先有人和工匠，而後始有人去作衣服給人穿，作工具供人用，萬無未有人物，而有衣服或工具先自出生之理）。第二種，一物以另一物為目的，是為成全其本體生存。本此目的和關係，以上前後兩物，比較先後，依時間的次第，前者先有，後者先有；依性體的品級，卻前者劣後，後者優先了。依目的而論，身體以靈魂為目的，前後互有的關係，是這第二種關係：是屬於本體生存的。

普遍的公律，凡是物質，都是以性理為目的。前後的關係，也是方才說的這第二種。物質和性理，結合而構成一個本體自同、生存至一的實體。

否則，假設靈魂結合肉身，不是構成本體自同、生存至一的人性實體；那麼，它們兩者，也便發生不了那關係的第二種：例如有些人主張靈魂不是肉身應具備的性理，（依此主張，靈肉之間，在本體生存上，既無性理與物質的關係；在目的的因果關係上，也便發生不了上述的第二種關係。本此第二種關係，可見對方第十二條議論徒勞無益。再稍加申說：第一種目的的關係，是附性生存和行動方面的。第二種關係，卻是本體生存方面的）。

第九十章　靈魂與人類以外的形體

有某智性實體結合形體，如同是性理結合於物質，這就是人的靈魂。這是（章六十八）已經證明了的。現有另一問題，尚應研究，就是：是否有某智性實體和另某一類的形體，也像性理和物質一樣的結合起來。

關於天上那些形體，有無智性的靈魂，上面（章七十）曾已說明了亞里斯多德有過什麼意見；並且也指出了聖奧斯定將問題留為懸案：疑問不決。（吾人亦不應不存疑勿論。又在章七二及六二，證明了禽獸的靈魂，只是覺魂，兼含生魂的效能，但無智性，也不是長生不死的。植物類的形體，尤低於獸類，顯然更不能有智性的靈魂了）。

如此說來，將問題範圍縮小，現下的研究，只應周徧審察原素類的形體。（問題是：在人類的形體以外，是否有某原素類的形體，也有智性的靈魂？確切言之：是否有某智性實體和某原素的形體，結合起來，發生性理和物質的合一？吾人認為答案應是否定的）。

用性理與物質的結合方式，智性的實體只能結合於人類的形體，此外，（不能結合於任何另某類的塵界形體；也更）不能結合於任何原素類的形體。這是一個定理，有顯明的理由。

一證：原素類的形體，分化合與單純。假設智性實體結合於原素化合的形體，這樣的形體必須有調合均匀，極度適當的體質，勝過同類的其他各種形體。依吾人觀察所見：原素化合而成的形體，越有更高貴的性理，便越有調合適中的體質：（冷熱燥濕，鬆緊粗細，輕重大小，厚薄剛柔，清濁遲速，等等，都無太過亦無不及，各依物類品級，適合其主體本性）。依此比例，可知假設有某形體，是由許多原素化合而成，並有高貴至極的性理，貴如智性的實體，它必須具備原素調合，至極適中的體質。本此定理，觀察事實，還可見得：肌肉柔輭，觸覺敏銳，表現體質調合的均勻，是智力靈敏的符驗。體質調合均勻，程度至高，在形體之界，首推人類的身體。（人身以外，各類形體，都不合格，故此都無以承受智性的性理。自然生物，不奢不吝，神形適合，人得其中，他類無不有失。智性人類所能有，非他類所堪共有）。

退一步，假設有某智性實體，結合了某一化合的形體，這個形體必須和人類的形體，有相同的（體質和）本性。同時，那個性理，既是智性實體，和人的靈魂，也便有相同的本性（和物類性分的品級）。如此說來：它不但是一個有智性的動物，而且它和人，就沒有任何種類的分別：體質相同，性理相同：故屬同類同種。（這樣討論，用反證法，足以證明：智性實體，只能結合人身，作人的性理，不能結合其他原素化合而成的形體）。

依相同的答案，智性的實體，也不能結合於原素單純的形體，作其性理。（按舊時《物理學》，原素單純的形體，共分四種）：或是火體，或是氣體，或是液體，（流質、例如水）；或是固體，（礦屬，例如土石銅鐵：都統稱土。古代希臘《物理學》，稱此四體，為火、氣、水、土。定義以火為乾熱質，氣為濕熱質，水為濕冷質，土為乾冷質。乾燥寒冷，則物質凝固，如土；潮濕寒冷，將物質潤下，而滴流，如水。乾燥熾熱，則物質清輕上升，如火。潮濕熾熱，則物質蒸發輕鬆，如氣。依輕重高低而論，火居天上，氣、水、土，隨之逐級下降，將物質的形界，分為四界。偏察四界，各類單純原素，都無智性的靈魂：理證如下）：

原素的單純形體，個個的整體和一切部分，都有相同的本性（和種名）。例如、氣的全體和各部，都有相同的種名和本性：都是氣。它們每一個整體和各部，都是如此同名而同性的，因為共有相同的運動和變化。（物的種類和本性，是在其運動和變化裡，表現出來）。氣是如此，餘可類推。準此而論，同類的運動和變化的主體，必有同類的性理。假設任何單純形體的一部分，有智性的靈魂，它的整體和各部便都應有相同的靈魂：例如：一部分氣如有靈魂，氣的全體及各部，依同理，便都有靈魂。這顯然是錯誤的：因為任人觀察，發現不到氣的各部分裡有什麼生活的現象。氣體如此，其他各類單純形體，亦然。（用反證法，反回去），足證：智性的實體不結合於任何單純形體的部分而作其靈魂和性理。

還證：假設有某智性實體，作性理，結合於某單純形體，它則或只有智力，或兼有其他能力，例如在人以內，有覺魂和生魂所有的那些能力。如果只有智力，結合形體則是無意義的。凡是形體的性理各有一些固有的動作，是用形體完成。靈智卻無任何形體可完成的動作：靈智的知識，（首在懂真理），是一個不用形體器官的動作；意志的行動，（愛真理），也是不用形體器官。足證結合於形體，是無目的的。

何況，原素的運動和變化，成於物性自然的發動者，不是自動而動，而是被動於發動者，就是被動於出生的原因，（例如火是火出生的原因），這些被動而動的動作，不需要靈魂。縱令智性實體有能力發動原素的運動和變化，它為此而來結合於原素，也是枉費精神。（違反物性不虛設，和不重牀架屋的自然律）。

然而，假設本處所說的智性實體，作性理，結合於原素，或其某些部分，不但有智力，而且有靈魂的其他部分，例如覺力和營養力等等；既然這些能力都是形體器官的能力；原素的形體內、因而便應有許多不同的器宮。這卻有礙於原素本體的單純。從此看來，足見智性實體不能作性理而結合於任何原素，或其某部分。

加證：比較尊卑，一類形體，越接近第一物質，便越卑賤：因為它越深處於潛能和虧虛的境地，現實盈極的程度卻越淺薄。然則單純的物質原素，比原素化合的形體，更接近第一物質：因為原素是化合形體的最近原料：比第一物質切近的多。根據這樣的比較，在種類品級的性分上，單純物質的原素，比原素化合而成的形體，更是卑賤。惟因更尊貴的形體有更尊貴的性理，（是一定理），故此，尊貴至極的性理，有如智性的靈魂，竟要結合於（卑賤至極的）原素形體，（性分的品級不相稱）是不可能的。

又證：假設原素的形體，或它們的某些部分，應有尊貴至極的智性實體作自己的靈魂，從此比例而生的結果，應是：有某些形體，它們的生存品級，越接近了原素的階級，也便越接近了生命的階級。事實卻證明不是如此；反而適得其反：因為植物的生命，少於動物，雖然它們比動物更接近於土這原素；並且礦類的形體比較更深一級接近土地，卻完全沒有生命。自然界事實的比例如此。足證：智性的實體不作性理而結合於任何原素，或它的某一部分。

還證：凡能敗亡的發動者的生命，遇到了強烈動力的衝突，不能維持平衡，便遭受喪亡：請看動物、植物，受不住酷熱、嚴寒、或大旱、大澇的災害，便歸於死亡。今請注意，物質動力、強烈的衝突，首要發生在原素的形體之中：（純火、純水、等等，強烈達於極點）。那裡不可能有生命存在的餘地。足證：智性實體，結合於原素單純的形體，作它們的性理（和靈魂，就是給它們作物質生命的內在因素），是不可能的。（這裡前提假定：凡是物質的生命，都是動物和植物或人類的生命，以物質原素的調合適中，為缺之不可的條件。生命力和物質力的分別，在於是否中和而自動。不中和又不自動的火力、水力等等，不能是生命力）。

加證：原素不滅，是一定理；但只說其全體，固然如此；但專說其各個部分，便不真實：因為各個部分，（例如這數團火，或那數滴水），都是可受滅亡的：它們受不住強烈動力的衝突，便被消滅。（為防護自己，應分辨衝突的物力，知所趨避）。準此而論，假設原素的某些部分結合了有知識的實體，依吾人的觀察，便極應指點出它們分辨衝突物力的知覺來。這樣的知覺是器官的觸覺。動物的體膚，都有觸覺，專司分辨寒熱燥濕等類的衝突力量：為保護身體不受滅亡，是動物之必需具備的。（智性實體作了原素的靈魂，為保護原素的身體，也應有觸覺）。然而這個器官的覺力，不能依存於單純原素形體以內：因為觸覺的器官不能有衝突物力的現實，但應只有它們的潛能。（這是一個必需的條件，否則，現實寒冷的手，覺不出外物的寒冷。手是如此，餘可類推）。這樣的條件，只能實現於許多原素，調合適中，化合而成的形體內；單純原素以內，是不能有的。足證原素的任何某些部分，結合智性實體，用它作自己的靈魂或性理，是不可能的。

又證：凡是有生命的形體，都在某些方式或限度下，依照靈魂的本性，發生地方或方位的變動。例如天上的形體，假設是有靈魂的，它們有方位的移動，遵循圓周的規道，運行天際。高級動物，直線向前進行，（或飛，或走，或爬，或泳）；貝、蚌、牡蠣之類，有開闔、申縮的運動。植物生長，能長得肥大，也能長得瘦小。長大和長小，都是地方或空間移動的一種形式。以上各類移動，都是依照靈魂的本性及生力。然而，試觀物質原素，它們的移動，是物質本性的自然，無一是發於（自動的）靈魂。足證它們不是有生命的形體。（例如水流向下，火燒上升，土下沉，氣上浮）。

如果有人說：智性的實體，雖然不結合於原素的形體或它的某部分，以作其性理，但仍結合於原素，以作其發動者：（和它發生施動和受動的合一：例如舟子運舟）。這樣的假設，不能成立。理證如下：

一證：首先須知，在氣原素中，這是不可能的。氣的部分沒有自己可以劃定的界限，分立不成單位，便不能有任何自己特有的運動，故不足以是智性實體和自己結合的理由和目的。

另證：假設有某智性的實體，結合於某一形體，用本性自然的方式，和它發生施動者和被動者的合一：遵照某類運動範圍內，施受合一而相稱的限制：；那麼，那個智性實體動力，必須受到那個形體本性自然的限制：因為它和它有本性自然的結合。（依物理的定律），在某某運動的現實裡，它固有的發動者，能力的範圍，超不過它固有的受動者。（施受合一，種類相當，能力相當，否則運動的事件不能產生）。今如肯定說：有某智性的實體，在某類運動上，它的能力，超不過某某原素的某一有限部分，或超不過某一化合的形體；這乃是可笑的，（因為是自相矛盾：智性既是智性，便是超越物質的，今又說它無能力超越物質的某原素：並說它是本性自然如此）。從此可見，不應肯定說：有某智性的實體，依其本性的自然，結合於任何某一原素類的形體而作它的發動者：除非也作它的性理。（但這也是不可能的）。

又證：原素類的形體運動，是許多別的因素，足以產生的效果，用不著又生於智性的實體。足見、為產生那些運動，又有些智性實體，本性自然的去結合那些形體，乃是多餘的。（違犯了自然生物，不奢不費的定律）。

駁謬：用本章的理由，可以破除亞佈雷意見的錯誤。某些柏拉圖學派的人，也有同樣的意見。他們曾說：魔鬼是些動物，有清氣的形體，有理性的心智，有情慾的感受；在時間的長期內，有無始無終的生命。還有些異族或遠方的人，主張物質原素都有靈魂，並向它們施以敬神的榮禮。（參考聖奧斯定，《天主的神國論》，卷八，章十六。古經，《智慧篇》，章二；本卷前面章四十九）。

用本章的理由，還可破除另一個錯誤的意見。它主張眾位天神和魔鬼，有上級或下級原素的形體。它們的本體，依本性的自然是神形兩體的合一。（天神是天主造的神類，有實體生存，而無物質的形體。魔鬼是犯罪作惡的天神。上級原素指天界或神界的物質原素。下級原素指有形的塵界所有的物質原素。有人主張形類實體有形類的物質；神類實體有神類的物質。本書認為「神類物質」不是物質。天神和魔鬼是沒有物質的神體。詳論見於下章）。

神類（下）：神體與神智

第九十一章　神類實體與形體

從以上提出的那些理由，轉進推究，還可推證出來：有某些智性的實體，完全沒有和形體結合。

一證：上面（章七十九）證明了，形體死滅以後，靈智的實體，因有永遠的生命，仍舊常存不死。或假設那個仍存的靈智實體是全人類大眾共同只有一個。或假設它是許多，眾人各有一個；都生出本題欲證的結論：從第一個假設而生的結論是：有某智性實體，沒有形體，而有自立的生存。這正是本章標明的命題。從第二個假設，既然許多人的身體破滅以後，他們智性的靈魂仍是許多，生存自立；生出的結論也是：有某些有智力的實體，脫離形體，有自立的生存。這個結論是合理而適當的：特別還因為（章八十三）也證明了：靈魂不從一個形體，過渡到另一個形體。惟須注意，靈魂離開肉身而生存，不是本性自然宜有的事，而是偶然的遭遇：因為，依本性的自然，靈魂是肉身以內的性理，（性理與物質，本性自然是應合一不應分離的）。然而，既有某物因偶然而有某生存，便可知必定另有某物因本性而有那同一某某生存：因為本性的自然，先有於附性的偶然。從此可知，依照物類本性自然的次序，必有某些有智力的實體，先於眾人靈魂，並因本體而有能力沒有形體卻有自立的生存。

加證：（按分類的邏輯定律），類名定義之所有一切，必是種名定義之所俱有。反之，種名定義所有的某些成分，卻非類名之所有；例如「人」字種名，定義內的「理智」不是「動物」類名定義之所有。（人是有理智的動物。動物卻不都有理智。足見「理智」屬於人的定義，卻不屬於動物的定義。

還有一點，（也是一個定律，是上面定律的引申）：凡種名定義所有而類名定義所不有的成分，不必然常有於類中各種以內；事實上，在動物類中，有許多種，是沒有理智的動物。（種名定義內的種別特徵，非同類異種之所能有，也非類名定義之要素。這也是類系的邏輯定律。換用本體論的公式：某種本體的性理，非同類異種之所能有，也非全類公性現實之所必有或必無）。

然則智性的實體，根據全類公性（的定義），本性宜有自立的生存，不必結合於形體，（也不是必不結合於形體）；它不必結合於形體，因為上面（章五十、五十一，及七十九）已經證明了，它有自立的動作，（不用形體器官，故有自立的生存），乃不必結合於任何外物。足證：根據其全類公性（的定義），智性的實驗，不是本性現實，必應結合於形體：雖然同類之中，有某一種，以結合於形體，為其種別的要素和特徵。這一種、就是人類的靈魂。（這個特徵，是人靈之所有，故非同類異種之所能有，更非同類各種之所必有；乃全類公性之所可有可無的。按其可無，而推論），足證有某些智性的實體（可能）沒有結合於形體。（假設智性實體類中，不只有人靈一種，必有另某些種，必不結合於形體）。

添證：（依本體論類系定律而論）：上級性體，在其最低的部分，和下級性體的最高部分，是緊相接觸的。然則，智性的性體高於形體的性體。智性接觸形體，是接觸它的某一部分：就是人身體以內的靈魂。

從此可見：受智性靈魂充實了的形體既是形體類的最高部分，那麼，依照方才說明的定律和比例，結合了形體的這種智性的靈魂，必定是智性實體類的最低部分。如此順路推論下去，結論乃是：有某些智性的實體，沒有結合於形體，依照性體的品級，高於靈魂。

又證：依照（本體論類系內）性體的品級，如果在某類以內有某種物體，是不完善的；同類中，在那某種以前，必得找見另某一種物體，（在某同一優點上比較），是完善的：理由是：依性體自然的次第，完善者先有於不完善者。然則物質以內的性理是不完善的盈極，因為它們沒有全整的生存。故有某些性理是全整的盈極，有自立的生存，並有全整的種性，而不依賴物質。然而，凡是脫離物質而有自立生存的理性，個個都是有智力的實體：因為按前者提出的許多證明，物質的屏絕而脫離，給實體供獻智力可知的現實及生存（狀況）。故此，有些智性的實體，不是結合於形體的：因為凡是形體，都含有物質。（參考章八十二。凡不沾染物質的性理，如有生存，便是有智性的實體，既有智力的知識，又有被知的可知性。這樣的實體是全整的盈極，因為是單位自立的實體：有實體構造和生存現實完善的盈極。如此、盈極二字不但指生存的狀況，而且也指生存的主體）。

加證：依照時間、實理、和知識、三方面的次第，（去比較先後），物類的一總範疇當中，最先者，首推實體，（實體是單位自立生存的物體。參考大哲《形上學》卷六，章一，頁一〇二八左三二）。根據這個原理，實有界能有實體而無體積或數量，雖然不能有體積或數量而無實體。然而沒有任何實體是有形質而無體積或數量的。故此可能有某些實體，完全沒有形體。但是在物類的系統中，凡是性體或實體，能有者無不盡有：無之，則萬類的全體便缺而不全：宇宙就是不完善的了，（這是不合於理之自然與當然的）；何況在永遠常存的事物之界，可能有和現實有，是沒有分別的。（參考《物理學》卷八，章四，頁二〇三右二八）。從此可見：實有某些實體，沒有形體而有自立的生存。這些實體，組成一類，有類的界限，先於物類範疇的各範疇，但後於天主所是的第一實體：因為天主不受類界或範疇的局限：按上面（卷一章二五）的證明：天主是超越萬類和範疇的。同時，它們高於人類和形體結合了的靈魂。（故此，它們介於天主和人靈之間）。

添證：如果實有某物是由某兩物合構而成的，同時那某兩物相比較，一個更完善，一個欠完善，後者缺乏前者，前者不缺乏後者；後者如果實有，並因本體而自立生存，前者便也是實有的，並有本體自立的生存。然則按（章六十八）提出了的那些理由，明證宇宙間實有某類實體，是由智性實體和形體，合構而成的，（這就是人類的實體）。同時，形體也是實有的，並有本體自立的生存：例如徧察各類無靈魂或無生活的（礦類）形體，即可明見。如此比較推論，可知那些不結合形體的智性實體，有更強大的理由，在實有界，有本體自立的生存現實。

又證：每物的實體，相稱於自己的動作：這是必然的：因為動作是動作者、實體的現實盈極和至善。然而智力的動作，（知真理，愛真善），是智性實體固有的動作。故此智性實體之為物，必定有那樣的本性，為能有合宜的資格而作出那樣的動作。但是智力的動作，既然在實行時不用形體的器官，故不需要形體，除非在一定限度下從器官覺知的事物，採取智力可領略的事物。這樣的動作方式為智性實體，是不完善的：因為完善的方式是（直接）認識本性可知於智力的事物：（不繞道於器官知覺的形界）。反之、如果有某智力只知那些本體不可知於智力而待到受了智力的調理始變成可知的對象，這樣的知識方式是不完善的。（這樣的知識，不是直就無形之理而知其本體，乃是就有形的事物而尋察其無形的性理）。

如此說來，既然在一類之中，兩物不齊，美善優越者，先於美善不足者；可知不結合於形體的那些智性實體，先於眾人靈魂：因為眾人靈魂從形界的物象，採取智力可知的性理；那些智性實體，卻無所取納於器官知覺的形界，而是直認本體可知於智力的對象。既有這樣的動作，便有這樣的實體：因此可以斷言：有些智性實體，根據自己的本性，是和形體絕異而分離的：比人靈更先有生存。

另證：亞里斯多德，《形上學》卷十一，（章八，頁一〇七三左二五等）議論如下：連續合一而有規律的運動，如果自己不衰弱或停頓，按上面（卷一章二〇）的證實，必定是發自本體不被動，也不附物被動的某一發動者。並且，許多運動必須發於許多發動者。

然則天體的運動正是如此：連續合一，有規律，並且自己不衰弱，也不停頓；又按星體學家觀察研究而得的證明，在天空裡，除第一天體運動外，還有許多別的天體之運動：都有那樣的條件。從此可見、必有許多發動者，既不本體被動又不附物被動。然而按上面（同章）的證明，凡是形體，除非被動，則不自動。同時須知，結合了形體的無形發動者，（自己不是形體，固不本體被動，但因結合了形體），卻附著於形體，隨形體之被動，而連帶被動：例如人的靈魂足資證明。（既不是形體，又不是和形體結合了的靈魂或神體。尚須回意上面（同卷同章及本卷章七十）的證明，天上諸形體運行的原因是被動於某一靈智。綜合這一切理由，可以斷言：有許多實體，是靈智一類的，（不是形體），也不結合於形體。

（史證，近似經證）：狄耀尼，《天主諸名論》，章四，關於諸位天神，說出的名論和本章提出的這些證明，意思是相合的。他在那裡說：依智力之所能曉悟，天神們的實體，屬於無物質又無形體的物類中。

駁謬：用這樣的定理，足以破除以下這數派人的錯誤：

一、撒都塞人，（猶太古教的一派），否認有神體存在。（參考新經宗待大事錄，章二三，節八）。

二、古代（希臘）《物理學》家曾主張凡是實體都有形體；（沒有不是形體的實體。參考上卷同章，及本卷章七十）。

三、奧理真，（神父，名著作家），曾說：在除掉天主聖三以後，沒有無形體而能自立生存的任何實體。（參考他所著的《因素論》，卷一章六）。

四、其他許多人的錯誤：他們主張眾善神和惡神，都有形體，並且依本性的自然，眾神的實體是神形兩體之合（參考前章）。

第九十二章　神類實體的數目

轉進推究，須知亞里斯多德，努力證明，不但有某些實體，不屬於形體之類，有生存並有智力；而且這些實體的數目，相等於天象可見的運行：完全恰切相等，不多也不少。（參考《形上學》卷十一，章八，頁一〇七三左三七）。他的理證如下：

一證：天上星象的運行，無非吾人窺測所能知，因為天象運行，是以星體運行為效果。星體卻是有形可見的，故是器官可以覺知之。天體，重重，（如圓穹，如覆盌），旋轉運行，帶動眾顆星體：帶運者的運動，卻是以被帶運者的運動為效果。如此、效果昭彰，原因不可掩。

又證：凡是（所謂的）絕離實體，無非天象運行的原因：理由是天象運行是受絕離實體的吸引，以追求絕離實體（至善無形）為目的。如有任何絕離實體，必引動某些天象的運行，（如磁石引針一樣；反說亦然）：如有任何天象的運行，必是以追求某絕離實體為目的，否則，有始無終，便是不完善的運動。以此計算，可知確數若干。

從以上這些理由，他結論認為絕離實體的數目不多於（也不少於）人們現知實有或可窺測而察見的天象運行之數目：特別還有一個理由，就是同種以內沒有許多天體，故此不致於有吾人知不得的天象運行。

（所謂的「絕離實體」，指示和物質形體絕異而分離的智性神體）。

以上這樣的論式，沒有必然性的證明力。以目的類的因果關係為議論的根據，證明力的必然性，取源於目的，不取源於方法或工具。大哲本人在《物理學》卷二（章二，頁一九四及一九九），也提示了這一原則。本此原則，既然按他的主張，天象的運行對於絕離實體，和方法或工具對於目的，有比例相同的和關係；那麼、從天象運行的數目，推證不出絕離實體的真確數目來：因為無妨肯定：那些天象的運行，有遠近兩層或數層目的。遠者性體崇高，近者低下，高級引動低級。高低兩級合同引動少數的天象運行：（原因多於效果），不是不可能的：例如人間工藝，用工具供人使用，助人完成工作的目的，（從工具及其動作的數目，無法斷定用工具的藝人，確有多少）：因為用工具的藝人，能分高低遠近，直接間接等等許多層次：高級號令或調動下級，各級合力使用同樣的工具。

為此理由，亞里斯多德本人舉出了這個論證，並沒有把它看作是必然的，但只把它看作是或然的，就是或許不錯的：因為他說：「故此，（絕離的）實體和不被動的原因有這麼多，是一個合理的估計，因為（實際上）必然的真確數目，尚須領教於智力更高明的人」。（《形上學》卷十一，章八，頁一〇七四左）。

故此，現在尚待完成的一點任務，是證明：和形體絕異而分離的智性實體，數目眾多，遠過於天象的運行。理證如下：

一證：根據本有的類性，智性實體，品級崇高，超越一切形體的本性。釐訂它們種類的品級，應以它們超越形界的程度為標準。（由下而上，第一級）類性超越形體，但按前面（章六十八）許多理由的證明，它們（在本體任務上）仍結合於形體，作形體內的性理，（例如人靈。第二級）：不但根據類性，生存自立，不依賴形體，而且更高一層，也不結合於形體而作形體內的性理；雖然如此，（和形體不發生本體關係，卻仍發生附性關係）：就是仍給某些形體作運行的原因：推動形體；證於前面（章九十一，章七十；卷一，章二十）。

用同樣的想法，再進一級，（便是第三級）：這一級的智性實體，不但不結合形體而作其性理，而且也不作其推動者；比推動形體的那一些，更高一級：它們的生存純是智性的生活：（知真理，愛真善，不治理形體或運動形體）。智性實體的本性不繫於運動：因為它們的運動是隨它們首要動作而產生的效果。它們的首要動作卻是智性生活。（知識和意志是它們運動形體的原因。在它們以內，先有智性生活，而後有其他動作。既能有前者而無後者，故能有智性生活的實體，而非形體的運動者。如此將以上各級連貫起來推論：既實有第一級，便能有第二級。既實有第二級，便能有第三級，既有低者，高者如能有，便宜有而必有矣；自然律：先優而後劣。從此可見，智性實體，就是無形體而有智性生活的實體，數目眾多，遠超過天體的推動者）。

加證：自然的作者，用自然的性理，發出動作：（例如火用火的性理發出火的動作：烘烘燃燒）；依相同的比例，智性的作者，用智力所知的性理，作出智性的動作：例如人間藝術的動作，（是用人心智內所知的條理，作出人工的產品）：足資明證。依照這樣的比例，可知：智性的作者，和自己的作品及工作所用的資料或所達到的客體，兩相對稱適合，是根據智力所知的性理：猶如自然的作者和自己所達到的客體，對稱適合，是根據物界自然的性理：（這裡所說的資料或客體，指示承受作者工作效用的主體：例如石匠鐫刻石像，是用石料作受鐫刻的主體。石匠是發出動作的主體，石匠是施動主體。石料是受動主體。施受相對，又有主客相對的關係：石匠是主體，石料是客體。施受相稱，主客相稱，是定律：都以性理為根據。自然工化以自然性理為根據，人為的工藝以心智的理想為根據。。主客相稱是必須的），惟有如此，工作始能成功，就是作者用自己的工作，對自己智力所知的性理，引入於受動作的物質資料裡去，（作成合乎理想的作品）。

依照上面的比例和定律，假設我們（按章七十的說明）抱持亞里斯多德在這一點上所提出的意見，可知：天上各球體的運行和它們各自宜有的轉運者，互有對稱適合的關係，也是以智力所知的性理為根據：因為這些轉運者是用智力發出轉運的動作。故此，它們實有的性理之智見，或理想等等，就是它們用天上眾球體的運行，所能揭曉於外的那樣的性理，同時也是它們在自然界的物類萬種裡，所能產生的性理。這是必然的。然則（說到這裡，請注意：按物類品級的系統），在天象和物理所呈現的這些智見以上，尚須看到有某些品級更高、範圍更寬廣的定義和知識：因為萬物的性理，被知者，在智力的理想以內，生存的條件，高明廣大，勝於它們在萬物以內（具體）實有的生存狀況。為實證此理，吾人觀察心理的經驗，可見理論知識所知的性理，高明廣大，勝於實踐知識之所知；並且在實踐的藝術以內，分主科副科：主科指揮副科。主科藝術的見識，高明廣大而簡易，勝於副科。（實行起來），副科的知識（精細周密），執行主科技師、高明而簡要的計劃。（這些計劃表現技師心智所知的性理。物類系統內，性理分許多高低不同的品級。各級有各級的定義。相對著，也有許多品級不同的智力和實體）。

然而（既如前論），各類智性實體，分列品級，應以各級固有的智性動作為根據。（動作的品級，表現實體的品級）。既承認智力動作的品級，便必須承認智性實體的品級。從此可見：如果天上有數可指的那些球體，各自有（一智性實體，作自己）切近的推動作，在這些推動者以上，便（須承認）還有某些品級更高的智性實體。

添證：宇宙（萬物全體）的秩序，看來似是需要在貴賤不同的物類中，高貴者的數量，應當超越卑賤者：因為卑賤者好似是為服務高貴者而出生。以高貴者的目的為限制，不可過多或過少。高貴者的出生和存在卻是以本體生存為目的，故盡可能，越多越好，（不受低級的限制）。為此吾人觀察可見：天上星體，形體高貴，不受朽滅，數目眾多，遠勝下界物質原素的形體：兩相比較，可朽的形體數目微少，真似不值注目。猶如形體兩界，天上地下，一不朽一可朽，貴賤軒殊；如此，依同比例，神體超越各界形體，一無物質，不被動而動；一有物質，不被動則不動，卻常被動而動，上下貴賤不同，也有天壤之別。（人間珍寶，以少為貴。自然生物，貴則多出）。足證：和物質絕異而分離的智性實體，數目眾多，勝過物質界的萬類全數。故不盡限於天體運行的數目以內。

又證：物質界，類下分種，用性理作分種的因素，不用物質：（物質是全類相同的）。在物質界以外生存的性理，（是智性的實體），實有的生存，高明廣大，充實完備，比較起來，勝於生存於物質以內的性理：因為性理，既被收容在物質以內，便受物質容量的局限；（物質形體，類下分種，分出的數目，受物質量數的限止）。沒有物質而有生存的性理，就是所謂的絕離實體（或神體，受不著物質量數的限制），從此看去，它們（在類下分種而分出）的數目不應少於物質萬類萬種的總數。

然而吾人不因此便說絕離實體是形界萬類種名所指的性體（定義或純理）。這樣的說法，是柏拉圖學派的意見，（參考《形上學》卷一，章六，頁九八七左）。這一派的人，由於除非根據器官所知覺的事物，無從發現上述實體的知識，乃肯定這些實體和有形的事物，屬於同種，或更正確的說：前者是後者的種性本體：有同樣的種名和性體。猶如：假設有某人，不見日月或其他星辰，但聽到它們是些不朽的形體，並用形界可朽物體的名稱去稱呼它們，認為它們和形體同種；這是不可能的。

同樣，沒有物質（而有生存）的實體，和有物質的實體，也不能是同種，也不能是物質實體的種性（本體或定義）：因為（公名泛指的）物質屬於形體種名的定義，雖然（專名單指的）此某物質不屬於種名定義，而屬於個體，並是個體固有的因素：例如（公名泛指的）骨和肉，是種名「人」字定義必有的要素，但是（專名單指的）這些骨和這些肉，卻是這某某人、蘇克或柏拉圖，或其他某人的個體因素，不屬於種名「人」的定義和它所泛稱的人性本體。

如此，吾人不主張絕離實體是形體種名所指的性體；但主張它們另有自己的種名，指示比形體更高貴的性體：比例和純雜相同：實體越純粹，品級越高貴。反之、實體越混雜，品級越卑賤。（純粹是不沾染物質。混雜是有物質的攙雜）。智性實體，（如果有物質的攙雜，或和物質發生必然的關係，或是物質形體種名所指的性體；它們的數目便超不過物質形體的限止。但是，依吾人的說明，它們是不染物質的純粹實體）；在此條件之下，它們的數目眾多，（不受物質界限），必應多於物質各類形體的種別。

添證：根據物體可被智力意會的生存，比較根據它物質的生存，更能加倍增多它的數量。我們用智力可以領悟許多在物質內不能實有的物體：本此理由，在數理的思想界，任何長度有限的直線，不拘多麼長，仍能加長一些；在（物質的）自然界，這卻不常是可能的；又例如形體界的疏密，運動的遲速，及形狀的分殊，依照智力的理想，可以增加到無限倍，在（物質的）自然界，卻不能無限增加。然則，那些絕離的實體，根據自己本性的自然，卻是生存於智力可知的生存條件中：以理想的生存，為其實際的生存，那麼，根據智思中兩類的定義和特性，比較起來，它們加倍增多的可能性，大於物質的實體。「在永遠生存的境界裡，現實和可能，是沒有分別的」。（參考章九十一）。用上面這樣的看法，可以明見：絕離的實體，數目眾多，超過物質形體的數目；（既是可能，便也是現實）。

經證：《聖經》也佐證本章的理論。例如《達尼厄爾先知》，章七，節十說：「億兆之眾，服事祂，百萬之多，輔佐祂」。

狄耀尼，《天上品級論》，章十四，也說：那些（純神）實體，數目眾多，超越物質界一切形體的總數。

駁謬：用本章的理由，即可破除許多人的錯誤：例如有些人，（附合亞里斯多德的意見），主張神界實體的數目，等於天象運行的數目；或等於天空圓穹的數目。又如經師（梅瑟）馬義孟（Moses Maimonides），曾主張《聖經》裡紀載天神的數目不是絕離實體（或純神實體）的數目，而是下級（塵界）這些物體內各種能力的數目：猶如（氣力也叫做神氣，功效也叫神效；又如）情慾的能力也叫作情慾的精神，或神力；還有其他種種類此的想法和說法，（引人誤認物力都是神力或神性的能力：甚至是神的實體。參考馬氏著指迷解惑，卷二，章四及以下數章。——希臘古代天文學，認為天空不但只是一個蒼冥穹隆的空球，而是太空球以內包含著層層羅羅，數十層小空球。每個空球或圓穹的領域，由星體運行的軌道，表現出來；每個或每群星體，各自是一個圓球狀的形體）。

第九十三章　一種一體和一種多體

從上面關於這些實體的討論，轉進一步，便能證明：它們不是一種而多體。（絕離物質的實體，是純神實體：都是每個實體自成一種，不是許多個實體同屬於一種。證明如下）：

一證：上面（章五一及九：證明了：絕離實體，（是和物質絕異而分離的純神實體），乃是一些自立生存的性體。物質種名的定義，所指出的物體真相，（即是智力對所知的物本體，在意識內所曉悟的意像或印像），是代表事物性體的符號；猶如智力所知的純理。（參考亞里斯多德，辯證法，卷一，章三，頁一〇一。從此可知：生存自立的性體，正是生存自立的純理，（純淨的性理，不沾染物質。每個性理是種別的因素，沒有物質，便分不成許多個體，物質是個體分立的因素）。為此理由，絕離物質的實體有多少，它們的種數也便不能不有多少。數體和種數是相等的。

添證：凡種同而數異的物體，不拘是什麼，都含有物質。以性理為根據而出生的分別，標明種界的分異。由物質而生的分別，劃分出個數的分立。然而，絕離實體，（指示和物質完全不同的純神實體），完全沒有物質，既無物質的成分，又不作物質內的性理而結合於物質。故此，它們不可能在一一種以內有許多個體。

加證：在能死滅的物體各類中，一種之內，分立許多個體；其目的是將本種一個實體不能永遠保存的性體，保存在許多實體內。（若不是為了這個目的之需要，自然界的物類，便不在種下，分立許多個體）。為此理由，請看在不死不滅的形體之類中，也是在一種以內，只有一個實體，（例如某一些星體：各自是一體一種，不是一種多體）。然則，絕離（物質的純神）實體，每一種的性體，可以在一個實體內，永遠保存：因為按上面（章五十五）的證明，它們是不死亡，不朽滅的，故此，（既無需要），便不應在同種內，分立許多個體。

又證：每個物體內種別因素，貴於個體因素。故此，宇宙間，種的分多，也貴於個體分多。然而，宇宙的完善，最大部分，在於神界實體。從此可知：為構成宇宙的完善，與其神界同種以內有許多個體，勿寧許多個體都不同種。

另證：神界實體，完善的程度，高於天上的形體。然而天上形體，為了本體完善之故，吾人觀察所見，只有一種一體，不見同種多體：或因為每個天體，包盡了本種物質的全部；或因為在一個實體內，包含著本種的德能，完備周全，足以滿足宇宙全善之目的向本種所有的期待：例如日頭和月亮，是兩個主要的實例，足資明證。如此比較推論，可以斷定：在神界實體裡，更是在一種以內，只有一個實體。（本種物質有限量，物力也有限量。一種一體足以包盡本種物質或物力之全量者，則不在一種內，分立許多個體：自然生物，盡量而止；宇宙全善之目的達到，多則為奢，少則為吝，不奢不吝，始合於理之自然。形界如此，神界尤然。故知神界實體，無以是同種而數異。純理至實，一體全備，故也）。

第九十四章 人靈和神體的種別

從此轉進更深一層推論，證明：人的靈魂和絕離（物界的神界）實體，不屬於同種，（雖然屬於同類）。

一證：人靈和神體的互異，甚於神體彼此間的互異。然而，按（前章）已有的證明，神體是種界互異。故此人靈和神體，更甚於種異。（神體指示絕離物質的實體）。

加證：每個物體，擁有自己的生存，是根據自己種性的實理。物體間如果生存的實理不同，它們的種性實理也便互不相同。然則，人靈和神體的生存，實理不相同：因為依其生存的實理，神體不能如同人靈一樣交接形體：人靈交接形體，是作形體的性理，結合於形體，猶如性理結合於物質；並且是根據自己的生存，結合於形體：（將自己的生存，授給形體，引形體和靈魂自己共用一個生存。盡這樣的任務，屬於人靈生存的實理：和神體全不相同）。足證人靈和神體是不同的兩種實體。

添證：種性自足，和種性不自足的物體，不能是同種的物體。然而，神體（和物質絕離而分異），種性本體，自己完整齊備；人靈的種性，卻本體不是完備自足的：反之，它乃是全人種性的一部分。足見人靈和神體不能是同種的：除非說整個的人，（靈肉之合），是和神體同種。這顯然是不可能的。

另證：觀察物體固有的動作，可以察見它的種性：因為動作表現能力，能力標明性體，（性體乃是物之本性本體）。固然、神體和人靈，各自固有的動作，同是智力的動作：（知真理，愛至善）；但是動作的方式，兩不相同：因為靈魂的智力動作，需要用抽象的辦法：從器官覺知的物像中，抽取出無形無像的理；神體卻不用抽象的辦法，因為它沒有形體的器官，故無處收容物像的知覺。從此可見：人靈和神體，（雖屬於同類：都是神類的實體）；但不屬於同種：（在種名定義指明的本性本體上，互不相同）。

第九十五章　神類分種的根據

尚需審察神體分種的根據。物質界，一類之內，分許多種；類公名的名理，以及所指的類性實理，取源於物質因素。種有的分別，取源於性理因素：例如人是理性動物。「動物」類名的名理，取源於「有器官知覺的性體」。在人的實體以內，有器官知覺的性體，對於有智力的性體，有物質因素對於性理因素所發生的關係：在那裡，智力的性體，是種別名「理性」的來源。今如按前面（章五十）的明證，肯定神體是和物質絕異而分離的實體，不是物質與性理之合，便看不清在它們以內，類性的共同點，和種性的區別點所能有的根據是什麼？

為答覆這個問題，須知物類分種，逐級遞進，分取「物」字大公名所指的「生存之性體」。所謂「生存之性體」，就是「物」字大公名，以其最寬廣的意義，泛指的生存之理及物所以然之理。根據生存之理，釐定物體分類分種的品級，最初至高的第一分別，是物分完善和不完善。完善的物體，是生存自立的物體，或者是生存程度，現實盈極的物體。不完善的物體，是生存不自立的物體：它依賴另一物作自己生存所在的主體；或者它是生存於潛能和虧虛狀態中的物體。（這乃是實體與物性的分別）。

用這樣的分類方法，逐類分別下去，可以明見，生存的完善，分許多品級；每分一種，便上進一級，增加更高一級的美善：例如動物高於植物。前進移動的動物，高於（有知覺與活動，但在地方或位置上，自己）不會移動的動物。（以上，在實體範疇裡，分類的方法是如此。在品質的範疇裡，例如顏色之類，分別起來，也是每分一種，便將美善的程度，增加一級，以其和純白的顏色相去遠近為標準。為此理由，亞里斯多德，在《形上學》，卷八，（另版卷七，章三，頁一〇四三右三七）說：「物類分種，如同數目，逐一遞進，加一或減一，數字不同，其種乃異」。用這樣的方法，在種名的定義內，每減去一個，或增加一個種別因素，便分出不同的一種。可見：劃分種界的方法，在乎將公有性體，置放在物體生存的某一固定品級上。（類下分種，定於生存品級）。

還可明見：物質界，類名所指的實理，取自物質因素：種別名所指的實理，卻是取自性理因素：因為，在物質與性理，合構而成的物體內，性理是限定，物質因性理而受到限定。也就是因此理由，種別名（的名理），和類名（的名理），合起來，構成一個定義（所指的性體）；猶如物質和性理，合起來，（構成一個種性的本體；同時）類名和種別名在定義內的關係，也是物質和性理的關係：比例相同：（種別名限定類名；猶如性理限定物質）。並且，猶如物質和性理合構而成的性體，是一個相同的性體：（本體純一，自同於己而有別於外物）；如此，依相同的比例，種別名在類名所指的性體以上，所增加的性體，也不是類名所指性體以外的另某性體：而只不過是類名所指性體的一個限定：指明其確定的界限：例如：假設用「有足動物」作類名，它的種別名是「有雙足的動物」；至如說「某某有足動物是雙足動物」：在這樣的話裡，種別名在類名上所加指的性體，不是類名所指性體以外的另某性體，（反之，兩名所指的性體，在實際的物體上，是相同的一個性體：例如是蘇克先生的性體：他的本性本體是人，同時既是有足動物，又是雙足動物：他卻是一個動物，不是兩個動物：一有足，一有雙足）。這是顯明的。

從上面一切看來，可以明見：類名和種別名，結合起來，而發生的情況：種別名在名理內所供出的限定，是生於另一因素，而不是生於類名所指性體自身：由於種名定義所指的整個性體，是兩個因素、物質與性理合構而成的：在它整體以內：物質是被限定者，性理是限定者：兩者不是相同的；（因果不相同。矛盾不相混。被限定的物質不能是自己的限定者性理；為受到限定，必須從自身以外領取自己現實所無的性理。物質無性理，自己不限定自己：因為物質之理，潛能兩可，自身不包含限定之理。性理卻不然：它既是限定物質的因素，它自身便包含限定之理）。為此理由，如果有某單純的性體，（沒有任何物質的成分和牽連），它全憑自己的本體，（純是性理），便有固定的界限，不必須有限定者和被限定者兩個成分。它自己固有的界限，只是它生存的品級。如此說來，（為追求本章問題的答案），足以斷言：神體類名的實理，取源於神體本性的實理自身。它在類下分種所用的種別因素，卻是來自它本體固有的限定，根據它在物體品級上所佔的某某品級。（物體品級，就是生存的品級）。

從此，還可明見：假設有某性體，是沒有界限的；而按上面（卷一，章四十三）的證明，本體是無限的：它乃是天主的性體；那麼，在它以內，便不得承認有類性，也沒有種性。（天主的真性實體全不受類界或種界的限止。祂沒有類名，也沒有種名）。這是一個定理，符合上面（卷一，章二十五），關於天主，已有的證明。

從前面提出的那些理由，又可明見：神界實體，分成許多不同的種，是根據它們秉賦了品級不同的生存；而且在一種以內，沒有（生存品級平等的）許多個體，故此，它們彼此在性體上作比較，沒有兩個是品級相同的，常是一個高於另一個。

也就是根據了這樣的理由，《聖經》裡，《若伯傳》，章三十八，節三三，有句話說：「你難道不知天上的秩序嗎」？

狄耀尼（Dionysius），《天上品級論》（*The Hevenly Hieracy*），章十，也說：「天神的全數內，有統序，分上中下，三層；如此每層以內又分上中下三級，每級以內，還分上中下三品」。（三中又分三，分至百千萬億：遠多於有形萬物）

駁謬：用這樣的定理，足以破除奧理真，（神父，教父，名著作家）的錯誤。他（在《因素論》，卷二，章九），曾說：造世最初的時期，眾位神靈的實體都是平等的，連人的靈魂也包括在內。它們現有的分別：有的結合於形體，有的不結合；有的高，有的低，來於功罪的不同。（功罪的分別，是偶然的，不是性體本然的。這是他的另一點錯誤）：因為前者（在章四十四）證明了神體間品級的分別，是性體之本然，和自然：（不是人為的，附性的偶然）。此外，也證明了人靈和神界的實體，（縱令有些類同），仍非種同；神體彼此也不同種；並且在性體的品級上，也不是平等的：（同類之下的許多天神，不是品同而種異，而是種異，品也異）。

第九十六章　神體知識和人類知識

從前面提出的那些理由，可以證明：神界的實體，不從器官知覺的事物中，取得智力關於事物所有的知識。

一證：器官知覺的事物，依照它們自己的本性，天生自然的，是被人用器官覺力接觸而知的對象；猶如智力所領略的理，是人用智力曉悟而知的對象。故此，凡是有知識能力的實體，如果從器官知覺的事物，取得所有的知識，便有器官知覺的知識，因而也有形體和自己發生本性自然的結合：因為器官知覺的知識，沒有形體的器官，是不能發生的。然而，按上面（章九十一）的證明，神界的實體，是和物質絕異而分離的，沒有形體來和自己發生本性自然的結合。足證：它們不從器官可知覺的事物，取得智性的知識。

加證：（動作是主體用自己的能力和對象發生關係）。能力越高，對象也越高，關係對待相稱，這是必然的。然而，神體的智力高於人靈的智力：因為按前面（章九十一）許多理由的證明，在智力的品級中，人靈的智力是最低的一個。並且、按上面（章六十）的定論，人靈智力的（物質）對像是覺像（所呈露的形體）。這裡所說的覺像，是器官覺力覺知形體而在意識內形成的印像，代表形體；根據它在意識內的生存程度和情況而論，按知識能力的品級，比較對象的品級，足以明見：覺像的品級，高於心外實在的，器官可覺知的形體。如此比較推論，可知：神體智力的對象既不是形體，又不是覺像：（倒轉過去說：既不是覺像，便更不是形體）：故不能直接從形體取得知識，也不從覺像。照此推論，最後的結論是：神體智力的對像是比覺像更高的某些事物。但是，在知識所知的對象品級中，在覺像以上，只有智力現實可知的事物。故此，神體的知識，不是從器官覺察可知的事物中，採取智力的知識；而是洞曉那些本體直接就是智力可知的事物。（和能力相對待的事物，是能力所交接的對象：有時也叫做客體）。

添證：智力和可知的事物，品級平等相對。然而本體可被智力洞曉的事物，在可知事物的品級上，高於那些本體非智力直接可洞曉的事物：這樣的事物，必須是從器官知覺的事物中，採取而得來的。覺官可知的事物，根據自己的本體，不是智力可直接洞曉的事物：並且只是因為我們人將它們作成了智力可懂的事物，它們才成了可懂的事物。（它們被知於智力的可知性，是吾人智力動作，生出來的效果）。吾人智力（現世）所知的一切，都是這樣的「可懂事物」：（都是用抽象作用，從有形事物中，曉辨出來的理：兼指物性和事理）。神體的智力，高於吾人的智力。故此，神體所知的事物，不是從覺官可知的事物中，抽取而得來的；而是那些本體可知，現實可知的事物：直接受神智的洞曉。

加證：物體動作的方式，和它性體及實體生存的方式，兩相對待，互成正比例：雙方情況是平行對稱的。然則神體，是和物質絕異而分離的實體：乃是自立生存的靈智，不生存於任何形體以內。故此，神體的智力動作，所知的事物，也不是以任何形體為基礎。但是、從覺官可知事物中，採取出來的一切可懂事物，在某些方式下，都以某些形體為基礎：例如吾人智力可知的一切，都根據覺像：以覺官知外物而得的印像，為智力所知萬理的憑據。那些覺官所知的印像，形成於形體的器官以內。從此可見：神體的知識，不是得自器官可知的有形事物。

添證：第一物質在器官覺力可知的事物品級中，佔最低的一級；因此對於器官覺力可知的一切性理，（包括形式的條理，性理的理則），它也有領受的潛能：並有虧虛而能承載的容量；依據平行對照而相稱的比例，可知：吾人的明悟：受動的智力，既然在智力可知的事物品級中，也佔最低的一級；因此對於智力可知的一切性理，按前面（章七十八）許多理由的證明，它便也有領受的潛能，並有虧虛而能承載的容量。然而，在覺官可知事物的品級中，高於第一物質的一切物體，現實都有自己的性理，因而將自己的生存建立在覺官可知的境界中。依照平行對稱的比例，可知：在智力可知事物的品級中，高於吾人明悟的一切神體，現實也都有自己的性理，並在智力可知的境界中，有現實的生存：不但有知識的現實，而且也有被知的現實。吾人智力，從覺官可知事物中，取得知識，自己在智力可知的境界，沒有現實生存，只有潛能中的生存。將比例反轉過去，足見：神體（在智力可知的境界，既有現實的生存，故此）不從覺官可知的（形界）事物中，取得知識。（吾人智力，是即有形之物，而窮無形之理。神體卻洞曉無形之實理和實體，不依靠有形的事體和物體）。

還證：自然界，高級性體的美善，不依賴下級。然則眾神體的美善，根據它們智性的本體，在於智力動作的現實。足見、它們的智力動作不依靠覺官可知的事物：故此也不從那些事物裡，採取知識。

從此轉進，得以明見：神體以內，沒有靈明和明悟的分別，有則是名同而實異。人靈以內，卻有靈明和明悟的分別：因為它是從覺官可知的（形界）事物中，採取知識：為此，靈有靈明，（用抽象和照察的作用），將那些從形界事物得來的意像，作成現實可懂的智像，（智像代表物性和事理，往往就是思想或理念）：靈明也叫做施動智力：發出動作，作成智思所用的智像或思想單位）。明悟卻是受動的智力：對於形界萬物包含的一切性理，它有知識的潛能，並有虧虛而領悟的容量：領受萬理而曉悟之。人靈智力，（即有形之物，見無形之理），故有靈明和明悟的分別。神體直知萬理，不取資於形界，故無靈明和明悟的分別。本此理由，亞里斯多德，（《靈魂論》卷三，章五，頁四三〇左），舉出靈明施動，明悟受動的分別，肯定人靈以內應當兩者俱備。

又可明見：方法的距離，不足以阻礙神體的知識。依方位的本體而論，遠近的距離，對於器官的覺知，有交互的關係和比例：對於智力，卻沒有任何關係：除非由於附性偶然的連帶，在固定限量之中，從器官覺識中，取得理智的知識。器官可感覺的事物，屬於形界，觸動器官的感覺，遵守距離遠近的固定限制。智力現實可知的事物，（是離物曉辨而悟認的無形事物，不屬於形界），就其觸動明悟的現實而論，它們是沒有方所的：無形而可知的實理，或事物，是和形體界的物質，絕異而分離的。既無形質，便無方所或地方。然則神體，是神界的實體：和形質是絕異而分離的，為有智力的知識，無所取資於器官可覺知的（有形）事物。故此，在它們的知識以內，地方遠近的距離不發生任何作用。（直接認識無形和有形萬物的性理：性理無形，本體是無方所局限的。實體、無形者亦然）。

還可明見：它們的智力動作裡，沒有時間的攙雜。智力現實可知的事物，（是無形的），沒有方所。依平行對稱的比例，它們也沒有時間：因為時間跟隨方所的運動：完全沒有方所的事物，無從計算時間的先後或久暫。為此理由，神體的智力動作，超越時間。吾人智力的動作，展開在時間的期限內：由於吾人取得知識，是取自器官覺知的物像：這些物像都守時間的期限。本此理由，在知合及知分的動作內，吾人的智力，常附加時間的過去或將來。（知合：用肯定句，聲明賓主兩辭，名理合一。知分用否定句，聲名賓主兩辭，名理不合一。例如說：「某人現時健康」，是知合。如說：「某人昨日不健康」，便是知分）。

但須注意，為知抽象的名理，不附加時間的限制。名理，或定義，指示某物是什麼，專指其本性本體，不兼指形界、器官可覺知的任何條件：（所謂抽象，就是抽掉形象，而抽取超形的實理）。因此，吾人智力用知名理的知識，曉悟可知的實理，不受任何時間或形質的條件限制。（知龍知馬，不必兼指時間）。但知分或知合，是將既有的抽象名理，運用到事物上去貼合：在貼合之際，必然兼知時間。（例如在某人今日健康時，我們說「某人現時健康」，兼指時間，始有意義，不指出時間，便能毫無意義。以上屢見的「知」，「指」，都含有「思」的意義。智力的知識，也是智力的思想。「兼知」，「兼指」，也就是「兼思」。思「某人健康」，必兼思「某地某時某人健康」）。

第九十七章　神智的現實與潛能

從此轉進看去，可以明見：神體的智力，常有知識的現實和盈極。（理證如下）：

一證：物體的生存情況，如果時而有潛能與虧虛，時而有現實和盈極，它便受時間的度量：有時期先後久暫的限制。然而神體的智力，按（前章）已有的證明是超越時間的。足見：它的知識不是時而虧虛而有潛能，又時而盈極而有現實：（時虛時盈的智力，是一時明白一時糊塗的智力：與超形超時的神體，極不適宜）。

加證：凡是有生活的實體，都有某些生活的動作，根據自己的本性自然，常有現實，並常實有於自身以內：縱令此外，它尚有其他某些動作，有時沒有現實，而只有潛能：例如動物雖然不常有知覺的現實，但常有養營的現實。然則神界的實體，按上面（章九十一）許多理由的明證，都是有生活的實體：並且除智力動作以外，沒有其他動作。從此可見：根據它們自己的本性，它們的智力常有動作的現實和盈極。

又證：神體，是和形質絕異而分離的實體，依照哲學界的公論，用智性的能力，運動天上的形體。然而天上諸形體的運動，是常動不停的。足證：那些神體的智性能力，也是常動不息。（這是當代哲學界大眾一致的想法）。

同證：縱然不承認有神體來運動天上形體，仍須承認神體有常動不息的動作：因為神體高於天上諸形體。本此比例和理由：既知天上形體本性固有的動作，就是運行，是常動不息的；便應斷定：眾神體本性固有的動作，就是智力動作，也更是常動不息的。

加證：時動時息的物體，都是被動而動的物體，或本體被動，或附物被動，本此原理，吾人智力動作，時動時息，按大哲《物理學》卷八，（章六，頁二五九右），乃是由器官知覺方面動靜交替或變化所致。然而，神體不是形體，故本體不受變動；它也不結合於形體，故此也不附物被動。從此可知：它固有的動作，就是智力動作，常動不息，也不間斷。（神體光明自照，如日月常明；照靈明覺，常醒不寐）。

第九十八章 自己認識自己

既然，按（章九十六）已有的證明，神體的智力認識一切本體可知的事物；同時眾神體又是本體可知的：因為，按上面（章八十二及卷一章四十四），絕離物質，是某物本體可見知於智力的原因。從此隨之而必生的結論是：眾神體，既是和物質絕異而分離的，便認識眾神體。故此：每個神體既認識自己，又認識別的眾位神體。

每個神體自己認識自己，和吾人明悟的自己認識自己，方式互不相同。人的明悟，是受動的智力，在可知的生存境界裡，有被知的潛能；為有被知的現實，需要呈現出智力可知的真相：表現於智像以內：猶如第一物質需要賴有物質自然界的性理，而在器官可知覺的生存境界裡，得到生存的現實，和被知覺的現實。

只根據生存的潛能和虧虛，無物能有被知的現實。物有生存的現實和盈極，始能有被知的現實和盈極。性理既是生存現實和盈極的因素：物體賴之由生存潛能虧虛，變化生成，而達於生存的現實和盈極；那麼，性理便也是知識現實和盈極的因素。故此，吾人的明悟自己認識自己，必須仰賴智像的形成，因而在智力可知的生存境況中，變成可知的現實。亞里斯多德在《靈魂論》卷三，（章六，頁四三〇左三），也說：它可被知的現實，和他類（有形）物體，方式相同：就是依憑靈明由器官覺知的物像中，採取出來的智像；用這些智像做現實被知的因素，猶如物質用性理，作生存現實的因素。

然而神界的實體，本性是和物質絕異而分離的，根據這樣的本性而有現實的生存，並有現實的可知性：足以直接受到智力現實的認識。從此可見：每個神體，自己認識自己，專憑自己的本體，不憑藉另某物體的意像或性體。（性體是物體種名定義指出的物之本性本體。某物性體的認識，在智力的意識內，叫作意像：在種名的意義內，叫作種名的名理。名理，定義，性體，意像，往往有相同的指義）。

但是，一切知識的形成，都是由於知者的意識內現有所知物的意像。物體的意像，像似物體。神體在公有的類性上，彼此相似：因為，按前面（章九十三及九十五）許多理由的證明，神體彼此是種異而類同的。有鑑於此，有人遂認為，神體彼此相識，只限於公有類名所指的名理，（是攏統而含渾的知識，知全類之所同），不知各種之互異：認不出種名所指的允當名理和性體來。

故此，有些人提出了以下這樣的主張：

眾神體，一個是產生另一個的原因。根據因果相似的定律，在某某特點上，原因和效果，彼此是相似的。如此、上級相似下級，是原因相似效果；下級相似上級，是效果相似原因。（又按因果知識的含蘊），在不同名同指的因果關係裡，（原因和效果，彼此不是同種），原因相似效果，是超越的相似：原因和效果，共有的某某特點，是彼此相似的根據；這某某特點，在原因以內，有更優越的生存方式；反之、效果相似原因，卻是低弱的相似：在共有的似點上，效果低於原因。神體間的因果關係，正是這樣的：彼此、品級不同，也不是同種。因果知識的互相含蘊，是上下兩級知識的互相含蘊：在共同似點的知識上，上級的知識優越，勝於下級。如此比較，神體彼此的互相認識，限於認識共有的類似之點，上級認識下級，用優越的知識；下級認識上級，用低弱的知識。《原因論》，（命題第八），也有這句話說：「靈智（實體）、用自己實體的方式，（品級和限度），認識在自己以下和以上的（客體）：因為上級是下級的原因」。知識的定律：是主體用自己實體生存的方式，（品級和限度），將客體意像，形成在意識以內，藉以認識客體。神體互不同種，互相認識之時，不能用同種性體的意像，故僅能用彼此間類似之點。有人主張，神體間的似點，是因果關係的似點。歷史上、有些人曾說：上級神體是下級神體的原因。下級神體是上級神體造生出來的：天主造生眾天神。然後，天神當中，上級造生下級。參考亞維斯，《形上學》，卷九，章四）。

然而這樣的主張是吾人不能接受的，證明如下：

一證。上面（章五十及五十一）證明了：神體、是和物質絕異而分離、有生存又有智力的實體，不是由物質與性理合構而成的，故此它們的產生，只能是從無中受造而生，不能是從物質中生產而來。但是、按上面（章二十一）的證明，只有天主能從無中造生實體。足見：眾位神體，不可能一個造生另一個：故此也不可能一個是另一個的原因：不可能一個產生另一個。

另證：（在章四十二）已經證明了：凡是宇宙的首要部分，都是天主直接造生的。故此，不是一部分造生另一部分。然則，每一個神體，都是宇宙的首要部分之一：遠比日頭或月亮更為主要：因為它們每一個自成一種，有自己固有的種名和本體，並且本體的品級高貴，勝於形界物類中的任何一種。足證：它們、不是一個產生另一個，而是每個直接受造於天主。

如此、根據上述一切，足見：每個神體、用本性自然的知識，依照自己實體的方式，按因果相似的定律，認識天主，如同效果認識原因。天主也按因果相關的似點，認識自己所造的每個神體，如同原因認識效果，（上級認識下級，用高明的知識）。但是、用這樣的知識方法，眾位神體彼此，不能互相認識：因為（這樣的方法是以因果相似的定律為基礎），眾位神體間、彼此卻都沒有因果的關係。——（這裡的「神體」二字指示天主神體或造物者以外、各種受造的神體。天主造了的各種神體，叫作「天神」，不是「天主」）。

討論至此，現應注意：此類實體當中，根據自己的性體，為能認識身外萬物，無任何一個是自己的充足因素：它們當中的每一個，都必須在自己本有的實體以上，附添一些智像：用這些智像，它們彼此間，一個能認識另一個，（不但只有類名含渾的知識，而且）有種名確切的知識，就是認識客體固有的本性。詳明申說如下：

智力的固有對象，（是智力本性特有的對象，非其他能力之可共有，非自己一時之可無。智力有知識，先知固有對象：然後徧知萬物，常以固有對象知識的光明，作其他一切知識的成因：猶如眼睛視力的固有對象，是在光明中所看見的顏色：眼因見顏色而見可見的萬物）。智力的固有對象，是「智力可知的物」。（它也就是「物」字大公名，依其絕對無限寬廣的意義，所指的名理。名理是名辭指示的實理，不是有名而無實的虛言。「物」字依其大公名的名理，指示「生存的主體」：凡是一物，都有生存，因有生存，便是實有而非絕無；並是其所是。智力的知識，在乎知理。理是物字大公名的名理：指示「生存、實有，而非純無」的真實性。智力的固有對象，乃是物之實理，就是生存之理。這裡的「生存」二字，指示的意義，廣於生物的生活，深於存在，並深於生活；比「實存」二字，更絕對而深遠。實有和存在，簡說而成「實存」，只能有相對的意義：和生存的境界發生相對待的關係。物先有本體絕對的生存，而後實有存在，並在存在期間，是其所是，有其所有的能力和動作。同閱卷一章一註一）。

智力的固有對像是物大公名所指的生存實理，依照上面的說明，包含物體能有的各種生存形式，和種別。凡是能有生存的物體，都有生存之理，都是智力可知的。（生存之理，含蘊萬理。物字的名理，是萬物名理的成因）。然而，凡是知識的形成，都是依憑意像的方式，（品級和限度）。故此，智力為能認識自己對象的全體，全知它所能含蘊的一切，便不能不在自己（意識）以內，實有一個意像，足以表現出物的全體，及萬物的一切區分和異點。這樣的意像，（是物全體真相的典型和模範），不能是他物，而只能是一個（含蘊）無限的性體。這樣的性體，（就是某物的本性本體），不受物體中任何類界或種界的限制，而是物之全體，共有的至公因素；並是萬物全體所依賴的至強動力。這樣的性體，按卷一，（章二十五、四十三及五十），已有的證明，乃是獨一無二的天主性體。除了天主的性體以外，別的一切性體，都受物體類界和種界的限止，不能是物全體共有的至公意像或模範。

準此而論，只有天主能因自己的性體，認識萬物：既認識自己，又認識自己以外所有的一切。天主以外，任何神體，專用自己的性體，只是對於自己，有完善的知識，（不足以兼知萬物。完善的知識，在這裡，指示神體）全知自己種名所指的性體，及所含蘊的一切。論到吾人的明悟，按（本章）上面已有的說明，它為認識自己，卻完全不能用自己的本性本體，而只得用（本體以外，附加的）智像。（方才說過了，智像是人的靈明從器官知覺的物像中，曉悟而離辨出來的抽象知識：是靈明發出智力而作成的產品：

代表器官所知有形事物的性理。吾人智性的明悟，或知自己，或知外物，都是依賴這樣的智像。神體先用自己的本性本體，認識自己，而後轉知外物。吾人明悟，卻先用智像，領悟外物；然後回想，反躬自省，才認識自己的本性本體）。

任何某一實體，如果實有智力，便能懂曉物之全體；如非現實懂曉，必有懂曉的潛能，並用新得的智像，實現其潛能。神體眾多，（既受天主造生），本性有懂曉全物的能力，沒有懂曉全物的現實：故此，察其本體，是神體的每個實體，都彷彿是一個虧虛的潛能，沒有知識的現實，但能領受智像，用以認識全物，（全物是物之全體，乃是物字名理所含蘊萬物生存之理的總體）。它能領受的那些智像，是它智性潛能賴以實現，智識虧虛賴以充實的因素。（每個智像彷彿是一個思想，代表某物能有的某個生存之理。說到這裡，應理會到的問題是：天主以外，每個神體是否只有一個智像？本處的答案和理由如下）；

眾神體，（不是天主），為知物之全體，不能不用許多智像：因為方才已經指明了：全物至公的完善智像，是萬物的模範，不能不是無限的。然而，眾神體的本性，不是無限的，而是受了限止的；可知在它們意識內所有的意像，依同樣的比例和度量，也不能是無限的，而必須受了限止，將自己的範圍收縮到某類物或某種物的界限以內去，不復能代表物之全體；為此理由，它們為能通曉物之全體，需要有許多智像，（聯綴起來，庶能表達一個或少數智像所不能表達的全物真相：藉以實現它智性的潛能）。

為眾神體，（計算智像的眾寡，有一個比例，可以作計算的標準，就是：智像的眾多和神體品級的崇高，適成反比例）：神體的品級越崇高，所用的智像越稀少：因為實體越崇高，它的本性便越近似天主，也越少受拘束：因為它更接近了範圍包括至全、內容完善而美好的至上實體；為此理由，分取物體的生存和美善而得的秉賦，也便更廣入而全括：（它因本性的自知，而得的意像和知識，更能以少知多）。依此估計，可知更高的實體內，智力可知的意像，數目越減少；知識的範圍和內容，卻越廣大而高深。

這一點也是狄耀尼《天上品級論》，章十二，所說的：「更高的天神有更全括的知識」。《原因論》，命題第十，也說：「更高的靈智，有更普遍的性理」。「普遍」指示範圍廣大（包括萬物），普及萬物，徧在一切物類中。比較範圍的廣狹，有兩個極端。一端是天主的智力，範圍至廣，因一物而知萬物：就是因知自己的本體而知所有一切外物。另一端是人類的明悟，範圍狹小至極，因一物而僅知一物；每次欲知一物，每次需要有適當的一個智像。（知萬物則需要萬像。每種物體，各有種名，及其名理的意像。名理普遍者，意義寬廣，知識普遍）。

比較知識完善的程度，人類和神類，情形對照，適成反比例：在吾人類：智力所用的性理及其意像，範圍越普遍，意義則越廣泛而含渾，知識隨之而更疏闊淺陋。例如、用「動物」公名所指的名理及意像，吾人只認識某物屬於動物之類。這樣的知識比較「人」字所傳達的知識更欠完善：因為「人」字是種名。用它的名理及意像，吾人認識種名定義及其所指性體的全部：反之、只知某物屬於某類，則知識有欠完善，彷彿現有潛能和虧虛，尚待實現而達於盈極，（例如說：「某物是動物」：類名的意義含渾，不明確，不完備，沒有說清到底那某物是人或是馬）。反之，如知某物屬於某種，則是完善無缺的知識，知現實完整的性體及定義，並有現實盈極的知識：澈底允當而明確：（例如說：「某物是人」，便說中了那某物的本性及其性體的真全：「它是理智動物」；它的本性本體、正是如此）。

吾人的靈智，在眾靈智的實體中，所佔的品級，低下至極，因此需要有許多智像，仔細分開，對於每一個可知的固有對象，必須在智力的意識以內，有一個恰當的意像，與之相對。為此，用「動物」的意像，無以知「理智」；因而也無以知「人」字名理的真全，僅能知人字名理的一片面。（「動物」是類名。「人」是種名。類名寬廣而含渾，片面浮淺，不深入真全的本體。種名狹窄確實，指明完整的性體。故在吾人，名理越寬廣，意像越模糊，則指義越含渾，是人類智力低能所致）。神類實體，適得其反。它們意識內的意像，範圍越寬廣，效能則越精強，見識也越高明廣大而宏深：只用一個意像，足以表明許多性理，產生更完善的知識；不似吾人如用一個意像，卻只能產生比多數意像更不完善的知識。神體意識內的意像，在表達作用上，有高廣的實力，猶如在高廣的原因以內，動作所根據的性理，是動作能力的根源，效能的範圍越普遍，動作的實力也便擴展到更多的事物上去，並作出更精強的功效。從此可見，神類實體，用一個智像，便能認識某類事物的全體，並認識那某類中所能有的一切種別，例如既知動物類名的意義，便全知動物類的一切種別及其特性。神類實體、智力知識的普遍範圍，或廣大，或狹小，以正比例，視其品級的高低而定。（神類實體的知識，是以簡知繁。吾人知識卻由繁知簡。智力品級，高低相較，常有相同的反比例）。

如此說來，適可用天主和人、兩個極端，作實例，為說明方才指出的定理。天主的智力，用自己的本體一物，而兼知所有一切萬物。人卻為知許多不同事物，必須用許多不同的意像，（每個意像產生不同的一個知識和思想）。並且人類之中，智力越高明，越能由少知多：以簡禦繁。明悟遲頓的人，必須仰賴高明的人給他舉出許多個別的實例，才能從許多事物中，取得一些知識。

論到實體的智性潛能，神人兩類，互不相同。按（大哲）《靈魂論》卷三（章四，頁四二九左二云，人類的明悟，（也叫做受動的智能），未得知識以前，潛能虧虛，一空如洗，沒有任何現實的意像；既得一些知識以後，在某些知識上，有知識的現實和盈極，對於另某一些，仍保持潛能和虧虛的狀態：猶如下級形體界的第一物質，（本身純是潛能和虧虛，不含任何性理，但能逐漸領受各種性理），既領受了某一些，實現了一部分潛能，對於另某一些，仍有領受的潛能和虧虛的容量：潛能的實現，是漸進的。

神類的智性潛能，適得其反，和人類相較，有如天壤之別。神類的實體，就其本性而論，對於為知盡物之全體所用的許多性理，雖然有潛能和虧虛的容量；但未嘗有潛能虧虛，全無任何意像，一空如洗的狀態。它們所有的全部潛能和虧虛，必須常有現實的盈極：因為，否則，它們便應先有潛能和虧虛，然後進步而入於現實和盈極的狀態；這乃是受變動：或本體被動，或附物被動；這是不可能的：因為按（前章）已有的證明，神類實體，（和形體物質是絕異而分離的），不會受變動，既不本體被動，又不附物被動；（在知識上，也不受變動：先愚而後智）。這樣，它們智性的潛能，（不能和下級形體界第一物質的潛能相比；卻應）比如天上形體對於本性自然的生存所有的潛能。天上形體的物質潛能，（按古代希臘天文學家的想法），常有自己應有的性理，受到了全部的實現，充滿了虧虛容量的全部：現實盈滿至極，不能再領受別的性理；（故此，天上形體沒有生死變化，和下界地上形體全不相同）。

神類實體的智性潛能，正是這樣，對於可知的性理，和天上形體對於本性生存所需的性理，有比例相同的關係：可知者無不現實全知：對於一切性理，能有者無不盡有：它們的潛能和容量，不是一空如洗，而是盈滿至極；不是先虛後盈，逐漸進步，而是恆常盈極，無先後的變動。從此可見：神人智性的分別：人的明悟能漸得一切知識比如下級形界第一物質能漸得一切性理。神類的智力卻現有一切知識，比如天上形體的物質，現有能有的一切性理。

為此理由，《原因論》，命題第十，也說：神智以內，性理充滿。這就是說：神智以內，萬般性理，現實全備，實現了全部潛能，充盈了全部空虛。（神類的智力，充滿了知識的光明，全無愚昧的黑暗。智力因智像而知性理，猶如物體因性理而有生存。現在把話說回去，答覆本處原有的問題）：神類實體，一個認識另一個，是可能的。它們彼此的認識，是用它們各自（天生充滿了的）這些性理，及內心代表這些性理所有的智像。

有人很可能認為神類實體，為互相認識，用不著所謂的智像：因為（智像是知識的媒介），神體是本體可知的：（就是可直接進入智力的意識範圍中去）：所以，甲知乙，不是用代表乙的智像，而是用乙的本體：將它的本體容納於意識範圍以內。物質的實體，本體不是智力現實可知的。因此智力為知物質實體，必須用抽象的思想。抽象的思想是智力的產品，代表所知的實體，就是所說的智像。智力為知某某實體，需要用智像的理由，看來似乎就是因為那某實體是物質的。神類的實體，既然不含任何物質的成分，故不必再經過智像的代表而被知於另一神體。大哲《形上學》，卷十一，（章九，頁一〇七五左三。另版卷十），說過的一些話也似乎和以上的意見，聲氣相同：在和物質分離的實體以內，智力，智力的動作，智力動作的對象，（所知與所愛），三者互無分別。

然而，如果承認了上述的意見，便感到不少的疑難：

一難：根據亞里斯多德，《靈魂論》卷三，章四，有名的定論：在智力知識的現實以內，主體和客體，共是一體。（主體是知者。客體是被知者。知者的現實和被知者的現實，是一個現實：主客合一，是在意識範圍和境界裡面，專靠客體的意像，形成於主體意識以內）。今如除掉意像，只剩本體，兩個實體相知的現實以內，兩體應是一體：便難以相見，那怎會是可能的。（兩個實有而自立的本體，不能合成一個本體。假設在知識以內，兩個本體合成一個本體，那裡的知識至多僅是一個本體的自知，不是兩個本體的相知了。何況兩個本體合一，必是兩相吞併而滅亡；知識乃變為不可能）。

添一難：凡是動作者，都是因性理而發出動作。性理和動作是相符合的。例如熱的性理和能力產生燙熱的動作和效果。本此理由和比例，吾人眼睛的視覺內，收到了什麼物體的物像，這個物像盡性理的任務，視力因之，看到它所代表的物體。（作者因熱力而作熱的工作。視覺因樹像而覺樹引起的知覺。）今如假設兩個實體因各自的本體而互相認識；在知識的動作裡，一個本體應給另一個本體作其動作所依憑的性理。（動作所因的性理，是作者本體固有的內在因素）。兩個實體，既然互相分立，各有各自獨立的本體生存，怎能又說一個是另一個動作所因的性理呢？如此想來，可見一個神體因另某神體的本體而洞曉此另某神體（不用意像的媒介），明似是不可能的。

加一難：智力之所知，是智者的成全。低級實體不能是高級實體的成全。今如假設實體被知是因其本體，而不是因其意像；低級實體，必不能被知於高級。（縱令高級被知於低級而作其成全，仍是上級不知下級，下級卻知上級：上下神明，智愚顛倒，極不合理）。

又一難：智力可知的事物，是在智者心靈以內。這個定理專指物被知所依憑的因素，（例如代表外物的意像），是在智者心靈的意識範圍以內。除天主以外，無任何實體能潛入另一實體心靈以內。惟有天主因自己的本體，能力，和（永遠的）現前，偏在各物以內。從此可見，神類的實體，一個被知於另一個，因自己的本體，而不因意像在智者（心靈）以內代表自己，乃似是不可能的。（天主的本體，偏在各物及各心智以內，是運用造生和保存的能力，扶持各物的生存和行動，不是作各物行動的對象或效果，故此也不是各心智直視可知的對象）。

亞里斯多德，（《靈魂論》卷三章四），有一句明言說：「在智力知識的現實裡，主體和客體，是一個物體」。根據這句明言，現實的知者和被知者，兩體應是一體。這是一個真實的定理。本此定理，縱令神體可因本體現實被知，但只是被知於自己和它共是一體的那個靈智；這就是說：神體用自己的本體認識自己。根據這樣的意義，智性的行動，和行動的主體和客體，三者確是相同的。（例如天主是自己的行動，又是自己行動的主客兩體。天主因自己的本體知自己的本體……）。

根據柏拉圖的主張，智性知識的完成，在於智力接觸可知的事物。如此、當神類實體，用神靈的方式，一個接觸另一個時，能發生兩個本體相知的知識：上級知下級，是因為上級用自己的實力，包括下級，並含蘊下級；下級知上級，卻是因為下級取納上級，引以成全自己。（上下神靈的接觸，是上覆下承，彷彿是天覆地載）。

本此意義，狄耀尼，《天主諸名論》，章四，也說：智力可知的上級實體，彷彿是下級實體的食糧；（飽飫下級神智的飢渴）。

評註：神體相知，是精神合一，不是本體合一。精神的合一，猶如心交神會，兩個精神互在彼此的意識懷抱以內：意識界的生存現實，是「意像作用的現實」：用「意像」作神交的因素和繩索：彷彿「兩心相印的深思」。神類實體的相知，仍是用「智像」以為成因的。這就足以解除本章提出的疑難。詳見下章。

第九十九章　神類實認識形體界的事物

從此可知，用上述的智力可知的性理，神類實體，不但認識同類的神體，而且也認識形體界各類種名所指的實體，和事物。（理證如下）：

一證：既然神類實體的智能，全有盈極的現實，本性能有的美善，無不萬善全備；故此他們的客體（對象），就是智力可知的物體，也必須（是美善全備），用包括萬理全體的廣大，含蘊可知的一切。然而，在智力可知的物體範圍以內，包括著萬類種名所指的性理，連形界萬物種名的實理，也一並包含在內。足見：神類實體也認識形體的各種性理。（物體大公名所指的性理，是生存之理，含蘊有形無形各類各種事物的實理。神類實體的神智全知物體生存之理，及此理所含蘊的一切）。添證：物類分種，猶如數類分種，按上面（章九五）已有的說明，（逐一遞進，始於元一，每級加一，便成大小兩數，各成一種），依此比例，可知高級的種，必在某某形式或程度下，包含低級的種：猶如大數包含小數。既然神類實體高於形類實體，依同樣比例和理由，必須由神類神體用神智的方式，現實包含形類實體用物質的方式現實所包含的一切：因為（不但上級包含下級，而且上級用上級的方式，包含下級：廣泛的公律是）：主體，常用主體的方式，包含客體。（神體，用神智的方式，包含形體種名的實理，或包含形類的實體，乃是用智力認識形類的實體。足證它們必定認識各種形類的實體）。

又證：按眾哲公論，神類實體，轉運天上形體。（參考《形上學》，卷十二，（另版卷十一，章八）。天上形體，（日月星辰之類），被動而動，產生的任何效果，都歸屬於神類實體，以它們為主要原因，以天上形體為工具。（工具是中級原因的公名：特性在於被動於上級而動下級）。神類實體是用智力，發出動作，運動其他。它們用天上形體，產生天上形體運行而產生的一切效果，猶如藝術家用工具製造自己的作品。

照此而論，在生死變化的形界，各種事物的性理，都用智力可知的方式，現實包含在神類實體以內。本此意義，鮑也西，《聖三論》，卷一，章，也說：「物質現有的種種性理，來自沒有物質的性理。」：（就是經過天上形體而來自神類實體。可見：神類實體，不但認識同類實體，而且也認識物質界各種事物的性理：因為，如果它們認識生死變化之界各種形體的性理，如同原因認識自己的效果；它們便更宜認識天上形體的性理，如同藝術家認識自己的工具。

惟因神類實體的智力有現實的盈極，俱備能有的一切智像，並有能力包含物體的一切種別，（澈悟而洞曉之），故此任何每一神體，必定認識自然界的一切事物，及萬般事物全體的秩序。

然而，由於現實被知的事物，是現實認識事物之靈智的成全；同時鑒於物質事物無資格去作神類實體的成全；有人便能認為：神類實體的智力，不認識物質的事物。

但如觀察正確，乃見：智力所知的事物，成全智者，是根據有意像在智者（意識範圍）以內代表自己；（不是根據自己在心外自然界所有的物質實體）：因為例如心外自然界現有的石頭，不是吾人明悟的成全；（所謂「明悟的成全」是實現知識的潛能，充實其虧虛的容量）。然而，物質事物的意像，用沒有物質的方式，存在於神體靈智（意識）以內，根據神體的（生存）方式，不是根據物質實體的（生存）方式。本此意義，如說這樣的意像，是神類實體智力的成全，（用神類的方式，實現神智的潛能），猶如某物固有的性理，是某物實體的成全，（用某物本性宜有的方式，充實其生存的潛能）。這沒有什麼不適宜處。

第一〇〇章 神類知識與物質界

但因意像代表事物，在神類實體的智力以內，比在吾人明悟以內，更普遍（高明）而有實效，更足以助成完善的知識；可知神類實體，用物質事物的意像，認識物質事物，（更加真切而深入），就是不但如同吾人明悟一般，只知類名或種名所指的公理；而且也只知物質的個體。（證明如下）：

一證：（比較神類和人類）。種名所指事物的真相，在智力（意識範圍）內出現，必須是沒有物質的，依照它們在吾人類明悟中存在的條件，它們無能力是認識物質個體的因素：因為物質界的事物是因物質而成為個體化的；同時因為吾人智力形成的意像或思想，能力狹小，一個意像只能引人認識一個事物，受此限制，猶如類性的意像，不能引人認識種別特徵，助人將類性和種別合在一齊，而認識種性；依同此例，種性的意像，也不能引人認識個體因素，助人將種性因素和個體因素合起來，而認識個體單立的生存情況。（反之，類性的意像，只引人知類性。種性的意像，只引人知種性。智力形成的意像，既然不含物質而是抽象的，代表力又薄弱而狹小，故無力助人認識無物質不能成立的個體）。

但是神類實體，智力形成的意像，代表能力，範圍普遍廣遠而深入，雖然也不含物質，卻能引神靈，既認識種性的因素，又認識個體的因素；這裡所說的個體因素指物質的因素。用這樣的意像，神體用自已的智力，不但能知類性和種性的物質，而且也能知個體的物質。這樣的效用，並不需要知識所用的意像是一個物質界的性理，也不需要神體為知多少個體，使應有多少意像：（這是不勝繁瑣的，因為個體的眾多是無限的。這也是不必要的，因為神智意像代表力廣大，有以少含多的能力）。

添證：下級能力能作的事，上級能力也能做到，但用更優越的作法。本此理由，上級能力，品級越高，力量也越合聚而單一；下級能力，為作同樣的動作，卻力量分散而繁多。例如觀察（心理經驗的事實），可見：中心覺力，一個力量，全知外部五官，五個覺力，所覺知的眾多而互異的物類；理由同上：（就是按品級而論，中心覺力，高於外官覺力。外官分覺異類，各私所司。中心覺力，合覺眾類，公覺眾官之所覺）。然則在性體品級上，人靈低於神類實體：（人靈的神體，本體的品級和任務，是結合於形體。神類實體，卻是和形體，絕異而分離的）。人靈為知萬物，用兩個知識能力：一用智力知普遍的物性事理，二用覺力覺個體單立的事物。從此可見，依照上面的比例，神類實體，用高超的方法，一個智力，兼知普遍和個體：因為神體高於人靈，用智力兼知覺知覺力之所知的個體事物。

又證：代表事物（性理）的智像，來到吾人和神體的智力（意識）以內，秩序和路途都相反。人類的智力，用分解的路，就是用抽象的方法，從物質和個體的條件及限制中，抽取出普遍至公而無物質的性理來，（遂在意識內，形成智像，代表這些性理：知識的秩序是先知物質的個體，而後知抽象的公理）。神類的智力，用的路線正是相反，彷彿是用一條組合的路，先由於自已相似天主神智的智像，而賦有許多性理可知的智像。這些智像，不是來自物質的個體事物，而是來自天主神智的第一智像：（至高無上，兼備萬理，故為第：。這個第一智像，不是天主用抽象的工夫從物質事物中抽取出來的；完全相反，乃是製造萬物的（「標準理想」，是俱有陶鑄實力的模型：用這鈞陶的造化力，造成有形和無形的萬物），不但造成形界的性理，（包括性情的規律，和形狀的條理），而且也造成形界的物質，用物質作個體化的因素：（成立事物的個體單位。神類智力的智像，相似天主的第一智像，足以代表天主用這個智像所造的一切事物，代表的程度只受性體品級和分位的限制。回閱章九十六。程度的限制，不是範圍的限制）。

準此而論，可知神類實體（意識內）的智像，照通事物的整體，不只呈現種性公有的因素，而且也顯示個體專有的因素。可見，從神類實體的知識中減削個體事物的知識，是不應當的；雖然我們人類的智力不足以認識個體的事物；（為認識個體事物，在智力以外，應另加器官的覺力）。

另證：假設根據眾哲名論，天上諸形體的運行，是被動於神類的實體；這些神體必須認識所運動的形體：並且是認識個體單立的形體：因為普遍的性體或性理是不受變動或移動的。神體必須認識所運動的個體，因為神體是用智力發出動作，並運轉他物。（參考《形上學》卷十一另版卷十二）。並且、運行是變更新方位。歷經的一切方位，都是個體獨特的事物，是神體用智力運轉形體時，不可不知的

綜合上述一切，必須結論說：神類的實體，（雖然本體和物質形體是絕異而分離的），但在知識裡，卻認識物質界中，這一切事物的個體情況。

第一〇一章　由一而知多

但因「現實知物的智者，是現實所知的事物」；猶如「現實覺物的器官覺力，是現實所覺知的事物」，又因相同的一個事物，不能同時是現實分立的許多事物；從此看來，神類實體的一個智力，按上面（前章）已有的定論，擁有許多智像，代表許多事物，似乎乃是不可能的。（回閱章五十五及七十四。）

然而須知：智力（意識範圍內）現實包含的智像，所代表的事物，不每個都是現實被知的事物：因為有智力的實體也是有意力的，因此它是自已行動的主管者，在它既有智像以後，（保存在智力以內），它有能力自主決定，是否要用那個智像而現實認識或照察它所代表的事物；並且，如果它擁有許多智像，（儲藏在智力以內），它也有自主，選用其中的一個，（不必同時都取用）。本此理由，吾人擁有許多事物的知識，也不是現實明見一切，（而是隨意取用，取出一件，便只明察一件，暫不明見其他）。

依同樣的理由和比例，神類的實體，在智力（意識）以內，擁有許多智像，因而也有許多知識，（但都是儲藏以待用的），任意取用一個，並因而同時現實明見它用這一個意像所認識的一切事物：用由一知多的方法。用一個智像的識見，所見到的一切事物，雖然事物方面是許多，但在知識方面，仍是一個現實被知的知識：一個知識包含許多事物的知識：猶如吾人智力也同時認識或思想許多彼此合組起來的事物，或認識許多事物和某某一個事物是相關的：在這些情況中，都也是用一個智見，通過一個智像，見到許多事物。

但是它用許多智像，照察許多事物，智像彼此不同，它便不同時現實明見一切：（而是先見其一，後察其二）；這樣每次現實明見之中，智力是一個，所知的事物也是一個，（無妨於知識的公律：現實知物的智者是現實所知的事物）。如比看來，可見在神體智力以內，許多智見，（不是一時並發），而是前後相繼。但是這裡的繼續不是狹義的變動歷程中，後以繼前的繼續：因為它不是現實盈極繼起於潛能虧虛之後，而是兩個現實盈極的動作，前後代興的繼續。（這樣的前後相繼，不是狹義的變動歷程。神體不會受狹義的變動，回閱章九十七，九十一及九十二）。

然而天主的神智，由一知全，由自已一個性體，全知一切事物。天主的動作，是天主的性體：（本性本體，光明自照，鑒臨普世）：萬事萬物，一併全知。

是故天主的神智，不是許多知識，前後相繼；只有一個動作，是知識全備的整體，現實常存，通貫萬世之世。亞孟。卷終

出版簽約誌盛

一九六九年五月十九日，聖多瑪斯《論萬物》，漢譯世界名著出版契約簽：版權授與人、著譯者：呂穆廸；保證人：聖瑪利大學校長：彌格・孔恩，（Brother MichaelQuinn,F. S.，Pre. sidentof Saint Mary's College of California）版權讓受人：臺灣商務印書館；代表人：總經理：周道濟。拉丁文原著年代：不晚於一二七〇至一二七一年間：（宋末元初）；地點：當代西西里王國，今日義國西南、納波里城聖多明我研究院。原著詳名：聖多瑪斯亞坤，一二二五年或一二二六年間，生於亞坤郡，盧涸石小鎮；一二七四年，旅途中，病逝於義國岡巴尼亞省馬鞍砦鎮以西新溝市本篤會（熙都派）會院中。週遊德國科崙，法國巴黎，義國羅馬等有名學府，講學著書終身。原著拉丁書名：Liber de Veritate catholicae Fidei（alias：Summa Contra Gentiles），Volumen I：De Creaturis（Seu De Deo Creante）Capitula,1-101Explioit

所用主要圖書館目錄

1. La Bibliotheque du Pét'ang, PeiPing.
   北平西什庫北堂圖書館
2. Fujen University Library, Peiping.
   北平輔仁大學
3. Peking University Library, Peiping.
   北平北京大學
4. Pontificia Universitas Urbaniana di Roma.
   羅馬務本大學（傳信大學）
5. Biblioteca Apostolica Vaticana, Cittá del Vaticano.
   羅馬梵蒂岡圖書館
6. Biblioteca Nazionale Central Vittorio Emanuele II, Roma.
7. Pontificia Universitas S. Thomae Aquinatis, Roma.

8. Pont. Universitas, Gregoriana, Roma.
9. Bibliothèqu Nationale, Paris, France.
10. Bibliothèque de I'Université Catholique
（l'Institut） de Paris, France.
11. British Museum Library, London,England
12. Bodlean Library, Oxford, England.
13. J. W. Goethe Universität, Frankfurt am Main, Germany.
14. W. W. Universität Münster, Germany.
15. Biblioteca Nacional, Madrid, Espana.
16. The Library of Congress, Washington, D. C.,USA.
17. Univ. of California Libraries, Berkeley.
18. Univ. of Chicago Libraries, Illinois.
19. Univ. of Notre Dame Libraries, Indiana.
20. Harvard Univ. Libraries and Yen-ching Institute, Cambridge, Mass.
21. The Cath. Univ. of America Libraries,Washington D. C.
22. Standford Univ. Libraries, California.
23. University of San Francisco Library, Calif.

24. St. Mary's Seminary and University Libraries, Baltimore, Md.
25. St. Francis Xavier Univ. Library, Antigonish, N. S. Canada
26. Pont. Institute of Mediaeval Studies,Toronto, Ontario.
27. University of Ottawa Library, Canada.
28. Bibliotheques de l'Universite Laval,Cité Universitaire, Ouébec, Canada.
29. University of Toronto Libraries, Ontario.
30. St. John's University, Collegeville, Minnesota, USA.
31. Univ. of Minnesota Libraries, Minn.
32. St. Bonaventure University Libraries, （Olean）, New York.
33. St. Albert's College, Oakland, California.
34. Holy Names College Library, Oakland, California.
35. St. Mary's College, St. Mary's, California 94575.

論萬物／聖多瑪斯. 阿奎納（St. Thomas Aquinas）
原著；呂穆迪譯述. -- 三版. -- 臺北市：臺
灣商務, 2010.12
面 ； 公分
ISBN 978-957-05-2572-4(平裝)

1.宇宙論

163 99022662

論萬物

作者◆聖多瑪斯
譯述◆呂穆迪
審校◆高凌霞
主編◆王雲五
重編◆王學哲
發行人◆王學哲
總編輯◆方鵬程

出版發行：臺灣商務印書館股份有限公司
台北市重慶南路一段三十七號
電話：(02)2371-3712
讀者服務專線：0800056196
郵政劃撥：0000165-1
網路書店：www.cptw.com.tw
E-mail：ecptw@cptw.com.tw
網址：www.cptw.com.tw

局版北市業字第 993 號
初版一刷：1970 年 11
二版一刷：2009 年 2 月(POD)
三版一刷：2010 年 12 月
定價：新台幣 650 元

ISBN 978-957-05-2572-4